Droit commercial

Notions générales

Les mémentos DALLOZ

série Droit privé

Droit commercial

Notions générales

Jean-Pierre Le Gall
Professeur émérite de l'Université Panthéon-Assas (Paris II)

Caroline Ruellan
Maître de conférences des universités,
chargée du cours de droit des affaires à l'École des Mines de Paris

16e édition – 2014

DALLOZ

DALLOZ

31-35 rue Froidevaux, 75685 Paris cedex 14

ISBN 978-2-247-13719-0

Plan détaillé

1 Introduction

1 **Section 1 – Les généralités**

1 § 1 – La définition et l'objet du droit commercial

3 § 2 – De l'unité à la pluralité du droit privé

4 § 3 – L'histoire du droit commercial

6 § 4 – Les sources du droit commercial

14 **Section 2 – L'intervention de l'État dans la vie commerciale**

14 § 1 – L'organisation administrative et professionnelle

15 § 2 – Le principe de la liberté du commerce et de l'industrie

21 **Section 3 – La théorie de l'acte de commerce**

21 § 1 – La notion d'acte de commerce ou d'activité commerciale

25 § 2 – Le régime juridique des actes de commerce

27 § 3 – La théorie des actes mixtes

Première partie
Les règles générales applicables aux commerçants

31 **Titre 1 – Les commerçants et les artisans**

32 Chapitre 1 – Les notions générales sur les commerçants

32 **Section 1 – La définition du commerçant**

32 **Section 2 – Les auxiliaires du commerce**

32 § 1 – Le personnel de l'entreprise commerciale

33 § 2 – Les gérants succursalistes

33 § 3 – Les représentants de commerce et les agents commerciaux

34 Chapitre 2 – La capacité commerciale

34 **Section 1 – Les mineurs et les incapables majeurs**

34 § 1 – Le mineur

34 § 2 – Le majeur incapable

35 **Section 2 – Les époux dans la vie commerciale**

35 § 1 – La femme mariée commerçante

35 § 2 – Le conjoint commerçant

36 **Section 3 – Les commerçants étrangers**

37 Chapitre 3 – Les obligations du commerçant

37 **Section 1 – La publicité et le registre du commerce et des sociétés**

38 § 1 – Le fonctionnement administratif du registre du commerce et des sociétés (RCS)

40 § 2 – La publicité

41 § 3 – Les effets de l'inscription au registre du commerce et des sociétés

41 Section 2 – Les livres de commerce et la comptabilité
42 § 1 – Les livres de commerce
44 § 2 – Les notions de comptabilité
48 Chapitre 4 – L'artisan
48 Section 1 – La définition de l'artisan
48 § 1 – Le statut de droit privé
49 § 2 – Les définitions administrative et fiscale
49 Section 2 – Le statut de l'artisan
50 § 1 – Les aspects administratifs et fiscaux
50 § 2 – Les rapports privés

51 Titre 2 – Le fonds de commerce
52 Chapitre 1 – La notion et les éléments du fonds de commerce
52 Section 1 – La nature et les caractéristiques juridiques du fonds de commerce
52 § 1 – La nature juridique
52 § 2 – Les caractères juridiques
52 Section 2 – Les éléments du fonds de commerce
53 § 1 – Les éléments corporels
53 § 2 – Les éléments incorporels
54 § 3 – Les éléments non compris dans le fonds de commerce
55 Chapitre 2 – Les opérations portant sur le fonds de commerce
55 Section 1 – La vente du fonds de commerce
55 § 1 – Les conditions de fond et de forme
57 § 2 – La publicité et les droits des créanciers
58 § 3 – Les effets de la vente du fonds de commerce
59 Section 2 – L'apport en société du fonds de commerce
59 § 1 – La forme et la publicité de l'apport
60 § 2 – Les effets de l'apport
60 Section 3 – Le nantissement du fonds de commerce
60 § 1 – Les conditions
61 § 2 – Les effets
61 Section 4 – Les contrats portant sur la jouissance du fonds de commerce
61 § 1 – L'administration provisoire du fonds de commerce
61 § 2 – La location-gérance du fonds de commerce
63 § 3 – Le crédit-bail portant sur le fonds de commerce
64 Chapitre 3 – Le bail commercial et la propriété commerciale
64 Section 1 – Le contenu du bail commercial
64 § 1 – Le régime du bail commercial
65 § 2 – Les modalités du bail commercial
65 Section 2 – Le renouvellement du bail commercial
66 § 1 – Les conditions du droit au renouvellement

66 § 2 – Les effets du droit au renouvellement
67 Section 3 – La procédure
67 § 1 – La prescription spéciale
67 § 2 – Le déroulement de la procédure

69 Titre 3 – L'entrepreneur individuel à responsabilité limitée (EIRL)
70 Chapitre unique – De la constitution à la cessation de l'EIRL
70 Section 1 – La constitution de l'EIRL
70 Section 2 – La cessation de l'EIRL
70 Section 3 – La responsabilité de l'entrepreneur en EIRL

Deuxième partie
Les sociétés commerciales et le GIE

75 Titre 1 – Les généralités
76 Chapitre 1 – Le rôle et la nature des sociétés commerciales
76 Section 1 – Les notions générales
76 § 1 – Le rôle des sociétés commerciales dans le temps
76 § 2 – La législation applicable aux sociétés commerciales
77 Section 2 – La nature juridique des sociétés commerciales
78 § 1 – La conception contractuelle
78 § 2 – La conception institutionnelle
78 Section 3 – Les sociétés commerciales et leur classification
79 § 1 – Les sociétés fermées et les sociétés ouvertes
80 § 2 – La classification reposant sur le risque encouru par les associés
81 Chapitre 2 – Le droit commun des sociétés commerciales
81 Section 1 – Les règles communes aux sociétés commerciales
81 § 1 – Les conditions de fond propres au contrat
83 § 2 – Les conditions de fond propres au contrat de société
85 § 3 – Les conditions de forme
87 § 4 – Les sanctions des règles communes aux sociétés commerciales – les nullités
89 Section 2 – La personnalité morale de la société commerciale
89 § 1 – Les conséquences de l'acquisition de la personnalité morale
92 § 2 – La portée et les limites de la personnalité morale des sociétés
93 Section 3 – Le fonctionnement des sociétés commerciales
93 § 1 – Les règles relatives à la société
97 § 2 – Les règles relatives aux associés
99 Section 4 – La dissolution de la société
99 § 1 – Les causes de dissolution communes à toutes les sociétés : l'article 1844-7 du Code civil

100 § 2 – Les règles de publicité de dissolution communes à toutes les sociétés
101 § 3 – Les effets communs à toutes les sociétés de la dissolution : liquidation et partage
104 Section 5 – La transformation et la fusion de la société
104 § 1 - La transformation
105 § 2 – La fusion, la scission et l'apport partiel d'actif
108 Chapitre 3 – Les groupes de sociétés
108 Section 1 – La définition du groupe de sociétés et le principe de l'autonomie juridique des sociétés appartenant au groupe
108 § 1 – L'absence d'un droit des groupes en droit français
109 § 2 – La notion de contrôle
110 Section 2 – La réglementation du groupe de sociétés
110 § 1 – Une réglementation parcellaire
111 § 2 – Les règles imposées au groupe de sociétés

113 Titre 2 – Les sociétés de personnes
114 Chapitre 1 – La société en participation et la société créée de fait
114 Section 1 – La présentation de la société en participation et de la société créée de fait
114 § 1 - La société en participation
115 § 2 – La société créée de fait
116 Section 2 – La vie de la société en participation et de la société créée de fait
116 § 1 – La constitution
116 § 2 – Les rapports entre associés
116 § 3 – Les rapports avec les tiers
117 Section 3 – La dissolution
118 Chapitre 2 – La société en nom collectif
118 Section 1 – Les caractères distinctifs et la constitution de la société en nom collectif
118 § 1 – Les deux caractéristiques des associés en nom
119 § 2 – L'objet social et la dénomination sociale
120 Section 2 – La vie de la société en nom collectif
120 § 1 – La gérance
122 § 2 – Les associés en assemblée
122 § 3 – Le contrôle des comptes
123 Section 3 – La dissolution de la société en nom collectif
123 § 1 – Le retrait volontaire d'un associé et la cession de parts sociales
124 § 2 – Le retrait non volontaire d'un associé
125 Chapitre 3 – La société en commandite simple
125 Section 1 – Les principes généraux et la condition du commandite
125 § 1 – Les principes généraux

125 § 2 – La cession des parts sociales
126 Section 2 – La condition particulière du commanditaire
126 § 1– La situation du commanditaire
126 § 2 – Le commanditaire dans la vie sociale

129 Titre 3 – Les sociétés par actions
130 Sous-titre 1 – La société par actions : notions générales et présentation des valeurs mobilières
131 Chapitre 1 – Notions générales
131 Section 1 – L'importance des sociétés par actions et leur évolution juridique
132 § 1 – Les traits juridiques essentiels des sociétés par actions
132 § 2 – Les évolutions successives de l'organisation
133 Section 2 – L'évolution de la réglementation des sociétés par actions
133 § 1 – Le Code de commerce
133 § 2 – La loi de 1867, les textes et les réflexions postérieurs
137 Chapitre 2 – Les valeurs mobilières émises par les sociétés par actions
137 Section 1 – Les notions générales concernant les valeurs mobilières
138 § 1 – Les valeurs mobilières, les titres financiers et les instruments financiers
138 § 2 – Les catégories et les caractéristiques principales des valeurs mobilières
138 § 3 – Le financement externe et les marchés réglementés
140 Section 2 – Les actions
140 § 1 – Les caractères essentiels de l'action
143 § 2 – Les différentes catégories d'actions
145 § 3 – Les différentes formes d'actions
149 § 4 – La condition de l'actionnaire
150 Section 3 – Les obligations
151 § 1 – L'émission de l'emprunt obligataire
152 § 2 – Le statut de l'emprunt obligataire
154 § 3 – Les valeurs mobilières donnant accès au capital ou donnant droit à l'attribution de titres de créances
156 Sous-titre 2 – La société anonyme
157 Chapitre 1 – La constitution de la société anonyme
157 Section 1 – Les notions générales
158 Section 2 – La constitution avec offre au public
158 § 1 – La notion d'offre au public
159 § 2 – Les formalités préalables
159 § 3 – L'assemblée générale constitutive
160 Section 3 – La constitution sans offre au public

162 Chapitre 2 – La vie de la société anonyme
162 Section 1 – L'administration et la direction de la société anonyme
163 § 1 – Le régime moniste et ses aménagements successifs par la loi
178 § 2 – Le régime dualiste et ses aménagements successifs par la loi
182 Section 2 – Les organes de contrôle de la société anonyme
182 § 1 – Le commissaire aux comptes
185 § 2 – L'expert de gestion
186 § 3 – Le comité d'entreprise
187 Section 3 – Les assemblées générales
187 § 1 – La souveraineté des assemblées
187 § 2 – Les règles générales concernant toutes les assemblées générales
191 § 3 – L'assemblée générale ordinaire
194 § 4 – L'assemblée générale extraordinaire : les modifications statutaires
201 Chapitre 3 – Les crises de la vie de la société anonyme et sa dissolution
201 Section 1 – Les crises de la vie de la société anonyme
201 § 1 – L'administration provisoire
202 § 2 – Les abus de majorité et de minorité
203 Section 2 – La dissolution de la société anonyme
203 § 1 – Les causes
204 § 2 – Les effets
205 Sous-titre 3 – Les autres sociétés par actions
206 Chapitre 1 – La société en commandite par actions
206 Section 1 – La constitution de la société en commandite par actions et ses associés
206 § 1 – La constitution et le capital social
207 § 2 – Les deux catégories d'associés
207 Section 2 – Les organes et le fonctionnement de la société en commandite par actions
207 § 1 – La direction
208 § 2 – Les décisions collectives
208 § 3 – Le contrôle de la société en commandite par actions
209 Section 3 – La dissolution
210 Chapitre 2 – La société par actions simplifiée (SAS)
210 Section 1 – La constitution et les statuts de la SAS
210 § 1 – Les conditions de fond
211 § 2 – Les conditions de forme
211 § 3 – Les statuts
212 Section 2 – Les organes de fonctionnement de la SAS
212 § 1 – Les dirigeants
213 § 2 – Les associés
215 § 3 – Les commissaires aux comptes

215 **Section 3 – La dissolution**

216 **Chapitre 3 – La société par actions simplifiée unipersonnelle (SASU)**

216 **Section 1 – Les caractéristiques de la SASU**

216 **Section 2 – La dissolution**

217 **Chapitre 4 – La société européenne**

217 **Section 1 – La constitution**

218 **Section 2 – Le fonctionnement**

218 § 1 – La direction

218 § 2 – Les associés

218 § 3 – L'implication des travailleurs

219 **Section 3 – La dissolution, la liquidation et la transformation**

221 **Titre 4 – Les sociétés à responsabilité limitée**

222 **Chapitre 1 – La société à responsabilité limitée pluripersonnelle (SARL)**

222 **Section 1 – La constitution de la SARL**

222 § 1 – Les conditions de fond

224 § 2 – Les conditions de forme

225 § 3 – Les sanctions des conditions de constitution

225 **Section 2 – La vie et les organes de la SARL**

225 § 1 – La gérance

228 § 2 – Les associés

228 § 3 – Le commissaire aux comptes et l'expert de gestion

229 **Section 3 – La transformation et la dissolution de la SARL**

229 § 1 – La transformation

229 § 2 – La dissolution

230 **Chapitre 2 – La société à responsabilité limitée unipersonnelle (EURL)**

230 **Section 1 – La constitution de l'EURL**

230 § 1 – La création *ab initio* d'une EURL

231 § 2 – La transformation d'une société en EURL

231 **Section 2 – La vie et les organes de l'EURL**

231 § 1 – Le gérant

231 § 2 – L'associé unique

232 § 3 – Les commissaires aux comptes

232 **Section 3 – La dissolution de l'EURL**

233 **Titre 5 – Les sociétés diverses**

234 **Chapitre unique – Présentation générale**

234 **Section 1 – Les sociétés privées**

234 § 1 – Les formes communes à toutes les entreprises ou des dispositions maintenues de la loi de 1867

235 § 2 - Les sociétés ayant pour objet certaines activités
236 Section 2 - Les sociétés du secteur public
236 § 1 - Le contrôle
236 § 2 - Les sociétés d'économie mixte
237 § 3 - Les sociétés nationalisées
237 Section 3 - Les sociétés en matière internationale
237 § 1 - Les sociétés françaises et la participation étrangère
238 § 2 - Les sociétés étrangères
238 § 3 - Les sociétés internationales

241 Titre 6 - Le groupement d'intérêt économique
242 Chapitre 1 - Le groupement d'intérêt économique français
242 Section 1 - La constitution du GIE
242 § 1 - Les conditions de fond
243 § 2 - Les conditions de forme et de publicité
243 Section 2 - Le fonctionnement du GIE
243 § 1 - Les administrateurs
244 § 2 - Les assemblées
244 § 3 - Les organes du contrôle de la gestion et des comptes du GIE
244 § 4 - Les membres du GIE
245 Section 3 - La dissolution et la liquidation du GIE
245 § 1 - Les causes de dissolution
245 § 2 - La liquidation
246 Chapitre 2 - Le groupement européen d'intérêt économique
246 Section 1 - La constitution du GEIE
246 § 1 - Les conditions de fond
247 § 2 - Les conditions de forme et de publicité
248 Section 2 - Le fonctionnement du GEIE
248 § 1 - Les gérants
248 § 2 - Les assemblées
249 § 3 - Les organes de contrôle des comptes du GEIE
249 § 4 - Les membres du GEIE
249 Section 3 - La dissolution et la transformation du GEIE
249 § 1 - La dissolution
250 § 2 - La transformation

251 Titre 7 - La réglementation des principales opérations de prises de contrôle de sociétés cotées
252 Chapitre 1 - L'Autorité des marchés financiers
252 Section 1 - Le rôle de l'Autorité des marchés financiers
253 § 1 - L'information des investisseurs

253 § 2 – La surveillance du bon fonctionnement des marchés d'instruments financiers
254 § 3 – La protection de l'épargne investie dans les produits financiers
254 Section 2 – Les pouvoirs de l'Autorité des marchés financiers
255 § 1 – Le pouvoir d'édiction de normes générales et impersonnelles
255 § 2 – Le pouvoir d'enquête
255 § 3 – Les pouvoirs d'injonction et de sanction
257 § 4 – Les pouvoirs de médiation et de transaction
258 Chapitre 2 – Le ramassage en bourse et l'obligation de déclaration des franchissements de seuils
258 Section 1 – L'obligation de déclaration des franchissements de seuils
258 § 1 – Le contenu de l'obligation
259 § 2 – La mise en œuvre de l'obligation
259 Section 2 – Les sanctions attachées au défaut de déclaration des franchissements de seuils
261 Chapitre 3 – Les offres publiques d'acquisition
261 Section 1 – Les hypothèses d'une offre publique d'acquisition
261 § 1 – L'offre publique d'acquisition ou d'échange
263 § 2 – Le dépôt obligatoire d'une offre publique d'achat
264 Section 2 – La procédure de l'offre publique d'acquisition
264 § 1 – La préparation de l'offre
265 § 2 – Le déroulement de l'offre
266 § 3 – Le contrôle de la gestion des sociétés pendant le cours des offres publiques
267 Chapitre 4 – Les offres publiques de retrait et le retrait obligatoire
267 Section 1 – Les offres publiques de retrait
267 § 1 – L'offre publique de retrait dite « facultative »
268 § 2 – L'offre publique de retrait « obligatoire »
268 Section 2 – Le retrait obligatoire

Troisième partie
Le droit des entreprises en difficulté

273 Titre 1 – Le dispositif légal : présentation générale
274 Chapitre 1 – De la faillite à la sauvegarde : évolution du droit des entreprises en difficulté
274 Section 1 – Les caractéristiques du droit des entreprises en difficulté
274 § 1 – L'importance du contexte économique dans la conception de la matière
274 § 2 – Les nombreux intérêts en présence
275 Section 2 – La loi de sauvegarde des entreprises et les différentes procédures disponibles
275 § 1 – La loi du 26 juillet 2005

276 § 2 – Les réformes ultérieures
276 § 3 – Le dispositif actuel
277 Section 3 – Les entreprises pouvant bénéficier du dispositif légal
278 Chapitre 2 – La notion d'état de cessation des paiements
278 Section 1 – La définition de la cessation des paiements
279 Section 2 – Le rôle de la cessation des paiements

281 Titre 2 – La prévention et le traitement non judiciaire des difficultés de l'entreprise
282 Chapitre 1 – La détection et la prévention des difficultés de l'entreprise
282 Section 1 – Une prévention élargie ou le déclenchement de l'alerte
283 Section 2 – Le mandataire *ad hoc*
283 § 1 – L'objet du mandat *ad hoc*
283 § 2 – Les missions du mandataire *ad hoc*
285 Chapitre 2 – La conciliation
285 Section 1 – L'objet et les critères de la conciliation
285 § 1 – L'objet de la conciliation
286 § 2 – Les critères de la conciliation
286 Section 2 – La nature et les effets de la conciliation
286 § 1 – La nature de la conciliation
286 § 2 – Les effets de la conciliation
287 Section 3 – Le conciliateur

289 Titre 3 – Les procédures de sauvegarde et de redressement judiciaires
290 Chapitre 1 – Les effets propres aux procédures de sauvegarde et de redressement judiciaires
290 Section 1 – La procédure de sauvegarde
290 § 1 – La saisine volontaire du tribunal
291 § 2 – Les critères de déclenchement de la procédure de sauvegarde
291 Section 2 – La procédure de redressement judiciaire
292 § 1 – Le déclenchement de la procédure de redressement judiciaire
293 § 2 – Les nullités de la période suspecte et la reconstitution de l'actif de l'entreprise
295 Chapitre 2 – Les effets communs aux procédures de sauvegarde et de redressement judiciaires
295 Section 1 – Les organes de la procédure : le juge-commissaire et l'administrateur judiciaire
295 § 1 – Le juge-commissaire
295 § 2 – Le mandataire judiciaire

296 § 3 – L'administrateur judiciaire
296 **Section 2 – La période d'observation et le bilan économique et social**
296 § 1 – La période d'observation
297 § 2 – Le bilan économique et social
298 **Section 3 – Les plans de sauvegarde et de redressement**
298 § 1 – Le jugement arrêtant le plan
298 § 2 – Le contenu du plan
300 § 3 – Les engagements et la restructuration de l'entreprise
301 **Chapitre 3 – Les procédures de sauvegarde financière accélérée et de sauvegarde accélérée**
301 **Section 1 – Les conditions et les effets de la procédure de sauvegarde financière accélérée**
301 § 1 – La procédure de sauvegarde financière accélérée
301 § 2 – La procédure accélérée
302 **Section 2 – La procédure de sauvegarde accélérée**

303 **Titre 4 – La liquidation judiciaire**
304 **Chapitre 1 – L'ouverture de la liquidation judiciaire**
304 **Section 1 – Les conditions d'ouverture**
304 **Section 2 – Les principaux effets du jugement d'ouverture**
304 § 1 – Les effets à l'encontre du débiteur
305 § 2 – Les effets à l'encontre de l'entreprise
306 **Chapitre 2 – La réalisation de l'actif**
306 **Section 1 – La cession de l'entreprise**
306 § 1 – L'objectif de la cession de l'entreprise
306 § 2 – Les conditions de la cession de l'entreprise
307 **Section 2 – La cession des actifs du débiteur**
307 § 1 – Les biens pouvant être vendus
307 § 2 – Les conditions de la cession de l'entreprise
308 **Chapitre 3 – L'apurement du passif**
308 **Section 1 – Le règlement des créanciers**
308 **Section 2 – La clôture de la liquidation judiciaire**

309 **Titre 5 – Les responsabilités et les sanctions**
310 **Chapitre 1 – La responsabilité des prêteurs**
310 **Section 1 – Le principe d'irresponsabilité**
310 § 1 – Le principe
310 § 2 – Les exceptions
310 **Section 2 – L'action en responsabilité et les sanctions**
310 § 1 – La procédure
310 § 2 – Les sanctions

311 Chapitre 2 – La responsabilité des dirigeants des personnes morales
311 Section 1 – Les dispositions particulières aux dirigeants des personnes morales
311 § 1 – La responsabilité pour insuffisance d'actif
313 § 2 – L'obligation aux dettes sociales
313 Section 2 – La faillite personnelle et autres mesures d'interdiction
313 § 1 – La faillite personnelle
314 § 2 – La procédure et le jugement
314 Section 3 – La banqueroute
314 § 1 – Les cas de banqueroute
314 § 2 – Les peines

Quatrième partie
Les effets de commerce

319 Titre 1 – Les effets de commerce proprement dits
320 Chapitre 1 – Les notions générales sur les effets de commerce
320 Section 1 – L'analyse juridique des effets de commerce
320 § 1 – Les effets de commerce sont des titres négociables
320 § 2 – Les effets de commerce représentent une créance d'argent
321 § 3 – Les effets de commerce représentent une créance payable à vue ou à court terme
321 Section 2 – L'analyse économique des effets de commerce
321 § 1 – Les effets de commerce se rapprochent de la monnaie
321 § 2 – Les effets de commerce constituent une monnaie privée
322 Chapitre 2 – La lettre de change ou traite
322 Section 1 – Les généralités
322 § 1 – Le rôle de la lettre de change
323 § 2 – La nature juridique de la lettre de change
325 § 3 – La législation applicable à la lettre de change
325 Section 2 – L'émission de la lettre de change
325 § 1 – Les règles relatives à la validité de la lettre de change
327 § 2 – Les règles relatives à la provision de la lettre de change
328 Section 3 – La circulation de la lettre de change
328 § 1 – L'acceptation de la lettre de change
330 § 2 – L'endossement de la lettre de change
331 § 3 – L'inopposabilité des exceptions
331 Section 4 – Le paiement de la lettre de change
332 § 1 – Le tiré
333 § 2 – Les garants du paiement
336 Section 5 – La lettre de change relevé (LCR)

338 Chapitre 3 – Le billet à ordre
338 Section 1 – La confusion des qualités de tireur et de tiré en la personne du souscripteur
338 § 1 – Les conditions de forme du billet à ordre
339 § 2 – Les conditions de fond du billet à ordre
339 Section 2 – La confusion du billet à ordre et du rapport fondamental
339 Section 3 – La transmission du billet à ordre
340 Chapitre 4 – Le chèque
340 Section 1 – Le rôle du chèque
341 Section 2 – L'émission du chèque
341 § 1 – Les règles relatives à la validité du chèque
342 § 2 – Les règles relatives à la provision du chèque
345 Section 3 – La transmission du chèque
345 § 1 – La remise du chèque au bénéficiaire
345 § 2 – L'endossement du chèque
345 Section 4 – Le paiement du chèque
345 § 1 – La présentation au paiement
346 § 2 – Le paiement
346 § 3 – Le refus de paiement du chèque

347 Titre 2 – Les instruments de financement autres que les effets de commerce
348 Chapitre 1 – L'émission du bordereau de créances professionnelles
348 Section 1 – Les règles de forme
348 § 1 – Les mentions obligatoires
349 § 2 – L'omission des mentions obligatoires
349 Section 2 – Les règles de fond
349 § 1 – Les qualités des créances cédées
350 § 2 – L'absence de qualités des créances cédées
351 Chapitre 2 – Les effets de l'émission du bordereau de créances professionnelles
351 Section 1 – Dans les rapports entre l'émetteur et le bénéficiaire
351 § 1 – La cession des droits
351 § 2 – La garantie de la solvabilité du débiteur par l'émetteur du bordereau de créances
351 Section 2 – Dans les rapports entre le bénéficiaire et le débiteur des créances
352 § 1 – Le débiteur n'a pas accepté la cession (ou le nantissement) de la créance professionnelle
352 § 2 – Le débiteur a accepté la cession (ou le nantissement) de la créance professionnelle
352 Section 3 – Dans les rapports avec les tiers
355 Index alphabétique

Introduction

Section 1 – Les généralités

Évolution : le droit commercial puise son contenu et sa spécificité dans sa genèse, qui se décrit comme l'histoire d'un affranchissement lent et irrésistible du droit commercial vis-à-vis du droit civil. De sorte que pour avoir une bonne compréhension de cette branche du droit, il faut en définir l'objet, sa place au sein du droit privé, ses rapports avec le droit civil, son histoire, ses différentes sources, et, enfin, ses profondes mutations.

§ 1 – La définition et l'objet du droit commercial

L'expression « droit commercial » apparaît à la fin du XVIIIe siècle. Elle est contemporaine du Code de commerce promulgué par Napoléon en 1807. Jusque-là, on parle de « droit » ou de « coutume des marchands », ou encore de « *jus mercatorum* », fait essentiellement d'usages et de jurisprudences. (Paul Didier et Philippe Didier, *Droit commercial*, T. 1, Economica, 2005, n° 2, p. 2). L'Ancien Régime ne connaît que les « marchands, négociants et banquiers ».

Définir le droit commercial n'est pas chose aisée. La définition la plus simple consisterait à qualifier le droit commercial comme le droit des commerçants.

Cependant, telle n'est pas l'approche retenue par la loi, l'article L. 121-1 du Code de commerce définissant les commerçants à travers la notion d'acte de commerce.

Ces deux approches illustrent en réalité les deux conceptions possibles du droit commercial, lesquelles cohabitent dès le Code de commerce de 1807 :

- une conception subjective selon laquelle le droit commercial est le droit des commerçants ;
- une conception objective selon laquelle le droit commercial est le droit des actes de commerce et le droit du fonds de commerce, notion désignant les biens nécessaires à l'activité commerciale.

Ces deux approches sont complémentaires, et occupent ainsi l'une et l'autre une place dans la conception moderne du droit commercial.

I - Le caractère subjectif ou objectif du droit commercial

Le conflit entre les conceptions subjective et objective du droit commercial a pour point de départ l'article L. 121-1 du Code de commerce : « *Sont commerçants ceux qui exercent des actes de commerce et en font leur profession habituelle* ».

Néanmoins, cette discussion fort ancienne a le plus souvent une portée limitée dans la mesure où la plupart des actes de commerce sont accomplis par des commerçants, entraînant ainsi l'application à double titre du droit commercial.

A - La conception objective

Elle est plus conforme à la lettre et à l'esprit du Code de commerce et à l'évolution du droit commercial :

• à la lettre : le commerçant est défini par rapport à l'acte de commerce puisque c'est celui qui accomplit les actes de commerce ;

• à l'esprit : elle illustre l'hostilité de la codification napoléonienne à l'idée d'un droit professionnel ;

• au développement moderne du droit commercial : celui-ci tend à déborder hors de son domaine traditionnel (activités des sociétés commerciales) et à réglementer des instruments de portée générale comme le chèque.

B - La conception subjective

Elle conserve cependant une influence certaine :

• La plupart des actes de commerce sont exécutés par des commerçants.

• Le Code de commerce définit le commerçant et le soumet à des règles particulières (livres de commerce, compétence juridictionnelle...).

• Elle se prolonge par le développement d'un « droit professionnel » (registre du commerce et des sociétés, régime administratif et pénal des commerçants).

De sorte que notre droit commercial contemporain continue d'emprunter aux deux conceptions : si les actes de commerce sont le plus souvent passés par des commerçants, ils sont parfois accomplis par des non-commerçants. Le droit commercial est ainsi à la fois le droit des actes de commerce et le droit des commerçants.

Au-delà de cette querelle se dessine depuis plusieurs années une conception renouvelée du droit commercial, qui traduit les mutations profondes de la vie économique et de ses acteurs.

II - Le droit commercial dans la vie des affaires ou du droit commercial au droit des affaires

L'objet du droit commercial serait de réglementer, pour partie, les rapports juridiques nés de l'activité économique, mais non la totalité.

En réalité, le droit commercial est né avec le commerce, ce qui confère à cette branche du droit une dimension essentiellement historique. Si certains auteurs annoncent sa mort programmée, on peut dire que le droit commercial est la « *survivance d'un passé encore récent* » (M. Cabrillac, « Vers la disparition du droit commercial », *Écrits en hommage à Jean Foyer*, PUF, 1997, p. 329).

Cette tentative de définition du droit commercial tend à devenir obsolète sous la pression irrésistible de l'extension du droit commercial, le fonds de commerce et le commerçant n'étant plus les acteurs majeurs de la vie des affaires. Ainsi, le droit commercial tend à s'effacer devant des catégories plus larges et plus récentes, le droit économique, entendu comme le droit des entreprises (Cl. Champaud, « Contribution à la définition du droit économique », *D.* 1967. Chron. 215), et plus encore, le droit des affaires qui retient une « *vision plus globale de la vie juridique* », (Cl. Champaud). L émergence de ces nouvelles appellations atteste de la complexité croissante de la vie de l'entreprise et de l'éclatement de la matière, qui ne cesse d'intégrer des disciplines nouvelles (droit de la concurrence, droit communautaire, droit financier, droit fiscal, droit bancaire...). Toujours est-il qu'il résulte de cette genèse du droit commercial un lien fort avec le droit civil, mais également avec une multitude d'autres règles.

Distinctions :

Industries extractives (exploitations de carrières ou de marais salants) : elles restent traditionnellement en dehors du droit commercial. Néanmoins, l'article 23 du Code minier dispose que « *l'exploitation de mine est considérée comme un acte de commerce* ».

• Activités de circulation et de transformation : c'est l'objet essentiel du droit commercial (industries de transformation et commerce proprement dit).

• Certaines activités ou instruments juridiques restent en dehors de l'objet du droit commercial mais lui sont néanmoins rattachés :

- activités exercées par des sociétés à forme commerciale ;
- instruments d'utilisation générale étudiés dans le droit commercial (billet à ordre, chèques...).

§ 2 – De l'unité à la pluralité du droit privé

La question de savoir si le droit commercial demeure rattaché au droit civil ou s'il a acquis son autonomie, entraînant une dualité au sein du droit privé (et soulevant de ce fait la question de ses rapports avec le droit civil) est désormais désuète.

En effet, le droit commercial a sans aucun doute acquis son autonomie par rapport au droit civil, mouvement renforcé par l'émergence du droit des affaires, lequel est tentaculaire.

Causes : elles tiennent essentiellement aux besoins spécifiques du droit commercial, qui se veut depuis toujours essentiellement un droit efficace. Cette efficacité économique résulte d'une triple exigence, le crédit, la sécurité et la rapidité :

• Besoin de crédit : toute personne exerçant une activité économique a besoin de financement. Le droit commercial se préoccupe donc de l'octroi de ce crédit, par différents mécanismes comme les effets de commerce, ainsi que des moyens de protection du crédit accordé, tel le nantissement.

• Besoin de sécurité : les transactions effectuées par les commerçants ne doivent être contestées. De même que les paiements ne doivent pas être menacés. L'essence même du droit cambiaire est cette exigence de sécurité.

• Besoin de rapidité : sans aucun doute, le souci de rapidité est le plus ancien et est à l'origine de l'affranchissement du droit commercial du droit civil, jugé comme trop formaliste et donc, trop lent. De même, les procédures commerciales sont plus rapides.

Effets : cette triple exigence entraîne des conséquences bien particulières dans le droit positif :

• Du point de vue des institutions : les institutions commerciales sont moins consensuelles (droit réglementaire des sociétés) et moins causalistes (droit cambiaire) qu'en droit civil.

• Du point de vue juridictionnel : il existe des juridictions spécifiques à l'activité économique.

• Du point de vue des règles de preuve et de fond : la capacité juridique est différente, la solidarité est présumée, l'anatocisme est autorisé, le principe de liberté des preuves est essentiel.

• Du point de vue de la fiscalité : elle accentue la particularité du droit commercial par son influence constante sur l'activité des commerçants.

§ 3 - L'histoire du droit commercial

I - L'Antiquité

Plusieurs peuples antiques ont laissé derrière eux une réputation solide de commerçants, en particulier les Phéniciens et les Carthaginois. Ces peuples commerçants ont transmis peu de traces écrites de leur droit. Les plus anciens documents sont d'origine mésopotamienne, les tablettes de Warka (environ 2000 avant J.-C.) et le Code d'Hamourabi (environ 1700 avant J.-C.). Quant au droit romain, réputé pour avoir contribué à la constitution du droit civil moderne, il n'a pas établi de règles propres à l'activité commerciale. De même, la Grèce antique, si passionnée de droit constitutionnel et de philosophie politique, s'est peu intéressée aux questions de droit privé, en particulier aux échanges entre commerçants.

II - Le Moyen Âge

Les premières sources du droit commercial modernes apparaissent au Moyen Âge, avec le développement des échanges économiques qui apparaît à partir du XIIe siècle. Le commerce prend de l'ampleur, sous l'impulsion des foires qui vont contribuer dans une très large mesure à l'émergence d'un certain nombre d'institutions fondatrices du droit commercial (banqueroute, juridictions commerciales, lettre de change…). La vie commerciale est alors concentrée dans deux grands centres géographiques, les Flandres (Anvers, Hambourg, Bruges…) et la Péninsule italienne avec les cités-États (Gênes, Pise, Florence, Venise) où naissent la plupart des institutions du droit commercial. Les Lombards sont ainsi à l'origine de la comptabilité en partie double.

La prohibition canonique du prêt à intérêt a pour effet de réserver aux juifs ou aux Lombards le commerce de banque.

III - Du Moyen Âge à la Révolution française

Cette période dite « moderne » est caractérisée par le renforcement progressif du pouvoir royal, se traduisant par une force unificatrice importante. « *Aux temps modernes, la Monarchie est désormais absolue et tout le monde est sujet du roi* » (Paul Didier et Philippe Didier, *Droit commercial*, T. 1, Economica, 2005, n° 44, p. 49), les nobles et les clercs, mais également les marchands et les corporations de métiers. Il en résulte une immixtion forte du pouvoir royal dans l'ensemble de l'économie.

Cette période est marquée par deux faits marquants :

• **La prédominance des aspects financiers** dans la vie commerciale :
- on assiste en effet au développement du commerce de banque ;
- les souverains et les États procèdent à des émissions de titres, entraînant la naissance des opérations de bourse (Lyon, Anvers).

• **La « nationalisation » du droit commercial** : c'est la conséquence naturelle du développement des États modernes.

En France, ce mouvement se traduit par trois actes importants : l'édit de 1563 de Michel de l'Hospital créant la juridiction consulaire, l'ordonnance de mars 1673 de Colbert sur le commerce, nommé Code Savary, et enfin l'édit de Turgot de 1776 supprimant les corporations (maîtrises et jurandes). Ainsi, lorsque Colbert promulgue le Code Savary en 1673, il consacre le droit des marchands et s'inscrit dans cette tradition désormais française d'ingérence du pouvoir royal, puis étatique dans la sphère économique.

IV – La période moderne et contemporaine

La Révolution française abolit l'ordre ancien. Le décret du 4 août 1789 détruit entièrement le régime féodal. Opérant une rupture définitive avec le passé, la Révolution pose les bases d'un ordre nouveau fondé sur l'égalité des hommes, leur liberté tant politique qu'économique, et le droit de propriété conçu comme un droit naturel et imprescriptible.

S'ouvre alors une longue période de mutations profondes des échanges commerciaux avec l'éclosion du capitalisme moderne, ponctué de reflux dirigistes :

1/ **Proclamation de la liberté du commerce et de l'industrie** par le décret d'Allarde des 2 et 17 mars 1791 ;

2/ **Abolition définitive des corporations** avec la loi Le Chapelier des 14 et 15 juin 1791 ;

3/ **Promulgation du Code de commerce** par Napoléon applicable à partir du 1er janvier 1808 ;

4/ **Développement du droit commercial moderne** avec l'émergence de structures et réglementations nouvelles :
- législations successives sur les sociétés commerciales (XIXe et XXe siècles), avec la création en particulier de la société anonyme (1867) ;
- influence de la législation sociale sur l'entreprise générant la mise en place d'un droit protecteur des travailleurs (XXe siècle) ;
- protection de l'épargne et du crédit (notamment entre les deux guerres) ;
- intervention croissante de l'État dans la vie économique et commerciale, essentiellement au XXe siècle ;
- réformes législatives sous la Ve République (sociétés, redressement et liquidation judiciaire des entreprises…).

5/ **Nationalisations de l'après-guerre** : elles signent la volonté de faire de l'État l'acteur majeur de l'économie. Sont nationalisés Gaz et Électricité de France, Charbonnages de France ainsi que les 4 principales banques ;

6/ **Nationalisations de 1982** : elles ouvrent en France une nouvelle période d'économie dirigée. Sont alors nationalisées des entreprises majeures de l'économie (Rhône-Poulenc, Thomson-Brandt, Compagnie de Saint Gobain, Péchiney-Ugine-Kulhman), ainsi que 39 banques ;

7/ **Privatisations de 1986, 1994 et suivantes** : elles marquent un retour au libéralisme, tant en France que dans les économies occidentales et un abandon de la planification ;

8/ **Construction de l'Europe** : elle débute avec la constitution de la CECA suivie par le Traité de Rome en 1957, qui institue la Communauté économique européenne (CEE). Ce nouvel espace économique répond à des principes clés, la libre concurrence, une monnaie unique avec la création de l'euro en 2000 ;

9/ **Émergence de nouvelles sources du droit**, dont le droit communautaire et ses instances juridictionnelles, la Cour européenne des droits de l'Homme (CEDH), et la Cour de justice de l'Union européenne ;

10/ **Crise financière puis économique de 2008** : initiée par la chute de la banque américaine *Lehman Brothers* le 15 septembre 2008, cette crise profonde qui frappe toutes les économies occidentales et dont on peut s'interroger sur sa nature réelle, crise ou changement de paradigme, s'est traduite par un interventionnisme renforcé de l'État dans toutes les économies occidentales. Elle a été suivie par la quasi-faillite de certains pays (la Grèce en particulier) et des difficultés sévères de certains autres (crise de dettes souveraines), initiant ainsi un mouvement de crise des dettes souveraines dans de nombreux pays occidentaux.

§ 4 - Les sources du droit commercial

I - Les sources internes du droit commercial

A - La loi

Le droit commercial est, pour l'essentiel, un droit écrit, ce qui confère à la loi un rôle important.

1. Le Code de commerce

Dans la matière commerciale, les lois ont été réunies dans le Code de commerce, lors du mouvement de codification opéré par Napoléon 1er. Le Code de commerce est voté en cinq lois, promulguées le 15 décembre 1807.

Il est divisé en 4 livres :

- livre I : Du commerce en général ;
- livre II : Du commerce maritime (en dehors de droit commercial général) ;
- livre III : Des faillites et banqueroutes ;
- livre IV : De la juridiction consulaire. Il est relativement court (648 articles à comparer aux 2 282 articles du Code civil) et constitue surtout un cadre.

Le Code de 1808 se vit adresser de nombreuses critiques, en particulier de ne pas avoir su trancher entre les conceptions objective et subjective du droit commercial. Surtout, il est très vite devenu désuet en raison des profondes mutations de la vie commerciale et économique.

Celui-ci va faire l'objet de nombreuses modifications, réécritures, insertions de textes nouveaux (régime du fonds de commerce par loi du 17 mars 1909, ordonnance de 1945 sur les prix...). La codification à droit constant prend la forme d'une ordonnance du 18 septembre 2000 qui donne naissance au nouveau Code de commerce, alors que le Code monétaire et financier est annexé à l'ordonnance du 14 décembre 2000.

En dépit d'un souci de clarification, ces deux codes sont critiqués et ne regroupent pas, loin s'en faut, la totalité du droit applicable.

2. La législation en dehors du Code de commerce

- La survie exceptionnelle de textes anciens dans des matières non réglées par le Code (liberté du commerce et de l'industrie).

- La législation postérieure au Code : celle-ci est considérable. Elle concerne en effet les piliers du droit commercial : le fonds de commerce, les sociétés commerciales, le traitement des entreprises en difficulté notamment.

3. Le Code civil

a. Le droit commun des obligations

Principe : malgré une autonomie forte, le droit commercial spécial reste soumis au droit commun des obligations.

Exceptions :

- En présence d'un texte : il existe des règles particulières au commerce. Ainsi, en matière de preuve, l'article 110-3 du Code de commerce pose le principe essentiel de la liberté de la preuve entre commerçants, afin de faciliter la rapidité des transactions commerciales.

- En dehors d'un texte : on admet que l'autonomie du droit commercial fasse parfois échec au droit commun des obligations (compte courant). De même, la solidarité se présume en matière commerciale alors qu'elle doit être expressément stipulée en droit civil.

b. Le contrat de société (art. 1832 et s. C. civ.)

Le contrat de société, en ce qu'il est un contrat, demeure soumis à un ensemble de règles de droit civil, qui constituent le droit commun des sociétés. En particulier, les quatre conditions posées par l'article 1108 du Code civil, que sont le consentement, la capacité, l'objet et la cause, s'imposent avant que ne s'ajoutent des règles propres au droit des sociétés (voir *infra*).

B – La coutume et les usages

Ils constituent une source importante du droit commercial d'origine privée. Le rôle des usages a diminué avec le développement du droit écrit, mais il demeure important. Il arrive que le législateur consacre et codifie certains usages.

La preuve des usages, de droit ou de fait, demeure difficile. Elle est néanmoins facilitée par la qualité de commerçant des juges dans la mesure où ils sont en principe informés des usages. Cette preuve est généralement faite par « parères » (avis de commerçants se prononçant sur l'existence d'un usage).

1. La coutume ou usage du droit

• Elle a force de loi générale et obligatoire.

• Elle peut même déroger au droit commun (solidarité, anatocisme, intérêts de plein droit...).

• On distingue **trois types d'usages** : les usages *secundum legem* (l'usage comble les lacunes de la loi), les usages *praeter legem* (l'usage supplée la loi) et les usages *contra legem* (l'usage s'oppose à la loi).

• L'existence d'une coutume n'est établie que par la reconnaissance jurisprudentielle du caractère obligatoire d'une règle.

2. Les usages de fait

Ce sont des pratiques professionnelles – souvent locales – habituellement suivies par les commerçants. Ces usages sont purement interprétatifs et peuvent déroger à une loi supplétive.

Autorité : elle est faible.

Les usages de fait peuvent être écartés par une convention contraire ; ils ne peuvent déroger à la loi.

Preuve : l'existence d'un usage de fait peut se prouver par la production d'un parère délivré par les chambres de commerce ou les syndicats professionnels.

C – La jurisprudence

« *Notion mystérieuse* » selon les termes du Professeur François Terré (*Introduction générale au droit*, Dalloz, 9e éd., 2012, n° 347), la jurisprudence désigne « *l'ensemble des décisions de justice rendues pendant une certaine période, soit dans une matière, soit dans une branche du droit, soit dans l'ensemble du droit* » (*Vocabulaire juridique*, Assoc. H. Capitant). La jurisprudence joue ainsi le rôle traditionnellement attaché aux décisions de justice, c'est-à-dire d'application et d'interprétation de la loi.

Son originalité dans la matière commerciale consiste dans l'existence de juridictions d'exception, les tribunaux de commerce (dont l'origine lointaine se trouve dans les juridictions consulaires italiennes). Un débat récurrent concerne le maintien ou la pérennité de ces tribunaux alors que ceux-ci ont été supprimés dans la plupart des pays d'Europe.

1. L'organisation des tribunaux de commerce

a. L'institution

L'organisation des tribunaux de commerce est précisée par les articles L. 721-1 et s. du Code de commerce. En principe, il y a un tribunal de commerce par circonscription judiciaire (en l'absence d'un tribunal de commerce, le tribunal de grande instance est alors compétent).

b. La composition

Les tribunaux de commerce sont principalement composés de juges consulaires.

Le tribunal de commerce est composé d'au moins 3 juges, un président et deux juges, qui ne sont pas des magistrats professionnels mais des juges élus, pour 2 ans à la première élection, pour 4 ans aux élections suivantes. L'élection a lieu à deux degrés : les commerçants et assimilés élisent un collège de « délégués consulaires ». Ce collège électoral est composé en outre des membres et anciens membres des tribunaux de commerce et des chambres de commerce et d'industrie.

Un projet de loi (2000) avait adopté le principe de l'échevinage, qui consiste à intégrer un juge professionnel ; il a été abandonné. Les juges des tribunaux de commerce exercent leurs fonctions gratuitement.

Le Ministère public est représenté devant les juridictions consulaires.

c. Les auxiliaires de la justice et représentation des parties

• Les auxiliaires : l'administrateur judiciaire et le mandataire judiciaire liquidateur sont présents dans le nouveau droit des procédures collectives (L. 26 juill. 2005 de sauvegarde des entreprises, loi de modernisation de l'Économie du 4 août 2008) ;

• La représentation des parties : elle est assurée en pratique par les avocats (et notamment les anciens agréés devenus avocats par l'effet de la fusion des professions judiciaires), ou un mandataire muni d'un pouvoir.

2. La compétence du tribunal de commerce

Elle est énoncée dans l'article L. 721-3 du Code de commerce.

a. *Ratione materiae*

• Le tribunal de commerce est une juridiction d'exception, ce qui signifie qu'il n'est compétent qu'autant qu'un texte le prévoit expressément. Il possède une double compétence :

- subjective : le tribunal de commerce est compétent pour les contestations relatives aux commerçants et aux sociétés commerciales ;
- objective : le tribunal de commerce est compétent lorsque le litige porte sur un acte de commerce, ou dans le cadre des procédures collectives.

NB : **acte mixte** : il s'agit d'un acte effectué entre un commerçant et un non commerçant. Le commerçant ne peut saisir que la juridiction civile ; le non-commerçant a l'option entre le tribunal d'instance ou de grande instance (selon l'importance du litige) et le tribunal de commerce.

• L'incompétence des tribunaux commerciaux pour les litiges civils est d'ordre public. Celle des tribunaux civils pour les affaires commerciales est relative (plénitude de juridiction) et doit être soulevée en principe « *in line litis* ».

b. *Ratione loci*

Principe : le tribunal compétent est celui du domicile du défendeur. En matière contractuelle, le demandeur peut en outre saisir le lieu de la livraison effective de la chose ou lieu de l'exécution de la prestation de service.

Exception : la modification est possible soit par une élection de domicile, soit par une clause attributive de compétence.

3. La procédure commerciale et le rôle du président du Tribunal de commerce

Le trait marquant est la simplicité de la procédure devant le tribunal de commerce. En particulier, elle est plus rapide et moins coûteuse qu'en droit commun. Ainsi, les parties peuvent comparaître personnellement.

Le tribunal statue en dernier ressort et sans appel lorsque la demande ne dépasse pas 5 000 euros.

Le président du tribunal de commerce possède des pouvoirs propres :
- ordonnance sur requête : le président rend des décisions provisoires d'une manière non contradictoire dans les seuls cas prévus par la loi (saisie conservatoire, autorisation de prise de nantissement sur fonds de commerce…) ;
- ordonnance de référé en matière commerciale : le président peut statuer par voie de référé quand il y a urgence et qu'il n'y a pas de difficultés sérieuses quant au fond du procès ;
- référé-provision : le président est saisi pour l'octroi d'une provision (condamnation du débiteur au règlement d'une partie, voire de la totalité de la créance).

4. Les voies de recours

• **Les voies de recours ordinaires :** il s'agit de l'appel devant la cour d'appel lorsque l'intérêt du litige en jeu dépasse 5 000 €, et de l'opposition.

• **Les voies de recours extraordinaires :** la tierce opposition, qui permet à des tiers non parties au procès de défendre leurs intérêts, le recours en révision, ouvert de façon exceptionnelle dans les cas prévus par le Code, le pourvoi en cassation, contre les décisions rendues en dernier ressort par la cour d'appel ou le tribunal de commerce.

D - La doctrine

La doctrine joue en cette matière le rôle qu'on lui reconnaît traditionnellement dans la formation et l'élaboration des règles de droit. Elle désigne « *les opinions émises sur le droit par des personnes qui ont fonction de l'étudier* » (Fr. Terré, *Introduction générale au droit*, Dalloz, 9e éd., 2012, n° 193). On l'oppose à cet égard à la jurisprudence.

En droit commercial, la doctrine a joué un rôle remarquable, en particulier en complétant le Code de commerce et la matière par des principes fondamentaux. On lui reconnaît ainsi de nombreux et célèbres représentants (Gény, Thaller et Escarra sur la notion d'usages en droit commercial, Ripert, Lagarde).

II - Les sources communautaires et internationales du droit commercial

A - Les sources communautaires : droit primaire et droit dérivé

1. Le droit primaire et le droit dérivé

L'article 2 du traité de Rome signé le 25 mars 1957 instituant la Communauté économique européenne (CEE) marque le point de départ de la création d'un espace économique commun (Acte unique européen, 1986 et traité de Maastricht, 1992). Les objectifs de libre circulation des marchandises et des capitaux, et de liberté d'établissement ont modifié le droit commercial national. Pour atteindre ces objectifs, les institutions centrales européennes utilisent essentiellement, outre les traités qui constituent ce qu'on nomme le droit communautaire primaire, le règlement et la directive comme outils principaux de rapprochement des différentes législations nationales dénommées le droit communautaire dérivé :

– le **règlement** : c'est un acte de portée générale qui s'impose directement aux États membres et à leurs ressortissants ;

– la **directive** : cet acte engage les États membres quant aux résultats à atteindre, tout en laissant aux autorités nationales la compétence quant à la forme et aux moyens. Rédigée en termes larges et ouverts, afin que chaque État membre puisse ajouter au texte de directive, elle doit faire l'objet d'une transposition dans les différents droits nationaux.

Les instances communautaires majeures sont au nombre de cinq :

– le **Conseil européen** : il est composé des chefs d'État et de gouvernement des pays de l'Union. Il détermine les grandes lignes de la politique européenne. En ce sens, il est l'organe supérieur ;

– le **Conseil de l'Union européenne** : sorte de conseil des ministres, il approuve les propositions de la Commission qui mettent en place la politique communautaire. Il est ainsi détenteur du pouvoir normatif, qui prend la forme des règlements et des directives ;

– la **Commission européenne** : gardienne des traités et des actes des institutions, elle veille à leur bonne application. À ce titre, elle est autorisée à infliger des amendes (violation des règles de la concurrence par ex.). Elle joue également un rôle central dans le processus législatif ;

– le **Parlement européen** : il « participe au processus conduisant à l'adoption des textes communautaires », en particulier par voie de consultation (auprès du Conseil et de la Commission). Les membres sont élus depuis 1979 au suffrage universel direct ;

– La **Cour de justice de l'Union européenne** : elle siège à Luxembourg et est composée de 15 juges. Sa mission contentieuse est double. La Cour peut être saisie par les plaideurs eux-mêmes, par voie d'action ou d'exception (recours contre des sanctions prises par une autorité communautaire, exception d'illégalité contre les règlements…). Dans ces cas, elle se prononce au fond et en dernier ressort. La Cour peut être saisie de manière médiate, par une juridiction nationale qui sursoit à statuer afin d'avoir une réponse sur une question de droit européen par voie préjudicielle.

À ces instances, il faut ajouter la **Cour des comptes européenne**, qui veille à la bonne utilisation du budget de la Communauté. Elle contrôle les comptes de l'Union, examinant la totalité des recettes et des dépenses de chaque organisme communautaire. Elle rend un rapport annuel.

Enfin, le **Comité économique et social européen (CESE)** a un pouvoir consultatif en ce qui concerne toutes les propositions de directives à caractère économique et social. Malgré sa nature consultative, son rôle n'a cessé de s'affirmer.

2. La Convention européenne de sauvegarde des droits de l'homme (Conv. EDH)

Bien que cette Convention ne soit pas spécifique au droit des affaires, il faut signaler le rôle grandissant en notre matière de la *Convention européenne de sauvegarde des droits de l'homme*, dont la portée en droit interne est tentaculaire (par ex., sur l'application de la Conv EDH à un bail commercial, Amiens, 8 févr. 2005).

Signée le 4 novembre 1950 par les États membres, et ratifiée par la France en 1974, elle s'impose au droit national et est directement applicable par le juge national. Devenue une véritable source de droit en droit des affaires, elle irrigue notre matière, en particulier en ce qui concerne les garanties procédurales (§ 6 Conv. EDH) que les acteurs économiques doivent observer (AMF, autorité de la concurrence). Le respect des dispositions de la Convention est assuré par la Cour européenne des droits de l'Homme, qui peut être saisie pour tout manquement à la Convention, de plaintes émanant soit d'un État, soit d'une requête individuelle de « toute personne physique, toute organisation non gouvernementale ou tout groupe de particuliers... ». Une jurisprudence désormais puissante s'est ainsi constituée au fil du temps, contribuant au rayonnement de la Convention et faisant de celle-ci une véritable source du droit, en droit commercial.

B - Les sources internationales

Le commerce est désormais mondial. Compte tenu de la mondialisation des échanges, le droit international joue un rôle croissant, en particulier en droit commercial. L'objectif principal des conventions internationales est d'uniformiser les législations de chaque pays. Ainsi, des conventions énoncent un régime propre aux contrats internationaux.

Exemples : la Convention de Vienne du 11 avril 1980 sur la vente internationale de marchandises, entrée en vigueur en France le 1er janvier 1991 ; la Convention de Genève de 1930 et 1931 pour les moyens de paiement.

Les **traités internationaux**, dont la Cour de cassation admet depuis l'arrêt *Jacques Vabre* (Cass., ch. mixte, 24 mai 1975) leur prééminence par rapport aux lois nationales, fussent-elles postérieures, ont également une portée essentielle.

Les usages internationaux ont un rôle encore plus important dans le contexte international qu'en droit interne, notamment dans les contrats-types. Ces usages sont élaborés par la Chambre de commerce internationale (*Incoterms* ou *International commercial terms*) intervenant dans le cadre de ventes internationales.

La CNUDCI (Commission des Nations Unies pour le commerce international) travaille à l'élaboration de lois types et des lois uniformes nouvelles.

Enfin, il y a lieu d'évoquer l'importance du *General Agreement on Tariffs and Trade* (*GATT*), dont l'objet est de réduire ou supprimer les droits de douane et les contingents dans les domaines d'échanges de marchandises. Cet accord, signé en 1947, a été révisé par la Convention de Marrakech (15 avril 1994), laquelle a créé l'**Organisation mondiale du commerce** (OMC). Organisation internationale à part entière et dotée de la personnalité morale, l'OMC édicte des principes qui ont vocation à s'appliquer à tous les pays. Surtout, elle constitue un cadre des négociations multilatérales sur des sujets tels que la concurrence, l'investissement, les marchés publics, l'environnement...

C – L'arbitrage commercial

Cette forme de justice, qui consiste à confier un litige à la justice privée, est envisagée avec de plus en plus de bienveillance par les acteurs commerciaux. En effet, l'arbitrage allie souvent les exigences de rapidité (les arbitres doivent en principe statuer dans le délai de six mois) et de confidentialité, qualités recherchées par les acteurs économiques en proie à un différend commercial.

De plus, les parties ont la possibilité de choisir les arbitres, voire de composer eux-mêmes le tribunal arbitral auquel ils soumettront leur différend. Ainsi, des chambres d'arbitrage ont été créées par les chambres de commerce.

L'arbitrage, tant interne qu'international, est régi par le Code de procédure civile.

Ainsi, le litige sera dénoué selon les arbitres qui rendent un acte juridictionnel. Ceux-ci sont tenus de respecter les principes de la procédure civile, en particulier les droits de la défense.

L'existence du tribunal arbitral résulte donc d'un accord entre les parties au litige et la convention d'arbitrage. Cette « *convention d'arbitrage peut prendre la forme d'une clause compromissoire ou d'un compromis* » (C. pr. civ., art. 1442, al. 1er).

1. La clause compromissoire et le compromis

• **La clause compromissoire** : c'est la convention par laquelle les parties à un contrat s'engagent à soumettre à l'arbitrage les litiges qui pourraient naître relativement à ce contrat. Cette clause sera donc stipulée par écrit dans la convention principale. Elle doit prévoir les modalités de désignation des arbitres.

• **Le compromis** : cette convention est celle par laquelle les parties à un litige déjà né décident de le soumettre à l'arbitrage.

2. La sentence arbitrale

Les arbitres élaborent une sentence arbitrale, fruit d'une délibération qui est secrète. La sentence a, dès qu'elle est rendue, autorité de la chose jugée (C. pr. civ., art. 1476).

Elle peut faire l'objet d'une exécution forcée en vertu d'une décision d'*exequatur* émanant du tribunal de grande instance dans le ressort duquel la sentence a été rendue (C. pr. civ., art. 1477).

La sentence arbitrale est susceptible d'appel devant la cour d'appel. Néanmoins, le plus souvent les parties auront renoncé à cette possibilité dans la convention d'arbitrage.

D – Les nouveaux modes alternatifs de résolution des conflits

Pour répondre aux besoins de la vie des affaires, et parce que l'arbitrage peut être coûteux, la pratique a imaginé d'autres modes alternatifs de résolution des conflits.

Le **médiateur** et le **conciliateur** représentent désormais une véritable alternative. Dans les deux cas, ces personnes ont pour mission de tenter de rapprocher les personnes ayant un différend, et ainsi d'atteindre un règlement pacifique du conflit. En cas d'échec, les parties peuvent recourir à l'arbitrage ou saisir la juridiction compétente.

Le médiateur a fait l'objet d'une réforme par une ordonnance du 16 novembre 2011.

Par ailleurs, une nouvelle procédure a été imaginée et figure dans l'article 2062 du Code civil (décr. 20 janv. 2012). Il s'agit de la convention de la procédure participative, laquelle permet aux parties, assistées de leur avocat, de s'engager à négocier de bonne foi. Une telle procédure suspend la prescription et interdit toute saisine du juge pendant la négociation.

Section 2 – L'intervention de l'État dans la vie commerciale

Évolution : la contribution de l'État à la vie commerciale est une caractéristique historique forte. Il s'agit là d'une séquelle historique d'un État impliquée dans la vie des affaires, parfois même dirigiste.

De sorte que l'on ne peut comprendre les ressorts de cette branche du droit sans avoir une compréhension précise de cette intervention. Celle-ci a pu prendre des formes variées au cours de l'histoire.

§ 1 – L'organisation administrative et professionnelle

I – Les organes centraux

À l'échelon ministériel, les services du commerce sont rattachés d'une part au **ministère de l'Économie et des Finances**, et, depuis 2012, au **ministère du Redressement productif** qui a remplacé l'ancien ministère de l'Industrie.

La vocation du premier est la gestion des finances publiques tandis que le ministère du Redressement productif prépare et met en œuvre la politique du gouvernement en matière d'industrie, des PME, de postes et communications, électroniques et, enfin, des services d'innovation. Il y a lieu d'évoquer le rôle majeur rempli par le Trésor et sa direction.

Le **Conseil économique et social** – organisme **constitutionnel** – a un rôle consultatif en matière économique.

II – Les organisations professionnelles

La forme traditionnelle désigne les syndicats professionnels qui ont pour mission de défendre les intérêts de leurs adhérents de leur branche professionnelle. Elles sont consultées par l'État à propos de leur secteur économique et social respectif.

III – Les organes locaux

A – Les Chambres de commerce et d'industrie (CCI)

Ces établissements publics ont « *une fonction de représentation des intérêts de l'industrie, du commerce et des services auprès des pouvoirs publics* » selon les termes de la loi du 23 juillet 2010, qui a modifié le Code de commerce.

Elles sont régies par le Code de commerce (C. com., art. L. 710-1 et s. ; loi 23 juillet 2010).

Organisation : ce sont des établissements publics chargés sur le plan local de représenter les intérêts économiques. Renouvellement triennal des membres. Des délégués consulaires servent de correspondants dans la circonscription. (Décr. 18 juill. 1991).

Attributions : Les attributions des CCI sont d'ordre consultatif sur les règlements relatifs aux usages commerciaux, mais aussi administratif (carte de représentant de commerce, etc.), commercial (magasins généraux, salles de vente publique...). Elles ont une mission de service aux entreprises industrielles et commerciales, et gèrent des structures de formation professionnelles

B – Les chambres régionales de commerce et d'industrie / La chambre des métiers

Composées des représentants des chambres de commerce, elles jouent un rôle analogue au niveau des régions. Ces chambres constituent ainsi un réseau qui contribue au développement économique du territoire.

La chambre des métiers : il a toujours existé une réglementation propre aux artisans. Il existe ainsi un Code de l'artisanat. En conséquence, la chambre des métiers est pour l'artisanat l'équivalent des chambres de commerce et d'industrie.

C – Les autres institutions administratives

De nombreuses institutions ont pour mission de favoriser le développement de l'activité économique. Ce sont autant de structures qui constituent des corps intermédiaires entre le Premier ministre et les différents ministres dont les compétences et le champ d'action varient selon les gouvernements.

Citons la DATAR, qui a en charge l'aménagement du territoire, dans un souci entre autres de décentralisation (L. 2 mars 1982, le FDES, fonds de développement économique et social, et l'IDI peuvent apporter un soutien financier aux entreprises). Enfin, le Conseil économique et social a vocation à donner son avis sur certains textes.

§ 2 – Le principe de la liberté du commerce et de l'industrie

I – Le contenu du principe de liberté du commerce et de l'industrie

Celui-ci a été consacré par la loi des 2 et 17 mars 1791 (décret *d'Allarde*). Ce principe s'est trouvé définitivement assuré par l'abolition des corporations opérées par la loi *Le Chapelier* des 14 et 17 juin 1791.

Toujours en vigueur bien que non repris par le Code de commerce, il a été réaffirmé par l'article 1er de la loi *Royer* du 27 décembre 1973, qui l'a au demeurant renommé liberté d'entreprendre.

Cette liberté demeure l'un des piliers de notre économie et de notre système juridique. Le Conseil constitutionnel lui a reconnu valeur constitutionnelle (Cons. const. 16 janv. 1982, relative à la loi de nationalisation), et la Constitution de 1958 renvoie à cette liberté garantie par la Déclaration des droits de l'Homme et du Citoyen. Cette liberté se prolonge dans la liberté de la concurrence, fondement du droit communautaire.

En réalité, le législateur ne peut porter atteinte à cette liberté qui constitue le fondement du caractère libéral de notre économie.

Ce principe a une double signification :
- toute personne peut exercer le commerce de son choix,
- toute personne peut exercer le commerce comme elle l'entend.

Ce principe, aussi puissant soit-il, fait l'objet de limitations.

II - Les limites au principe de liberté du commerce et de l'industrie

A - Les limites tenant à l'activité

Le principe cède devant certaines activités économiques, soit parce que celles-ci sont soumises au monopole de l'État (poste et télécommunications, tabac, EDF-GDF...), soit en raison de leur contenu contraire aux bonnes mœurs et à l'ordre public (absinthe, maison de tolérance...).

De même, certaines activités sont soumises à autorisation administrative. C'est le cas par exemple des débits de boissons (L. 17 juin 1880) ou encore de l'autorisation d'exploiter une officine pharmaceutique.

De même, la loi *Royer* du 27 décembre 1973 a posé des limites quant à l'installation de magasins à grande surface. Ce contrôle n'a cessé d'être renforcé depuis, en particulier avec la loi de modernisation de l'économie du 4 août 2008. L'autorisation administrative préalable est maintenue. La réforme fait passer le seuil à partir duquel la délivrance d'une autorisation est obligatoire de 300 à 1 000 m^2. Il n'est pas certain que cette matière ne connaisse des évolutions importantes, tant le rapport en matière d'aménagement commercial rendu en 2010 par des députés se révèle désastreux.

B - Les limites tenant aux personnes

1. Les incapacités

Il faut évoquer en préalable les limites posées par la capacité juridique.

Jusqu'en 2010, le Code de commerce distinguait le mineur non émancipé ne pouvant jamais être commerçant, tandis que le mineur émancipé pouvait exercer le commerce à condition d'obtenir une autorisation spéciale.

Cette règle ancestrale a été profondément modifiée par la loi du 15 juin 2010 relative à l'entrepreneur individuel, qui autorise le mineur émancipé à être commerçant sur autorisation du juge.

En revanche, le mineur non émancipé ne peut être ni commerçant ni associé dans une société conférant la nature commerciale à ses membres (SNC en particulier).

De même, le majeur sous tutelle, privé de toute capacité juridique, ne peut être commerçant.

2. Les incompatibilités et les déchéances

Les incompatibilités empêchent d'exercer simultanément deux professions dont on estime qu'elles peuvent nuire l'une à l'autre. Certaines professions sont particulièrement exposées : les offices ministériels (notaires), les parlementaires. Notons tout de même que ces incompatibilités n'excluent pas nécessairement la possibilité d'être associé dans une société commerciale.

La déchéance est une sanction privative de droits. Elle a pour objet de sanctionner un comportement répréhensible d'un commerçant. La déchéance ne peut être prononcée que si un texte le prévoit. Les dispositions prévoyant des déchéances se sont peu à peu multipliées.

Ainsi, le juge a la faculté de prononcer une interdiction de gérer, en cas de commission de certaines infractions (L. 4 août 2008, LME).

De manière générale, l'article L. 128-1 du Code de commerce dispose que « *nul ne peut directement ou indirectement, pour son propre compte ou pour le compte d'autrui, entreprendre l'exercice d'une profession commerciale ou industrielle, diriger, administrer, gérer ou contrôler, à titre quelconque, une entreprise commerciale s'il a fait l'objet depuis moins de dix ans d'une condamnation définitive* » à certaines peines limitativement énumérées.

Cette déchéance est limitée à 10 ans. Le commerçant ou professionnel est tenu de cesser son activité dans un délai de 3 mois.

3. Les limites d'ordre privé : les clauses de non-concurrence

Malgré un paradoxe apparent, la clause de non-concurrence est une conséquence directe du principe de la liberté de la concurrence. En effet, la liberté de la concurrence suppose une réglementation qui veille à ce que ce principe soit effectif. L'absence de normes juridiques génère, non la libre concurrence, mais tout au contraire, des comportements entravant la concurrence en particulier, les ententes et les monopoles.

Ce paradoxe a été énoncé très tôt, dès la Révolution qui, tout en proclamant le principe du libéralisme économique, dut intervenir pour éviter la flambée des prix (loi dite du « maximum » votée en 1793).

En réalité, les comportements anticoncurrentiels, auxquelles on peut ajouter les pratiques dites restrictives, constituent désormais un pan important du droit de la concurrence.

Objet : il s'agit d'une stipulation contractuelle par laquelle l'une des parties s'engage à ne pas exercer une activité concurrente. Elle assure la protection d'un droit à la clientèle. Si ces clauses de non-concurrence constituent une atteinte à la liberté d'entreprendre, la pratique a révélé leur grande utilité. La jurisprudence les considère comme valables dès lors qu'elles respectent certaines exigences.

Elles sont systématiquement insérées dans les contrats de vente et de location-gérance de fonds de commerce.

Validité : ces clauses sont en principe valables dans la mesure où elles n'ont pas un champ d'application trop vaste. La restriction ne doit pas être trop restrictive. En principe, elles doivent être limitées selon la nature de la clause dans le temps et/ou dans l'espace ou quant à l'activité interdite. L'obligation de non-concurrence perpétuelle ne saurait prospérer puisque le droit civil interdit les engagements perpétuels. La clause sera alors annulée, même si elle est limitée d'un point de vie géographique (Civ. 3e, 18 mars 1987).

La jurisprudence a ajouté une condition supplémentaire, à savoir que la clause soit stipulée dans l'intérêt légitime d'un contractant afin d'éviter une concurrence anormale ou dangereuse. Derrière cette exigence se cache celle d'un principe de proportionnalité (Com. 7 juill. 2006).

Après des hésitations, la jurisprudence a fait de l'existence d'une contrepartie financière une condition de validité de la clause stipulée par un salarié dans le cadre d'un contrat de travail (Soc., 10 juill. 2002). Encore faut-il que cette clause corresponde à un intérêt légitime de l'employeur.

III - La réglementation liée au principe de la liberté du commerce et de l'industrie

Principe : les activités commerciales n'exigent aucun diplôme spécifique ou qualification professionnelle. C'est là une conséquence directe du principe de liberté du commerce et de l'industrie. Néanmoins, ce principe comporte quelques restrictions, lesquelles sont essentiellement le résultat de l'exigence de la capacité commerciale (voir *infra*). De plus, concernant les **activités artisanales**, la loi du 5 juillet 1996 dispose que ces activités ne peuvent être exercées que par une personne qualifiée professionnellement. Il en va de même pour les agriculteurs (L. 4 juill. 1980).

A - La réglementation des prix

1. Le principe de la liberté des prix

L'ordonnance du 1er décembre 1986 a posé le principe de la liberté des prix résultant du jeu de la concurrence (C. com., art. 410-2). Ce principe de la liberté bénéficie à tous les agents économiques, qu'ils soient privés ou publics. Il est néanmoins accompagné de deux exceptions majeures.

2. Les exceptions au principe de liberté des prix

L'État se réserve le droit d'intervenir pour contrôler les prix, d'une part dans des secteurs ou des zones géographiques caractérisés par une absence structurelle de concurrence (C. com., art. L. 410-2, al. 2), d'autre part, en cas de hausses ou de baisses excessives de prix dues à des situations exceptionnelles ou manifestement anormales (C. com., art. L. 410-2, al. 3). Le législateur est muet quant aux critères d'appréciation de la notion de hausse ou baisse excessive de prix. Néanmoins, les mesures réglementaires destinées à lutter contre une baisse ou une hausse excessive de prix doivent être motivées par une situation de crise, des circonstances exceptionnelles, une calamité publique, ou encore une situation manifestement anormale du marché dans un secteur déterminé (Décr. 8 août 1990, relatif au prix de vente des produits pétroliers, suite au marché pétrolier exceptionnel au cours de l'été 1990).

B - La réglementation de la concurrence

Le « principe de la liberté du commerce et de l'industrie », ou encore « liberté d'entreprendre » domine l'entier droit commercial, d'autant qu'avec la naissance de la CEE, cette liberté a pris une dimension européenne.

Il implique ainsi que le seul fait de « capter » la clientèle d'autrui n'est pas en soi-même illicite.

Néanmoins, l'économie de marché n'exclut pas des mesures de régulation afin que ses principes fondateurs de libre concurrence soient effectifs. La libre concurrence suppose ainsi une certaine forme de régulation étatique pour en assurer l'effectivité. En particulier, pour que la libre concurrence soit réelle, certains intérêts doivent être protégés et certains comportements, prohibés.

Cet arsenal de règles ayant pour objet de réguler la libre concurrence a donné lieu à l'émergence d'une branche du droit à part entière, le droit de la concurrence, ayant ainsi acquis au fil du temps une totale autonomie à l'égard du droit civil, mais aussi du droit commercial.

Historiquement, les textes importants sont la loi des 2 et 17 mars 1791, la loi du 27 décembre 1973, et l'ordonnance du 1er décembre 1986 relative à la liberté des prix et de la concurrence qui constitue aujourd'hui le texte majeur.

Des textes ultérieurs l'ont cependant complété (loi *Galland* du 1er juillet 1996 sur la loyauté et l'équilibre des relations commerciales, loi du 15 mai 2001 sur les nouvelles régulations économiques, loi *Jacob* du 2 août 2005).

Des réformes complémentaires ont été apportées pare la loi du 4 août 2008 et l'ordonnance du 13 novembre 2008.

Ces textes ont pour objet d'introduire davantage de concurrence entre les entreprises de distribution. Surtout, ils établissent l'Autorité de la concurrence (qui remplace l'ancien Conseil de la concurrence), dotée de moyens renforcés et de pouvoirs élargis (contrôle des concentrations).

Cette protection s'opère par la prise en compte de trois séries de comportements prohibés.

1. La concurrence déloyale

Le principe est que les commerçants ne doivent pas employer de procédés déloyaux pour se concurrencer. Toutes les formes de concurrence ne sont pas permises.

Aucun texte en France n'énonce de loi traitant de la concurrence déloyale en général. En revanche, le droit français a opté pour une approche multiple, plusieurs textes interdisant certaines pratiques commerciales déterminées.

En l'absence de texte général sur la concurrence déloyale, la jurisprudence recourt au droit commun de la responsabilité civile (C. civ., art. 1382 et 1383) afin de sanctionner les comportements déloyaux.

Ce sont les tribunaux qui ont déterminé cas par cas les hypothèses de concurrence déloyale, procédant à une appréciation *in abstracto* des comportements (par rapport à la conduite d'un commerçant honnête et scrupuleux).

La doctrine, depuis les travaux de Roubier, retient une classification des actes de concurrence déloyale en quatre catégories : les procédés de dénigrement, les actes créant la confusion, la désorganisation de l'entreprise d'un concurrent et enfin, le parasitisme commercial.

• Les **procédés de dénigrement** consistent en propos péjoratifs tenus sur un concurrent, diffusés dans le public ou destinés à l'être. Ils doivent être distingués de la publicité comparative, admise depuis la loi du 18 janvier 1992 dès lors qu'elle est soumise à des conditions strictes.

• Les **actes créant la confusion** cherchent à usurper le succès de son concurrent et de se l'approprier. Ils peuvent porter sur le nom, la marque, les produits.

• La **désorganisation** consiste en des atteintes à la force commerciale d'une entreprise concurrente. Elle peut porter sur l'organisation du marché, sur les moyens de distribution du concurrent. La Cour de cassation a par ailleurs condamné le procédé du couponnage électronique comme constituant un acte de concurrence déloyale, au motif qu'il s'analysait en un détournement de clientèle (Com. 18 nov. 1997).

• Le **parasitisme** consiste à tirer profit de la réussite d'une entreprise en utilisant des procédés inappropriés. Ainsi, dans l'affaire *Champagne*, le parfumeur Yves Saint-Laurent a dû renoncer à l'utilisation de la marque champagne pour désigner un parfum de luxe, alors même qu'il n'y avait pas de protection de l'appellation champagne (Paris, 15 déc. 1993).

2. Les pratiques restrictives de concurrence

Ces pratiques se distinguent des pratiques anticoncurrentielles en ce qu'elles sont sanctionnées pour elles-mêmes.

La liste des pratiques restrictives de concurrence a été enrichie par de nombreuses lois, dont la loi du 27 juillet 2010, et figure dans l'article 442-6 du Code de commerce.

Celui-ci sanctionne par la responsabilité civile de leur auteur ou par la nullité du contrat de telles pratiques.

Par ailleurs, l'article 442-5 du Code de commerce interdit la revente à un prix imposé. Cette interdiction est générale et s'applique à la revente de tous les produits et toutes les prestations de service.

Certaines de ces pratiques sont sanctionnées pénalement : interdiction de la revente à prix imposé (C. com., art. L. 442-5), interdiction de la revente à perte (C. com., art. L. 442-2, al. 1er), qui est punie de 75 000 € d'amende.

De nombreuses pratiques restrictives de concurrence sont sanctionnées civilement : pratiques discriminatoires, abus de dépendance, rupture brutale des relations commerciales (L. 3 janv. 2003).

3. Les pratiques anticoncurrentielles

Les pratiques anticoncurrentielles s'analysent en une déstabilisation du marché.

Cette matière puise ses sources à la fois dans le droit interne et dans le droit communautaire (traité instituant la Communauté européenne). Il existe ainsi une compétence partagée entre la Commission et les États membres pour assurer le contrôle des pratiques anticoncurrentielles.

→ **L'Autorité de la concurrence et les pratiques anticoncurrentielles :** autorité de régulation en matière concurrentielle, elle est en charge du contrôle du marché. Elle assure les enquêtes, l'instruction et le traitement des pratiques anticoncurrentielles. Autorité administrative indépendante, au même titre que l'Autorité des marchés financiers, elle assure ainsi la fonction de décision en matière de pratique anticoncurrentielle.

Elle prononce des sanctions pécuniaires (respect du procès équitable, art. 6 § 1 Conv. EDH), dont le montant a été substantiellement augmenté et qui peut atteindre 10 % du chiffre d'affaires pour une entreprise, 3 millions d'euros si ce n'est pas une entreprise. Elle est aussi habilitée à prononcer des mesures conservatoires.

→ **Les pratiques anticoncurrentielles sont :**

• **Les ententes** (C. com., art. L. 420-1) : elles constituent un aspect du phénomène de la concentration des entreprises. Elles peuvent présenter des avantages sur le plan de la rationalisation, mais comportent des risques pour les consommateurs, d'où leur contrôle sévère. L'entente est en effet un accord qui a pour objet ou pour effet de fausser ou de restreindre le jeu de la concurrence sur un marché. L'article 420-1 du Code de commerce pose le principe d'interdiction de toutes les ententes, quelle qu'en soit la forme. Pour qu'il y ait entente, trois conditions doivent être réunies : il faut une concertation au sens large, entre des opérateurs économiques au sens large, et une incidence actuelle ou potentielle sur la concurrence.

• **L'abus d'une position dominante** (C. com., art. L. 420-2) : la concurrence sur un marché peut être entravée du fait du comportement de grandes entreprises. L'abus de position dominante consiste en l'exploitation abusive par une entreprise de sa position dominante sur un marché. Elle peut résulter de différents comportements, comme un refus de vente ou en des ventes liées, en conditions de vente discriminatoires. Le 9 février 2009, la Commission européenne a rendu une communication qui invite à privilégier les effets réels des abus, au cas par cas, selon des critères économiques.

• **L'abus d'un état de dépendance économique** (C. com., art. L. 420-2) : cette notion est inconnue du droit communautaire et a été introduite par l'ordonnance du 1er décembre 1986. L'objectif est de protéger les fournisseurs contre les abus de la grande distribution. L'article 420-2 al. 2 n'interdit la dépendance en tant que telle, mais l'abus qui peut en être fait. Cette interdiction est de portée générale. Elle ne vise pas uniquement la puissance d'achat, mais toutes les formes de dépendance qui placent une entreprise sous la domination d'une autre (dépendance d'achat, dépendance de marque...).

Section 3 – La théorie de l'acte de commerce

Définition : en énonçant que « *sont commerçants ceux qui exercent des actes de commerce et en font leur profession habituelle* », l'article 121-1 du Code de commerce définit le commerçant à travers la notion d'acte de commerce. L'acte de commerce constitue donc le critère majeur de la commercialité. Ce texte, qui reprend au demeurant la disposition de l'ancien article 1er du Code de commerce de 1807, s'impose aux personnes physiques, aux sociétés autres que les sociétés commerciales par la forme, et aux autres groupements.

Il faut néanmoins relever que l'on a pu assister à l'influence accessoire d'autres conceptions :

• **rôle de la profession :** il existe des règles professionnelles applicables aux commerçants (caractère subjectif du droit commercial, Georges Ripert) ;

• **rôle de l'entreprise :** la plupart des actes de commerce sont exécutés dans le cadre d'un organisme, l'entreprise. Certains ont voulu y trouver la base du droit commercial et ainsi surmonter l'opposition entre conception objective et subjective du droit commercial (Escarra).

§ 1 – La notion d'acte de commerce ou d'activité commerciale

L'article 121-1 du Code de commerce doit être entendu aujourd'hui dans une acceptation plus large que ne l'était l'article 1er de l'ancien Code de commerce. En d'autres termes, l'acte de commerce ne peut être compris dans un sens étroit d'acte juridique mais bien dans le sens d'activité commerciale, voire économique.

Cette absence de définition a amené une partie de la doctrine à tenter de déterminer un critère transversal de commercialité. Certains ont mis en exergue l'idée de spéculation, au XIXe siècle. Plus récemment, le professeur Paul Didier a insisté sur la notion de circulation, décrivant l'activité commerciale selon le cycle « argent-marchandise-argent » (« La compétence législative du droit commercial », *RTD com.* 1965. 535).

La réalité est que l'activité commerciale, plus que jamais, est multiple et renvoie à différents critères. Le législateur ne s'y est pas trompé dans son refus de définition et retenant le procédé de l'énumération.

Puisque le commerçant est celui qui exerce des actes de commerce, l'article L. 110-1 énumère ainsi les actes de commerce.

C. com., art. L. 110-1 : les actes de commerce font en revanche l'objet d'une énumération limitative par l'article L. 110-1 du Code de commerce. L'article L. 110-2 du Code de commerce complète l'énumération en évoquant d'autres activités relatives au commerce maritime. Mais la jurisprudence moderne admet une certaine extension par voie d'analogie.

Malgré l'absence de définition, les actes de commerce peuvent être groupés autour de trois idées essentielles :

- **idée de spéculation**, c'est-à-dire de recherche d'un bénéfice (d'où exclusion des actes désintéressés) ;
- **idée de circulation ou d'entremise** ;
- **idée d'entreprise**.

On voit ainsi émerger une définition principale de l'acte de commerce, l'acte de spéculation dans la circulation des richesses, le plus souvent accompli dans le cadre d'une entreprise.

I - Les actes de commerce par nature

Ce sont les actes de commerce réputés comme tels à raison de leur objet et indépendamment de leur forme. Cette approche signe la théorie objective de l'acte de commerce, énoncée dans l'ancien article 632 du Code de commerce.

Dans un souci de clarté, on peut distinguer deux catégories :

- les actes de commerce pris individuellement, *ut singuli* ;
- les actes de commerce accomplis dans le cadre d'une entreprise.

A - Les actes de commerce isolés ou « *ut singuli* »

1. L'achat pour revendre

C. com., art. 110-1, al. 1er : cet article décrit l'acte de commerce par excellence, de l'acte de commerce type.

Peu importe que le bien soit revendu tel quel ou après avoir été « travaillé ou mis en œuvre ». Entrent donc dans cette première catégorie le commerce au sens habituel du terme (gros, demi-gros, détail) et l'industrie de transformation.

2. Les opérations de change et de banque : les activités financières

C. com., art. 110-1-7° et 8° : les banquiers ont toujours été considérés comme des commerçants. Pour autant, la jurisprudence ne retient la commercialité de ces activités que lorsqu'elles sont exercées avec une intention spéculative ou lucrative. Sont commerciales les opérations sur espèces, sur valeurs mobilières, les opérations de crédit, mais également les assurances maritimes et les opérations de commerce de terre.

3. Les opérations d'intermédiaires

C. com., art. 110-1-3° : sont commerciales toutes les activités d'intermédiaires professionnels, qu'ils agissent en qualité de courtier, de commissionnaire ou de mandataire, dans les ventes d'immeubles, de fonds de commerce, d'actions ou de parts de sociétés immobilières.

C. com., art. 110-1-7° : le courtier est l'intermédiaire qui rapproche les parties sans conclure lui-même l'opération. Contrairement au mandataire ou au commissionnaire, il n'intervient pas dans l'opération juridique elle-même.

C. com., art. 110-1-5° : le commissionnaire est l'intermédiaire qui conclut lui-même l'opération, le plus souvent sous son nom personnel.

B – Les actes de commerce par entreprise

L'acte ne présente le caractère commercial que s'il est accompli dans le cadre d'une entreprise, ce qui suppose la réunion de certains moyens (personnel, matériel) et une répétition d'actes accomplis à titre professionnel (influence de la conception subjective).

1. Les entreprises énumérées par la loi

• **L'entreprise de manufacture :** cette terminologie ancienne désigne aujourd'hui les **activités industrielles**, c'est-à-dire les activités de transformation de produits (C. com., art. 110-1-5). L'activité industrielle est commerciale par nature. Il faut donc entendre manufacture dans le sens le pus large. Ainsi, les entreprises de travaux publics sont commerciales (alors qu'au XIXe siècle, la jurisprudence les considérait comme civile) ;

• **L'activité de service :** traditionnellement, les économistes distinguent les activités industrielles des activités de service sous l'appellation de secteur tertiaire. Considérées comme commerciales par l'article 110-1 du Code de commerce, il les énumère sans les réunir sous un dénominateur commun :

- entreprise de location de meubles (C. com., art. 110-1-4°) ;
- entreprise de transports par terre ou par eau (C. com., art. 110-1-5°) et entreprise de transformation (par voie d'assimilation, entreprise de déménagement) ;
- entreprise de fournitures, d'agences, de bureaux d'affaires (C. com., art. 110-1-6°) : il s'agit là d'une catégorie résiduelle, un peu « fourre-tout », par exemple les entreprises de pompes funèbres.

• **L'entreprise de vente à l'encan** (C. com., art. 110-1-6°) : cette expression désigne la vente de marchandises aux enchères publiques. Les règles ont été profondément modifiées par la loi du 20 juillet 2011 (C. com., art. L. 321-1 et s.). Il s'agit de la vente en gros de marchandises mais aussi les enchères réalisées à distance par voie électronique.

• **L'entreprise de spectacles publics** (C. com., art. 110-1-6°) : la notion est entendue de façon très large et englobe les activités de cinéma et de théâtre, de manière générale toutes les représentations dirigées vers le public. Cette approche fait donc entrer dans le domaine de la commercialité les activités des chaînes de télévision.

2. L'extension jurisprudentielle par voie d'analogie

Celle-ci s'est opérée à partir des idées de spéculation et d'entremise.

• **Les assurances sont commerciales**, à l'exclusion des assurances mutuelles.

• **Les entreprises d'exploitation des œuvres de l'esprit d'autrui** ont également une nature commerciale, les activités d'édition, les entreprises de presse. Il s'agit là d'une extension jurisprudentielle à la nature commerciale des entreprises de spectacles publics (art. 110-1-6°). En revanche, l'auteur qui cède ses droits sur son œuvre ne fait pas acte de commerce.

II - Les actes de commerce par la forme

Ces actes ont une nature commerciale à raison de leur forme, et ce, quel que soit leur objet ou la personne qui les accomplit.

• La **lettre de change** (C. com., art. L. 110-1-10 ° ; loi du 7 juin 1894) : elle s'analyse toujours en un acte de commerce, même si elle est souscrite par un non-commerçant. Longtemps elle a constitué l'acte de commerce par la forme type. Ainsi, quelle que soit l'opération effectuée par la lettre de change, quelle que soit la qualité des personnes intéressées, les engagements résultant de la lettre de change sont de nature commerciale.

• Les **sociétés commerciales par la forme** : l'article L. 210-1 du Code de commerce déclare commerciales à raison de leur forme, et quel que soit leur objet, un certain nombre de sociétés commerciales : la société en nom collectif, les sociétés à responsabilité limitée, la société en commandite simple et les sociétés par actions.

La nature commerciale de ces sociétés confère à leur activité le caractère commercial.

La difficulté apparaît lorsque la société est commerciale par la forme mais a un objet civil. La jurisprudence de la Cour de cassation n'est pas unifiée (Civ. 2e, 6 mai 1997 ; Com. 10 nov. 2004).

III - Les actes de commerce par détermination de la loi

L'objectif est de soumettre certaines activités au droit commercial, pour des raisons d'opportunité ou d'utilité pratique.

• Agences et bureaux d'affaires (C. com., art. 110-1-6°).

• L'exploitation des mines (L. 9 sept. 1919).

IV - Les actes de commerce relatifs - La théorie de l'accessoire

A - La règle et sa portée

Est commercial tout acte accompli par un commerçant dans l'exercice et pour les besoins de son commerce (influence de la conception subjective). En d'autres termes, un acte à caractère civil sera qualifié d'acte de commerce parce qu'il se rattache à un acte de commerce ou est effectué par un commerçant dans l'exercice de sa profession. L'emprunt de commercialité suppose que l'acte soit accompli par un commerçant. Le commerçant peut être une personne morale.

Le fondement juridique de la théorie de l'accessoire est l'article 110-1, 9° du Code de commerce, qui répute acte de commerce « *toutes obligations entre négociants, marchands et banquiers...* ».

Exemple : l'achat d'un véhicule par un commerçant pour son usage privé est un acte civil. C'est un acte de commerce si cet achat est destiné à assurer le fonctionnement de l'entreprise. Sont des actes de commerce tous les actes faits par un commerçant pour les besoins de son commerce, selon la formule consacrée de la Cour de cassation (par ex., Com. 15 nov. 2005).

De manière analogique, la Cour de cassation a reconnu la solution symétrique, décidant que des actes par nature commerciale deviennent civils car accomplis par un non commerçant, dans le cadre de sa profession civile.

Il y a présomption de commercialité des actes accomplis par un commerçant. Il s'agit d'une présomption simple : le commerçant peut démontrer le caractère non commercial de son acte.

B – Les applications

1. Les contrats

Les contrats passés par le commerçant dans l'intérêt direct de son entreprise sont considérés comme commerciaux, sauf preuve contraire (achats de consommation, contrats à titre gratuit, cautionnements).

Exemple : le contrat de travail conclu pour le fonctionnement de l'entreprise (sous réserve de l'application du droit du travail).

2. Les délits, quasi-délits et autres engagements extracontractuels

La jurisprudence leur a étendu la théorie de l'accessoire (actes de concurrence déloyale), sauf exception (les accidents d'automobiles causés par les véhicules des commerçants par exemple).

§ 2 – Le régime juridique des actes de commerce

La qualification d'acte de commerce entraîne une double conséquence :

- la notion d'acte de commerce permet de définir qui a la qualité de commerçant ;
- les actes de commerce sont soumis à un régime juridique spécial.

Le particularisme des actes de commerce justifie qu'ils soient soumis à un ensemble de règles qui dérogent au droit civil des obligations et des contrats. Ce particularisme résulte de la triple exigence déjà évoquée de la matière commerciale, rapidité, sécurité et efficacité.

L'absence d'un régime homogène et cohérent laisse place à l'application résiduelle du droit civil.

I – Les règles spéciales aux obligations commerciales

L'acte de commerce donne naissance à une obligation commerciale, qui répond à des règles pour certaines différentes du droit civil.

A – La preuve et la forme des obligations commerciales

Les exigences de rapidité et de sécurité conduisent à des règles en matière commerciale en apparence contradictoires.

Principe : Sur le principe de la liberté des preuves (motif de rapidité), l'article 110-3 du Code de commerce dispose que « *à l'égard des commerçants, les actes de commerce peuvent se prouver par tous moyens à moins qu'il n'en soit autrement disposé par la loi* », et cela quelle que soit la valeur de l'acte. En revanche, le droit civil est régi par le principe de la preuve par écrit (au-dessus de 1 500 €).

De même, la preuve par l'écrit électronique est recevable.

Néanmoins, pour que la preuve soit libre, deux conditions doivent être réunies : le défendeur à la preuve doit être commerçant, la preuve doit avoir pour objet un acte accompli par ce commerçant dans l'exercice de son commerce.

Exceptions : au nom d'un principe de sécurité, la liberté de la preuve laisse parfois place à un certain formalisme, posé par le législateur, à la fois simple et strict en raison de la gravité de l'engagement :

– le droit cambiaire : la lettre de change doit comporter les mentions prévues par l'article 511-1 du Code de commerce. À défaut, elle ne vaut pas comme lettre de change ;

– le cautionnement ;

– le contrat de société doit également respecter des règles de forme pour acquérir en particulier la personnalité morale (C. civ., art. 1835).

B – L'exécution des obligations commerciales

• Mise en demeure : jusqu'en 1991, la mise en demeure d'une dette commerciale pouvait se faire par tout moyen : alors que le débiteur d'une somme d'argent n'est en principe pas tenu à des dommages-intérêts du seul fait que le terme est échu, il suffit en matière commerciale au créancier de faire connaître au débiteur sa volonté d'être payé. La loi du 9 juillet 1991, portant réforme des procédures civiles d'exécution a unifié les règles. Désormais, en matière civile comme en matière commerciale, la mise en demeure peut résulter d'une « *lettre missive, lorsqu'il ressort de ses termes une interpellation suffisante* ».

• Principe de la solidarité en droit commercial : la solidarité signifie que plusieurs débiteurs sont tenus de la même dette, chacun pour le tout, le créancier pouvant ainsi réclamer l'intégralité de la dette à n'importe quel codébiteur. Par dérogation à l'article 1202 du Code civil qui énonce que la solidarité ne se présume pas et qu'elle doit être expressément stipulée, celle-ci se présume entre commerçants, selon un usage *contra legem*. Cette règle de solidarité est expressément affirmée en matière d'effets de commerce (C. com., art. L. 511-44) ;

• Faculté de remplacement et réfaction du contrat : ces règles concernent l'exécution du contrat de vente commerciale. L'acheteur qui n'obtient la délivrance des marchandises peut obtenir soit le remplacement par des marchandises de même quantité et qualité, ou encore la réfaction du contrat qui lui permet de conserver les marchandises livrées et non conformes et d'obtenir une diminution du prix par le juge ;

• Régime des intérêts : depuis la loi du 11 juillet 1975, le taux de l'intérêt légal est identique en matière civile et commerciale. Actuellement, l'article L. 313-2 du Code monétaire et financier prévoit que le taux est fixé chaque année par décret (par référence aux taux de rendement actuariel de certaines adjudications de bons du Trésor). Quant au taux de l'intérêt conventionnel, il est libre aussi bien en matière civile qu'en matière commerciale, sous réserve des limitations imposées par la prohibition de l'usure.

C – L'extinction des obligations commerciales ou la prescription

La prescription extinctive ou libératoire a fait l'objet d'une réforme par la loi du 17 juin 2008.

L'article L. 110-4 al. 1er du Code de commerce institue un délai de 5 ans (il était auparavant de 10 ans), pour la prescription ordinaire, que l'obligation soit contractuelle ou délictuelle. En effet, la loi a unifié les délais de prescription civile et commerciale, et a fixé pour ce nouveau droit commun le délai de cinq ans (C. civ., art. 2224 nouv. ; C. com., art. L. 110-4 nouv.).

Par ailleurs, un second délai a été posé, et est énoncé par l'article L. 137-2 du Code de la consommation. L'action des professionnels pour les biens et les services qu'ils fournissent aux consommateurs, se prescrit par 2 ans.

II – La compétence et la procédure devant le Tribunal de commerce

• Compétence des tribunaux de commerce : créés à Paris par un édit royal de 1563, les tribunaux de commerce ont traversé les embûches historiques, en particulier la Révolution. On a vu que le principe est celui de la compétence d'attribution du tribunal de commerce (C. com., art. L. 721-3).

• Validité de la clause attributive de compétence matérielle : elle est valable mais demeure inopposable au non commerçant, ce qui signifie que le non commerçant devra être assigné devant la juridiction civile ;

• Validité de la clause attributive de compétence territoriale : le principe est la validité dès lors que la clause a été convenue entre commerçants et qu'elle ait été spécifiée de façon très apparente. Si ce n'est pas le cas, elle est réputée non écrite (C. proc. civ., art. 48) ;

• Validité de la clause compromissoire par laquelle les parties conviennent de soumettre un litige futur à la procédure d'arbitrage. Ce principe a d'ailleurs été étendu aux professionnels en général, même non commerçants (C. civ., art. 2061).

§ 3 – La théorie des actes mixtes

Définition : l'acte mixte est, comme son appellation peut le laisser penser, un acte conclu entre un commerçant et un non-commerçant, qui présente le caractère commercial pour l'une des parties et non commercial pour l'autre partie. Ce sera ainsi le cas d'une vente par un commerçant à un consommateur.

Régime juridique : sous réserve de la prescription dont le régime a été désormais unifié avec la loi du 17 juin 2008 (prescription de cinq ans), dans l'absence de disposition légale, on procède à une application distributive des règles de droit civil et commercial pour assurer la protection de la partie non commerçante.

On se place habituellement du point de vue du :

• débiteur : pour l'application des règles de fond telle que la mise en demeure ou la solidarité. Ce sont les règles commerciales qui s'appliquent si le débiteur est commerçant ;

• défendeur : pour l'application des règles de compétence et de preuve (preuve selon les modes du droit commercial contre le commerçant, selon les modes du droit civil contre le non-commerçant ; compétence du tribunal de commerce si le défendeur est commerçant, du tribunal civil si le défendeur est un non-commerçant : toutefois celui-ci peut aussi assigner le commerçant devant le tribunal civil).

Exceptions :

- la clause compromissoire est nulle même si le commerçant est défendeur : l'article 2061 du Code civil dispose en effet que la clause compromissoire ne peut être stipulée qu'entre professionnels ;
- la clause attributive de compétence territoriale est nulle si elle est figure dans un acte mixte (art. 48 C. pr. civ.).

Première partie

Les règles générales applicables aux commerçants

Les commerçants nourrissent largement le tissu économique français. L'objet de ces développements est de préciser la notion de commerçant ainsi que les exigences posées par le droit pour être commerçant, de décrire les différents types de commerçant, leur statut ainsi que leurs obligations. La notion, toujours centrale, de fonds de commerce fera l'objet d'une étude approfondie.
Enfin, des développements porteront sur l'entrepreneur individuel à responsabilité limitée (EIRL), nouvellement introduit en droit français.

31 Titre 1 – Les commerçants et les artisans
32 Chapitre 1 – Les notions générales sur les commerçants
34 Chapitre 2 – La capacité commerciale
37 Chapitre 3 – Les obligations du commerçant
48 Chapitre 4 – L'artisan

51 Titre 2 – Le fonds de commerce
52 Chapitre 1 – La notion et les éléments du fonds de commerce
55 Chapitre 2 – Les opérations portant sur le fonds de commerce
64 Chapitre 3 – Le bail commercial et la propriété commerciale

69 Titre 3 – L'entrepreneur individuel à responsabilité limitée (EIRL)
70 Chapitre unique – De la constitution à la cessation de l'EIRL

Titre 1
Les commerçants et les artisans

Il est courant de mettre en perspective les commerçants et les artisans. Pourtant, leur statut respectif diffère profondément et renvoie à des réalités tant juridiques qu'humaines bien distinctes. Néanmoins, un point d'analogie continue de les unir, ce qui explique ce rapprochement. Tant les commerçants que les artisans exercent leur activité sans recours à la société comme structure d'accueil. Seront donc évoqués successivement les notions générales sur les commerçants et leur capacité commerciale ainsi que leurs obligations avant d'évoquer la question de l'artisan.

Chapitre 1
Les notions générales sur les commerçants

L'essentiel

La notion de commerçant décrit différentes réalités. L'objet de ces développements est aussi de définir le commerçant, les auxiliaires du commerce avant d'évoquer la question des commerçants étrangers.

Section 1 – La définition du commerçant

C. com., art. L. 121-1 : « *sont commerçants ceux qui exercent des actes de commerce et en font leur profession habituelle* ».

Cette approche ne tient compte ni de la qualification que se donne une personne, ni de la réglementation administrative (sauf ce qui sera dit du registre du commerce), ni du régime fiscal.

Cette définition posée par l'article L. 121-1 énonce un certain nombre de critères déterminants :

- exercice des actes de commerce ;
- en faire sa profession habituelle ;
- pour son compte personnel.

Les conditions posées par le Code commerce sont en principe nécessaires et suffisantes.

Elles permettent aussi de distinguer le commerçant d'autres acteurs de l'entreprise, en particulier le salarié et le mandataire.

Section 2 – Les auxiliaires du commerce

Les auxiliaires du commerce font des actes de commerce à titre professionnel, mais non pour leur compte personnel : ils n'ont donc pas la qualité de commerçant.

§ 1 – Le personnel de l'entreprise commerciale

Il faut distinguer le salarié du commerçant. Alors que le commerçant engage son patrimoine personnel lorsqu'il effectue des actes de commerce, le salarié, parce qu'il n'est pas commerçant, n'engagera pas son patrimoine propre.

Le critère semble donc double, d'une part.

Le personnel salarié de l'entreprise commerciale est soumis au droit du travail.

Deux spécificités doivent être mentionnées :

• En cas de survenance d'une modification dans la situation économique de l'employeur (vente, fusion, transformation du fonds, mise en société de l'entreprise), le droit selon un principe essentiel assure le maintien des contrats de travail. Ce texte majeur figurait dans le célèbre article L. 122-12 du Code travail. Aujourd'hui, il est énoncé par l'article L. 1224-1 du Code du travail ;

• Participation du personnel à la vie sociale et économique de l'entreprise dans le cadre des comités d'entreprise (Ord. 22 févr. 1945) et de la participation aux fruits de l'entreprise (Ord. 20 oct. 1986). Celle-ci est accrue par les lois des 28 octobre 1982 et 1er mars 1984.

Doté de la personnalité morale, le comité d'entreprise a pour objet d'assurer la prise en compte de l'intérêt des salariés (C. trav., art. L. 431-4).

§ 2 - Les gérants succursalistes

Le gérant succursaliste exerce la direction d'un magasin ou d'une succursale pour le compte du commerçant, le plus souvent dans le cadre de sociétés à succursales multiples.

Suivant l'étendue de la subordination, il peut être mandataire non salarié lorsque le contrat de gérance de succursale correspond à un mandat. Le gérant, bien que mandataire, bénéficie de la protection sociale des salariés en vertu des articles L. 781-1 et s. du Code de travail.

§ 3 - Les représentants de commerce et les agents commerciaux

Leur situation juridique dépend de leur qualité, très variable.

• Le **VRP** ou « voyageur, représentant et placier », souvent appelé « représentant statutaire », est assimilé à un salarié et bénéficie d'un régime spécial (en particulier, versement d'une indemnité de clientèle). Chargé de démarcher la clientèle, il bénéficie depuis 1937 d'un statut professionnel. Il n'existe pas de critère formel de la qualité de VRP, qui se définit ainsi par la qualité professionnelle de la personne.

L'article L. 7311-3 du Code du travail énumère les 4 caractères que le VRP doit présenter :

- le VRP doit travailler pour le compte d'autrui, d'un ou plusieurs employés,
- son activité doit être délimitée,
- il doit exercer sa profession de manière exclusive et constante,
- enfin, le contrat de travail du VRP doit préciser le secteur d'activité.

• L'**agent commercial** : il s'agit d'un mandataire libre, agissant à titre permanent « au nom et pour le compte de producteurs, d'industriels, de commerçants ou d'autres agents commerciaux », selon les termes de l'article L. 134-1 du Code de commerce, (L. 25 juin 1991).

Il négocie et conclut des contrats de vente, d'achat et de prestation de service au nom et pour le compte de son mandant. Bien que le Code de commerce ne tranche pas la question, la Cour de cassation décide de façon constante qu'il n'est pas commerçant. Il est lié à son mandant par un mandat dit « d'intérêt commun », qui vient tempérer le droit commun du mandat (indemnité en cas de résiliation, sauf faute de leur part).

Chapitre 2
La capacité commerciale

L'essentiel

Pour pouvoir exercer le commerce, encore faut-il y être autorisé, ce que le droit traduit par la notion de capacité commerciale. Condition essentielle à l'exercice d'une activité commerciale, elle doit être précisée.

Section 1 - Les mineurs et les incapables majeurs

Nous avons vu que, jusqu'en 2010, le Code de commerce distinguait le mineur non émancipé ne pouvait jamais être commerçant, tandis que le mineur émancipé pouvait exercer le commerce à condition d'obtenir une autorisation spéciale.

Ce principe a été profondément modifié par la loi du 15 juin 2010 relative à l'entrepreneur individuel.

De même, le majeur sous tutelle, privé de toute capacité juridique, ne peut être commerçant.

§ 1 - Le mineur

- **Mineur non émancipé** : il ne peut exercer une activité commerciale ni directement, ni par son représentant légal. Il ne peut être associé dans une société conférant la nature commerciale à ses membres (SNC en particulier).

- **Mineur émancipé** : depuis la loi du 15 juin 2010, le mineur émancipé peut être commerçant sur autorisation du juge.

§ 2 - Le majeur incapable

Le principe est celui de la protection des incapables par des exigences de capacité très strictes, la profession commerciale étant considérée comme une activité dangereuse.

Depuis la loi du 3 janvier 1968, les distinctions suivantes doivent être faites :

- **Majeur sous sauvegarde de justice** : il peut en principe effectuer des actes de commerce isolés (dans les limites de leurs capacités civiles : C. com., art. 491-2 et 510-3) ;

- **Majeur sous curatelle** : il peut en principe passer des actes de commerce mais devra solliciter l'accord du curateur pour les actes de commerce les plus graves. Dans les faits, parce que le curateur n'est en continu avec le majeur sous curatelle, il ne pourra donc exercer le commerce de façon habituelle ;

• **Majeur sous tutelle** : privé de toute capacité juridique, parce qu'il est considéré comme en état d'aliénation mentale, il ne peut ni faire le commerce, ni accomplir les actes de commerce isolés (C. com., art. 502).

Section 2 - Les époux dans la vie commerciale

§ 1 - La femme mariée commerçante

Idée directrice : il est fréquent, surtout pour les petits commerces, que les deux époux exercent le commerce en commun. D'abord soumis à des conditions restrictives, l'exercice du commerce par la femme mariée devient libre.

L'égalité avec le mari est, depuis 1985, totale pour l'acquisition de la qualité de commerçant et pour l'engagement des biens du ménage.

I - L'acquisition par la femme mariée de la qualité de commerçant

• Code civil : l'article 4 al. 2 du Code civil, dans sa rédaction initiale, considérait que la femme mariée n'était pas considérée comme commerçante si elle exerçait le commerce avec son mari. Cette mesure discriminatoire visait à préserver les intérêts de la femme mariée ;

• Loi du 10 juillet 1982 : elle supprime toute référence à la femme mariée, qui acquiert la qualité de commerçant comme son mari, par l'accomplissement d'actes de commerce (égalité des époux).

• Le principe est désormais énoncé à l'article L. 121-3 C. du Code de commerce : « *Le conjoint d'un commerçant n'est réputé lui-même commerçant que s'il exerce une activité commerciale séparée de celle de son époux.* »

II - Les effets des engagements de la femme commerçante

• Régime de séparation de biens : les engagements de la femme ne pèsent pas sur le mari.

• Régime de communauté : la femme mariée engage ses biens propres et les biens de communauté.

§ 2 - Le conjoint commerçant

Depuis la loi du 10 juillet 1982, l'article L. 121-4 du Code de commerce prévoit que le conjoint d'un commerçant peut choisir parmi trois statuts, le conjoint collaborateur, le conjoint salarié et le conjoint associé.

I - Le conjoint collaborateur

Mentionné au registre du commerce et des sociétés, il reçoit mandat d'accomplir les actes concernant les besoins de l'entreprise. Il ne peut s'engager personnellement. L'un des conjoints est alors seul commerçant.

II - Le conjoint salarié

Le conjoint est lié à son époux par un contrat de travail. Un lien de subordination entre les époux doit néanmoins exister. La Cour de cassation a décidé qu'il n'est pas nécessaire de se prononcer sur l'existence de ce lien de subordination si l'époux reçoit une rémunération et participe à l'activité de son époux, les dispositions du Code de travail étant applicables (Soc., 6 nov. 2001). Il en résulte un certain nombre de conséquences (protection sociale, déductibilité fiscale du salaire du conjoint, dans une certaine limite).

III - Le conjoint associé

Deux hypothèses sont possibles :

• Les conjoints exercent le même commerce : commerçant et copropriétaire du fonds. Les époux constituent une société commerciale à laquelle ils apportent le fonds de commerce. L'entreprise perd son caractère individuel pour devenir une entreprise en société.

• Les époux exercent un commerce séparé : chaque époux est alors commerçant. Ce n'est qu'avec deux lois de 1965 et 1985 que la complète égalité entre époux a été réalisée.

Section 3 - Les commerçants étrangers

Principe : certaines professions exigent des conditions de nationalité française. Il y a lieu de distinguer selon que l'étranger est un ressortissant de l'Union européenne ou non. Si c'est le cas, ceux-ci bénéficient d'un traitement identique à celui des nationaux.

Les autres étrangers souhaitant faire le commerce en France sont soumis à une condition de réciprocité : peuvent exercer le commerce en France les ressortissants dont le pays permet aux Français de faire le commerce. Ces ressortissants sont soumis désormais à un régime de déclaration, qui a succédé à un régime d'autorisation en vertu de l'article L. 122-1 du Code de commerce. Cet article, modifié par la loi du 24 juillet 2006, a simplifié le régime en supprimant la carte de commerçant étranger. Désormais, la personne doit effectuer une déclaration au préfet du département où il souhaite exercer. Les ressortissants de l'Union européenne sont dispensés de l'obligation de déclaration.

Exceptions : cette disposition n'est pas applicable aux ressortissants d'un État :

- membre de l'Union européenne ;
- partie à l'accord sur l'Espace économique européen ;
- membre de l'Organisation de coopération et de développement économique.

Sanction : le manquement à ces dispositions est puni d'un emprisonnement de 6 mois et d'une amende de 3 750 €.

Chapitre 3
Les obligations du commerçant

L'essentiel

En termes de régime juridique, le commerçant, ès qualité, est tenu à un certain nombre d'obligations. Cette étude est limitée aux obligations de droit privé. Ce sont essentiellement des obligations de publicité destinées à informer les tiers, et des obligations de nature comptable.

Section 1 – La publicité et le registre du commerce et des sociétés

Le principe de mécanisme de publicité en droit répond au souci de crédit et de protection des tiers. Le Registre du commerce et des sociétés satisfait cette préoccupation essentielle de sécurité juridique et constitue à ce titre une source d'information essentielle sur le tissu économique de notre pays. Créé en 1919, le Registre du commerce fut longtemps réservé aux seuls commerçants.

Une refonte de la matière a été opérée par le décret du 30 mai 1984 (plusieurs fois modifié, en dernier lieu par un décret du 2 juillet 1998).

→ Le principe est celui de l'obligation de publier. À cet égard, le Code de commerce distingue désormais entre les déclarations auxquelles doivent procéder les personnes physiques et celles incombant aux personnes morales.

→ La dispense d'immatriculation de l'auto-entrepreneur : la loi LME du 4 août 2008 a apporté une brèche importante au principe de publication obligatoire, figurant dans l'article L. 123-1-1 du Code de commerce. La loi crée un statut particulier destiné aux personnes physiques qui ont opté pour le régime dit du « microfiscal », c'est-à-dire celles qui réalisent un chiffre d'affaires ne dépassant pas 81 500 € pour les activités de vente, et 32 600 € pour les activités de prestation de service (2013).

Ce dispositif simplifié s'accompagne d'une dispense d'immatriculation au Registre du commerce et des sociétés aux auto-entrepreneurs exerçant une activité commerciale (C. com., art. L. 123-1, I).

Pour autant, l'auto-entrepreneur n'est pas dispensé de toute mesure de publicité. Il doit en effet déclarer son activité auprès du centre de formalités des entreprises de son ressort. L'Insee lui attribue un numéro de SIREN.

Cette dispense demeure une faculté. Le législateur prévoit en effet que l'auto-entrepreneur peut renoncer à cette dispense d'immatriculation. De plus, s'il venait à dépasser les seuils légaux, il doit demander son immatriculation dans un délai de deux mois. S'il ne le fait pas, il est alors considéré comme commerçant de fait, perdant tous les droits attachés à la qualité de commerçant et ne subissant que les obligations.

Ce statut rencontre un vif succès. En 2012, on dénombrait 830 000 auto-entrepreneurs.

L'inscription consiste à inscrire un certain nombre d'informations, en particulier le nom des personnes physiques et morales commerçantes du début (immatriculation) à la fin (radiation) de leur activité, sur un registre ouvert à tous.

On y mentionne également les faits et actes qui affectent leur activité commerciale.

On tient en dépôt, pour être communiqués à tous, des documents importants relatifs à cette activité.

§ 1 – Le fonctionnement administratif du registre du commerce et des sociétés (RCS)

I – L'organisation administrative

Le Registre du commerce et des sociétés est double : il comprend en effet un registre local et un registre national.

A – Le registre local

Le RCS est tenu auprès de chaque tribunal de commerce **par le greffe** sous la surveillance du président du tribunal de commerce ou d'un juge commis à cet effet. Un numéro d'immatriculation est attribué à chaque personne immatriculée, qui est le numéro SIREN attribué par l'Insee.

1. Contrôle

Le greffier du tribunal a un **certain pouvoir de surveillance**. En particulier, il dispose d'un pouvoir de vérification de la régularité de la demande d'immatriculation ou de l'inscription modificative ainsi que de la régularité des déclarations (contrôle des pièces justificatives…).

Il transmet une demande d'identification à l'Insee, qui attribue un numéro d'identité au vu duquel le greffier attribue un numéro d'immatriculation au registre (RCS).

2. Organisation

Le registre tenu au greffe comprend plusieurs registres :

- le registre d'arrivée (mention par ordre chronologique de toutes les déclarations) ;
- les dossiers individuels (classés dans l'ordre des numéros d'immatriculation) ;
- les dossiers annexes (pour les sociétés commerciales, contenant les actes et les pièces que celles-ci doivent déposer) ;
- un fichier des personnes immatriculées, tenu par ordre alphabétique.

B – Le registre national

Il est tenu par l'**Institut national de la propriété industrielle** (INPI). Il centralise un second original des registres tenus dans chaque greffe :

- le double de tous les dossiers individuels (tenus par tribunaux de commerce ou de grande instance et par numéro d'immatriculation) ;
- un fichier national alphabétique.

L'INPI publie le *Bulletin des annonces civiles et commerciales* ou BODACC, qui relate les déclarations faites au RCS.

II – Les inscriptions au Registre du commerce et des sociétés (RCS)

A – L'immatriculation

Selon l'article L. 123-1, I du Code de commerce, toute **personne physique** ayant la **qualité de commerçant** au regard de la loi française remplissant les conditions légales pour l'exercice du commerce, et toute **société, commerciale ou civile**, ayant en France son siège social (ou seulement une succursale) et ayant effectué les formalités légales de constitution, ainsi que **tout GIE ou GEIE** doivent demander leur immatriculation au registre tenu au greffe, L'inscription est ainsi obligatoire pour tous les commerçants.

Le ficher est composé de 4 parties : un fichier A pour les personnes physiques commerçantes, un fichier B pour les personnes morales commerçantes, un fichier C pour les GIE, un fichier D pour les personnes morales non commerçantes.

1. L'immatriculation des personnes physiques

C. com., art. L. 123-1, I, 1°.

L'inscription a un caractère personnel, ce qui signifie aussi que nul ne peut être immatriculé plusieurs fois. Les mentions devant figurer dans la déclaration sont de différente nature. Les premières concernent l'état civil du commerçant et éventuellement sur le conjoint salarié avec le régime matrimonial, tandis que les autres indications sont relatives à l'établissement (activité, nom commercial, enseigne, mentions relatives au fonds de commerce…).

La demande d'immatriculation par le commerçant personne physique doit intervenir dans un délai de **15 jours du commencement de l'activité**.

2. L'immatriculation des personnes morales

C. com., art. L. 123-1, I, 2°, 3°, 4° et 5°.

L'article L. 123-1, I du Code de commerce établit la liste des personnes morales devant se soumettre à l'obligation d'immatriculation. La demande d'immatriculation doit être effectuée auprès du tribunal dans le ressort duquel se situe le siège social. Lorsque celui-ci est à l'étranger, la demande devra être faite dans le lieu de l'établissement.

Aucun délai n'est imposé aux sociétés et aux GIE pour effectuer la demande d'immatriculation. Le texte évoque seulement que celle-ci doit être faite « au plus tôt après l'accomplissement des formalités de constitution… »

Cette absence de délai impératif, à la différence de ce qui est prévu pour les commerçants personnes physiques, est la conséquence naturelle de l'effet majeur de l'immatriculation pour les sociétés et GIE, l'acquisition de la personnalité morale.

Les mentions devant figurer dans la demande d'immatriculation sont autant d'informations intéressant le groupement, la forme de la société, la dénomination sociale, le montant du capital social, l'adresse du siège social, les comptes annuels (bilan, compte d'exploitation, compte de résultat…), le rapport de gestion. Sont ainsi publiées chaque année les informations les plus importantes concernant la gestion et la situation financière de l'entreprise.

En annexe au Registre doivent être déposés des éléments qui informent les tiers sur la structure de l'entreprise, les statuts, les organes de direction de la personne morale.

B - Les inscriptions modificatives dans le délai d'un mois

Elles doivent être effectuées sur la demande du commerçant ou du représentant de la société :

• À la demande du commerçant ou de la société pour toute modification dans les mentions originaires :

- modifications concernant l'exercice de l'activité commerciale (extension de l'objet, création d'établissements secondaires, mise en location-gérance, cessation totale ou partielle d'activité...) ;
- modifications concernant l'état civil (survenance d'une incapacité) ;

• À la diligence de certains officiers ministériels ou auxiliaires de justice, certaines mentions sont inscrites d'office. Il s'agit du notaire (vente, location-gérance du fonds de commerce...), du greffier (cessation d'activités, si la personne immatriculée ne demande pas elle-même l'inscription modificative...) ;

• À la demande de la personne poursuivant l'exploitation en cas de décès du commerçant ;

• À la demande de toute personne y ayant intérêt.

C - La radiation

La radiation doit intervenir :

- dans le délai d'un mois qui précède ou suit la cessation de l'activité commerciale de la personne physique ;
- dans le délai d'un mois après la publication de la clôture des opérations de liquidation de la société.

Les radiations sont publiées au BODACC (*Bulletin officiel des annonces civiles et commerciales*).

D - Les sanctions

L'omission de la formalité de déclaration entraîne une amende civile prononcée par le tribunal de grande instance.

La personne ayant donné des informations inexactes ou incomplètes en vue d'une immatriculation ou d'une radiation ou d'une mention rectificative au Registre encourt des sanctions pénales (amende jusqu'à 4 500 € et emprisonnement de 6 mois, C. com., art. L. 123-4 et 123-5) et est soumise à une procédure d'injonction à la diligence du juge commis.

§ 2 - La publicité

Les mentions portées au Registre sont opposables aux tiers dès leur inscription. En cas de défaut d'immatriculation, l'article L. 123-8 du Code de commerce édicte une présomption de non commercialité.

Doivent figurer obligatoirement le **numéro d'immatriculation** et le **siège du tribunal au greffe duquel l'immatriculation a été faite** sur tous les papiers commerciaux, à peine d'amende.

• **Publicité par les soins du greffe (ou de l'INPI)**, sous la forme d'extraits, de copies, ou de certificats négatifs.

• **Publicité au BALO** (*Bulletin des annonces légales obligatoires*) : il assure la publication des informations financières des sociétés faisant publiquement appel à l'épargne, ainsi que la publication périodique des documents comptables et les avis divers concernant les sociétés.

• **Publicité au BODACC** (*Bulletin officiel des annonces civiles et commerciales*) : le BODACC centralise et publie les mentions essentielles publiées dans les registres du commerce et des sociétés.

Le BODACC assure la publicité de toutes les annonces légales relatives à la création, la modification, la cessation d'activité, ainsi que les ventes ou les apports en société de fonds de commerce. Il publie aussi les avis relatifs aux procédures de redressement et liquidation judiciaires.

§ 3 - Les effets de l'inscription au registre du commerce et des sociétés

Le registre du commerce et des sociétés, qui n'avait qu'une valeur administrative, tend à exercer une influence croissante sur les rapports privés depuis la réforme de 1953, complétée par celle de 1967.

• L'article L. 123-7 du Code de commerce énonce que l'immatriculation d'une personne physique au Registre du commerce et des sociétés emporte présomption simple de la qualité de commerçant de la personne physique immatriculée. En d'autres termes, la personne immatriculée peut se prévaloir à l'égard des tiers de sa qualité de commerçant. Parce que cette présomption est simple, les tiers peuvent rapporter la preuve contraire. La présomption ne joue qu'à l'égard des tiers de bonne foi.

• La radiation du Registre libère seule le commerçant des obligations inhérentes à sa qualité. Un commerçant régulièrement immatriculé qui cesse son activité mais ne procède pas à la radiation continue de jouir de la présomption simple liée à l'immatriculation.

• Le commerçant non inscrit au Registre ne peut pas se prévaloir des droits attachés à la qualité de commerçant. Quant à la personne morale, le défaut d'immatriculation l'empêche de l'acquérir.

• Les faits et actes sujets à mention sont inopposables aux tiers de bonne foi, dans l'exercice de son activité, par l'assujetti qui a omis de les mentionner.

Section 2 - Les livres de commerce et la comptabilité

Le principe est l'obligation pour tout commerçant d'avoir des livres de commerce et de tenir une comptabilité exacte et précise en euros et en langue française. L'article L. 123-12 du Code de commerce impose une telle obligation à toute **personne physique ou morale** ayant la **qualité de commerçant**.

Les raisons d'une telle obligation sont multiples. La tenue d'une comptabilité constitue un instrument de gestion précieux ; en cas de difficultés économiques de l'entreprise, elle permet de déclencher la procédure d'alerte ; elle permet également de déterminer l'assiette fiscale de différents impôts. Enfin, en cas de litige, elle fournit la preuve des actes souscrits par le commerçant.

Celle-ci « *doit établir les comptes annuels à la clôture de l'exercice au vu des enregistrements comptables et de l'inventaire. Ces comptes annuels comprennent le bilan, le compte de résultat et une annexe, qui forment un tout indissociable* » (C. com., art. L. 123-12, al. 3).

Les sources du droit comptable sont multiples. Le Code de commerce contient un certain nombre de dispositions. Le droit communautaire exerce également une influence importante par le biais de ses directives (les sociétés immatriculées dans l'un des 25 pays membres de l'Union doivent désormais publier leurs comptes consolidés selon les normes IFRS [1er janv. 2005]).

La tenue de ces livres et de cette comptabilité est sanctionnée pénalement.

§ 1 – Les livres de commerce

Tout commerçant tient obligatoirement un certain nombre de documents comptables.

I – Les livres obligatoires

Tout commerçant tient obligatoirement un livre-journal, un grand livre et un livre d'inventaire.

• **Le livre journal** : tenu par **ordre chronologique**, il enregistre jour par jour toutes les opérations effectuées par le commerçant. Depuis 1953, ce peut n'être qu'un **livre centralisateur**.

• **Le grand livre** : il consiste en une copie des différentes écritures du livre journal réparties entre différents comptes. Il est la base de la comptabilité en double (comptes clients et comptes fournisseurs).

• **Le livre d'inventaire** : le commerçant doit faire chaque année l'inventaire des éléments actifs et passifs de son patrimoine. Ce livre comporte plus précisément :
- un regroupement des données d'inventaire ;
- une transcription des comptes annuels.

II – Les livres facultatifs

• Le livre de caisse, le livre d'achats et de ventes, le livre d'effets de commerce…

• Le livre brouillard ou main courante (constant dans le commerce de détail) : opérations journalières reportées ensuite sur le livre journal.

III – La tenue des livres

A – Les règles externes

• **Comptabilités non informatisées :** avant leur ouverture, le livre journal et le livre d'inventaire sont cotés et paraphés sur chaque feuillet par le greffier du tribunal de commerce. Chaque livre reçoit un numéro d'identification.

• **Comptabilités informatisées :** les documents tenant lieu de livre journal et de livre inventaire (documents écrits comme les listings) doivent être identifiés, datés, numérotés dès leur établissement par des moyens offrant toute garantie de preuve.

B - Les règles internes

Les mouvements sont enregistrés par ordre chronologique, sans blanc, ni altération d'aucune sorte.

Tout enregistrement doit être conforté par une pièce justificative.

C - La conservation des livres

Les livres obligatoires et les pièces justificatives sont conservés pendant dix ans (*cf.* prescription décennale).

D - Les sanctions

Le non-respect des obligations comptables peut entraîner des sanctions commerciales, fiscales ou pénales. Le même juge peut prendre en considération les conséquences pénales et fiscales d'une falsification comptable.

1. Les sanctions commerciales

La comptabilité irrégulièrement tenue ne peut être invoquée à son profit par le commerçant. En outre, elle peut entraîner la faillite personnelle du commerçant ou des dirigeants de société (L. 26 juill. 2005, C. com., art. L. 653-5, 6).

2. Les sanctions pénales

• **Délit de banqueroute :** le fait d'avoir tenu une comptabilité fictive ou fait disparaître des documents comptables de l'entreprise ou de la personne morale ou de s'être abstenu de tenir toute comptabilité lorsque la loi en fait l'obligation est constitutif du délit de banqueroute (C. com., art. L. 654-2). La banqueroute est punie de 5 ans de prison et de 75 000 € d'amende (C. com., art. L. 654-3).

• **Infractions pénales :** sont punis pénalement les dirigeants qui ont sciemment publié ou présenté aux actionnaires des comptes annuels ne donnant pas une image fidèle du résultat des opérations de l'exercice, de la situation financière et du patrimoine en vue de dissimuler la véritable situation de la société (C. com., art. L. 242-6).

3. Les sanctions fiscales

La comptabilité qui ne respecte pas les principes de la régularité et sincérité sera rejetée par l'administration fiscale qui déterminera les bases d'imposition à partir de tous les éléments dont elle dispose.

IV - Le rôle probatoire des livres de commerce

La valeur probatoire s'attache à une comptabilité régulièrement tenue : en cas de tenue irrégulière, elle peut valoir à titre de présomption de fait, mais ne saurait être invoquée par son auteur à son profit.

La force probante diffère selon que les livres sont invoqués contre le commerçant ou par le commerçant contre les tiers.

A - Contre le commerçant

Les livres de commerce font foi : les tiers peuvent invoquer la compatibilité du commerçant pour faire preuve contre ce dernier. Mais ils doivent être invoqués dans leur ensemble. Cette preuve est indivisible.

B - Par le commerçant

1. Contre un non-commerçant

Conformément au régime des actes mixtes, le commerçant doit se soumettre aux règles de preuve de droit commun. Les livres de commerce n'ont aucune valeur probatoire spéciale (présomption de fait).

2. Contre un commerçant

C'est-à-dire entre commerçants : les livres de commerce constituent un moyen normal de preuve, décisif quand les livres de deux parties sont concordants. La comptabilité fait « preuve entre commerçants pour faits de commerce » (C. com., art. L. 123-23).

C - La production forcée des livres de commerce

Le principe est que la communication de documents comptables demeure exceptionnelle et ce, dans un souci de protection du secret des affaires. Il existe deux procédés de production forcée :

- **la communication** : remise intégrale des livres de commerce ;
- **la représentation** : mode normal de production des livres de commerce, ne portant que sur les écritures intéressant un litige.

§ 2 - Les notions de comptabilité

I - Les sources et principes généraux

A - Les sources comptables

Il existe un nombre limité de règles fixes de caractère général. Les sources législatives et réglementaires de nature comptable sont constituées d'une part par le Code de commerce (C. com., art. L. 123-12 à 123-28), complété par la loi du 30 avril 1983 et son décret d'application du 29 novembre 1983 et le plan comptable général (PCG), l'ensemble formant un tout cohérent. La loi du 6 avril 1998 a ajouté une nouvelle source réglementaire comptable, le Comité de réglementation comptable dont la mission est d'assurer une unification des textes comptables et de contribuer à la transparence de l'information financière.

Le PCG s'impose à toutes les entreprises industrielles et commerciales. Il a été intégralement refondu par l'arrêté du 22 juin 1999.

B - Les principes généraux

Ces textes posent un certain nombre d'exigences telles que l'enregistrement systématique des mouvements du patrimoine commercial (comptabilité générale), l'établissement d'un inventaire, l'obligation d'arrêter les comptes annuels, l'obligation de respecter certains principes (régularité, sincérité, image fidèle, continuité de l'exploitation…).

II – Les éléments de comptabilité

L'article L. 123-12 du Code de commerce impose aux commerçants de tenir une comptabilité. Celle-ci se compose des comptes annuels : le bilan, le compte de résultat et une annexe. Ces différents éléments de la comptabilité sont définis par l'article L. 123-13 C. com.

A – Les comptes annuels

1. Le bilan

Le bilan est un document d'ordre financier. Il donne peu de renseignements sur l'activité technique d'une entreprise. En revanche, il précise sa puissance financière, son crédit, ses moyens d'action. Le bilan est souvent comparé à une photographie du patrimoine de l'entreprise à un moment donné.

Il se présente sous forme de tableaux qui représentent l'évaluation par postes distincts de tous les éléments actifs et passifs de l'entreprise, classés selon leur destination et leur provenance.

But :

– **bilan comptable :** connaissance de la situation financière dans l'hypothèse normale de poursuite de l'activité ;

– **bilan de liquidation :** fait apparaître la situation en cas de liquidation.

2. Le compte de résultat

Le compte de résultat permet de constater, après un an de fonctionnement, le niveau de résultat dégagé par l'entreprise. Il « *récapitule les produits et les charges de l'exercice, sans qu'il soit tenu compte de leur date d'encaissement ou de paiement* » (C. com., art. L. 123-13, al. 2). Il dégage ainsi le bénéfice ou la perte de l'exercice.

Il fait apparaître plus précisément, outre les variations du stock, les charges et les produits d'exploitation, les charges et les produits financiers, les charges et les produits exceptionnels ainsi que la participation des salariés aux bénéfices de la croissance et l'impôt sur le bénéfice.

3. L'annexe

Il s'agit d'un document explicatif des comptes : « L'annexe comporte toutes les informations d'importance significative destinées à compléter et à commenter celles données par le bilan et par le compte de résultat » (PCG). Son contenu est varié et important (règles et méthodes comptables retenues, un certain nombre de tableaux tels le tableau des provisions ou le tableau des filiales et participations…).

4. Les grandes entreprises et les groupes de sociétés

Les grandes entreprises dépassant certains seuils (montant net chiffre d'affaires, nombre de salariés) ont des obligations comptables plus étendues. En particuliers, elles doivent établir des documents de gestion prévisionnelle. Les groupes de sociétés doivent quant à eux présenter des comptes consolidés, réunissant la comptabilité de la société mère et de ses filiales.

B – Les méthodes de comptabilité

1. La comptabilité en partie simple (la plus ancienne)

Notion : elle est ainsi appelée parce que les écritures ne sont portées qu'à un seul compte (compte clients, compte fournisseurs ou compte caisse).

2. La comptabilité en partie double

Elle tend à remédier aux inconvénients de la comptabilité en partie simple.

- Elle signifie que toute opération donne lieu à deux écritures, l'une au crédit d'un compte (les emplois), l'autre au débit d'un compte (les ressources) (d'où égalité nécessaire entre le total des débits et le total des crédits ; actif = passif).
- Elle suppose, à côté des comptes traditionnels (clients et fournisseurs), l'ouverture de comptes « éléments du patrimoine » et du compte de résultat (dans lesquels les écritures sont inversées par rapport aux comptes clients et fournisseurs).

Exemple 1 : Vente par un fournisseur de 1 000 € de marchandises payables dans trois mois

		Débit	Crédit
Achat		1 000	
	Fournisseurs		1 000
Fournisseurs	1 000		
	Caisse		1 000

Exemple 2 : Achat par un client de 1 000 € de marchandises payables dans trois mois

		Débit	Crédit
Client	1 000		
	Vente	1 000	
Caisse	1 000		
	Client		1 000

Exemple 3 : Compte de résultat

Il est utilisé lorsqu'il n'est pas possible de reporter une seconde écriture (paiement de salaire, bénéfice sur revente…).

Le paiement d'un salaire de 1 000 € est porté au crédit du compte caisse (qui paie 1 000) et au débit du compte de charges : salaires.

C – L'établissement du bilan

1. Les règles de fond

→ **1re règle :** les deux tableaux du bilan doivent être équilibrés (conséquence nécessaire de la comptabilité en partie double).

→ **2e règle :** les évaluations des divers postes doivent être raisonnables et prudentes.

• Pratique des amortissements : elle consiste à traduire en comptabilité la perte de valeur de certains biens. La loi fiscale a prévu des règles précises en matière d'amortissement.

• Réévaluation :

– il s'agit de l'opération inverse de la précédente, consistant à traduire en chiffres les augmentations de valeur de certains biens, résultant notamment du seul fait de la dévaluation monétaire (un immeuble valant l'équivalent de 10 000 € en 1959 et inscrit pour cette valeur au bilan vaut par ex. 200 000 € en 1998) ;

– elle fait naître une difficulté fiscale, consistant dans l'apparition d'un bénéfice théorique entraînant une lourde charge fiscale. Il en résulte une intervention occasionnelle du législateur pour permettre la réévaluation en sursis d'imposition.

→ **3e règle :** Il est nécessaire de tenir compte des pertes non encore subies, mais possibles ou probables. Cette prise en compte est effectuée par la théorie des provisions (pour créances irrécouvrables, pour litiges en cours...).

2. Les postes habituels du bilan

Ils sont fixés par le décret du 29 novembre 1983 et le plan comptable.

• **Actif** (par ordre de liquidité croissante)

L'actif désigne les différents emplois des ressources accordées à l'entreprise :

- immobilisations : c'est-à-dire les immeubles et les éléments immobilisés (matériel industriel, matériel commercial, camions...) ;
- marchandises (stock, matières premières et produits finis) ;
- portefeuille (valeurs mobilières, effets de commerce) ;
- créances (débiteurs divers) ;
- valeurs liquides (caisse, banque, CCP) ;
- postes de régularisation : par ex., charges payées d'avance.

• **Passif** (par ordre d'exigibilité croissante)

L'ensemble des ressources accordées à l'entreprise constitue le passif :

- capital (et primes) : valeurs apportées par le commerçant (ou par les associés) à l'entreprise. Elles ne constituent pas une véritable dette, mais ont cependant été « avancées » à l'entreprise ;
- réserves : sommes disponibles après paiement des dettes et remboursement du capital (réserves légales et réserves facultatives ; réserves libres ou réserves affectées) ;
- postes divers (report à nouveau créditeur ; subvention d'investissement et provisions réglementées) : ils composent avec le capital, les réserves et les résultats de l'exercice (après déduction éventuelle du report à nouveau débiteur et de la perte de l'exercice), les « capitaux propres » ;
- les « autres fonds propres » comprennent, par exemple les produits des émissions de titres participatifs (v. *infra*, Sociétés nationalisées) ;
- dettes envers les tiers : soit à long ou à moyen terme (obligations, bons de caisse...), soit à court terme (comptes créditeurs, effets de commerce...) ;
- comptes de régularisation : charges à payer, produits perçus d'avance.

Chapitre 4
L'artisan

L'essentiel

Les artisans demeurent nombreux en France et leur nombre continue de croître. Au 1er janvier 2011, on dénombrait 1 093 000 entreprises artisanales (selon l'Insee), soit une hausse de 5,2 % par rapport à l'année précédente. Cela représente trois millions de personnes.
La particularité de cette profession est l'extrême diversité des activités artisanales (boulanger, chauffeur de taxi, plombier, menuisier...).
Cette matière a longtemps suscité peu d'intérêt législatif. La loi relative à l'artisanat, au commerce et aux très petites entreprises du 18 juin 2014 est venue apporter des modifications substantielles au statut de l'artisan, en imposant un contrôle strict de la qualification d'artisan.
L'élément caractéristique de la profession artisanale est l'existence d'une activité principalement manuelle, exercée de façon indépendante.

Section 1 – La définition de l'artisan

La distinction entre commerçant, artisan et profession libérale tend à s'estomper. Le principe est que l'artisan se distingue du salarié par l'absence de subordination (tâcheron) et du commerçant par la prédominance du travail manuel.

La distinction peut se révéler parfois délicate. Il existe une série de définitions auxquelles sont attachés divers statuts.

La loi du 18 juin 2014 tend à rétablir la qualité d'artisan et, ainsi, mettre en avant le savoir-faire des artisans.

§ 1 – Le statut de droit privé

Si le Code civil n'ignore pas l'artisan (C. civ., art. 570, art. 1384 al. 6), le Code de commerce, en revanche, n'y fait aucune allusion. De sorte que tout au long du XIXe siècle, les tribunaux les considéraient comme des commerçants, ce qui était rigoureux en particulier en cas de faillite.

Ce n'est qu'au début du XXe siècle que la jurisprudence a décidé que les artisans, même s'ils exercent des actes de commerce de façon habituelle, n'avaient pas la qualité de commerçant, créant ainsi un statut civil de l'artisan. Puis, à partir de 1925, le législateur a pris le relais et a créé un statut de l'artisan, organisant ainsi les conditions d'exercice de la profession. Il s'agit donc d'un statut administratif.

Il est parfois difficile de distinguer l'artisanat du petit commerce. En effet, d'un point de vue purement juridique, l'artisan exerce de façon habituelle et professionnelle une activité commerciale, telle que définie par l'article L. 121-1 du Code de commerce. Le critère de distinction est celui de la spéculation, l'artisan ne spéculant ni sur le travail, ni sur les marchandises, ni sur le travail d'autrui. Désormais, la loi du 18 juin 2014 réserve le titre d'artisan à celui détenant une qualification professionnelle ou pouvant se prévaloir d'une expérience du métier exercé.

En cas de litige, la qualification s'opère selon le critère suivant :

– l'artisan n'est pas considéré comme commerçant s'il tire son bénéfice principal de son travail manuel. Il doit effectuer personnellement un travail manuel ;

– l'artisan ne doit employer qu'un petit nombre de personnes ;

– l'artisan est considéré comme commerçant s'il « spécule » sur la vente de produits ou sur le travail d'autrui (coiffeur employant du personnel ou vendant des produits de toilette).

Enfin, l'activité de l'artisan doit être indépendante (l'article L. 120-3 C. trav. pose une présomption d'indépendance en faveur des artisans).

§ 2 - Les définitions administrative et fiscale

La loi du 5 juillet 1996 établit une distinction entre le secteur des métiers (entreprises de type artisanal) et le titre d'artisan et de maître artisan (chefs de certaines entreprises de type artisanal).

Selon cette loi relative au développement et à la promotion du commerce et de l'artisanat, les artisans sont les personnes physiques et morales « *qui n'emploient pas plus de dix salariés et qui exercent à titre principal ou secondaire une activité professionnelle indépendante de production, de transformation, de réparation ou de prestation de services… figurant sur une liste établie par décret en Conseil d'État* ».

Trois critères sont donc prévus par ces textes : l'activité exercée, la taille de l'entreprise et la compétence professionnelle.

• **Le secteur des métiers** : il concerne les entreprises exerçant une activité économique indépendante, avec un nombre limité de salariés, dans le secteur de la production, de la transformation, de la réparation ou de la prestation de services.

• **Le titre d'artisan ou de maître artisan** : il s'applique à ceux qui justifient d'une certaine qualification professionnelle.

D'un point de vue fiscal, l'artisan est soumis à la taxe professionnelle, l'impôt sur le revenu et les taxes sur le chiffre d'affaires.

Les critères distinctifs sont les suivants :

- exercer une profession manuelle ;
- travailler seul, ou avec les membres de sa famille (et des apprentis) ;
- vendre principalement les produits de son travail.

Section 2 - Le statut de l'artisan

Les artisans bénéficient d'un statut de faveur. Ce statut dépend de la définition de l'artisan elle-même mouvante.

Le statut de l'artisan se rapproche du statut du commerçant, bien qu'il soit différent.

§ 1 - Les aspects administratifs et fiscaux

Le secteur des métiers est une profession réglementée et organisée. Ainsi, un **statut artisanal** a été créé, avec des chambres des métiers, un répertoire des métiers sur lequel doivent être obligatoirement immatriculées les personnes physiques ou morales exerçant le métier d'artisan. Un Code de l'artisanat a été également établi. Modifié par la loi du 23 juillet 2010, bien qu'inachevé il est essentiellement consacré aux chambres de métiers.

L'immatriculation confère des droits, en particulier le rattachement aux régimes sociaux propres aux artisans. Bien que la loi ne l'annonce pas, elle emporte une présomption simple d'appartenance à la profession.

- **Taxe d'apprentissage** : exonération (artisans inscrits au Registre des métiers dont la base annuelle d'imposition n'excède pas six fois le SMIC annuel).
- **TVA** : décote spéciale.
- **Taxe professionnelle** : exonération (pas de compagnon plus de 90 jours par an) ou réduction de la base d'imposition sous diverses conditions.

§ 2 - Les rapports privés

En vertu d'une décision ancienne, les artisans ne sont pas soumis aux règles du droit commercial. Ils échappent à certaines des obligations ou des charges des commerçants (livres de commerce).

Néanmoins, les statuts des artisans et des commerçants tendent à se rapprocher : l'artisan peut recourir à la location-gérance, bénéficier du statut des baux commerciaux ; il possède un fonds artisanal qui peut être nanti (L. 5 juill. 1996) et a obtenu le bénéfice de la propriété commerciale (L. 5 janv. 1957).

Ainsi, comme les commerçants, les artisans bénéficient des procédures de sauvegarde et de redressement et liquidation judiciaires en cas de difficultés économiques.

Titre 2
Le fonds de commerce

Notion *: la notion de « fonds de commerce » a eu une existence tout d'abord empirique (magasins du commerçant, usine de l'industriel). La notion purement juridique pénètre tardivement le droit.*

En effet, le Code de 1807 ignore le fonds de commerce. La notion émerge avec la prise de conscience de la valeur des éléments incorporels, en particulier la clientèle.

De sorte que la première loi concernant le fonds de commerce fut une loi fiscale de 1872 qui soumettait la cession de fonds de commerce à un régime semblable à celui des mutations d'immeuble.

Le premier texte important est la loi du 17 mars 1909 relative à la vente et au nantissement de fonds de commerce.

Cette loi, plusieurs fois modifiée, demeure le texte fondateur en cette matière.

Définition *: alors que le fonds de commerce n'est nulle part défini par la loi, il s'agit là d'un concept essentiel de la vie commerciale française.*

Cette carence est volontaire : il est en effet difficile d'enfermer cette notion dans une définition rigide. C'est donc dans la pratique qu'il faut aller chercher son contenu.

Il prend le plus souvent la forme d'une clause de style qui, à quelques variantes près, est rédigée comme suit :

« Monsieur X vend et cède à Monsieur Y le fonds de commerce d' « activité de boulangerie » qu'il possède à Nantes, rue de l'Échoppe numéro 8, sous l'enseigne et la dénomination La Boulange.

Le fonds comprend :

1° l'enseigne, la clientèle et l'achalandage

2° le droit au bail des lieux où le fonds de commerce est exploité

3° l'outillage et le matériel décrits dans l'inventaire ci-annexé

4° les marchandises garnissant le local, énumérés et estimés article par article, dans un état annexé aux présentes ».

Le fonds de commerce est un bien incorporel, groupant les éléments mobiliers, corporels et incorporels, mis en œuvre par le commerçant pour créer et conserver sa clientèle.

Chapitre 1
La notion et les éléments du fonds de commerce

L'essentiel

Puisqu'il n'existe pas à proprement parler de définition du fonds de commerce, la notion se définit essentiellement à l'aide des éléments corporels et incorporels qui la constituent et qui sont énumérés par le Code de commerce.

Section 1 – La nature et les caractéristiques juridiques du fonds de commerce

§ 1 – La nature juridique

La doctrine et la jurisprudence modernes voient dans le fonds de commerce une propriété incorporelle conférant à son titulaire un monopole d'exploitation sur la clientèle qui y est attachée (caractère relatif de ce monopole, à raison du principe de la liberté du commerce et de la libre concurrence).

§ 2 – Les caractères juridiques

I – L'unité

Le fonds de commerce est un bien unique, indépendant des éléments corporels et incorporels qui le composent (il en résulte la survie du fonds malgré la modification de ses éléments). C'est une universalité de fait, affectée à l'exploitation d'une activité commerciale.

II – Le meuble incorporel

- **Meuble :** il est soumis en principe au régime juridique des meubles. Notamment il tombe en communauté ;
- **meuble incorporel :** il échappe en principe aux règles propres aux meubles corporels (C. civ., art. 2279).

Section 2 – Les éléments du fonds de commerce

Le fonds de commerce se définit comme un agrégat de différents éléments, que l'on classe traditionnellement en deux catégories, les éléments corporels et les éléments incorporels. Pour autant, le fonds de commerce est un bien distinct des éléments qui le composent. C'est un bien incorporel alors même qu'il est composé de biens corporels.

§ 1 - Les éléments corporels

Les éléments corporels sont composés du matériel et des outillages, commercial ou industriel ainsi que des marchandises (stocks de matières premières et de produits finis).

La jurisprudence a toujours considéré que les immeubles, même affectés à l'exploitation du fonds, n'entrent pas dans le fonds de commerce. Les immeubles ont ainsi toujours été exclus de l'activité commerciale.

§ 2 - Les éléments incorporels

Ce sont des éléments essentiels autour desquels se forme le fonds de commerce.

I - La clientèle

Selon Georges Ripert, « *la clientèle n'est pas un élément essentiel du fonds de commerce, c'est le fonds lui-même* ».

Les éléments corporels et incorporels tendent en effet tous vers un même but, la constitution de la clientèle.

Dans la conception française, il n'y a pas de fonds de commerce en l'absence de clientèle. C'est la raison pour laquelle certains auteurs considèrent que la clientèle est l'élément unificateur du fonds mieux encore, le but, l'élément essentiel du fonds.

Pour autant, les rapports entre la clientèle et le fonds de commerce sont l'objet de controverses.

La protection de la clientèle est assurée par l'action en concurrence déloyale, application à la matière du droit commun de la responsabilité civile (C. civ., art. 1382). Si une faute a été commise par un concurrent, dont résulte un préjudice (atteinte à la clientèle), des dommages-intérêts peuvent être alloués et une interdiction de continuer l'action délictueuse reprochée avec astreinte.

Il doit s'agir de la clientèle propre. En effet, la clientèle est personnelle au titulaire du fonds.

II - Le nom commercial et l'enseigne

A - Le nom commercial

Il désigne l'appellation commerciale sous laquelle le commerçant exerce son activité.

La protection civile est assurée par l'action en concurrence déloyale (action contre les usurpations de nom à des fins commerciales). La victime d'une telle usurpation devra prouver la faute de l'utilisation indue, le lien de causalité et le préjudice.

Le nom patronymique, frappé d'inaliénabilité et d'imprescriptibilité, peut constituer une dénomination sociale. Une fois incorporé dans une appellation, il perd en effet ses qualités d'imprescriptibilité et d'inaliénabilité (jurisprudence *Bordas*, Com. 12 mars 1985). De sorte que la personne qui a donné son nom patronymique, au cas où il se retire de l'entreprise, ne peut reprendre son nom et en interdire l'utilisation.

Le nom commercial constitue donc un bien patrimonial qui sera cédé avec le fonds de commerce dont il est un élément. Il s'acquiert par le premier usage.

B - L'enseigne

Il s'agit de la dénomination emblématique ou nominale du fonds de commerce.

L'enseigne est une variété du nom commercial. Elle désigne la localisation d'un établissement de l'entreprise, en le révélant au public. C'est un signe visible qui identifie le local d'exploitation de l'entreprise.

Sa protection est assurée par l'action en concurrence déloyale au profit du premier utilisateur, dans les limites où l'enseigne sert au ralliement de la clientèle.

III - Le bail commercial

Le bail commercial est le contrat par lequel le commerçant prend en location les locaux nécessaires à l'exploitation de son activité commerciale. Il a une valeur économique intrinsèque souvent importante. C'est la raison pour laquelle il est soumis à un statut particulier régi par un décret-loi du 30 septembre 1953, protecteur du preneur (v. *infra*).

Le principe est que seul l'exploitant du fonds de commerce peut bénéficier du statut des baux commerciaux. La Cour de cassation a pourtant décidé que le franchisé, qui profite de la marque de l'enseigne d'un tiers, peut être considéré comme ayant une clientèle propre et bénéficier du bail commercial (Civ. 3ᵉ, 27 mars 2002).

IV - Les autres éléments

Ce sont les licences et autorisations administratives (licence des débits de boissons, contingent des meuniers, cartes de transports), ainsi que les droits de propriété intellectuelle ou industrielle, lesquels ont acquis une importance considérable (brevets d'invention, marques de fabrique, dessins et modèles...).

§ 3 - Les éléments non compris dans le fonds de commerce

Malgré l'extrême importance que revêt le fonds de commerce, celui-ci ne comprend pas tous les biens qui sont affectés à l'exploitation de l'entreprise commerciale. C'est essentiellement la jurisprudence qui a exclu certains éléments. Par ailleurs, les immeubles ne font pas partie du fonds de commerce.

I - Les livres de commerce

L'acquéreur du fonds a droit à leur usage pendant trois ans.

II - Les créances et les dettes

Le fonds de commerce n'est pas un patrimoine d'affectation. Il ne comprend donc pas les créances et les dettes nées de l'exploitation. Les contrats conclus par l'exploitant du fonds de commerce à l'occasion de son activité commerciale ne sont pas non plus des éléments du fonds.

Exceptions :

- **Exceptions légales** : maintien du contrat de travail en cas de transformation juridique de l'entreprise ; contrats d'assurance.
- **Exceptions conventionnelles** : clauses prévoyant la continuation des marchés de fournitures (eau, gaz...) en cas de transmission du fonds de commerce.

Chapitre 2
Les opérations portant sur le fonds de commerce

L'essentiel

> ***Caractéristiques*** *: Le fonds de commerce peut être l'objet de tous les contrats portant sur un bien incorporel.*
> *Le législateur est intervenu pour réglementer les opérations les plus usuelles, la vente, l'apport en société, le nantissement et la location.*

Section 1 – La vente du fonds de commerce

La vente d'un fonds de commerce est un acte de commerce par nature, qui exige un encadrement plus lourd que dans le cadre d'une vente ordinaire, en particulier parce que la consistance de ce bien incorporel est parfois difficile à appréhender.

Le but de la réglementation est aussi d'assurer la protection des créanciers du vendeur et celle des parties, spécialement de l'acquéreur. Elle est organisée par les lois du 17 mars 1909 et du 29 juin 1935.

Les ventes de fonds de commerce sont nombreuses. En 2012, on en dénombrait près de 50 000, pour un prix moyen de 1 300 000 euros.

§ 1 – Les conditions de fond et de forme

I – Les conditions de fond

Le principe est que le droit commun s'applique. La cession de fonds de commerce doit répondre aux conditions ordinaires de la formation du contrat, en particulier l'exigence d'un consentement des parties dénué de tout vice (le dol entraînant l'annulation de la vente, l'erreur sur la substance permettant à l'acheteur d'obtenir la résolution du contrat ou une diminution du prix). Certains points présentent néanmoins une particularité.

A – L'objet

Il n'y a vente du fonds de commerce que si la clientèle est cédée avec tous les éléments suffisants pour en constituer le support. En cas contraire, on ne peut parler de cession de fonds de commerce, mais une vente d'éléments séparés.

La vente porte sur tous les éléments du fonds qui n'ont pas été expressément exclus.

B – Le prix

Le versement du prix constitue l'obligation principale de l'acheteur. Celui-ci doit être déterminé ou déterminable.

Lorsque le prix est payé à terme, ce qui est l'hypothèse ordinaire, l'article L. 141-5 du Code de commerce prévoit que le prix est ventilé en trois composantes distinctes (éléments incorporels, matériel et marchandises). Cette ventilation permet la naissance du privilège du vendeur.

Le droit exige un prix sérieux. La vente ne doit pas être conclue pour un prix dérisoire ou vil.

Néanmoins, la jurisprudence admet la vente à prix symbolique lorsque la cession du fonds de commerce est effectuée par une société en règlement judiciaire, voire à un prix négatif lorsque le passif de l'entreprise en difficulté excède la valeur des éléments d'actif.

Le prix doit être sincère, ce qui signifie que le prix convenu doit être entièrement exprimé dans l'acte de vente. Cette exigence vise à sanctionner la dissimulation d'une partie du prix. Ainsi, en cas de vente par acte notarié, le notaire souligne cet aspect (nullité de la contre-lettre, acte secret qui contient le prix dissimulé).

L'administration fiscale a la faculté de redresser le prix.

II – Les conditions de forme

La vente du fonds de commerce est soumise à un formalisme rigoureux, lequel résulte de la loi du 29 juin 1935.

A – L'écrit obligatoire

La vente du fonds de commerce doit être constatée par un acte authentique ou sous seing privé.

B – Les mentions obligatoires

Celles-ci ont pour objet de protéger le consentement de l'acheteur. L'article L. 141-1 du Code de commerce impose ainsi la présence de certaines mentions dans l'acte de vente qui ont pour but d'informer l'acheteur sur la valeur du fonds.

L'acte de vente doit comporter dans l'acte provisoire – (compromis) et définitif des mentions :

- le nom du précédent vendeur, date et nature de l'acte de cession, prix ;
- les privilèges et nantissements grevant le fonds ;
- le chiffre d'affaires et résultats d'exploitation des trois dernières années. La loi du 4 août 2008 exige désormais que l'acte de vente du fonds de commerce mentionne le chiffre d'affaires que le vendeur a réalisé durant les trois derniers exercices comptables précédant celui de la vente (C. com., art. L. 141-1) ;
- les informations relatives au bail lorsque le fonds est exploité dans des lieux qui sont loués (nom du bailleur, durée, loyer...).

C – Les sanctions attachées aux mentions obligatoires

• **Sanction de l'omission des mentions obligatoires** : la sanction est la nullité de la vente. Ce n'est pas une nullité d'ordre public. C'est une nullité à la fois relative et facultative. Elle ne peut être demandée que par l'acquéreur et est soumise à l'appréciation discrétionnaire du tribunal de commerce. Le tribunal ne peut pas la soulever d'office.

Depuis la loi du 22 mars 2012, l'action doit être exercée dans le délai d'un an, à compter du jour de la vente, ce qui est un délai court.

• **Sanction de l'inexactitude des mentions obligatoires** : il n'est plus question de nullité. La vente est valable, mais l'acheteur peut demander, selon la gravité des inexactitudes, la résolution judiciaire du contrat ou une diminution du prix. Le veneur est ainsi seulement tenu à garantie.

§ 2 - La publicité et les droits des créanciers

L'objectif est d'assurer la protection des créanciers du vendeur du fonds de commerce.

I - Les mesures de publicité

L'acte de vente, après enregistrement obligatoire, est soumis à publicité (C. com., art. L. 141-12).

Elle consiste en diverses insertions (d'un avis dans un journal d'annonces légales, suivie de la publication BODACC).

La publicité ne constitue pas une condition de validité de la vente. Le payement du prix effectué par l'acquéreur au vendeur est inopposable aux créanciers de ce dernier. En d'autres termes, une fois prévenus de la vente du fonds, les créanciers peuvent faire opposition au payement du prix par l'acquéreur.

II - Les droits des créanciers

La vente du fonds de commerce présente des dangers à l'égard de certains créanciers du vendeur, en particulier si ceux-ci n'ont pas leur créance garantie. La publicité constitue une première mesure de protection. Le législateur a prévu deux moyens d'action originaux, le droit d'opposition et le droit de surenchère.

Les créanciers disposent d'une option :

A - L'opposition au paiement du prix

Dans le délai de 10 jours suivant la dernière insertion dans un journal d'annonces légales (BODACC), tout créancier chirographaire peut former opposition sur la créance du prix de vente, et pour la totalité du montant :

- formée par acte extrajudiciaire ;
- l'opposition bloque le prix entre les mains de l'acquéreur : tout paiement fait au vendeur avant l'expiration du délai d'opposition ou au mépris d'une opposition n'est pas libératoire à l'égard du créancier. C'est une mesure conservatoire. Elle ne désintéresse pas en elle-même le créancier opposant.

B - La surenchère du sixième

En cas d'insuffisance du prix en vue de désintéresser tous les créanciers, tout créancier a la faculté de former surenchère du sixième du prix principal du fonds de commerce dans les 20 jours suivant la publication au BODACC, non compris le matériel et les marchandises. Le fonds est alors vendu aux enchères publiques par une mise à prix égale au prix de vente non compris les éléments corporels et majoré du sixième.

§ 3 – Les effets de la vente du fonds de commerce

Comme tout contrat de vente, la cession du fonds de commerce entraîne deux conséquences essentielles. D'une part, elle opère le transfert du fonds de commerce, la vente entraînant transfert de l'ensemble qu'est l'universalité représentée par le fonds. À ce titre, le transfert de certains éléments du fonds doit respecter certaines formalités pour être opposables aux tiers (inscription à l'INPI en cas de transfert de brevets et de marques).

D'autre part, la cession fait naître des obligations à la charge du vendeur et de l'acquéreur.

I – Les obligations du vendeur

A – L'obligation de délivrance

Le vendeur procède à la délivrance en respectant pour chacun des éléments ses règles propres de transmission. Le caractère incorporel du fonds de commerce exige cependant certains aménagements. Ainsi, l'obligation de délivrance se traduit par une présentation de l'acquéreur du fonds aux clients du cédant, afin que celui-ci profite de la clientèle attachée au fonds.

B – L'obligation de garantie

• Garantie des vices cachés : le vendeur est spécialement tenu de la garantie des énonciations portées à l'acte. Cette garantie joue néanmoins un rôle faible en matière de vente de fonds de commerce ;

• Garantie d'éviction (C. civ., art. 1628) : le vendeur ne doit pas troubler l'acquéreur dans sa clientèle, en particulier s'abstenir de tout acte de nature à détourner la clientèle du fonds qu'il a cédé (garantie précisée généralement par une clause de non-concurrence, v. *supra*) ;

• Garantie personnelle : le vendeur ne doit pas entraver l'acheteur dans son exploitation du fonds. En d'autres termes, il ne doit pas se rétablir dans des conditions qui le conduiraient à faire concurrence à son acheteur. Cette obligation de non-concurrence est précisée par une clause insérée dans le contrat de vente.

II – L'obligation de l'acquéreur et les garanties du vendeur

L'obligation principale de l'acquéreur du fonds est le paiement du prix, comptant ou à terme.

En cas de paiement à terme, le prix est souvent représenté par des effets de commerce (billets de fonds).

A – Le privilège du vendeurdu fonds de commerce

Défini par l'article L. 141-5 du Code de commerce, ce privilège consiste en un droit de priorité conféré par la loi en raison de la qualité de la créance.

Un acte écrit doit être établi et inscription faite au greffe du tribunal de commerce (registre des inscriptions) dans un délai de 15 jours. La transmission du privilège suit de plein droit l'endossement des billets de fonds (si leur création est prévue dans l'acte de vente).

• **Assiette** : tous les éléments du fonds de commerce ne sont pas garantis. Le privilège ne porte que sur les éléments du fonds énumérés dans l'acte de vente et dans l'inscription. En cas d'absence de désignation précise, il s'agit de l'enseigne, du nom commercial, du droit au bail, de la clientèle et de l'achalandage.

• **Effets** : le privilège confère un droit de préférence et un droit de suite.

• **Droit de préférence** : il est opposable à tous. Le vendeur prime tous les créanciers chirographaires et tous les créanciers nantis. Le droit de préférence s'exerce séparément sur les éléments du fonds de commerce.

• **Droit de suite** : le vendeur peut exercer ses droits contre le tiers acquéreur. Néanmoins, le tiers acquéreur dispose d'une faculté de purge des exceptions (C. com., art. L. 143-1) : le sous-acquéreur peut payer au vendeur le prix réclamé par l'acquéreur.

Le privilège prend rang à la date de la vente si l'inscription a été faite dans le délai de quinzaine et se transmet avec la créance du prix.

B - L'action résolutoire

Elle permet au vendeur non payé de demander la résiliation de la vente (C. com., art. 1184 et 1654), et lui assure ainsi une situation privilégiée.

Il existe un lien étroit entre privilège et action résolutoire, le législateur ayant conçu la résolution comme une alternative au privilège du vendeur :

- l'action résolutoire disparaît si le privilège du vendeur n'est pas inscrit dans la quinzaine de la date de l'acte de vente (C. com., art. L. 141-6, al. 1er) ;
- l'action résolutoire doit faire l'objet d'une mention spéciale dans l'inscription du privilège (C. com., art. L. 141-6) ;
- l'action résolutoire disparaît en même temps que le privilège du vendeur.

Comme en droit commun, l'action résolutoire entraîne l'anéantissement rétroactif du contrat. Le vendeur est tenu de reprendre tous les éléments du fonds qui ont fait partie de la vente (C. com., art. L. 141-7).

Section 2 - L'apport en société du fonds de commerce

L'apport en société d'un fonds de commerce est une opération fréquente, à la constitution d'une société à laquelle il est fait apport du fonds, ou en cas d'apport du fonds à une société préexistante. La société devient propriétaire du fonds de commerce. L'apport du fonds de commerce est un apport en nature.

Cette opération ressemble à la vente puisqu'elle réalise un transfert de propriété, mais s'en distingue par l'absence de prix, l'apport étant rémunéré par des droits sociaux (parts ou actions).

§ 1 - La forme et la publicité de l'apport

• **Acte d'apport** : la détermination de la consistance du fonds de commerce est gouvernée par les mêmes principes que ceux de la vente.

• **Nécessité d'un écrit** : l'apport en société d'un fonds de commerce doit être constaté par un écrit (acte authentique ou acte sous seing privé).

• **Publicité** : l'apport en société d'un fonds est soumis à des formalités de publicité analogue à celles de la vente, qui permettent aux créanciers non inscrits de faire une déclaration de leur créance.

§ 2 – Les effets de l'apport

Les créanciers de l'apporteur peuvent faire une déclaration de leurs créances au greffe du tribunal de commerce dans le délai de dix jours de la seconde insertion dans un journal d'annonces légales (C. com., art. L. 141-22). Une option est alors ouverte :
- ou un ou plusieurs associés demandent la nullité de l'apport ou de la société ;
- ou, à défaut, l'apporteur et la société sont tenus au paiement du passif.

Section 3 – Le nantissement du fonds de commerce

Le nantissement constitue un mécanisme de sûreté.

Le nouvel article 2355 du Code civil, issu de l'ordonnance du 23 mars 2006 relative aux sûretés, définit le nantissement comme « *l'affectation, en garantie d'une obligation, d'un bien meuble incorporel ou d'un ensemble de biens incorporels, présents ou futurs.* »

Créé par la loi du 1er avril 1898 (L. Millerand), le nantissement demeure régi par la loi du 17 mars 1909.

Par ailleurs, à côté du nantissement conventionnel, la loi prévoit le nantissement judiciaire du fonds de commerce (L. 9 juill. 1991 sur les procédures civiles d'exécution), qui se rapproche de l'hypothèque judiciaire conservatoire.

Le nantissement conventionnel du fonds de commerce est un contrat par lequel un débiteur consent à son créancier une garantie réelle accessoire à sa dette, dont l'assiette porte sur le fonds de commerce. Il permet au commerçant de tirer crédit de son fonds de commerce. Le nantissement sur fonds de commerce est en réalité une hypothèque mobilière.

§ 1 – Les conditions

I – L'assiette

Elle ne porte pas sur la totalité du fonds. Elle porte en principe sur les éléments incorporels (nom commercial, enseigne, droit au bail) et certains éléments corporels, le matériel par exemple, si les parties le prévoient expressément. Par ailleurs, le nantissement ne peut porter sur des éléments isolés. Les marchandises sont toujours exclues du nantissement dans la mesure où elles ne constituent pas une valeur assez stable.

II - La forme et la publicité

Le contrat de nantissement doit obligatoirement être constaté par écrit (acte authentique ou acte sous seing privé), dûment enregistré (C. com., art. L. 142-3).

Par ailleurs, le nantissement doit être publié, à peine de nullité, dans les 15 jours suivant sa constitution.

L'inscription doit être faite sur un registre spécial au greffe du tribunal de commerce.

§ 2 - Les effets

I - À l'égard du débiteur

Le propriétaire du fonds conserve le droit de l'administrer et d'en disposer. En particulier, il conserve la jouissance du fonds (gage sans dépossession). Il est tenu néanmoins à deux obligations particulières :

- En cas de déplacement du fonds, il doit en informer les créanciers inscrits.
- En cas de menace de résiliation du bail commercial, il doit également notifier la demande de résiliation aux créanciers inscrits.

II - Dans les rapports entre créanciers

- Le créancier nanti bénéfice d'un droit de préférence : le créancier qui n'a pas été payé peut faire ordonner la vente du fonds. Il sera alors payé avant les créanciers chirographaires et les titulaires d'un privilège général mobilier.
- Le créancier nanti bénéficie d'un droit de suite (prime l'acquéreur si le nantissement a été inscrit avant la vente du fonds). Il suit le fonds en quelques mains qu'il passe (C. com., art. L. 143-12).

Section 4 - Les contrats portant sur la jouissance du fonds de commerce

§ 1 - L'administration provisoire du fonds de commerce

Le fonds est exploité par un mandataire de justice (saisie, impossibilité d'exploiter, conflit sur la propriété du fonds...).

L'hypothèse la plus fréquente est celle de la gestion du fonds de commerce par l'administrateur en cas de redressement ou de liquidation judiciaires (L. 26 juill. 2005 ; C. com., art. L. 622-1, L. 631-12 et L. 641-9).

§ 2 - La location-gérance du fonds de commerce

Il y a deux manières d'exploiter un fonds de commerce. Le propriétaire du fonds peut exploiter lui-même son entreprise. Il peut aussi décider de recourir à un tiers et confier la gestion à un gérant libre, qui est commerçant et assume les risques de l'entreprise.

Il y a location-gérance ou « gérance libre » du fonds de commerce quand le propriétaire en confère l'exploitation à un tiers, moyennant une redevance (loyer). Elle constitue un bail dont l'objet est un fonds de commerce.

Pour qu'il y ait location-gérance, il faut qu'il y ait un fonds de commerce et principalement une clientèle.

Elle permet le plus souvent de faire face à une situation momentanée (le propriétaire du fonds est mineur, malade...) ou de régler la situation d'une entreprise en redressement judiciaire.

Longtemps ignorée par la loi, une loi de 1956 a écrit un régime de la location-gérance, la soumettant à des conditions restrictives. Ces dispositions sont incorporées dans les articles L. 144-1 et suivant du Code de commerce. Le dernier texte ayant apporté des modifications est l'ordonnance du 25 mars 2004.

I - La définition

Tout contrat ou convention par lequel le propriétaire ou l'exploitant d'un fonds de commerce ou d'un établissement artisanal en concède totalement ou partiellement la location à un gérant qui l'exploite à ses risques et périls. L'élément essentiel est l'existence d'une clientèle (C. com., art. L. 144-1).

II - Les conditions

A - Les conditions de fond

- **Preneur** : il doit avoir la qualité de commerçant et la capacité commerciale.
- **Bailleur** : depuis l'ordonnance du 25 mars 2004, l'article L. 144-3 du Code de commerce exige seulement que le loueur ait exploité pendant deux années au moins le fonds. L'ordonnance a supprimé la condition d'exercice d'une activité commerciale pendant 7 ans au moins.

B - Les conditions de forme et publicité

- **Écrit** : la location est un contrat consensuel, qui n'impose en principe aucune condition de forme. Ce principe supporte une exception lorsque le contrat de location-gérance comporte un engagement d'exclusivité. Par ailleurs, un certain formalisme est indispensable à raison des exigences de la publicité.
- **Publicité** : elle est assurée directement et indirectement :
  - inscription du preneur au registre du commerce en qualité de commerçant (C. com., art. L. 144-2) ;
  - inscription du bailleur en sa qualité de loueur de fonds de commerce (bien qu'il ne soit pas commerçant) ;
  - publicité du contrat par voie d'extrait dans un journal d'annonces légales dans les quinze jours de la formation du contrat ;
  - publicité analogue à la fin de la location-gérance.

III - Les effets

A - Les rapports entre les parties

La location-gérance fait peser les obligations habituelles résultant du contrat de louage de choses (C. civ., art. 1714). Le propriétaire doit mettre le fonds à la disposition du locataire-gérant. Le contrat est conclu *intuitu personae* du point de vue du preneur (interdiction de céder le bail ou de sous-louer).

Si le bailleur est propriétaire de l'immeuble où est exploité le fonds, il devra verser une indemnité de plus-value en fin de gérance, pour les seules améliorations matérielles apportées à l'immeuble avec l'accord exprès du bailleur (C. com., art. L. 145-46).

B - Les rapports avec les tiers

• Créanciers du bailleur : le fait de confier la direction du fonds à un tiers fait peser un risque sur l'avenir du fonds. Les créanciers du bailleur, propriétaire du fonds, peuvent donc demander la déchéance du terme de leurs créances au tribunal de commerce.

• Créanciers du locataire-gérant : ils encourent un risque grave car le fonds de commerce n'appartient pas à leur débiteur. L'article L. 144-7 du Code de commerce prévoit donc que le bailleur et le locataire-gérant sont solidairement responsables des dettes contractées à l'occasion de l'exploitation du fonds pendant un délai de six mois à compter des formalités de publicité.

§ 3 - Le crédit-bail portant sur le fonds de commerce

L'opération de crédit-bail fait intervenir trois personnes, le vendeur du fonds de commerce, l'établissement financier qui achète le fonds et qui le donne en location-gérance, et le locataire gérant qui exploite le fonds.

Au terme de l'opération, le commerçant dispose d'une option, renouveler le crédit-bail et la location-gérance, ne pas les renouveler et abandonner la gestion du fonds, enfin acquérir le fonds moyennant une somme résiduelle.

Chapitre 3
Le bail commercial et la propriété commerciale

L'essentiel

Le bail commercial est un élément essentiel du fonds, en particulier lorsque le commerçant n'est pas propriétaire de l'immeuble dans lequel il l'exploite.
Définition *: le bail commercial est le contrat conférant au titulaire du fonds de commerce le droit de jouir de l'immeuble dans lequel il exerce son commerce.*
Régime juridique *: pendant longtemps, le bail commercial est resté soumis au droit commun du louage. Il en résultait un risque majeur de perte du fonds en cas de non-renouvellement du bail à son expiration. Le législateur moderne s'est efforcé de protéger le commerçant : celui-ci peut obtenir le renouvellement de son bail ou à défaut une indemnité d'éviction. Les baux commerciaux sont régis par le décret du 30 septembre 1953, intégré dans le Code de commerce (art. L. 145-1 à L. 145-3 et L. 145-5).*
Bail et conventions voisines : le bail commercial doit être distingué du prêt à usage, du dépôt, de la location-gérance de fonds ce commerce. Il est également distinct des conventions d'occupation précaire.
La loi du 18 juin 2014 relative à l'artisanat, au commerce et aux très petites entreprises, qui se veut un véritable pacte en faveur du commerce, emporte une réforme du régime des baux commerciaux importante, cherchant en particulier à préserver le locataire. Et relancer un secteur d'activité touché par la crise.

Section 1 – Le contenu du bail commercial

§ 1 – Le régime du bail commercial

I – Les conditions

Pour bénéficier du statut des baux commerciaux, le contrat de location doit porter sur des biens affectés à une exploitation commerciale, industrielle ou artisanale. La nature commerciale du bail résulte de la destination contractuelle de locaux immobiliers à usage commercial, industriel ou artisanal (loi 5 janv. 1957). C'est la volonté des parties qui détermine cette destination. Elle s'oppose à un usage d'habitation ou un usage professionnel.

On applique le droit commun, sous les **réserves** suivantes :

• **La durée** : c'est un élément essentiel du contrat. En droit commun, elle est fixée librement par les parties. Le principe en matière de baux commerciaux est celui d'une durée de 9 ans minimum (C. com., art. L. 145-4, al. 1er). Il s'agit d'un principe d'ordre public.

Le preneur peut résilier tous les trois ans. Faculté cependant de consentir une seule convention d'occupation précaire de deux ans maximum, excluant l'application du décret du 30 septembre 1953.

- **Les clauses résolutoires :**
  - elles sont réglementées en cas de non-paiement du loyer (délais d'application) ;
  - elles sont interdites en cas de redressement ou de liquidation judiciaires.
- **La tacite reconduction** : à l'expiration du délai initial de 9 ans et à défaut de signification de congé au preneur, le bail commercial se renouvelle par tacite reconduction sans formalité particulière. C'est le même bail qui se poursuit.

II - Le loyer

Il se compose d'un élément principal (le loyer) et d'éléments accessoires (charges et dépôt de garantie...). Il est librement fixé à l'origine par les parties en fonction de la valeur locative des locaux. Il fait l'objet d'une révision légale triennale (art. D. 26), d'ordre public. Le nouveau loyer doit correspondre à la valeur locative réelle des locaux (caractéristiques du local, facteurs locaux de commercialité, prix couramment pratiqués dans le voisinage, etc.). Néanmoins, la hausse du loyer est limitée par l'indice Insee du coût de la construction.

La loi du 18 juin 2014 cherche à contenir l'augmentation du loyer et ainsi, améliorer la situation locative des commerçants et artisans. Ainsi, à la fin du bail commercial, le loyer du bail est renouvelé et en principe, déplafonné. Afin d'éviter une augmentation brutale du loyer, la loi limite désormais à 10 % du dernier loyer acquitté les réajustements annuels. La loi crée ainsi un plafonnement du déplafonnement.

§ 2 - Les modalités du bail commercial

- **L'affectation des locaux et la déspécialisation** : la loi du 12 mai 1965 autorise le changement d'activité ou « déspécialisation » du fait du locataire (activités complémentaires ou nouvelles), à charge pour le locataire de payer une indemnité en cas de préjudice du bailleur. Le changement peut être partiel ou total. La loi du 18 juin 2014 prolonge cette faculté en autorisant la déspécialisation partielle du bail par le tribunal en cas de procédure collective. L'objectif est de faciliter la reprise par un éventuel repreneur proposant un projet avec une activité connexe.
- **La sous-location et la cession de bail** :
  - sous-location : elle est autorisée à condition que le bailleur l'autorise et qu'il concoure à l'acte ;
  - cession : l'autorisation de cession au successeur dans le commerce est d'ordre public (validité des clauses d'agrément).

Section 2 - Le renouvellement du bail commercial

Principe : Le locataire commerçant peut demander le renouvellement de son bail. Le bailleur peut refuser en payant une indemnité d'éviction (sauf droit de reprise).

Caractère d'ordre public du droit au renouvellement : toute clause, stipulation ou arrangement faisant échec au droit au renouvellement, est nul et de nul effet (C. com., art. 145-15). C'est la raison pour laquelle on parle de « droit au renouvellement au bail » (C. com., art. L. 145-8).

§ 1 - Les conditions du droit au renouvellement

• **Le bail immobilier** (à l'exclusion de la location-gérance). Celui qui invoque le bénéfice de ce droit doit justifier d'un titre locatif, opposable au propriétaire.

• **Le preneur** : ce doit être un commerçant, industriel ou chef d'une entreprise, immatriculé au Répertoire des métiers, pouvant faire état d'une exploitation effective et personnelle (ou ayant donné régulièrement son fonds en location-gérance) pendant une durée de trois ans (C. com., art. L. 145-8). Le droit au renouvellement est exclu en cas de cessation d'activité présentant un caractère irréversible.

• **Le mode d'exercice du renouvellement** : le bailleur peut effectuer une offre de renouvellement ou la demande de renouvellement peut être formulée par le locataire.

• **L'objet** : il porte sur le local où est exploité le fonds de commerce ou local accessoire indispensable à cette exploitation. Le bail renouvelé doit avoir le même objet que le bail expiré.

• **Le droit de repentir** : c'est une faculté offerte au bailleur qui, dans un premier temps, a refusé le renouvellement du bail, puis revient sur sa décision en consentant à la conclusion d'un nouveau bail (C. com., art. L. 145-58).

§ 2 - Les effets du droit au renouvellement

• **Le principe** : le droit propose un droit au renouvellement du bail pour une durée minimale de 9 ans sauf accord des parties pour une durée plus longue (nouveau loyer égal à la valeur locative ; taux de variation lors du renouvellement : ne peut excéder la variation de l'indice national trimestriel de la construction publié par l'Insee, depuis la fixation du loyer initial du bail à renouveler).

• **Le maintien de la faculté de résiliation triennale**

• **Le refus de renouvellement** : le bailleur n'est pas tenu de consentir au renouvellement du bail. Il peut le refuser et doit alors payer une indemnité d'éviction qui s'analyse comme la réparation du préjudice causé au locataire du fait du non-renouvellement. Elle est égale au préjudice causé par ce refus (la base est la valeur marchande du fonds de commerce).

• **Le droit de reprise** : le bailleur peut refuser le renouvellement du bail sans être tenu au paiement d'une indemnité d'éviction :

– en cas de motifs graves et légitimes (fautes graves du preneur) ou si l'immeuble doit être démoli pour cause d'insalubrité ou d'insécurité ;

– pour habitation personnelle (il est alors soumis à des conditions rigoureuses : reprise des locaux d'habitation accessoires aux locaux commerciaux ; acquisition six ans avant la reprise, si elle était à titre onéreux...) ;

– pour construire ou reconstruire : le bailleur doit en principe payer l'indemnité d'éviction, sauf à offrir au locataire évincé un nouveau local de remplacement (C. com., art. L. 145-18).

• **Le droit de préemption du locataire** : c'est l'un des apports majeurs de la loi du 18 juin 2014, en vertu de laquelle le locataire dispose désormais d'un droit de priorité en cas de revente du local dans lequel il exploite son fonds de commerce, à l'instar du droit de préemption qui existe au profit du locataire en matière de location vide d'habitation.

Section 3 - La procédure

§ 1 - La prescription spéciale

Le locataire dispose d'un délai de deux ans à compter de la date pour laquelle le congé a été donné (C. com., art. L. 145-9, al. 5) soit pour contester le congé, soit pour demander le paiement d'une indemnité d'éviction.

Ce délai s'impose à peine de forclusion.

§ 2 - Le déroulement de la procédure

En cas de non-renouvellement, il peut y avoir une tentative de conciliation et avis d'une Commission départementale de conciliation (organisme paritaire composé de bailleurs et de locataires). Elle tente de concilier les parties ; en cas d'échec, elle rend un avis.

En cas de désaccord, le président du tribunal de grande instance tranche la contestation.

Titre 3
L'entrepreneur individuel à responsabilité limitée (EIRL)

La loi du 15 juin 2010 a introduit dans notre droit un statut juridique nouveau. Ouvert à toutes les entreprises individuelles, il s'adresse aux commerçants, aux artisans, aux agriculteurs et aux professions libérales.

L'article 1er de la loi affirme ainsi que « tout entrepreneur individuel peut affecter à son activité professionnelle un patrimoine séparé de son patrimoine personnel, sans création d'une personne morale » (C. com., art. L. 526-6).

Le bénéficiaire de ce mécanisme de patrimoine d'affectation est nécessairement une personne physique.

La loi du 18 juin 2014 relative à l'artisanat, au commerce et aux très petites entreprises est venue apporter quelques modifications au régime initial, afin d'améliorer le statut de l'EIRL et le rendre plus accessible. En effet, seuls 5 % des entreprises ont recouru vers à ce statut.

La préoccupation à l'origine de cet outil à la disposition des entrepreneurs est de préserver, autant que possible, l'entrepreneur individuel et sa famille des risques engendrés par l'exercice d'une activité professionnelle (cf. : Rapport Claude Champaud).

Chapitre unique
De la constitution à la cessation de l'EIRL

L'essentiel

L'EIRL s'adresse à « tout entrepreneur individuel » (C. com., art. L. 526-6), et permet de scinder le patrimoine de l'entrepreneur en un patrimoine professionnel, affecté à l'exercice de son activité professionnelle, et un patrimoine personnel.
Ce mécanisme rompt avec l'un des principes essentiels de notre droit positif, celui d'unité et d'unicité du patrimoine. Cette modification est d'autant plus remarquable qu'elle ne s'accompagne pas de la création d'une personne morale.

Section 1 – La constitution de l'EIRL

La constitution de l'EIRL répond à deux exigences : l'entrepreneur doit affecter certains biens au patrimoine de l'EIRL. Par ailleurs, il doit déposer une déclaration d'affectation.

Ainsi, les formalités exigées par la loi sont réduites : la création de l'EIRL s'effectue par simple déclaration auprès du Répertoire des métiers pour les artisans, auprès du Registre du commerce et des sociétés pour les commerçants.

La déclaration est fondamentale dans la mesure où elle identifie les biens que l'entrepreneur affecte à son activité professionnelle (outils, local, machine, véhicule…).

L'entrepreneur peut y inclure tous les biens, droits et obligations qui sont nécessaires à l'exercice de son activité professionnelle.

Section 2 – La cessation de l'EIRL

L'entrepreneur individuel peut considérer que le régime de l'EIRL ne lui convient plus, et ainsi, décider de poursuivre son activité dans le cadre traditionnel du commerçant, artisan, professionnel indépendant, ou encore constituer une société unipersonnelle, voire pluripersonnelle. Il y aura alors renonciation, l'unité du patrimoine étant alors restaurée.

Section 3 – La responsabilité de l'entrepreneur en EIRL

Cette affectation a pour effet de limiter la responsabilité de l'entrepreneur puisque les poursuites des créanciers professionnels ne pourront s'exercer que sur les biens ainsi affectés. Le premier alinéa de l'article L. 526-12 du Code de commerce pose le principe suivant : « *la déclaration d'affectation… est opposable de plein droit aux créanciers dont les droits sont nés postérieurement à son dépôt.* »

Il en résulte que le patrimoine affecté est le « seul gage général » pour les créanciers auxquels la déclaration d'affectation est opposable.

La limitation de responsabilité de l'entrepreneur a pour contrepartie l'obligation de tenir une comptabilité.

Pour aller plus loin

Bibliographie

- J. Mestre, M.-E. Pancrazi, I. Arnaud-Grossi, L. Merland et N. Tagliarino-Vignal, *Droit commercial, droit interne et aspects de droit international*, LGDJ, 29e éd., 2012.
- D. Legeais, *Droit commercial et des affaires*, Dalloz, coll. « Sirey Université », 20e éd., 2012.

Sujets de réflexion

- La notion de fonds commerce et son évolution.
- L'extension de la commercialité.
- Le principe de loyauté en droit commercial.
- Principe d'unicité du patrimoine de l'EIRL.

Deuxième partie

Les sociétés commerciales et le GIE

Le droit exige que l'activité économique s'effectue dans un cadre spécifique. Celle-ci peut s'inscrire dans le cadre d'une entreprise individuelle ou dans celui d'une entreprise en société. Jusqu'en 1985, la société était un contrat et se définissait comme une structure d'organisation d'un partenariat entre plusieurs personnes qui souhaitent participer à un projet commun. Le groupement de personnes décrivait ainsi l'essence même du contrat de société. La loi du 11 juillet 1985 a opéré un bouleversement profond, en admettant désormais qu'une société puisse résulter d'une seule volonté. Il en résulte ainsi un arsenal de règles et de structures sociales dense.

L'objet des développements qui vont suivre est d'examiner les différentes sociétés commerciales, d'en décrire les traits communs et les spécificités ainsi que leurs règles de constitution, de fonctionnement et de disparition. Enfin, il y a lieu de signaler que les sociétés peuvent être civiles ou commerciales. Les premières sont régies exclusivement par le Code civil tandis que les secondes, qui font l'objet de notre étude, relèvent principalement du Code de commerce. Mais cette dichotomie tend à s'estomper, en particulier depuis la réforme de 1978 qui a rapproché la société civile de la société commerciale.

75 Titre 1 – Les généralités
76 Chapitre 1 – Le rôle et la nature des sociétés commerciales
81 Chapitre 2 – Le droit commun des sociétés commerciales
108 Chapitre 3 – Les groupes de sociétés

113 Titre 2 – Les sociétés de personnes
114 Chapitre 1 – La société en participation et la société créée de fait
118 Chapitre 2 – La société en nom collectif
125 Chapitre 3 – La société en commandite simple

129 Titre 3 – Les sociétés par actions
130 Sous-titre 1 – La société par actions : notions générales et présentation des valeurs mobilières
131 Chapitre 1 – Notions générales
137 Chapitre 2 – Les valeurs mobilières émises par les sociétés par actions

156 Sous-titre 2 – La société anonyme
157 Chapitre 1 – La constitution de la société anonyme
162 Chapitre 2 – La vie de la société anonyme
201 Chapitre 3 – Les crises de la vie de la société anonyme et sa dissolution

205 Sous-titre 3 – Les autres sociétés par actions
206 Chapitre 1 – La société en commandite par actions
210 Chapitre 2 – La société par actions simplifiée (SAS)
216 Chapitre 3 – La société par actions simplifiée unipersonnelle (SASU)
217 Chapitre 4 – La société européenne

221 Titre 4 – Les sociétés à responsabilité limitée
222 Chapitre 1 – La société à responsabilité limitée pluripersonnelle (SARL)
230 Chapitre 2 – La société à responsabilité limitée unipersonnelle (EURL)

233 Titre 5 – Les sociétés diverses
234 Chapitre unique – Présentation générale

241 Titre 6 – Le groupement d'intérêt économique
242 Chapitre 1 – Le groupement d'intérêt économique français
246 Chapitre 2 – Le groupement européen d'intérêt économique

251 Titre 7 – La réglementation des principales opérations de prises de contrôle de sociétés cotées
252 Chapitre 1 – L'Autorité des marchés financiers
258 Chapitre 2 – Le ramassage en bourse et l'obligation de déclaration des franchissements de seuils
261 Chapitre 3 – Les offres publiques d'acquisition
267 Chapitre 4 – Les offres publiques de retrait et le retrait obligatoire

Titre 1
Les généralités

Les sociétés commerciales remplissent une fonction tout à fait essentielle dans l'activité économique. L'apparition de nouvelles structures sociales a contribué à rendre la catégorie des sociétés commerciales très hétérogène. Il existe en effet de nombreuses formes sociales de nature commerciale disponibles. Dans un effort de clarté et de compréhension des mécanismes, ces sociétés commerciales font l'objet d'une classification.

Néanmoins, un dénominateur commun continue de fédérer ces différentes sociétés commerciales. En effet, toutes ces sociétés sont soumises à un certain nombre de dispositions impératives, plus ou moins nombreuses d'une part, mais également à leurs statuts ou encore « pacte social ».

Le droit commun des sociétés décrit les règles de constitution, de fonctionnement, de dissolution et de transformation, tandis que chaque société commerciale répond à des règles spécifiques.

La notion de société exige que soit également examinée la notion de personnalité morale à laquelle elle est le plus souvent associée. En effet, les sociétés, tant civiles que commerciales, et à l'exception de la société en participation, jouissent de la personnalité morale à compter de leur immatriculation au registre du commerce et des sociétés, personnalité qu'elles conservent jusqu'à leur dissolution.

Chapitre 1
Le rôle et la nature des sociétés commerciales

L'essentiel

***Définition** : la société commerciale permet la réunion de plusieurs personnes dans certains cas, voire de capitaux afin d'exercer une activité économique. D'ores et déjà, on comprend que diverses raisons puissent participer à la constitution d'une société commerciale, considérations financières, humaines, fiscales, patrimoniales, voire même familiales comme le décès du commerçant ouvrant l'entreprise à ses ayants droit. La société commerciale permet aussi de répartir les risques, voire de les limiter selon la structure sociale choisie. Il résulte de cette multitude de motivations prises en compte au fil du temps par le législateur un vaste arsenal de sociétés commerciales.*

Section 1 - Les notions générales

§ 1 - Le rôle des sociétés commerciales dans le temps

Le développement irrésistible des sociétés commerciales à l'époque moderne obéit à des préoccupations multiples et successives :

• À l'origine se trouve l'idée de renforcement de l'activité économique et du crédit par le regroupement de plusieurs personnes (société en nom collectif) ;

• Ultérieurement, la société est devenue le moyen de répartir les risques nés du commerce et de n'y engager qu'une partie de sa fortune (sociétés en commandite et SARL). La distinction des patrimoines des associés et de la personne morale permet en effet de limiter la responsabilité liée à l'activité économique ;

• La société, et plus particulièrement la société anonyme, s'est révélée être une technique qui permet de rassembler des capitaux importants en offrant aux capitalistes une possibilité d'investissement, notamment lorsqu'elle est cotée.

La société anonyme est devenue « *le merveilleux instrument du capitalisme moderne* » selon les termes célèbres de Georges Ripert (*Aspects juridiques du capitalisme moderne*, 2e éd., LGDJ, 1948, p. 28), jouant le rôle d'instrument majeur du capitalisme. Nous verrons que cette fonction est largement remplie aujourd'hui par les groupes de sociétés.

§ 2 - La législation applicable aux sociétés commerciales

Évolution : cette matière fait l'objet de très nombreuses réformes. Le législateur continue de tenter de répondre aux besoins des acteurs économiques par l'ajout de nouvelles structures aux formes sociales existantes ou par l'édiction de règles nouvelles.

Dans un bref rappel historique, outre les articles 1832 à 1873 du Code civil, modifiés par une loi du 4 janvier 1978, les textes fondateurs sont constitués par la loi du 24 juillet 1966 et le décret du 23 mars 1967. Ces textes ont fait l'objet de modifications successives importantes. Parmi elles, citons les plus essentielles : la loi du 15 mai 2001 sur les nouvelles régulations économiques (loi NRE), qui s'est attachée en particulier à l'équilibre des pouvoirs au sein de la société anonyme, la loi de sécurité financière du 1er août 2003 (loi LSF) qui a opéré la fusion de la COB et du CMF donnant jour à l'actuelle Autorité des marchés financiers, l'ordonnance du 24 juin 2004, portant réforme du régime des valeurs mobilières, la loi du 25 juillet 2005 (loi Breton).

Une succession de lois récentes a modifié les textes, souvent pour transposer des directives européennes : la loi du 31 décembre 2005, sur la responsabilité des personnes morales, la loi du 31 mars 2006 emportant transposition de la directive OPA, la loi du 30 décembre 2006, pour le développement de la participation et de l'actionnariat salarié, la loi du 21 août 2007 en faveur du travail, de l'emploi et du pouvoir d'achat (qui encadrent les indemnités de départ des dirigeants des sociétés cotées).

Une ordonnance du 23 septembre 1967 a créé parallèlement le groupement d'intérêt économique ou GIE, tandis qu'une loi du 13 juin 1989 créait le groupement européen d'intérêt économique ou GEIE.

La loi du 3 janvier 1994 a institué la société par actions simplifiée ou SAS. La loi Breton du 26 juillet 2005 a introduit dans notre droit la société européenne (C. com., art. L. 229-1 à 229-15), laquelle procède d'une réglementation communautaire.

La loi du 4 août 2008 dite loi de Modernisation de l'économie (LME) ainsi qu'une ordonnance du 8 décembre ont apporté des modifications substantielles, en particulier au droit des sociétés faisant une offre au public, tout en se préoccupant du développement des PME.

Plus récemment, un certain nombre de textes législatifs et une ordonnance ont apporté leurs modifications. La loi du 22 octobre 2010 de régulation bancaire et financière renforce les pouvoirs de l'Autorité des marchés financiers (AMF). Les lois Warsmann du 17 mai 2011 et 22 mars 2012 ont tenté d'opérer une simplification du droit et une dépénalisation de la vie des affaires. La loi Florange du 29 mars 2014, visant à reconquérir l'économie réelle, apporte des modifications importantes au droit des sociétés, en particulier concernant le droit de vote, ainsi qu'au droit des offres publiques.

Enfin l'ordonnance du 31 juillet 2014 relative au droit des sociétés modifie différents aspects de la matière.

Section 2 - La nature juridique des sociétés commerciales

Il s'agit là d'un débat fort ancien. La société doit-elle s'analyser en un contrat passé entre plusieurs personnes ou être considérée comme une institution ? En autorisant la création d'une société à un seul associé, la loi du 11 juillet 1985 a renouvelé les termes du débat.

§ 1 - La conception contractuelle

Elle est fort ancienne et repose sur le dogme de l'autonomie de la volonté. Selon cette conception, la société est un contrat entre plusieurs associés, qui prend la forme de statuts librement conclus. En conséquence, la société doit satisfaire aux conditions de validité du contrat (C. civ., art. 1108) et une partie de ses règles de fonctionnement se réclame du droit du contrat (par ex, la notion de mandataire social). S'il est possible de rattacher certaines formes sociales à cette conception, en particulier la société en nom collectif, il ne faut pas perdre de vue que le législateur impose des règles impératives nombreuses tant à l'égard de la formation que du fonctionnement de nombre de sociétés commerciales, rompant ainsi avec une tradition d'autonomie de la volonté des associés. Surtout, le fait que la société accède à la vie juridique grâce à son immatriculation et non par la seule signature du contrat entre les associés, montre bien l'indigence de cette analyse pour expliquer seule la nature de la société.

Néanmoins, les statuts conservent une importance primordiale comme le rappelle l'article L. 210-2 du Code de commerce qui énonce « *la forme, la durée qui ne peut excéder quatre-vingt-dix-neuf ans, la dénomination sociale, le siège social, l'objet social et le montant du capital social sont déterminés par les statuts de la société.* » Ce texte atteste de la séquelle puissante dans notre droit de cette conception contractuelle de la société.

§ 2 - La conception institutionnelle

Définie comme une entité soumise à un ensemble de règles organisant de façon impérative et durable un groupement, l'institution permet de justifier un certain nombre de règles gouvernant la société tel que le recours au principe majoritaire (et non à l'unanimité) pour modifier les statuts ou la création de la personnalité morale. Surtout, l'alinéa 2 de l'article 1832 du Code civil énonce depuis la loi du 11 juillet 1985 que la société « *peut être instituée par la volonté d'une seule personne* ».

En réalité, il est nécessaire de recourir aux deux analyses afin de justifier l'arsenal de structures sociales disponibles dans notre droit des sociétés. Certaines d'entre elles se rattachent plus à l'analyse contractuelle (de façon évidente, la société en nom collectif) tandis que d'autres se réclament davantage de la conception institutionnelle (société de capitaux). De plus, au sein de chacune de ces structures sociales, certaines règles se rattachent au droit des contrats alors que d'autres résultent de la nature institutionnelle de la société. Il faut donc se résoudre à constater la nature hybride de la société commerciale.

Section 3 - Les sociétés commerciales et leur classification

La distinction entre les sociétés civiles et sociétés commerciales demeure la *summa divisio*, bien que la réglementation des sociétés civiles se soit substantiellement rapprochée de celle des sociétés commerciales.

L'article L. 210-1 du Code de commerce pose un principe essentiel de commercialité des sociétés commerciales. Il énonce en effet que « *sont commerciales à raison de leur forme et quel que soit leur objet, les sociétés en nom collectif, les sociétés en commandite simple et les sociétés par actions.* »

Il en résulte que les sociétés commerciales, régies par le Livre deuxième du Code de commerce, sont les suivantes, et ce quel que soit leur objet social : la société en nom collectif (C. com., art. L. 221-1 s.), la société en commandite simple (C. com., art. L. 222-1 s.), la société à responsabilité limitée (C. com., art. 223-1 s.), l'EURL, la société anonyme (C. com., art. L. 225-1 s.), la société en commandite par actions (C. com., art. L. 226-1 s.), la société par actions simplifiée (C. com., art. L. 227-1 s.), la société par actions simplifiée unipersonnelle.

La société en participation (C. civ., art. 1871) et la société créée de fait (C. civ., art. 1873), selon la nature de leur objet social, peuvent être civiles ou commerciales.

Outre ces formes générales, notre droit propose un large éventail de sociétés à statut légal spécial, qui ne sont en réalité que des variantes des formes générales, le plus souvent la société anonyme.

→ **Classification au sein des sociétés commerciales :** le droit des sociétés retient deux classifications essentielles, selon le rôle joué par les associés et les capitaux réunis au sein de la structure.

§ 1 – Les sociétés fermées et les sociétés ouvertes

Cette distinction entre sociétés fermées et sociétés ouvertes, empruntée au droit de *common law*, coïncide avec la distinction entre les sociétés de personnes et les sociétés de capitaux.

I – Société fermée ou société de personnes

Le contrat est formé *intuitu personae*. Les associés se groupent parce qu'ils se connaissent et se font confiance. Il existe un lien étroit entre chacun d'entre eux : les droits sociaux sont normalement intransmissibles entre vifs et même à cause de mort. C'est la raison pour laquelle on parle aussi de sociétés « fermées » (*closely held corporations*) car il n'est pas aisé ni de rentrer ni de sortir de ces sociétés.

Il s'agit essentiellement de la société en nom collectif, et de la société en commandite simple.

II – Société ouverte ou société de capitaux

Par opposition, la société de capitaux repose essentiellement sur l'apport des capitaux, sans considération aucune pour la personne. Le corollaire est que chaque associé n'est engagé qu'à hauteur de son apport. L'action est en principe librement négociable, le titre peut être admis aux négociations sur un marché réglementé. L'associé d'une telle société, dite société « ouverte » (*publicly held corporations*) est assurée d'entrer et sortir en principe à tout moment. Bien moins nombreuses que les sociétés de personnes, elles désignent entre autres les très grandes sociétés, telles que celles appartenant au CAC 40.

Les sociétés par actions sont plus nombreuses. Ce sont la société en commandite par actions, la société à responsabilité limitée, la société anonyme, la société par actions simplifiée, la société par actions simplifiée unipersonnelle.

Cette distinction désormais traditionnelle est toujours valable. Néanmoins, elle tend parfois à s'estomper dans la mesure où certains moyens permettent d'introduire un certain *intuitus personae* dans les sociétés de capitaux, en particulier grâce au recours au pacte d'actionnaires ou l'insertion d'une clause d'agrément, et de le restreindre dans les sociétés de personnes. En réalité, c'est essentiellement dans le domaine fiscal que cette distinction garde toute sa pertinence, puisque les sociétés de capitaux (y compris la SARL) sont soumises à l'impôt sur les sociétés tandis que les sociétés de personnes relèvent de l'impôt sur le revenu à travers leurs associés.

§ 2 - La classification reposant sur le risque encouru par les associés

Cette classification entre sociétés de personnes et sociétés par actions rejoint indirectement la question de la responsabilité des associés, et donc de leur protection. Cette seconde classification s'intéresse essentiellement à la responsabilité des associés. Ainsi, dans la société fermée, la question de la protection est évacuée dans la mesure où il y a peu d'associés et ceux-ci s'engagent au regard de la personne des autres associés et de leur solvabilité.

Au contraire, les sociétés ouvertes faisant appel au public pour se financer sont soumises à l'attraction des marchés financiers et aux règles qui les régissent, justifiant ainsi une protection renforcée de la part des autorités de marché, à travers l'information et lors des opérations qu'elles sont amenées à effectuer sur leur capital.

I - Société en nom collectif

Chaque associé est personnellement et solidairement tenu de tous les engagements sociaux et acquiert la qualité de commerçant. Historiquement, cette forme est la plus ancienne et fait une place importante à la personne de chaque associé.

II - SARL, société anonyme, SAS, SASU et EURL

Chaque associé ne répond des engagements sociaux qu'à concurrence de son apport. Les associés ne sont pas tenus personnellement des dettes sociales.

III - Société en commandite simple

Elle consiste en une combinaison des formes précédentes, faisant cohabiter deux catégories d'associés, le ou les commandités qui sont personnellement responsables, le ou les commanditaires responsables à concurrence de leur apport.

Chapitre 2
Le droit commun des sociétés commerciales

L'essentiel

À l'origine, la société est un contrat. Cet élément demeure essentiel et nécessaire à toute société, malgré l'importance de l'élément institutionnel, accru dans toutes les sociétés depuis la loi du 24 juillet 1966 et les diverses réformes ultérieures.
La société est ainsi définie à l'article 1832 du Code civil : « La société est instituée par deux ou plusieurs personnes qui conviennent par un contrat d'affecter à une entreprise commune des biens ou leur industrie, en vue de partager les bénéfices ou de profiter de l'économie qui pourra en résulter.
Elle peut être instituée, dans les cas prévus par la loi, par l'acte de volonté d'une seule personne.
Les associés s'engagent à contribuer aux pertes ».

Section 1 – Les règles communes aux sociétés commerciales

Faut-il le rappeler, le contrat de société est avant tout un contrat. À ce titre, il doit observer un certain nombre d'exigences qui dépassent notre matière et intéressent la validité du contrat. Il s'agit des conditions de validité de tout contrat telles qu'énoncées dans l'article 1108 du Code civil (consentement, capacité, objet et cause licites), auxquelles on peut ajouter la nécessité d'une pluralité de personnes concluant ce contrat (§1). Le droit des sociétés y ajoute des conditions de fond spécifiques (§2). Enfin, il y a lieu d'évoquer les conditions de forme propres à notre matière, lesquelles rappellent la nature institutionnelle de la société commerciale (§3).

§ 1 – Les conditions de fond propres au contrat

I – La pluralité de contractants ou la pluralité d'associés

En principe, un contrat ne peut être passé qu'entre plusieurs contractants, au moins deux.

On retrouve cette exigence à l'encontre des associés concluant un contrat de société. C'est ainsi qu'une pluralité d'associés a été requise pendant longtemps. Avec l'introduction dans notre droit de la société unipersonnelle en 1985, la société peut être désormais constituée par un seul associé, ce qui signe la victoire de la conception institutionnelle aux dépens de l'approche contractuelle.

En principe, cette pluralité d'associés doit exister au moment de la formation de la société, mais également tout au long de la vie sociale. Néanmoins, la réunion de toutes les parts sociales en une seule main n'entraîne pas la dissolution de plein droit de la société.

Toute personne, physique ou morale, peut en principe être associée, sous réserve de sa capacité juridique.

II – Le consentement des associés

Le consentement doit être intègre, et ainsi accordé par tous les associés en dehors de tout vice du consentement. Si tous les vices du consentement ont vocation à être invoqués dans le contrat de société, ils le sont rarement en pratique.

En revanche, le consentement peut être remis en question lorsqu'il a été simulé. C'est le cas de la société fictive, qui n'a que l'apparence d'une société mais est dépourvue d'éléments essentiels (apport, *affectio societatis*). La Cour de cassation considère que la société fictive est une société nulle et non existante (Com. 3 juin 2008, *Bull. Joly* 2008, n° 200, *F. X. Lucas*.)

La société fictive doit être distinguée de la convention de croupier par laquelle un associé convient avec un tiers, le croupier, de partager les bénéfices et les pertes résultant de sa participation dans la société. Le croupier n'est donc pas l'associé mais bénéficie des droits pécuniaires. Bien que le croupier ne soit pas connu des associés, il n'y a pas simulation dans la mesure où l'associé continue d'exercer ses droits extra-pécuniaires.

III – La capacité juridique des associés

La capacité est l'aptitude d'une personne de participer à la vie juridique. Celle-ci dépend de la nature des engagements souscrits et donc, de la société. Le mineur et les autres incapables ne peuvent pas avoir la qualité de commerçant, et donc être associés en nom au sein de la société en nom collectif ou commandités. La loi du 15 juin 2010 relative à l'EIRL a supprimé l'interdiction faite au mineur, même émancipé, de devenir commerçant. Désormais, un mineur non émancipé peut créer et gérer une EIRL, EURL ou une SASU. En revanche, il ne pourra exercer seul les actes de disposition, et sera donc autorisé à n'exercer que les actes d'administration.

Quant au mineur émancipé, il peut désormais être commerçant et, ainsi, devenir associé d'une société en nom collectif ou commandité.

IV – Sociétés entre époux

Principe : (C. civ., art. 1832-1) deux époux peuvent être librement coassociés, seuls ou avec des tiers, même s'ils souscrivent l'un et l'autre leurs droits sociaux avec des biens de la communauté et (depuis la loi du 23 déc. 1985) s'ils sont coassociés dans les sociétés, entraînant une responsabilité indéfinie et solidaire (SNC, commandités de commandite).

Restrictions :

• **Restrictions de fond** :

– Sociétés autres que par actions : chacun des deux époux peut apporter à une société des biens communs, sous réserve d'en informer son conjoint par notification et de justifier de cette notification dans l'acte d'apport, à peine de nullité ; le conjoint peut revendiquer la qualité d'associé (C. civ., art. 1832-2).

La société entre époux qui serait constituée par le recours à des biens de la communauté est valable.

– Sociétés par actions : l'apport de biens communs est soumis aux règles suivantes : l'apport par chaque époux d'un bien commun est libre ; l'apporteur a seul la qualité d'associé.

• **Restrictions de forme** : si la société est constatée par acte authentique, les avantages et libéralités en résultant pour un époux ne peuvent pas être annulés comme constituant une donation déguisée (C. civ., art. 1832-1 al. 2).

V – L'objet social et la cause

A – L'objet et l'objet social

Il ne faut pas confondre l'objet du contrat de société et l'objet social. Alors que le premier désigne de manière transversale la mise en commun de biens ou d'industrie en vue d'en partager le bénéfice ou de réaliser des économies, l'objet social décrit l'objet spécifique de l'entreprise exerçant son activité marchande sous forme de société commerciale. Celui-ci est défini dans les statuts et constitue le cadre d'action économique de la société en présence. C'est la raison pour laquelle l'objet social doit être déterminé, ce qu'on désigne par le principe de spécialité de l'objet social.

De même, l'objet social doit être licite, c'est-à-dire conforme à l'ordre public et aux bonnes mœurs comme l'exige l'article 6 du Code civil.

S'il peut y avoir une distorsion entre l'objet statutaire et l'objet social réel, la jurisprudence considère que c'est l'activité effective qui doit être prise en considération.

B – La cause

Elle décrit la raison pour laquelle deux ou plusieurs personnes se sont associées. En vertu de l'article 1131 du Code civil, le contrat doit avoir une cause effective et licite. En réalité, la cause et l'objet sont souvent confondus et le défaut de cause est exceptionnel.

§ 2 – Les conditions de fond propres au contrat de société

La société se constitue par un acte juridique conclu en principe entre plusieurs personnes, les associés, remplissant certaines conditions de fond et de forme. À ces exigences tirées du droit des contrats s'ajoutent d'autres conditions **propres au contrat de société**. Ce sont les apports, la participation aux bénéfices et aux pertes, et enfin, l'*affectio societatis*.

I – Les apports et le capital social

C. civ., art. 1832 : cet article rappelle que chacun des associés doit faire un apport.

Cette règle, qui ne souffre aucune exception, vaut pour toutes les sociétés, y compris la société créée de fait.

Le corollaire est qu'il n'y a véritablement apport que si l'associé reçoit en contrepartie de l'apport, une fraction des droits sociaux (parts ou actions), en principe proportionnelle à la valeur de cet apport.

Le capital social est constitué par l'ensemble des apports, porté au passif du bilan, puisqu'il est « dû » en retour aux associés.

Notion juridique plus que comptable, le capital social est présent dans toutes les sociétés, de personnes et de capitaux, et doit figurer dans les statuts. Le capital social désigne ce que les associés ont apporté en propre à la société.

À l'égard des tiers, il constitue en principe une garantie, un droit de gage général, et est donc égal à la somme des biens saisissables. C'est la raison pour laquelle il ne peut être constitué que des apports en numéraire et des apports en nature.

Le capital social n'a vocation à augmenter que si de nouveaux apports sont réalisés.

À cet égard, il ne faut pas confondre le capital social et l'actif de la société, qui peut être largement supérieur ou inférieur au capital selon la prospérité de l'entreprise.

Longtemps le principe fut celui de la fixité du capital social. Celui-ci connaît depuis quelques années une évolution substantielle dans le sens d'un assouplissement de ses règles, dont la disparition de l'exigence d'un capital social minimum ayant disparu pour certaines structures (SARL).

L'apport est le bien dont l'associé transfère la propriété ou la jouissance à la société.

Il peut être de nature et d'importance différentes. On distingue traditionnellement les apports suivants.

- **L'apport en numéraire ou en espèces :** il s'agit de toute somme d'argent. Le versement du montant de l'apport en numéraire, la libération de l'apport, est librement précisé par les statuts.

- **L'apport en nature :** il désigne l'apport de tout bien autre qu'une somme d'argent. Il s'agit de tout bien corporel (meuble, immeuble) ou incorporel (fonds de commerce, propriété industrielle telle qu'un brevet).

Les apports en nature peuvent être réalisés en pleine propriété ou en jouissance, qui consiste en la mise à disposition du bien à la société. Dans ce cas, l'apporteur est garant vis-à-vis de la société de l'apport. La question majeure concernant les apports en nature concerne leur évaluation.

- **L'apport en industrie :** cet apport consiste pour l'associé à mettre à disposition de la société son travail, ses connaissances, ses relations ou tout « service » (*lato sensu*). Ces apports ne figurent pas dans le capital social et sont donc exclus dans les sociétés où la responsabilité est limitée.

II - La participation aux résultats de l'entreprise

En l'état de l'actuelle rédaction de l'article 1832 du Code civil, la société est constituée pour partager les bénéfices ou tirer profit des économies qu'elle effectue.

Cette règle a une double signification, énoncée dans le Code civil (C. civ., art. 1832 et 1844-1, al. 2) :

- **La société doit rechercher des bénéfices ou effectuer des économies** : ce but fut longtemps un élément essentiel de qualification, qui distingue la société du syndicat et de l'association.

La notion de bénéfice se définissait initialement comme tout « gain pécuniaire ou gain matériel qui ajoute à la fortune des associés » (*Caisse rurale de Manigod*, chambres réunies, 11 mars 1914). Le caractère intéressé (groupement de défense) ne suffit pas à caractériser la société.

Distinction entre société et association : celle-ci est essentielle, en raison de la différence de régime entre ces deux groupements. La personnalité morale de la société est notamment plus étendue que celle de l'association.

Les sociétés sont valablement constituées même si elles ont comme unique but de permettre une économie à leurs associés.

• **Chaque associé doit participer aux bénéfices ou bénéficier des économies et contribuer aux pertes** : dans le silence des statuts, cette participation est proportionnelle aux apports de chaque associé (C. civ., art. 1844-1, al. 1er). Néanmoins, elle peut être inégale (licéité du partage inégal des bénéfices ou des pertes) ou conditionnelle (clause tontinière).

En revanche, est interdite la clause léonine par laquelle un associé se voit attribuer la totalité du profit ou serait exclu de la totalité des pertes (C. civ., art. 1844-1, al. 2) privant les autres associés de tout bénéfice (et en contrepartie les dispensant de toute perte). Une telle clause est réputée non écrite. La question de la validité d'une clause léonine est apparue à propos des cessions massives de droits sociaux. En effet, parce que de telles cessions s'inscrivent dans le temps, il est fréquent que les parties à la cession prévoient que le solde des actions sera payé ultérieurement à un prix d'ores et déjà fixé. La Cour de cassation a longtemps qualifié cette stipulation de léonine. L'arrêt *Bowater* (Com. 20 mai 1986), suivi de plusieurs décisions (Com. 16 nov. 2004), reconnaît la validité de cette clause.

Cette évolution jurisprudentielle était nécessaire pour que puisse se développer le capital investissement.

Il faut bien distinguer la participation aux pertes, laquelle concerne les rapports entre associés de l'obligation aux dettes, laquelle intéresse les créanciers.

III - L'*affectio societatis*

Définition : nulle part définie, cette notion peut être décrite comme la volonté de chaque associé de s'associer (au moment de la formation du contrat de société) et de collaborer (pendant la vie sociale), ou encore, la volonté des associés de collaborer sur un pied d'égalité, fût-elle en pratique théorique, à la gestion de la société.

Bien que non exigé par l'article 1832 du Code civil, c'est un élément essentiel qui permet de distinguer la société d'autres contrats (prêt ou contrat de travail avec participation aux bénéfices).

Sans *affectio societatis*, il ne saurait y avoir de société. Ainsi, le défaut d'*affectio societatis* permet d'identifier les sociétés fictives.

§ 3 - Les conditions de forme

Remarque : les sociétés en participation obéissent à des règles spéciales (*infra*).

Le contrat de société, et c'est là une particularité, répond à un formalisme important en particulier concernant la création de la structure sociale, justifié tant par l'intérêt des associés (*stockholders*) que l'information des tiers, ainsi que la protection des différentes « parties prenantes » ou « *stakeholders* » selon la terminologie anglo-américaine (ce sont les banquiers, les clients, les fournisseurs).

Les conditions de forme sont au nombre de quatre : la rédaction d'un acte écrit, la publicité de cet acte, la déclaration de conformité, enfin l'immatriculation au registre du commerce et des sociétés, suivie de l'enregistrement.

I – La rédaction d'un acte : les statuts

Cette exigence d'un écrit est posée par l'article 1835 du Code civil, et il désigne les statuts. Il s'agit du contrat initial passé entre les associés. Les statuts constituent ainsi à proprement parler la charte des associés, la base de leurs engagements. Ainsi, la signature des statuts manifeste l'engagement des associés de créer la société.

En réalité, la société, en tant que contrat, est conclue comme tout contrat, au jour de la signature des statuts. Il en résulte que, jusqu'à l'immatriculation, les rapports entre associés seront régis par le droit des contrats et le contrat des sociétés. Pour autant, la société sera dépourvue de la personnalité morale, qu'elle ne pourra acquérir qu'au moment de son immatriculation.

Les statuts doivent contenir certaines mentions, qui renseignent sur la société : la forme de la société, la durée de vie (ne peut excéder 99 ans mais peut être prorogée), son appellation, son siège social, son objet social, le montant de son capital social, enfin les règles de fonctionnement et de gouvernance, lorsque celles-ci ne sont pas impératives.

Ce peut être un acte authentique ou sous seing privé, déposé ou non au rang des minutes d'un notaire. En pratique, l'acte authentique est obligatoire dans divers cas, en cas d'apport d'immeuble (condition de la publicité foncière qui rend seule le transfert opposable aux tiers), de société entre époux (depuis la loi du 1er janvier 2005, les donations déguisées entre époux ne sont plus annulables).

Les statuts sont par ailleurs à distinguer des dispositions infra-statutaires, en particulier le règlement intérieur ou le pacte d'actionnaires, dont la force juridique sera moindre.

II – La publicité de l'acte écrit et l'enregistrement

Une fois les statuts signés, un avis de constitution de la société doit être inséré dans un journal d'annonces légales, comportant une série de mentions sur les caractéristiques de la société (art. D. 285 nouv.), dans le département du siège social de la société.

La formalité d'enregistrement est fiscale. Le Code général des impôts soumet obligatoirement à l'enregistrement les actes constatant la formation des sociétés de toute nature. Il porte sur les statuts et les autres pièces constitutives de la société. Il doit intervenir dans un délai de trois mois à compter de la date de l'acte.

III – L'immatriculation au Registre du commerce et des sociétés

Une fois effectuées ces différentes formalités, les fondateurs et les premiers dirigeants de la société doivent engager la procédure d'immatriculation.

Doivent être déposées au greffe copie des statuts s'ils sont établis par acte sous seing privé, et copie des actes de nomination des organes de gestion et de contrôle non désignés dans les statuts (décr. 84-406 du 30 mai 1984, art. 48).

En pratique, ces documents sont remis au centre de formalités des entreprises (CFE ou « guichet unique »), qui les transmet au greffe du tribunal de commerce en même temps que la demande d'immatriculation. Ce dernier a pour mission de vérifier la régularité de la demande d'immatriculation ainsi que des énonciations faites dans le dossier.

Cette vérification vient en remplacement de la déclaration de conformité effectuée autrefois par les parties et supprimé par la loi Madelin du 11 février 1994.

Ce n'est plus le greffier en revanche qui délivre le numéro d'immatriculation.

La loi Madelin a instauré le principe de numéro unique d'identification des entreprises. Il s'agit du numéro Siren, qui est attribué à l'entreprise par l'Insee. Le greffier notifie l'immatriculation ainsi que le numéro Siren au déclarant dans un extrait *K bis*.

Enfin, le greffier doit, dès qu'il reçoit notification du numéro d'Insee, adresser un avis valant publicité à l'échelle nationale à insérer au *Bulletin officiel des annonces commerciales* – ou BODACC

Effets : l'immatriculation confère la personnalité morale (*infra*) (C. civ., art. 1842). C'est une innovation majeure de la loi de 1966, renforçant l'analyse institutionnelle de la société, qui a le mérite d'établir la naissance de la personnalité morale à une date indiscutable.

Remarque : les modifications statutaires sont soumises à des règles de forme analogues à celles prévues pour la constitution.

§ 4 - Les sanctions des règles communes aux sociétés commerciales - les nullités

La sanction normale en droit des contrats d'un acte irrégulier est son annulation.

En matière de droit des sociétés, la nullité, très rigoureuse pour les tiers de bonne foi, demeure exceptionnelle.

Le législateur a ainsi enserré les hypothèses d'action en nullité dans des conditions très restrictives, avec de nombreuses possibilités de régularisation.

Il existe ainsi un double régime selon qu'il est porté atteinte à une condition de fond ou à une condition de forme.

I - L'inobservation des conditions de fond

A - Les nullités

Lorsque l'on s'intéresse à la question des nullités en droit des sociétés, il y a lieu de faire une distinction majeure entre la nullité de la société et la nullité de décision prise par les organes de la société.

1. La nullité de la société

Cette nullité, ou celle d'un acte modifiant les statuts, est régie par l'article L. 235-1 al. 1er du Code de commerce.

Il résulte de ce texte que les causes de nullité sont strictement délimitées.

En principe, une telle nullité doit être prononcée dès lors que ne sont pas respectées les conditions de l'article 1108 du Code civil. Néanmoins, il y a lieu de faire une distinction selon le type de société.

Dans les sociétés en nom collectif et en commandite simple, la nullité peut être prononcée en cas de vices du consentement, pour défaut de capacité, objet ou cause immoral ou illicite.

En revanche, cela n'est pas possible en ce qui concerne la société anonyme et la SARL (C. com., art. L. 235-1 al. 1er). de même, l'incapacité sera sanctionnée par la nullité, pour la société anonyme et SARL, dès lors qu'elle atteint tous les associés fondateurs (C. com., art. L. 235-1).

Il faut ajouter à ces causes de nullité le cas de la fraude, selon l'adage *fraus omnia corrumpit.*

2. La nullité de la décision sociale

La loi de sécurité financière du 1er août 2003 a introduit dans le Code de commerce un nouvel article L. 235-2-1 qui stipule que « *sont nulles les dispositions prises en violation des dispositions régissant les droits de vote attachés aux actions.* »

B - La procédure de nullité

L'action en nullité est prescrite par trois ans à compter du jour où la nullité est encourue (C. com., art. L. 235-9). Ce principe doit être conjugué avec une autre règle, qui est l'exception de nullité, qui est perpétuelle.

Dans sa volonté de restreindre le domaine des nullités, le législateur a accompagné le dispositif des nullités de nombreuses facultés de régularisation.

Le principe est que toutes les nullités peuvent être couvertes à l'exception de celles fondées sur l'illicéité de l'objet social (C. com., art. L. 235-3).

L'action en régularisation doit intervenir avant que le tribunal n'ait statué au fond en première instance (exception faite des nullités pour illicéité de l'objet), (C. com., art. L. 235-4 al. 1er).

Le tribunal peut accorder un délai pour la régularisation.

C - Les effets de la nullité

Les effets de la nullité sont substantiellement atténués par rapport à ceux d'une nullité de droit commun. La nullité demeure inopposable aux tiers de bonne foi, sauf par l'associé victime d'un vice de consentement ou l'incapable (C. com., art. L. 235-12).

• Lorsque la nullité est prononcée, il est procédé à la liquidation de la société selon les statuts et la loi (C. civ., art. 1844-15 ; C. com., L. 235-10). La société est nulle pour l'avenir et est dissoute. En revanche, la nullité de la société est dépourvue de tout effet rétroactif. Ce principe comporte une exception importante en cas d'incapacité ou d'un vice du consentement. L'associé incapable ou dont le consentement a été vicié peut opposer la nullité et reprendre ses apports dans la société.

• L'annulation de la société peut engager la responsabilité éventuelle des auteurs de la cause de nullité. L'action en responsabilité se prescrit également par trois ans à compter du jour où la décision d'annulation a acquis l'autorité de la force jugée.

II – L'inobservation des conditions de forme

Le greffier procède à la vérification de la régularité de la constitution. Si un vice de forme se révèle après l'immatriculation, une action en régularisation est ordonnée en justice sous astreinte. Mais ceux auxquels est imputable le préjudice résultant d'une irrégularité ou d'une omission de forme encourent une responsabilité civile solidaire.

Section 2 – La personnalité morale de la société commerciale

Le contrat de société crée un être juridique nouveau. La société, exception faite de la société en participation et de la société créée de fait, constitue une personne morale distincte, en particulier de la personne de ses associés.

La notion de personnalité morale nous vient du droit public, qui l'a utilisé à propos des collectivités publiques et de l'État.

La théorie telle qu'elle est désormais appliquée en droit des sociétés résulte de la jurisprudence élaborée au XIXe siècle.

Principe constant, affirmé aujourd'hui par l'article L. 210-6 du Code de commerce, la société commerciale acquiert la personnalité morale à dater de son « immatriculation au registre du commerce et des sociétés ».

La nature et le mode d'acquisition de la personnalité morale ont longtemps donné lieu à un débat doctrinal virulent (réalité ou fiction de la personnalité morale ?).

En retenant l'acquisition de la personne morale à travers la seule immatriculation au Registre du commerce et des sociétés, le législateur s'est prononcé en faveur de la théorie de la fiction.

§ 1 – Les conséquences de l'acquisition de la personnalité morale

Principe : même si la personnalité morale n'est pas une notion uniforme pour toutes les sociétés, la société – personne morale – possède les caractères essentiels de la personne juridique. Ainsi, la personnalité morale permet à la société d'avoir un patrimoine propre, une pleine capacité juridique, un domicile ou siège social, une nationalité, un nom, l'appellation.

On perçoit bien la construction analogique de la personnalité morale avec les attributs reconnus à la personne physique.

I – Le patrimoine social distinct de celui des associés

Toute société dotée de la personnalité morale a un patrimoine propre distinct de celui de ses associés.

Il en résulte une transmission des droits sociaux (parts ou actions) distincte de celle des biens sociaux (éléments du patrimoine social).

Les droits sociaux sont nécessairement de nature mobilière alors même que la société ne posséderait que des immeubles (C. civ., art. 529).

Le patrimoine social est en principe le seul gage des créanciers sociaux sauf exception : les associés en nom et les commandités sont tenus personnellement envers ceux-ci en cas de défaillance de la société. Inversement, les créanciers personnels des associés n'ont pas de droit sur le patrimoine social.

Compensation : aucune compensation n'est possible entre une créance de la société contre un tiers et une créance de ce tiers contre un associé (et *vice versa*).

II - La capacité et l'objet social

A - La capacité

La société a la capacité entière d'acquérir, de contracter et d'ester en justice.

Pendant longtemps, cette capacité fut purement **civile en conséquence du principe de l'irresponsabilité pénale de la personne morale** (Crim., 8 mars 1883). Désormais, la société peut être responsable **pénalement**. Ce mouvement a été prolongé par la loi du 9 mars 2004 qui a procédé à la généralisation de la responsabilité pénale des personnes morales : depuis le 31 décembre 2005, celles-ci peuvent être poursuivies pour toute infraction pénale commise, quel que soit le texte à l'origine de la poursuite (C. pén., art. 121-2 nouv.). Les condamnations prononcées seront inscrites sur le casier judiciaire de la personne morale.

Modalités : la « société-personne morale » exerce ses pouvoirs par l'intermédiaire d'une ou plusieurs personnes physiques, appelées représentants ou « organe » de la société (gérant, président du conseil d'administration), et agissant ès qualités.

La société et les tiers sont valablement engagés dès que la nomination des représentants a été régulièrement publiée (avis dans un journal d'annonces légales ; mention au registre du commerce et des sociétés ; avis au *Bulletin des annonces légales obligatoires* ou BALO). L'article L. 121-2, al. 3 du Code pénal précise en outre que « *la responsabilité pénale des personnes morales n'exclut pas celle des personnes physiques auteurs ou complices des mêmes faits* ».

B - L'objet social

En vertu du principe de spécialité, les représentants engagent la société par les actes entrant dans l'objet social, et même, depuis l'ordonnance du 20 décembre 1969, dans les sociétés anonymes et les SARL, les sociétés en commandite par actions, par les actes ne relevant pas de l'objet social, à moins que la société ne prouve que le tiers savait que l'acte dépassait cet objet ou qu'il ne pouvait l'ignorer compte tenu des circonstances (C. com., art. L. 223-18 et L. 225-35, al. 1er). Cette preuve est souvent difficile à rapporter.

III - Le nom ou dénomination sociale

Toute société doit avoir une appellation figurant dans ses statuts (C. com., art. L. 210-2). À cet égard, les fondateurs disposent d'une grande liberté concernant le choix de la dénomination sociale (en rapport avec l'activité de l'entreprise, de fantaisie, faisant référence au nom de certains associés…).

• **Raison sociale** : il s'agit du nom propre de tous ou de certains associés suivi de « et Cie ». Les lois de 1985 et 1989 ont supprimé l'obligation pour les sociétés en nom collectif et les sociétés en commandite simple d'être désignées par une raison sociale.

• **Dénomination sociale** : elle peut comprendre le nom d'un associé ou décrire l'objet de l'activité de la société, ou dénomination de fantaisie (autres sociétés). Néanmoins, l'affaire *Bordas* a mis en évidence les difficultés attachées à l'insertion du nom patronymique d'un associé dans la dénomination sociale, en particulier en cas de départ de celui-ci. Par une décision désormais célèbre de la Cour de cassation (Com. 12 mars 1985), celle-ci a décidé que le patronyme, du fait de son insertion dans la dénomination sociale, était devenu un signe distinctif de l'entreprise, détaché de la personne physique qui le porte, devenant ainsi aliénable et objet de propriété intellectuelle.

Le droit des sociétés se heurte alors aux principes de la propriété intellectuelle.

IV - Le domicile et la nationalité

A - Le domicile

La société a un domicile appelé « siège social ». Toute société doit avoir un siège social qui est mentionné dans les statuts (C. com., art. L. 210-2) et sur tous les documents commerciaux.

Rôle procédural : l'article 43 du Code de procédure civile indique que la société est assignée au lieu de son siège social sauf faculté de l'assigner au lieu où elle a une succursale importante (théorie dite « des gares principales »). Le siège social est le lieu de direction effective de la société.

La décision de transfert du siège social doit être prise dans les conditions prévues pour les modifications statutaires.

1. Principe : critère du siège social statutaire

Sont soumises à la loi française les sociétés dont le siège social est situé en territoire français (C. com., art. L. 210-3, al. 1er). Le siège social doit être réel et sérieux.

Les sociétés sont considérées en principe comme de nationalité française, pour la jouissance et l'exercice des droits.

2. Exception : critère du siège social réel

Les tiers, qui peuvent se prévaloir du siège social statutaire, ne peuvent se le voir opposer par la société si le siège social réel est situé en un autre lieu.

B - La nationalité

La nationalité marque le rattachement de la société à la loi d'un pays déterminé. On peut s'interroger sur la pertinence de cette notion aujourd'hui à l'égard des sociétés faisant appel aux marchés financiers, compte tenu de la diversité de l'actionnariat de ces émetteurs. En effet, qu'est-ce qu'à proprement parler une « société française » lorsque celle-ci est cotée ? Une étude menée en 2014 par *Les Échos* atteste que plus de 40 % des sociétés françaises cotées et la moitié du CAC 40 appartiennent à des étrangers, résultat d'une économie de l'endettement au bénéfice d'une économie de fonds propres.

Le transfert du siège social peut se révéler plus ou moins compliqué (sauf recours à la société européenne). En tout état de cause, s'agissant d'une modification des statuts, la décision doit être prise dans les conditions prévues pour les modifications statutaires. Si le transfert entraîne changement de nationalité, l'accord unanime des associés est en principe exigé.

Une décision rendue par la CJCE, l'arrêt *Cartesio* en 2008, a facilité la mobilité des sociétés dans l'espace européen.

§ 2 - La portée et les limites de la personnalité morale des sociétés

I - La durée de la personnalité morale

Principe : la durée de la personne morale commence avec l'immatriculation de la société au registre du commerce et des sociétés et se termine avec sa dissolution.

A - Période de fondation de la société

Dès que les statuts sont signés, la société existe sans pour autant avoir la personnalité morale. Pendant cette période de formation se pose la question de l'identification du titulaire des engagements pris pour la société en formation et des droits acquis pendant cette période.

- **1re règle** : les personnes qui ont agi au nom de la société en formation, avant qu'elle n'ait acquis la personnalité morale, sont tenues solidairement et indéfiniment des actes ainsi accomplis (C. com., art. L. 210-6, al. 2) ;

- **2e règle** : les engagements antérieurs à la signature des statuts sont réputés avoir été souscrits dès l'origine par la société si celle-ci, après avoir été régulièrement constituée et immatriculée, les reprend à son compte (C. com., art. L. 210-6, al. 2). En cas de défaut de reprise, les personnes qui ont accompli les actes passés au nom de la société restent seules tenues envers leurs cocontractants.

B - Période de liquidation

La liquidation désigne l'ensemble des opérations suivant la dissolution, qui ont pour objet de régler le passif. La personnalité morale subsiste « *pour les besoins de la liquidation jusqu'à la clôture de celle-ci* » (C. com., art. L. 237-2, al. 2). Après mention au RCS de la dissolution, la personne morale est radiée d'office par le greffier au terme d'un délai de 3 ans. Cette radiation ne fait pas perdre à la société sa personnalité morale (Com. 20 févr. 2001).

C - Transformation et prorogation de la société

Elles n'entraînent pas la création d'une personne morale nouvelle. Les effets sont donc nécessairement réduits. Néanmoins, la transformation doit intervenir en respect des dispositions statutaires et de la loi pour modification du pacte social.

II - Les limites de la personnalité morale

Si l'existence d'une personne morale, venant se placer juridiquement et avec plus ou moins de puissance entre les associés et les différents « *stakeholders* », génère des conséquences essentielles, en particulier certains effets protecteurs vis-à-vis des associés, ce bouclier de responsabilité n'est pas total, tant à l'égard des associés des sociétés fermées que ceux des sociétés de capitaux.

A - Les sociétés de personnes

La responsabilité indéfinie et solidaire des associés en nom collectif et des commandités atténue les effets protecteurs de la personnalité morale. En effet, si la dette sociale incombe au premier chef à la société personne morale, si celle-ci est dans l'impossibilité d'honorer la dette, les associés seront responsables indéfiniment et solidairement pour le tout.

B - Les sociétés de capitaux

Ces sociétés se caractérisent par une personne morale particulièrement puissante, opérant un véritable bouclier de responsabilité entre les associés ou actionnaires et les créanciers. Leur responsabilité est limitée à hauteur de leur apport. Ces sociétés cherchent à réunir des capitaux importants. En revanche, la qualité des associés importe peu.

La personne morale génère aussi des effets protecteurs à l'égard des dirigeants et des fautes de gestion qu'ils seraient amenés à commettre. Longtemps laissée lettre morte, la responsabilité personnelle des dirigeants, en particulier civile, est désormais mise en cause plus fréquemment, lorsque la société est cotée mais également lorsqu'elle ne l'est pas.

Les conséquences pécuniaires des fautes non détachables commises par un dirigeant seront ainsi prises en charge par la personne morale.

Section 3 - Le fonctionnement des sociétés commerciales

§ 1 - Les règles relatives à la société

Celles-ci sont relatives à la situation **comptable et juridique** de la société.

I - Les comptes de la société

A - L'établissement des comptes

La société comme il en va pour tout commerçant, doit produire un certain nombre de documents comptables. Cela suppose aussi qu'elle inscrive de manière chronologique les mouvements affectant le patrimoine de l'entreprise.

1. La nature des documents

a. Obligations générales

• **Documents principaux** : ce sont essentiellement l'inventaire des éléments actifs et passifs du patrimoine et les comptes annuels (bilan, compte de résultat) qui doivent être établis à la clôture de l'exercice. Les comptes annuels doivent être « *réguliers, sincères et donner une image fidèle du patrimoine, de la situation financière et du résultat de l'entreprise* » (C. com., art. L. 123-14, L. 242-6-2°, L. 242-30). Dans les quatre mois suivant la clôture de l'exercice, le conseil d'administration ou le directoire doivent arrêter les comptes de l'exercice écoulé.

Par ailleurs, le conseil d'administration ou le directoire doit établir le rapport de gestion, qui fait un état des lieux de la situation financière de la société (en particulier, son endettement) et de l'évolution de son activité.

• **Documents accessoires** : notamment l'annexe, qui doit comporter toutes les informations d'importance significative sur la situation patrimoniale et financière et sur le résultat de la société.

b. Obligations particulières

1) Les sociétés cotées

Ces obligations tenant à l'information sont posées essentiellement par le règlement général de l'AMF.

Il y a lieu de distinguer :

– les obligations communes aux sociétés dont les titres sont admis aux négociations sur un marché réglementé : annuellement, notamment un inventaire des valeurs mobilières ; à la clôture du premier semestre de l'exercice, un rapport d'activité sur le semestre écoulé. Le nouveau plan comptable général en date du 22 juin 1999, définit les notions comptables et les informations devant figurer dans les annexes.

– les obligations propres aux sociétés dont les titres sont admis aux négociations sur un marché réglementé et ayant des filiales ou des participations : publication d'un bilan et compte de résultat consolidés, annexés aux comptes annuels.

2) Les sociétés « importantes »

Ce sont les sociétés significatives par le nombre de salariés ou le chiffre d'affaires. Depuis la loi du 1er mars 1984 sur la prévention des entreprises en difficulté, elles doivent établir des documents particuliers (situation de l'actif réalisable et disponible, du passif exigible, tableau de financement, etc.), dits comptes ou documents prévisionnels :

– sociétés *holdings* relevant de la loi du 24 janvier 1984 sur les établissements de crédit : établissement et publication obligatoires de comptes consolidés ;

– sociétés qui exercent sur d'autres sociétés un contrôle (exclusif ou conjoint) ou une influence notable : comptes consolidés.

2. La date d'établissement des documents

Les résultats de l'activité d'une société sont appréciés périodiquement à la fin de chaque exercice ou exercice social. En principe, l'exercice social correspond à une période de douze mois (en principe, clôture au 31 décembre). La durée de l'exercice, prévue par les statuts, peut être modifiée par décision de l'assemblée générale extraordinaire (AGE), avant l'expiration de l'exercice en cours.

3. Le mode d'établissement des documents

Les sociétés doivent se conformer aux principes suivants :

– **sincérité** : les comptes doivent « *être réguliers, sincères et donner une image fidèle du patrimoine* » (C. com., art. L. 123-14) ;

– **permanence** : en cas de changement de méthode, les modifications doivent être décrites et justifiées dans l'annexe ;

– **prudence** : ce principe est énoncé par le PCG 1999. Il consiste notamment en la constitution des provisions nécessaires ;

– **continuité de l'exploitation** : établir les comptes en supposant que la société continuera son activité.

4. La présentation des documents

• Par les dirigeants : à l'assemblée générale ordinaire annuelle, présentation des comptes annuels ainsi que le rapport de gestion écrit (C. com., art. L. 232-1).

• Par les commissaires aux comptes :
– **certification** que les comptes annuels sont réguliers et sincères et donnent une image fidèle des résultats des opérations de l'exercice écoulé (C. com., art. L. 225-235) ;
– **vérification** de la sincérité des informations données dans le rapport de gestion et dans les documents financiers adressés aux actionnaires.

B – L'affectation des résultats

1. La définition des résultats

Il faut distinguer les produits (d'exploitation et divers) et les charges (frais généraux, amortissements et provisions). Ils peuvent être bénéficiaires ou déficitaires.

2. L'affectation des résultats bénéficiaires

L'affectation est effectuée par l'assemblée générale ordinaire annuelle convoquée à cet effet, après approbation des comptes de l'exercice écoulé (éventuellement modifiés).

L'affectation s'opère en fonction des règles suivantes :

1/ L'affectation est libre en principe. La distribution peut donc être totale ou partielle (dividendes) ou faire l'objet de mise en réserves (autofinancement) :

• *compte tenu de l'intérêt social :* les tribunaux sanctionnent l'abus de droit (abus de majorité) consistant, par exemple, à mettre systématiquement les bénéfices en réserve ; néanmoins, les juges qualifient exceptionnellement l'abus de majorité ;

• *compte tenu des dispositions légales et statutaires :*
– dispositions légales : elles consistent, notamment, à doter la réserve légale obligatoire en priorité d'un montant de 5 % des bénéfices de l'exercice jusqu'à ce que la réserve constitue 10 % du capital social (C. com., art. L. 232-10) ;
– dispositions statutaires : elles consistent notamment en un « Premier dividende » : les statuts peuvent prévoir l'attribution à titre de premier dividende d'une fraction des bénéfices calculée sur le montant libéré et non remboursé des actions. Elle suppose que des bénéfices existent : différence avec la clause « d'intérêt fixe » qui est nulle (C. com., art. L. 232-16).

2/ L'affectation est définitive en principe. Toutefois :
– l'assemblée peut laisser temporairement les bénéfices en instance d'affectation : report à nouveau créditeur ;
– l'assemblée peut distribuer ultérieurement les réserves non obligatoires.

3/ L'affectation des résultats déficitaires :
– imputation sur un poste d'actif net (réserves ou même capital), ou ;
– report à nouveau débiteur (en attente d'affectation sur des bénéfices ultérieurs).

C - La distribution des dividendes

1. La décision de distribution

Elle revient à l'assemblée générale seule (C. com., art. L. 232-12, al. 1er). Le dividende constitue un droit de l'actionnaire. Ce droit signifie que l'actionnaire ne peut être privé de son droit sur les réserves et sur les bénéfices. Néanmoins, aucun texte n'impose une distribution annuelle des dividendes.

Comment s'effectue la distribution des dividendes :

• Prélèvement sur les réserves (bénéfices antérieurs mis en réserve) : il est décidé par l'assemblée générale ordinaire.

• Prélèvement sur les bénéfices : il est décidé par l'assemblée générale ordinaire d'approbation des comptes annuels et constatation de l'existence de sommes distribuables.

Exception : acomptes sur dividendes (distribution des bénéfices de l'exercice en cours ou de l'exercice achevé mais dont les résultats n'ont pas encore été approuvés par l'assemblée).

Condition : établissement d'un bilan provisoire certifié par un commissaire aux comptes, et faisant apparaître un bénéfice distribuable.

2. Le dividende distribué et le mode de distribution

En principe, le dividende est payable en espèces. Le dividende désigne ainsi le bénéfice distribuable. Il est proportionnel à la valeur nominale de l'action. La politique de distribution des dividendes varie considérablement selon la nature de la société. Ainsi, les sociétés cotées veillent à distribuer des dividendes régulièrement, car cela constitue un moyen de fidéliser l'actionnariat. Au contraire, les sociétés non cotées retiennent une attitude plus restrictive et plus prudente également quant à la question de la distribution des dividendes.

Quid d'un dividende en nature, c'est-à-dire en actions ? Il est valable depuis une loi de 1983. Ainsi, la société peut proposer à ses actionnaires de recevoir les dividendes en numéraire ou sous forme d'actions nouvelles ; cette modalité offrant une option doit être prévue par les statuts. (C. com., art. L. 232-18)

3. La date de distribution

Il y a lieu de distinguer la mise en distribution (décision de distribuer un dividende) et la mise en paiement (décision de payer effectivement le dividende).

Généralement, l'assemblée met en distribution et renvoie la décision de mise en paiement à l'organe de gestion. Celui-ci doit alors mettre en paiement dans les 9 mois de clôture de l'exercice, en une seule fois.

D - La publicité des comptes

• Publicité applicable aux **sociétés de capitaux** (Société anonyme, SARL, société en commandite par actions et SAS) : le dépôt des comptes annuels s'effectue auprès du greffe du tribunal de commerce, dans le mois de l'approbation par l'assemblée générale. La publicité du dépôt se fait au BODACC.

• Publicité applicable aux **sociétés faisant appel aux marchés réglementés** : cette publicité est bien plus fréquente et plus complète.

II - Les actes de la société

A - La publicité des actes de la société

Champ d'application : elle concerne les actes de modification des statuts et de modification des organes sociaux, dans toutes les sociétés.

Modalités :

• **La publicité commune** à tous les actes : dépôt au greffe du tribunal de commerce.

• **La publicité particulière** à certains actes :
- insertion dans un Journal d'annonces légales : modification des mentions soumises à insertion lors de la constitution ;
- inscription modificative au registre du commerce et des sociétés : modification des mentions soumises à inscription ;
- BODACC : modification des statuts.

B - La nullité des actes de société

L'article L. 235-1 du Code de commerce établit les règles régissant les nullités en droit des sociétés.

1. Les actes modifiant les statuts

• Causes de nullité : elles sont plus nombreuses lors de la constitution de la société, elles sont de deux ordres :
- la loi prévoit « expressément » certaines causes de nullité après la constitution ;
- la nullité peut aussi résulter de la violation des « dispositions qui régissent la nullité des contrats » (notamment l'incapacité et le vice de consentement). Elles jouent sans restriction ni exception.

• Régularisation possible et responsabilité des auteurs de la nullité.

Le principe est que toutes les nullités peuvent être couvertes à l'exception de celles fondées sur l'illicéité de l'objet (C. com., art. L. 235-3).

2. Les actes ne modifiant pas les statuts

• Causes de nullité :
- violation d'une disposition impérative de la loi sur les sociétés : pouvoir d'appréciation des tribunaux ;
- violation des dispositions qui régissent les contrats ;
- fraude ou abus de droit.

• Régularisation et responsabilité : v. *supra*.

§ 2 - Les règles relatives aux associés

La **loi de 1966** transforme définitivement les associés dirigeants en organes sociaux, dotés de pouvoirs légaux (influence du droit communautaire). Cette conception de la société traduit une approche désormais institutionnelle où les organes sociaux sont investis de la mission de prendre les décisions dans l'intérêt de tous les associés. Mandataires sociaux selon la terminologie consacrée, ils sont mandatés par la collectivité des associés qui les charge de gouverner au mieux la société.

La participation des associés délibérants aux décisions collectives demeure la règle.

I - Les associés délibérants - L'article 1844 du Code civil

• **1re règle** : « *Tout associé a le droit de participer aux décisions collectives* » : (C. civ., art. 1844, al. 1er – Com. *Château Yquem*, 9 févr. 1999). Cette décision constitue la meilleure illustration de l'exigence d'*affectio societatis* qui s'exprime à travers le vote.

• **2e règle** : les copropriétaires d'une part sociale indivise, s'ils veulent participer au vote, sont représentés par un mandataire unique, choisi parmi les indivisaires ou en dehors d'eux.

• **3e règle** : en cas d'usufruit de parts sociales ou d'actions, le droit de vote appartient au nu-propriétaire, sauf pour les décisions d'affectation des bénéfices où il est réservé à l'usufruitier (art. 1844, al. 3 C. civ.).

Les statuts peuvent modifier les dispositions des 2e et 3e règles, sauf la 2e règle dans les sociétés anonymes.

II - Les associés dirigeants

Ce sont des organes sociaux, dont la nature, les pouvoirs et les responsabilités sont le plus souvent définis par la loi. Parfois, et plus exceptionnellement, nous verrons que la loi laisse aux associés le soin d'organiser les organes de direction (SAS).

A - La nature des organes sociaux

Définition légale : les organes sociaux désignent les fonctions de dirigeant inhérentes à la structure même de la société (le gérant dans la SARL, le conseil d'administration dans la société anonyme, les directeurs du directoire…).

La loi prévoit ainsi trois grands types d'organes sociaux chargés de gérer, administrer et diriger les sociétés commerciales.

Les représentants légaux de la société sont les personnes qui ont légalement pouvoir de l'engager vis-à-vis des tiers (gérant, président du conseil d'administration, directeurs généraux, président du directoire), dans le respect de l'objet social.

B - Les pouvoirs des organes sociaux

L'acquisition et la perte des pouvoirs s'effectuent selon des procédures légales, et elles doivent de plus faire l'objet d'une publicité (v. *supra*, Règles relatives à la société).

L'étendue des pouvoirs est définie par la règle dite du « pouvoir légal ».

1. À l'égard des tiers :

Principe : les organes sociaux engagent la société :

- dans les limites de l'objet social ;
- au-delà de l'objet social dans les sociétés anonymes et SARL envers les tiers de bonne foi.

2. Dans les rapports avec les associés

Les dirigeants sociaux doivent respecter la répartition légale et statutaire des pouvoirs au sein de la société, à peine d'engager leur responsabilité. En particulier, ils ne peuvent prendre des décisions qui relèvent de la collectivité des associés.

C - La responsabilité des organes sociaux

Les organes sociaux sont responsables de leurs fautes, selon les principes de droit commun de la responsabilité civile.

La responsabilité est contractuelle lorsqu'elle est engagée envers la société ou les associés. Elle est de nature délictuelle lorsqu'elle est engagée envers les tiers (droit commun de la responsabilité civile).

À l'égard des tiers, les organes sociaux engagent directement la responsabilité de la société et leur propre responsabilité, selon que la faute est détachable ou non détachable.

La responsabilité des organes sociaux peut être recherchée soit pour réparer un préjudice personnel subi par un associé ou un tiers, soit en réparation du préjudice subi par la société personnelle morale que l'action sociale a pour objet de réparer.

Les dirigeants, gardien de l'intérêt social, doivent exercer l'action sociale *ut universi*. Depuis la loi du 5 janvier 1988, l'action en responsabilité civile permettant de réparer le préjudice subi par la société personne morale, peut être également exercée par un seul associé pour le compte de la société (action dite *ut singuli*), dans toutes les sociétés (C. civ., art. 1843-5).

Section 4 - La dissolution de la société

Les causes de la cessation de la société sont énumérées par la loi, l'annulation et la dissolution.

La société, quelle que soit sa forme, n'a en effet pas vocation à durer indéfiniment. Elle est donc destinée à disparaître, tôt ou tard. Si sa durée de vie peut être plus ou moins longue, et les causes de sa disparition nombreuses, dans tous les cas, la société devra affronter une dissolution.

§ 1 - Les causes de dissolution communes à toutes les sociétés : l'article 1844-7 du Code civil

L'article 1844-7 du Code civil énumère les causes de dissolution communes à toutes les sociétés. Il faut y ajouter des causes propres à chaque forme sociale. Elles seront étudiées lors de l'examen de chacune des formes principales de société commerciale.

Parmi les différentes causes de dissolution, certaines ont une origine judiciaire (dissolution pour justes motifs, dissolution pour unicité d'associé, désormais rare, jugement de liquidation judiciaire).

1/ L'expiration du terme convenu : la société est dissoute à l'expiration du terme fixé par les statuts (art. 1844-7, 1 °C. civ.).

Prorogation : la durée de la personne morale ne peut dépasser 99 ans à compter du jour de son immatriculation. Il est possible de faire échec à la dissolution en prorogeant la société, à la condition que la prorogation soit décidée avant l'arrivée du terme, dans les conditions fixées par la loi (C. civ., art. 1844-6).

Constitution de fait : la jurisprudence n'admettant pas la tacite reconduction, il y a une nouvelle société de fait.

2/ La réalisation ou extinction de l'objet de la société (C. civ., art. 1844-7 2°).

3/ La survenance d'une cause de dissolution stipulée dans les statuts (C. civ. art. 1844-7, 8°) : la société peut prendre fin « *pour toute autre cause prévue par les statuts* ». Ce texte laisse donc une grande latitude aux associés de prévoir des causes statutaires de dissolution spécifiques (par exemple, des résultats déficitaires sur plusieurs exercices) ;

4/ La volonté des associés : les associés peuvent décider la dissolution anticipée de la société à l'unanimité ou à la majorité statutaire. On y assimile le changement total d'objet.

5/ La dissolution pour justes motifs : la mésentente entre associés.

Il s'agit d'une cause commune de disparition à toutes les sociétés dans la mesure où elle résulte de la disparition totale de l'*affectio societatis* (C. civ., art. 1844-7, 5°). Il est alors possible de recourir à la dissolution judiciaire pour motifs graves, rendant impossible le maintien de la collaboration entre associés : c'est la « mésentente entre associés paralysant le fonctionnement de la société » (Civ. 3e, 3 juin 2009) ;

6/ L'annulation du contrat de société (sans rétroactivité).

7/ La dissolution en cas de procédure collective avec effet liquidatif (C. civ., art. 1844-7, 7°) : la société prend fin « *par effet d'un jugement ordonnant la liquidation judiciaire* » (art. 1844-7, 7°). Cette hypothèse s'impose dans la mesure où la disparition économique de la société suite à la procédure collective entraîne donc sa dissolution. Il s'agit là d'une hypothèse de rencontre du droit des sociétés et du droit des procédures collectives. Cette articulation n'est pas aisée.

Remarque : la réunion des parts ou actions en une seule main n'entraîne plus la dissolution de plein droit. Un délai d'un an est accordé pour que la société effectue sa régularisation. La SARL, lorsqu'elle n'a plus qu'un seul associé, se transforme en EURL.

§ 2 - Les règles de publicité de dissolution communes à toutes les sociétés

Les formalités de publicité suivantes doivent être effectuées :

- Insertion dans un Journal d'annonces légales du lieu du siège social avec mention de la nomination des liquidateurs ;
- Si la société fait publiquement appel à l'épargne, insertion publiée également au *Bulletin des annonces légales obligatoires* (BALO) ;
- Dépôt au greffe du tribunal de commerce du lieu du siège social des actes ou des procès-verbaux décidant la dissolution si tel est le cas et désignant le ou les liquidateurs ;

• Inscription modificative au registre du commerce et des sociétés (RCS) du lieu du siège social, dans le délai d'un mois. Tant que la dissolution n'est pas publiée au RCS, elle ne produit aucun effet à l'égard des tiers (C. com., art. L. 237-2, al. 3) ;

• Insertion au *Bulletin officiel des annonces commerciales* (BODACC), à la diligence du greffier.

§ 3 - Les effets communs à toutes les sociétés de la dissolution : liquidation et partage

Selon l'article 1844-8 du Code civil, la dissolution de la société entraîne immédiatement sa liquidation entre les associés. À l'égard des tiers, elle entraîne ses effets à compter de sa publication au registre du commerce et des sociétés.

La liquidation poursuit trois objectifs : il faut liquider l'actif existant et payer les créanciers avec les actifs de la société dissoute, puis convertir les éléments d'actif subsistants en argent en vue de procéder au partage entre les associés.

La personnalité morale survit pour les besoins de la liquidation jusqu'à la clôture de la liquidation (C. civ., art. 1844-8, al. 3). Mais celle-ci est réduite (capacité limitée de la société). Elle conserve néanmoins son siège social, sa dénomination sociale suivie de la mention « société en liquidation ».

I - La liquidation

La liquidation d'une société s'impose dès que sa dissolution a été prononcée.

Il existe deux régimes de liquidation :

• **Liquidation statutaire ou conventionnelle :** les statuts et les associés organisent la liquidation, sous réserve de certaines dispositions impératives ;

• **Liquidation judiciaire (C. com., art. L. 237-14 et L. 228-54, al. 1er) :** à défaut de clauses statutaires ou de convention expresse entre les parties, soit sur ordonnance du président du tribunal du commerce statuant en référé, à la demande d'associés (majorité des associés dans les SNC, 5 % du capital dans les sociétés en commandite simple, les SARL et les sociétés par actions), de créanciers sociaux ou du représentant de la masse des créanciers obligataires, soit dans le délai de 3 ans à compter de la dissolution, si la liquidation n'est pas clôturée à cette date.

A - La liquidation conventionnelle

C. com., art. L. 237-1 : il énonce que la liquidation s'opère, en principe, selon les dispositions statutaires. La loi édicte cependant certaines règles impératives :

1. La procédure de liquidation

• **Opérations de liquidation :** certaines opérations sont réglementées (cession de tout ou partie de l'actif à une autre société même par voie de fusion doit s'effectuer en respectant les majorités prévues par C. com., art. L. 237-8).

• **Clôture de la liquidation :** elle est effectuée par l'assemblée d'associés, qui doit approuver les comptes du liquidateur, et à défaut par le tribunal de commerce. L'avis de clôture est publié (C. com., art. L. 237-9 à 237-11).

2. Le liquidateur

Le statut légal établit les règles suivantes :

- ne peuvent être nommées liquidateurs les personnes frappées d'interdiction ou déchues du droit d'être organes d'une société (C. com., art. L. 237-4) ;
- publication dans le délai d'un mois de l'acte de nomination dans un journal d'annonces légales et au BALO, si la société fait publiquement appel à l'épargne ;
- pouvoirs : le liquidateur dispose des pouvoirs qui lui sont accordés par les statuts ou par la décision des associés l'ayant nommé ;
- responsabilité civile du liquidateur à l'égard des tiers et de la société à raison des fautes qu'il commet dans l'exercice de ses fonctions. Vis-à-vis de la société, la responsabilité est contractuelle. Elle est délictuelle vis-à-vis des créanciers.

3. Les droits des créanciers

• Ils subsistent, de manière identique, pendant la liquidation.

• Après la clôture de la liquidation, prescription quinquennale des actions contre les associés non liquidateurs, leurs conjoints survivants, héritiers ou ayants cause.

B - La liquidation judiciaire

À défaut de clauses statutaires ou de convention expresse des parties, la liquidation est effectuée conformément aux dispositions légales (C. com., art. L. 237-14 et s.). Ainsi, aux règles applicables en cas de liquidation conventionnelle s'ajoutent les dispositions suivantes :

1. Les organes de contrôle et de direction de la société dissoute

• Les pouvoirs des organes de direction prennent fin à dater de la décision de justice (C. com., art. L. 237-15) ;

• les fonctions du conseil de surveillance et des commissaires aux comptes sont maintenues (C. com., art. L. 237-16) ;

• un ou plusieurs contrôleurs peuvent être nommés par les associés dans les sociétés dépourvues de commissaires aux comptes. À défaut, ils peuvent être désignés par décision de justice, à la demande du liquidateur ou de tout intéressé (C. com., art. L. 237-17) ;

• les droits des associés sont maintenus.

2. Le liquidateur

a. La nomination

Il est nommé par les associés, si la dissolution est statutaire, en respectant les majorités prévues par la loi (C. com., art. L. 237-18). Si les associés n'ont pu nommer un liquidateur, celui-ci est désigné par décision de justice à la demande de tout intéressé (C. com., art. L. 237-19). La durée du mandat de liquidateur ne peut excéder trois ans (C. com., art. L. 237-21). Ce mandat peut être renouvelé par les associés ou le président du Tribunal de commerce.

Il est révocable selon les formes prévues pour sa nomination (C. com., art. L. 237-22).

b. Les prérogatives

C. com., art. L. 237-24.

Principe : le liquidateur représente la société. Il a les pouvoirs les plus étendus pour réaliser l'actif, même à l'amiable.

Exception : il doit obtenir une autorisation des associés ou du président du tribunal de commerce (si celui-ci a nommé le liquidateur) pour continuer les affaires en cours ou en engager de nouvelles pour les besoins de la liquidation.

c. Les obligations

C. com., art. L. 237-25.

Dans les trois mois de la clôture de chaque exercice, il doit rendre compte aux associés des opérations de liquidation, établir les comptes annuels, convoquer une assemblée en fin de liquidation pour statuer sur le compte définitif.

C - La clôture de la liquidation

La clôture de la liquidation doit intervenir dans les trois ans à compter de la dissolution. La décision de clôture est prise :

• **Par l'assemblée générale des actionnaires :** en principe, elle statue sur les comptes définitifs de liquidation, le quitus de la gestion du liquidateur et constate la clôture ;

• **Par le tribunal de commerce :** si l'assemblée ne peut délibérer ou refuse d'approuver les comptes du liquidateur (C. com., art. L. 237-10) ;

• **Publicité :** dépôt des comptes de liquidation au greffe du tribunal de commerce et de la décision de l'assemblée ou du tribunal. L'avis de clôture est publié dans le journal d'annonces légales ayant publié la dissolution, au BALO si la société fait appel public à l'épargne. Enfin, la société est radiée du registre du commerce et des sociétés lorsque les comptes définitifs ont été déposés au greffe du tribunal de commerce.

II - Le partage

À la suite de la clôture de la liquidation, il convient de procéder au partage de l'actif net pouvant rester disponible après apurement du passif. Dans la plupart des cas, les statuts ou la décision de nomination donnent au liquidateur tous pouvoirs pour réaliser tous les éléments d'actif, acquitter le passif et procéder au partage.

Principe : l'alinéa 2 de l'article 1844-9 du Code civil renvoie aux règles de partage des successions à défaut de dispositions statutaires.

Exception : de nombreuses règles du partage successoral sont écartées en droit et en fait :

• Exclusion des règles du partage successoral liées à l'idée de succession et de règlement familial (tels que le recel, le retrait successoral...).

• Partage en nature exceptionnel : les biens sont vendus le plus souvent, puis on procède à la répartition de l'actif sous forme d'espèces :

  - sauf clause contraire des statuts, le partage des capitaux propres subsistant entre les associés se fait « *dans les mêmes proportions que leur participation au capital social* » (C. com., art. L. 237-29) ;

– partage amiable ou judiciaire : le partage peut être réalisé à l'amiable si toutes les parties y consentent. Il est judiciaire lorsque les parties ne s'entendent pas.

Section 5 - La transformation et la fusion de la société

Ces opérations que sont la transformation et la fusion permettent l'adaptation des sociétés aux changements économiques.

Les règles édictées ont pour objectif de protéger les associés et les tiers.

§ 1 - La transformation

I - Le principe

Définition : la transformation désigne le changement de forme juridique d'une société, tout en maintenant inchangée sa personnalité morale. Elle suppose une modification des statuts.

La transformation est toujours possible si elle ne viole pas les règles légales. Ainsi, le législateur interdit ou rend difficile certaines transformations, les considérant comme périlleuses. Ainsi, la transformation d'une société en association est impossible sauf texte particulier.

Certaines transformations sont encouragées, par exemple la société en nom collectif devenant une société en commandite simple (elle permet alors de résoudre la difficulté résultant d'associés incapables).

Si la transformation entraîne une augmentation des engagements des associés, un accord unanime sera alors nécessaire (C. civ., art. 1836, al. 2).

- **Toute société** peut se transformer en une société anonyme ou une SARL ;
- **La SARL** peut se transformer en société en nom collectif, en commandite simple ou en commandite par actions (unanimité) ; en société anonyme (majorité statutaire ou simple si les capitaux excèdent 750 000 €, C. com., art. L. 223-43). La transformation devient obligatoire si la société excède 50 associés ;
- **La société anonyme** peut se transformer en société en nom collectif (unanimité) ; en commandite (assemblée générale extraordinaire et accord de tous les futurs commandites) ; en SARL (assemblée générale extraordinaire) ; en société européenne (C. com., art. L. 225-245-1, L. 26 juill. 2005).

II - Les conditions

A - Les conditions de fond

- Il faut avoir établi et fait approuver le bilan des deux premiers exercices par les actionnaires (transformation de société anonyme en société d'une autre forme, C. com., art. L. 225-243) ;
- Il faut pouvoir attester de deux ans d'existence (transformation de la société anonyme en société d'une autre forme, C. com., art. L. 225-243) ; si la société anonyme

se transforme en société en nom collectif, il faut l'accord de tous les associés (C. com., art. L. 225-245).

• Il faut avoir fait approuver par les associés l'évaluation des biens composant l'actif social au vu d'un rapport établi par un commissaire désigné *ad hoc* (transformation en société anonyme) ou le commissaire aux comptes de la société. En cas de transformation de SARL en une société d'une autre forme, un rapport complémentaire d'un commissaire aux comptes sur la situation de la société est exigé (C. com., art. L. 223-43, al. 3).

B - Les conditions de forme

• Condition relative à l'âge : elle décide la transformation aux conditions de majorité requises (accord de tous les actionnaires si la société anonyme se transforme en société en nom collectif : C. com., art. L. 225-245), puis adopte les statuts destinés à régir la société sous sa nouvelle forme ;

• Condition de publicité des modifications des statuts pour toute transformation ; la transformation d'une SARL en société anonyme n'est opposable aux tiers qu'à compter de la publication au RCS de l'inscription modificative (C. com., art. L. 123-9) ;

• Observation des règles concernant le nouveau type de société (par ex. une SARL ne peut se transformer en société anonyme que si elle a au moins 7 associés).

III - Les effets

Il y a survie de la personne morale et non création d'une nouvelle personne morale (C. civ., art. 1844-3), sauf si la transformation s'accompagne de modifications statutaires importantes, tel un changement d'objet social.

Les comptes n'ont pas lieu d'être arrêtés si l'opération survient en cours d'exercice sauf décision contraire des associés.

• **Dirigeants sociaux :** ils laissent place à ceux prévus par le régime de la nouvelle structure.

Les créanciers antérieurs à la transformation conservent leurs droits selon le régime applicable sous la forme ancienne.

• **Salariés :** en vertu de l'article L. 122-12 du Code de travail, les contrats de travail en cours doivent être maintenus.

§ 2 - La fusion, la scission et l'apport partiel d'actif

Définitions :

• La **fusion** est l'opération par laquelle deux ou plusieurs sociétés se réunissent pour n'en former qu'une seule. D'un point de vue strictement juridique, la fusion consiste dans la transmission universelle de patrimoine d'une société à une autre (C. com., art. L. 236-1, al. 1er).

D'un point de vue technique, la fusion se traduit par une augmentation de capital et une dissolution.

• La **scission** consiste dans l'apport du patrimoine social à des sociétés nouvelles ou existantes (C. com., art. L. 236-1, al. 2).

• L'**apport partiel d'actif** désigne l'apport en nature par une société apporteuse à une société dite bénéficiaire d'une partie du patrimoine social portant sur une branche autonome d'activité.

Les opérations de fusion et de scission peuvent intervenir entre des structures sociales différentes.

Modalités :

S'agissant des fusions, celles-ci peuvent s'effectuer de deux manières :

• **Fusion par absorption** d'une société par une autre (fusion absorption) ou par création d'une société nouvelle (C. com., art. L. 236-1, al. 1er) ;

• **Fusion-scission** par apport du patrimoine social à des sociétés existantes ou par participation avec des sociétés existantes à la constitution de sociétés nouvelles (C. com., art. L. 236-1, al. 2).

I - La fusion et la scission

A - Les règles communes à toutes les sociétés

1. Les conditions

• Toutes les sociétés procédant à ce type d'opération établissent un projet, le traité de fusion ou de scission, discuté par les dirigeants (le conseil d'administration, le directoire ou le gérant), souvent dans la plus grande discrétion (C. com., art. L. 236-6). En cas d'accord, il y a signature d'un document ou « protocole ».

• Ce projet fait l'objet d'une publicité qui fixe l'ensemble des conditions de réalisation de l'opération (en particulier, conditions financières) auprès du greffe du tribunal de commerce du lieu du siège des sociétés (C. com., art. L. 236-6, al. 2) ainsi qu'au BALO si l'une des sociétés fait appel public à l'épargne.

• Le projet est soumis à l'ensemble des associés aux conditions requises pour les modifications statutaires. En cas de création de sociétés nouvelles, chacune doit être constituée selon ses règles propres :

- société absorbée : la fusion est décidée par l'AGE dans les conditions prévues pour la modification des statuts (C. com., art. L. 236-2, al. 2) ;
- société absorbante : l'AGE se prononce dans les conditions prévues pour la modification des statuts (C. com., art. L. 236-2, al. 2).

• La fusion et la scission peuvent être effectuées entre des sociétés de forme différente (C. com., art. 236-2, al. 1er).

2. Les effets

• La fusion et la scission opèrent la transmission universelle, active et passive, du patrimoine des sociétés absorbées ou scindées. La fusion ou (scission) entraîne dissolution sans liquidation des sociétés qui disparaissent.

• Parité d'échange : cette transmission suppose que l'évaluation de chaque entité soit réalisée, puis que la valeur des sociétés en cause soit comparée. La parité d'échange sera établie et figurera dans le projet de fusion (avec indication des méthodes d'évaluation retenues pour établir la parité). Ce rapport d'échange permettra la remise d'actions ou de parts de la société absorbante ou bénéficiaire de la scission aux ayants droit de la société absorbée ou scindée (représentant l'actif net apporté), dont le nombre est fonction du rapport d'échange fixé par le traité (C. com., art. 236-3 I).

• Entre les parties, les changements de consistance des patrimoines sociaux postérieurs au traité de fusion ou de scission ne peuvent être invoqués pour modifier le traité de fusion (ou de scission).

• Entre les parties, les opérations intervenues entre la date d'évaluation des apports et la réalisation effective de la fusion ou de la scission sont souvent considérées comme étant faites pour le compte de la société absorbante ou des sociétés bénéficiaires (période dite « intercalaire »).

• Vis-à-vis des tiers, ces opérations ne sont opposables qu'après accomplissement des formalités de publicité.

B - Les règles particulières aux sociétés de capitaux

• Commissaire à la fusion : un ou plusieurs commissaires à la fusion établissent sous leur responsabilité un rapport écrit sur les modalités de la fusion ou de la scission (C. com., art. L. 236-10). Choisi parmi les commissaires aux comptes mais distinct des commissaires aux comptes des sociétés concernées, il a pour mission de vérifier que le rapport d'échange est équitable. Cette exigence a été cependant assouplie par une loi du 3 juillet 2008 qui décide que les actionnaires de chaque société peuvent décider, à l'unanimité, de ne pas faire désigner un commissaire à la fusion.

• Soumission du projet aux assemblées d'obligataires des sociétés absorbées ou scindées. En cas d'opposition, il est possible de demander en justice le remboursement des obligations ou la constitution de garanties.

• Droit d'opposition des créanciers non obligataires de la société absorbante ou absorbée tendant au remboursement des créances ou à la constitution de garanties.

→ **Fusion transfrontalière** : la loi du 3 juillet 2008, transposant la directive du 26 octobre 2005, offre désormais un cadre juridique aux fusions transfrontalières, c'est-à-dire les fusions intervenant entre deux sociétés de nationalité différente (C. com., art. L. 236-25 à 236-32). Cette directive pose des règles communes à tous les pays de l'Union européenne, qui ont vocation à s'ajouter aux règles nationales.

II - L'apport partiel d'actif

La particularité de cette opération décrite à l'article L. 236-22 du Code de commerce est de porter sur une branche autonome d'activité, c'est-à-dire un ensemble de biens homogène ayant une certaine autonomie.

À la différence de la scission, l'apport partiel d'actif laisse subsister la société apporteuse, dont le patrimoine est modifié par l'opération. Du point de vue des actionnaires de la société apporteuse, l'opération est neutre. Enfin, l'apport se traduit par l'attribution d'actions.

La société apporteuse et la société bénéficiaire de l'apport (si elle est sous forme anonyme) peuvent soumettre l'opération au régime des scissions. La société apporteuse subsiste et reçoit les actions ou parts de la société bénéficiaire en rémunération de l'apport.

Chapitre 3
Les groupes de sociétés

L'essentiel

De très nombreuses sociétés commerciales appartiennent à un groupe. Les moyens de rapprochement entre plusieurs sociétés justifiant l'existence d'un groupe sont nombreux et variés. Les liens peuvent être contractuels, financiers, ou reposés sur des dirigeants communs.
En tout état de cause, l'idée de groupe présuppose une direction commune, avec un pouvoir centralisé sur des sociétés qui sont en état de domination.
Compte tenu de l'importance hégémonique des groupes de sociétés dans les économies capitalistes, et en particulier en France, l'étude des sociétés commerciales exige que l'on s'intéresse à la notion de groupe de sociétés avant d'évoquer sa réglementation.

Section 1 – La définition du groupe de sociétés et le principe de l'autonomie juridique des sociétés appartenant au groupe

Le groupe de société désigne un ensemble économique et juridique formé par diverses sociétés, conservant leur existence juridique propre mais en situation de dépendance directe et indirecte, et donc de contrôle de fait ou de droit vis-à-vis d'une société dite société mère ou holding.

§ 1 – L'absence d'un droit des groupes en droit français

En droit français, le groupe de sociétés n'a pas la personnalité morale. Plus largement, et malgré de nombreuses tentatives menées sous forme de projets de loi, il n'existe pas, à la différence de l'Allemagne par exemple, un droit des groupes de sociétés. L'autonomie de la personnalité morale de chaque entité, rappelée régulièrement par la Cour de cassation, s'oppose à l'existence d'un groupe en tant qu'entité.

Les conséquences pratiques sont nombreuses. Ainsi, lorsqu'une société du groupe est déclarée en état de cessation des paiements, cette situation s'apprécie séparément. Il n'y a en principe aucune porosité entre la filiale et les autres structures voire la société mère. Cette règle absolue cède pourtant en matière sociale et environnementale, où les juges recourent aux outils de la confusion des patrimoines ou de la responsabilité civile pour contourner le principe d'autonomie des entités.

Ainsi, la prise en compte du groupe comme entité s'impose dans des circonstances de plus en plus nombreuses, tenant ainsi en échec le principe de l'autonomie.

La notion de groupe de sociétés désigne donc essentiellement une **réalité économique** et plus encore, **financière** où une gestion de la trésorerie s'opère à l'échelle du groupe.

Ainsi, s'il n'existe pas de groupe de sociétés d'un point de vue juridique, les participations prises dans différentes sociétés peuvent être recueillies au sein d'une structure financière, la société holding, qui est une société de portefeuille. Celle-ci a pour unique objet de gérer les différentes participations prises dans d'autres sociétés, et constitue le noyau dur de notre « droit des groupes ». La société holding permet aussi de définir et centraliser le pouvoir dans le groupe de sociétés.

Nombre de groupes se caractérisent par un rayonnement qui dépasse de beaucoup les frontières. Citons à titre d'exemple entre autres, LVMH, Kering, Lagardère, Bolloré. Les groupes sont d'une très grande diversité, et de taille plus ou moins importante. Ils peuvent ainsi réunir des sociétés dans des domaines d'activité très différents. À titre d'exemple, le groupe LVMH est un acteur majeur dans le domaine des vins et spiritueux, de la maroquinerie et de la mode, de la joaillerie, des parfums, de la fabrication de yachts.

En l'absence de droit des groupes, la notion de groupe de sociétés renvoie aux différentes formes de contrôle qu'une société peut exercer sur une autre. Celui-ci peut en effet être contractuel. Le plus souvent, il sera financier.

La loi retient différentes définitions du contrôle, la plus importante étant celle donnée par l'article L. 233-3 du Code de commerce.

Il n'existe pas une réglementation d'ensemble du groupe de sociétés mais des réglementations éparses, portant essentiellement sur l'information.

D'un point de vue capitalistique, il y a lieu de distinguer la filiale de la participation. À ces deux notions, il faut ajouter celle de contrôle, notion subtile qui peut être de droit ou de fait.

• **Filiale :** elle désigne la société dont plus de la moitié du capital est possédée par une autre société dite société mère (C. com., art. L. 233-1).

• **Participation :** il y a participation lorsqu'une société est possédée entre 10 et 50 % de son capital par une autre société (C. com., art. L. 233-2). La prise de participation suppose la volonté d'avoir un rapport actif avec la société, qui peut aller jusqu'au contrôle.

§ 2 - La notion de contrôle

Définition : le contrôle consiste en l'intention d'exercer une influence déterminante sur la gestion de la société filiale ou dans laquelle a été prise une participation.

C. com., art. L. 233-3 : il énonce les différents cas de contrôle.

La notion de contrôle est une notion fluctuante, qui a vocation à s'apprécier essentiellement au moment des assemblées. L'article L. 233-3 du Code de commerce évoque les différentes hypothèses où une société est considérée comme en contrôlant une autre. Le contrôle peut être de droit, ou de fait.

I - Le contrôle de droit

• Une société détient directement ou indirectement une fraction du capital lui conférant la majorité des droits de vote.

• Une société dispose à elle seule de la majorité des droits de vote en vertu d'un accord conclu avec d'autres associés, et que celui-ci n'est pas contraire à l'intérêt social. Ce cas de contrôle confirme la validité de certaines conventions de vote (C. com., art. L. 233-3, I, 2°).

II - Le contrôle de fait

On parle de contrôle de fait, comme l'énonce l'article L. 233-3, I, 3° du Code de commerce : « *lorsqu'elle détermine en fait par les droits de vote dont elle dispose, les décisions dans les assemblées générales de cette société* » ou conjoint, dans le cadre d'une action de concert lorsque les concertistes déterminent en fait les décisions prises en assemblée générale. L'action de concert est définie à l'art. L. 233-10-I du Code de commerce ; l'article L. 233-10-II présume l'existence d'une action de concert dans certains cas de contrôle.

La loi Breton du 26 juillet 2005 a ajouté l'hypothèse où une société ayant une participation dans une autre société dispose du pouvoir de nommer ou révoquer la majorité des membres du conseil d'administration, de direction ou de surveillance de cette société (C. com., art. L. 233-3, I, 4°).

Le contrôle s'apprécie en fonction des droits de vote (droit de vote double...) et non de la participation dans le capital.

Section 2 - La réglementation du groupe de sociétés

§ 1 - Une réglementation parcellaire

En tant que réalité économique et financière, les groupes de sociétés sont divers. Au-delà du fait que le législateur français a opté pour l'absence d'un droit des groupes, il résulte de cette diversité une certaine difficulté à les réglementer. Pourtant, un certain nombre d'acteurs peuvent voir leurs intérêts menacés du fait de l'existence du groupe (associés minoritaires, salariés, créanciers...). Nombreuses propositions de loi ont vu le jour sur les groupes de sociétés.

La réglementation est donc fragmentée, en dehors de toute conception globale, selon que le groupe repose sur des liens financiers, permettant des prises de participation (offres publiques d'achat, d'échange...), ou résulte d'opérations de marché (fusion, scission...). L'Autorité des marchés financiers (AMF) opère un contrôle vigilant sur les sociétés dont les titres sont admis aux négociations sur un marché réglementé.

Enfin, il ne faut pas perdre de vue que le groupe de sociétés tant dans sa constitution que dans son fonctionnement doit se développer dans le respect des règles de concurrence. Les limites économiques du groupe sont ainsi posées par le contrôle des concentrations.

§ 2 - Les règles imposées au groupe de sociétés

Au-delà de ces contraintes, qui peuvent être fortes, voici quelques règles imposées au groupe de sociétés :

• *Les comptes consolidés :* les sociétés, quelle que soit leur forme, appartenant à un groupe, doivent, en plus de leurs comptes annuels, établir et publier des comptes consolidés (C. com., art. L. 233-16).

• *Les participations croisées (ou réciproques) :* parce qu'elles permettent le verrouillage de la société, elles sont strictement réglementées et ne peuvent dépasser plus de 10 % du capital (C. com., art. L. 233-29, al. 1er).

• *Les conventions réglementées de l'article L. 225-38 C. com. :* il s'agit des conventions passées entre la société et celle la contrôlant au sens de l'article L. 233-3 du Code de commerce. Celles-ci sont soumises à une procédure de contrôle particulière.

• La majorité qui contrôle un groupe de sociétés ne peut imposer à une des sociétés contrôlées une décision contraire aux intérêts particuliers de cette société. Néanmoins, la théorie de l'abus de majorité est rarement utilisée.

• Une réglementation spécifique s'ajoute à ces dispositions, consistant en une obligation de déclaration des franchissements de seuil de participation en capital ou droit de vote, à la hausse ou à la baisse (C. com., art. L. 233-7). Le Règlement général de l'AMF précise les modalités de calcul des seuils.

Par ailleurs, les statuts de l'émetteur peuvent prévoir une obligation supplémentaire d'information portant sur des fractions de capital ou des droits de vote.

Titre 2
Les sociétés de personnes

L'une des distinctions majeures en droit des sociétés, qui demeure pertinente, oppose les sociétés dites « fermées » ou de personnes, aux sociétés dites « ouvertes » ou de capitaux ou encore sociétés par actions.

D'un point de vue strictement juridique et dans la mesure où elles se voient seules reconnaître la personnalité morale, les sociétés de personnes sont la société en nom collectif et la société en commandite simple.

Néanmoins, et bien qu'elles soient dépourvues de la personne morale, la société en participation et la société créée de fait se réclament dans une certaine mesure de la société fermée, en raison de leur forte pénétration du contrat et en conséquence, l'importance attachée à l'intuitus personae.

Les sociétés de personnes se caractérisent ainsi par l'importance accordée à la personne des associés qui acceptent de s'engager au regard de la confiance, en particulier financière, qu'ils ont envers les autres associés. L'apport importe peu puisque chaque associé est tenu sans limite des dettes de la société. On comprend dès lors que la confiance et la solvabilité de chaque associé sont le socle de l'engagement de chacun.

Néanmoins, les sociétés de personnes présentent un risque différent selon que les associés sont des personnes physiques ou des personnes morales. Cet engagement, rigoureux lorsque les associés sont des personnes physiques, l'est bien moins lorsque ce sont des personnes morales à risque limité.

Ainsi, nous évoquerons dans un premier temps la société en participation et la société créée de fait avant d'étudier les sociétés de personnes types, la société en nom collectif puis la société en commandite simple.

Chapitre 1
La société en participation et la société créée de fait

L'essentiel

***Caractéristiques** : la société en participation et la société créée de fait ont la particularité commune de ne pas être dotées de la personnalité morale. L'absence d'une immatriculation au registre du commerce et des sociétés et de mesure de publicité confère une nature très atypique à ces structures. En particulier, un certain nombre de conséquences essentielles en découle, en particulier vis-à-vis des tiers. On pourrait penser que cette discrétion recherchée se conjugue avec un recours limité à ces sociétés. En réalité, la société en participation fait l'objet de multiples utilisations.*

Section 1 – La présentation de la société en participation et de la société créée de fait

§ 1 - La société en participation

I – La notion de société en participation

La société en participation constitue la forme la plus ancienne de la société. Véritable contrat de société, elle se caractérise essentiellement par le fait qu'elle ne donne pas naissance à une personnalité morale. Pour autant il s'agit bien d'une société, avec en particulier l'exigence de l'*affection societatis*, l'apport et la participation aux bénéfices et aux pertes.

Les utilisations de ce type de société sont nombreuses et variées : coopération entre sociétés nécessitant une structure d'accueil pour un objet spécifique (recherche, nouveaux marchés), domaines de prédilection (assurances, travaux publics, cinéma), éleveurs partageant les saillies d'un étalon, rapprochement occulte entre banques dans le cadre d'opérations financières spécifiques afin de couvrir des risques importants (syndicat d'émission, syndicat de placement).

II – Les caractéristiques de la société en participation

• **Absence de personnalité morale (C. civ., art. 1871) :** il en résulte des conséquences importantes. La société en participation n'a pas de patrimoine propre, ne peut être en état de cessation des paiements faute de patrimoine, ne peut être créancière ou débitrice d'une obligation, ne peut agir en justice ni être poursuivie. En réalité, cette forme sociale se rapproche intimement du contrat et laisse chaque associé propriétaire des biens.

• **Caractère occulte ou ostensible :** jusque-là occulte, depuis la loi du 4 janvier 1978, la société en participation peut être occulte ou ostensible si les associés la révèlent aux tiers, selon la volonté des participants. La société peut être ostensible dès sa création ou en cours de vie sociale ;

• **Liberté contractuelle :** les associés disposent d'une large liberté contractuelle, conséquence de l'absence de personnalité morale. Ils conviennent ainsi du fonctionnement, de l'objet, des règles de gouvernance, sans le respect néanmoins des principes généraux du droit des sociétés énoncées par l'article 1871 al. 2 du Code civil.

• **Civile ou commerciale :** c'est une société qui peut être civile ou commerciale selon la nature de son objet social.

• **Existence vis-à-vis des tiers :** lorsqu'elle est occulte, la société n'a pas d'existence puisque dénuée de personnalité morale. Le gérant agit vis-à-vis des tiers comme s'il agissait en son nom personnel et est seul engagé par les actes. Il rend compte de ceux-ci aux associés. Entre associés, elle existe et remplit sa fonction pleinement.

Distinction : la société en participation doit être distinguée de situations juridiques voisines :

- société créée de fait ;
- indivision ;
- contrat de travail avec participation aux bénéfices.

§ 2 - La société créée de fait

La société créée de fait est la situation dans laquelle deux ou plusieurs personnes se sont comportées comme des associés sans pour autant effectuer les démarches nécessaires à la constitution d'une société.

I - La notion de société créée de fait et les notions voisines

• La société créée de fait doit être distinguée de la société de fait, qui est une société voulue par ses participants mais entachée d'un vice de constitution.

Depuis la loi du 4 janvier 1978, les dispositions relatives à la société en participation s'appliquent à la société créée de fait.

• La société « **devenue de fait** » : imaginée par la Cour de cassation dans une décision de la 1re chambre civile du 13 décembre 2005, cette notion désigne l'hypothèse où une société, alors que sa dissolution a été prononcée, perdure en raison de son activité qui se poursuit et de l'*affectio societatis* toujours présent.

II - Les conditions d'existence de la société créée de fait

L'existence d'une société créée de fait se révèle souvent au moment d'un litige. La conséquence est que la société créée de fait n'accède à la vie juridique que pour disparaître car il s'agit de régler les conséquences de son existence entre les associés.

Il revient ainsi au juge de rechercher certains éléments afin de pouvoir caractériser l'existence d'une telle société.

Il vérifiera ainsi si la présence des éléments constitutifs du contrat est vérifiée, en particulier les apports, la participation aux bénéfices et aux pertes, et enfin, de manière essentielle, l'*affectio societatis*. En effet, ce dernier élément marque la volonté de participation active sur un pied d'égalité à l'entreprise. Le juge est amené à caractériser à telle situation dans le cas d'une société créée de fait entre concubins (Com. 23 juin 2004).

La preuve de l'existence d'une société créée de fait est facilitée lorsque celle-ci doit être constituée par les tiers. En effet, la jurisprudence considère que « *si l'existence d'une société créée de fait exige la réunion des éléments constitutifs de toute société, l'apparence d'une telle société s'apprécie globalement, indépendamment de la révélation de ces divers éléments.* » (Com. 11 juill. 2006).

Section 2 - La vie de la société en participation et de la société créée de fait

§ 1 - La constitution

Les deux structures exigent une application du droit commun quant au fond et quant à la forme. En particulier, doivent être vérifiés l'existence d'au moins deux associés, des apports en numéraire, en nature ou en industrie.

La seule différence majeure réside dans l'absence d'immatriculation et de publicité.

L'article 1871 du Code civil précise que ces sociétés ne sont pas soumises à publicité. En pratique, un écrit est souvent rédigé pour la société en participation. La preuve se fait par tous moyens, que la société soit civile ou commerciale (C. civ., art. 1871).

§ 2 - Les rapports entre associés

La société n'existe que dans les rapports entre associés puisqu'il n'y a pas de personnalité morale et par conséquent, de patrimoine social. C'est un contrat conclu *intuitu personae*, ce qui signifie que la cession des droits des participants interdite.

• Concernant les apports, chaque associé peut rester propriétaire, ou encore les biens apportés peuvent cependant être stipulés indivis, comme le sont les biens qui se trouvaient indivis avant l'apport.

• Gestion et répartition des bénéfices ou des pertes : ces questions sont réglées par le contrat. Lorsque la société en participation a un objet commercial, les dispositions relatives à la société en nom collectif sont applicables.

§ 3 - Les rapports avec les tiers

Les tiers ignorent la société en participation et ne connaissent que le gérant, seul créancier et débiteur.

• Aucun lien de droit direct n'existe entre les tiers et les autres participants. Chaque associé contracte en son nom personnel et est seul engagé à l'égard des tiers (C. civ., art. 1872-1), sauf révélation de l'existence d'une société, auquel cas chaque associé est tenu, solidairement (société commerciale) ou non.

• Les tiers peuvent cependant agir contre les participants par la voie de l'action oblique (et *vice versa*).

• Chaque participant est tenu par les engagements souscrits par les autres participants si, par son immixtion, il a laissé croire qu'il s'engageait à l'égard du tiers ou s'il a profité des engagements en cause (C. civ., art. 1872-1).

Section 3 - La dissolution

La société en participation prend fin en principe à raison des causes habituelles de dissolution des sociétés (v. *supra*). Concernant la société en participation commerciale, elle est soumise aux causes de dissolution de la société en nom collectif.

Compte tenu de son caractère occulte, la dissolution de la société en participation n'a pas à faire l'objet d'une publicité.

Quant à la liquidation résultant de la dissolution, celle-ci est atypique puisqu'il n'y a jamais eu, ni dans le cas de la société en participation ni dans celui de la société créée de fait, de patrimoine social. De sorte que la liquidation s'analyse plutôt en un règlement des comptes entre les associés. En particulier, les biens indivis, s'il y en a, sont partagés selon les règles du partage de succession.

Les associés d'une société créée de fait pourront valablement être déclarés en redressement ou en liquidation judiciaire mais la société ne pourra l'être elle-même, faute de personnalité juridique.

Chapitre 2
La société en nom collectif

L'essentiel

***Nature et évolution** : la société en nom collectif est la société de personnes par excellence, avec un intuitus personae entre les associés particulièrement fort. Elle a eu une grande importance pratique pendant plus d'un siècle avant de subir un recul significatif avec la création de la SARL (L. 7 mars 1925). Elle semble connaître une renaissance, notamment pour des motifs fiscaux, ou encore dans le cadre de groupe de sociétés (voir supra).*

Plus de 66 000 sociétés en nom collectif ont été recensées en septembre 2009, contre 31 000 en janvier 1999. C'est dire que cette société connaît de façon certaine un regain de faveur.

Les associés ont tous la qualité de commerçant et répondent indéfiniment et solidairement des dettes sociales (C. com., art. L. 221-1, al. 1er). La personne de chaque associé est essentielle. Chaque associé s'engage en fonction de la qualité et la solvabilité des autres associés.

La société en nom collectif a un caractère particulièrement fermé, les parts sociales ne pouvant être représentées par des titres négociables (C. com., art. L. 221-13, al. 1er). De plus, les cessions de parts, fussent-elles entre associés, doivent être autorisées à l'unanimité. Enfin, le décès de l'un des associés entraîne en principe la dissolution de la société.

Section 1 – Les caractères distinctifs et la constitution de la société en nom collectif

La société en nom collectif se caractérise par une prévalence forte de sa nature contractuelle. En effet, tant les règles de constitution que de fonctionnement de cette société entre commerçants, qui peuvent être des personnes physiques ou morales, sont simples et surtout, laissent une place hégémonique à la liberté contractuelle.

Cette liberté a un prix, l'obligation au passif social de chaque associé qui signifie que les associés sont responsables sans limite sur leurs biens personnels. Cela explique que cette structure sociale réunisse le plus souvent peu d'associés, que les décisions y soient prises le plus souvent à l'unanimité (sauf disposition contraire dans certains cas).

§ 1 – Les deux caractéristiques des associés en nom

Les deux traits fondamentaux et caractéristiques des associés de la société en nom collectif, expliquant à la fois sa raison d'être et son recul actuel en raison de la recherche de responsabilité des associés qu'elle autorise, sont d'une part la qualité de commerçant et leur responsabilité.

I - La qualité de commerçant

Tous les associés en nom sont commerçants (C. com., art. L. 221-1, al. 1er). Ils doivent aussi avoir la capacité pour faire le commerce. Ce type de société est donc interdit aux personnes ne pouvant satisfaire cette exigence (majeurs sous tutelle ou curatelle, personnes soumises à des incompatibilités). Les mineurs anticipés sont autorisés à devenir associé d'une telle structure après accord du juge des tutelles. Enfin, deux époux, seuls ou avec des tiers, peuvent être associés d'une société en nom collectif.

II - La responsabilité solidaire et indéfinie des associés

• **L'obligation au passif social (C. com., art. L. 221-1 al. 1er) :** tous les associés sont personnellement et solidairement responsables des dettes sociales. Il en résulte qu'aucun capital social minimum n'est exigé.

• **L'obligation est dite légale :** aucune clause des statuts ne peut en soustraire les associés.

La solidarité est parfaite mais avec néanmoins quelques atténuations :

- les associés ne peuvent invoquer la solidarité dans leurs rapports respectifs que si les statuts le prévoient ;
- en cas de recours d'un associé ayant payé un tiers contre ses coassociés, et dans le silence des statuts, celui-ci devra diviser son recours entre les coassociés, dès lors qu'il a payé plus que sa part ;
- le ou les créanciers sont obligés de poursuivre la société avant de poursuivre personnellement les associés. En effet, la société en nom collectif est dotée de la personnalité morale, et à ce titre, celle-ci doit être en premier lieu recherchée. L'obligation au passif n'est effective que lorsque la société ne peut plus, sur ses propres ressources, faire face aux créanciers (souvent à la liquidation). Dès lors que la mise en demeure de la société n'aboutit pas, le créancier peut alors agir contre n'importe quel associé pour le tout et saisir ses biens personnels.

L'associé qui a réglé la dette sociale dispose d'un recours contre la société et ses coassociés.

L'associé qui se retire cesse en principe d'être responsable du passif postérieur à son départ mais reste tenu du passif antérieur à son départ (sauf si son nom demeure dans la raison sociale, ou que son départ n'a pas été régulièrement publié au RCS) ; le nouvel associé est tenu, à l'égard des tiers, au passif antérieur à son entrée. Pour remédier à ce risque, l'acquéreur peut exiger du cédant une garantie de passif.

§ 2 - L'objet social et la dénomination sociale

L'objet social dans la société en nom collectif revêt une importance majeure dans la mesure où il constitue la seule limite aux pouvoirs du ou des gérants, puisque ceux-ci engagent la société « *pour tous les actes entrant dans l'objet social* » (à la différence de la SARL ou la SA puisque ces sociétés sont engagées pour tous les actes de leurs dirigeants ne relevant pas de l'objet social). Toute clause statutaire qui limiterait les pouvoirs serait inopposable aux tiers.

Il doit en résulter une prudence extrême dans la rédaction de l'objet social dans les statuts, qui ne doit en particulier pas être trop large.

La dénomination de la société sous laquelle elle exerce le commerce peut comprendre le nom de tous les associés ou le nom de certains d'entre eux mais peut aussi être fantaisiste. Elle doit être précédée ou suivie des mots « société en nom collectif » ou des lettres « SNC » (C. com., art. L. 221-2).

Section 2 - La vie de la société en nom collectif

La vie de la société en nom collectif est organisée essentiellement par les statuts et dans une moindre mesure, par la loi. Cela rappelle la nature très contractuelle de ce type de société, et par conséquent, la liberté reconnue aux associés fondateurs posant les bases du fonctionnement de la société.

§ 1 - La gérance

I - L'organisation de la gérance

La loi accorde une grande liberté aux associés pour organiser la gérance. Si les statuts sont muets, tous les associés en nom sont en principe gérants (C. com., art. L. 221-3, al. 1er), et chacun d'eux pourra accomplir séparément tous les actes de gestion.

Les statuts peuvent néanmoins en disposer autrement, et ainsi désigner un gérant associé ou non associé. Compte tenu du principe de l'obligation au passif social pesant sur tous les associés, ceux-ci préfèrent confier la gérance à un associé.

A - La nomination du gérant

• **Gérant légal :** dans le silence des statuts, la seule qualité d'associé confère celle de gérant.

• **Gérant statutaire (associé ou non) :** celui-ci doit être désigné par les statuts.

• **Gérant non statutaire (associé ou non) :** il sera nommé dans les conditions prévues par les statuts.

B - La révocation du gérant

Les conditions de la révocation diffèrent selon la qualité du gérant, comme l'énonce l'article L. 221-12 du Code de commerce.

• **Tous les associés sont gérants :** la révocation de l'un d'eux doit se faire à l'unanimité des autres associés. Cette révocation entraîne en principe la dissolution de la société, mais le plus souvent, la continuation aura été prévue par les statuts ou être décidée par les autres associés à l'unanimité. Enfin, le gérant révoqué peut demander à sortir de la société et obtenir ainsi le remboursement de ses droits sociaux.

• **Gérant statutaire :** il est nommé et révoqué à l'unanimité des autres associés. La révocation entraîne alors dissolution de la société sauf décision des autres associés de continuer entre eux ou avec l'ex-gérant devenu simple associé.

• **Gérant non statutaire :** il est désigné et révoqué à l'unanimité des associés, sauf clause contraire prévoyant les conditions de révocation dans les statuts. Sa révocation n'entraîne ni la dissolution de la société ni la faculté de se retirer de celle-ci.

• **Gérant non associé :** il sera nommé et révoqué dans les conditions prévues aux statuts. À défaut de dispositions statutaires, il sera révoqué à la majorité simple des associés.

→ **Règles communes :**

– Le gérant révoqué sans juste motif a droit à des dommages-intérêts.

– La révocation judiciaire semble possible pour cause légitime, semble-t-il, par analogie avec la société civile et la SARL.

II – Les attributions de la gérance

A – À l'égard des autres associés

Dans le silence des statuts, le ou les gérants peuvent faire tous les actes dans l'intérêt de la société. Et dans la limite de l'objet social En cas de pluralité de gérants, les statuts peuvent répartir leurs fonctions ou organiser un conseil de gérance.

B – À l'égard des tiers

La société en nom collectif consacre la règle du « pouvoir légal » : le gérant ou chaque gérant engage la société par ses actes entrant dans l'objet social. Toute limitation statutaire de pouvoir est inopposable aux tiers (C. com., art. L. 221-5, al. 1 et 3).

L'opposition formée par un gérant en cas de pluralité de gérants a cependant effet à l'égard des tiers qui en ont eu connaissance.

Cette omnipotence de la gérance dans cette forme sociale rencontre deux limites importantes :

- la société n'est pas engagée par les actes qui dépassent l'objet social ;
- comme dans les autres structures sociales, les pouvoirs du gérant sont limités par les pouvoirs attribués aux autres organes de la société, en particulier la collectivité des associés. Ainsi, le gérant ne peut modifier les statuts.

III – Les responsabilités de la gérance

Comme tout dirigeant social, le gérant encourt les responsabilités civile, pénale et patrimoniale en cas de procédure collective.

A – La responsabilité civile

Il n'existe pas de texte spécifique dans le Code de commerce concernant la responsabilité civile des gérants. On applique par conséquent les règles du droit commun. On distingue selon la nature de la faute :

- lorsque le gérant commet une faute dans l'exercice de ses fonctions, la responsabilité de la société est en jeu ;
- en revanche, si la faute séparable ou détachable des fonctions de la gérance, c'est-à-dire d'une certaine gravité, la responsabilité est alors imputable personnellement au gérant.

Le préjudice subi par la société est réparé grâce à l'action sociale (C. civ., art. 1843-5) *ut universi* ou *ut singuli*, selon que l'action est exercée par le représentant légal de la société ou des associés.

À défaut d'une disposition contraire, l'action en responsabilité civile se prescrit par 5 ans depuis la loi du 17 juin 2008 (C. civ., art. 2224 nouv.).

B - La responsabilité pénale

Les gérants sont pénalement responsables en application du droit commun (abus de confiance, escroquerie...) ou de dispositions propres aux SNC (C. com., art. L. 247-3).

C - La responsabilité patrimoniale ou l'action pour insuffisance d'actif

Le gérant, qu'il soit associé ou non, put être condamné à supporter tout ou partie de l'insuffisance d'actif constaté après ouverture d'une procédure collective, sur son patrimoine personnel, s'il a commis une faute de gestion ayant contribué à cette insuffisance (C. com., art. L. 651-2).

§ 2 - Les associés en assemblée

Un certain nombre de principes régissent la question des associés :

• **Participation à la vie sociale :** la réunion des associés en assemblée est obligatoire pour l'approbation des comptes annuels dans les six mois de la clôture de l'exercice. Les statuts peuvent prévoir que les décisions sont prises par consultation écrite (C. com., art. L. 221-6, al. 2). Les décisions peuvent en effet être prises dans un acte signé par tous les associés.

• **Règle de vote :** en principe, les décisions sont prises à l'unanimité des associés (révocation, continuation de la société suite à une révocation) ou aux conditions de majorité fixées par les statuts pour les décisions concernées (C. com., art. L. 221-6, al. 1er).

• **Information :** compte tenu du principe de l'obligation au passif social, les associés non gérants peuvent obtenir une information particulièrement étendue. La loi a établi un minimum de communication que les statuts peuvent librement étendre. Ainsi, les associés peuvent, deux fois par an, obtenir communication des livres et documents sociaux et poser des questions écrites sur la gestion sociale auxquelles les gérants doivent répondre par écrit (C. com., art. L. 221-8).

§ 3 - Le contrôle des comptes

Chaque année, le ou les gérants doivent établir le rapport de gestion, l'inventaire et les comptes annuels.

La loi du 1er mars 1984 relative à la prévention des difficultés des entreprises impose à certaines sociétés en nom collectif certaines règles :

• Nomination d'un commissaire aux comptes (C. com., art. L. 221-9, al. 2) : celle-ci est obligatoire dans les sociétés importantes (1 550 000 € de total de bilan ou 3 100 000 € de chiffre d'affaires, 50 salariés). Si la société ne dépasse pas ce seuil, la nomination est alors facultative.

• Choisi sur la liste des commissaires aux comptes, sauf incompatibilité, le commissaire aux comptes est nommé pour une durée de six exercices.

• Fonctions, responsabilités et récusation : ce sont celles d'un commissaire aux comptes de la société anonyme, en les adaptant à la forme de la SNC.

Section 3 - La dissolution de la société en nom collectif

Généralités : dans le cas de la société en nom collectif, il existe deux sources principales de dissolution, celles qui sont communes à toutes les sociétés ainsi que celles liées au caractère très personnel de ce type de société.

§ 1 - Le retrait volontaire d'un associé et la cession de parts sociales

Le principe est que les parts sociales ne peuvent être représentées par des titres négociables (C. com., art. L. 221-13, al. 1er). Séquelle de la nature contractuelle de ce type de société, la cession des parts est soumise à des conditions de fond et de forme strictes, qui assure le fort *intuitus personae* de la société en nom collectif.

I - Un agrément unanime obligatoire

La cession doit être autorisée par le consentement de tous les associés (C. com., art. L. 221-13). Peu importe qu'il s'agisse d'une cession à un tiers ou à un associé. L'agrément de tous les associés signifie qu'un associé ne peut quitter qu'avec l'accord de tous les associés. Seule une **convention de croupier** permet d'en atténuer les effets rigides. Ce mécanisme permet de partager les bénéfices et les pertes avec un tiers, sans accord de ses coassociés, dans certaines conditions. Ce tiers demeure inconnu par la société, seul l'associé gardant cette qualité et toutes les prérogatives qui y sont attachées. Ainsi, l'associé ne peut transmettre à son croupier aucune prérogative extrapatrimoniale. Le croupier n'a droit qu'aux bénéfices et s'engage aussi à assumer le passif éventuel.

II - Une publicité renforcée

La cession doit être constatée par un acte sous seing privé ou notarié. Par ailleurs, elle n'est opposable à la société qu'une fois les formalités prévues pour la cession de créance de l'article 1690 du Code civil effectuées. Ce dispositif résulte de la conciliation de deux idées, le caractère personnel de la société d'une part, l'intérêt pour chaque associé de pouvoir réaliser ses parts sociales d'autre part.

La cession n'entraîne pas dissolution mais continuation de la société entre les autres associés ou avec de nouveaux associés.

§ 2 - Le retrait non volontaire d'un associé

Principe : le retrait d'un associé entraîne la dissolution de la société en nom collectif (C. com., art. L. 221-15). Celle-ci est dissoute par le décès d'un associé, son incapacité, sa faillite personnelle.

Exception : il est possible de prévoir une clause de continuation entre les associés de la société (art. L. 221-15, al. 2 et 3).

Continuation en cas de décès :

- **1re hypothèse** : clause de continuation entre les associés.

C'est la solution la plus simple, dont les formes sont variées :
- continuation avec indemnité au profit de la succession ;
- calcul de l'indemnité (d'ordre public) : d'après la valeur réelle des parts (expertise).

- **2e hypothèse** : clause de continuation avec l'héritier de l'associé précédé.

La loi autorise la continuation de la société avec les héritiers. Il faut obtenir l'agrément par la société, sinon, il faudrait un remboursement après expertise.

Modalités diverses :
- continuation sous la forme d'une société en nom collectif avec tous les héritiers ;
- transformation de la société en commandite, les héritiers devenant commanditaires ;
- validité de la clause prévoyant la continuation de la société avec l'un (ou avec certains) des héritiers ou le conjoint survivant (agrément des associés et indemnisation après expertise des autres héritiers).

- **3e hypothèse** : clause de continuation avec une personne désignée par testament ou par les statuts. Cette clause est valable sous réserve de l'agrément éventuellement exigé par les statuts.

Continuation en cas de faillite personnelle, d'incapacité ou d'interdiction d'exercer le commerce :
- décision prise à l'unanimité des associés ou prévue dans les statuts ;
- valeur des droits à rembourser à l'associé exclu fixée par expertise à défaut d'accord entre les parties.

Chapitre 3
La société en commandite simple

L'essentiel

Définition : *il s'agit d'une société de personnes dont la particularité est de regrouper deux catégories d'associés dans une situation juridique différente, un ou plusieurs commandités et un ou plusieurs commanditaires. Cette particularité caractérise également la société en commandite par actions, qui est la structure par actions jumelle dépourvue d'intuitus personae (voir infra). En effet, la société en commandite simple ne regroupe qu'un petit nombre d'associés.*

Textes applicables : *cette société, régie par les articles L. 222-1 à 222-12 du Code de commerce, réunit deux catégories d'associés :*

– le ou les commandités, dont la situation est analogue à celle des associés en nom de la société en nom collectif ;

– le ou les commanditaires, qui font un apport à la société et dont la responsabilité est limitée à cet apport.

Section 1 – Les principes généraux et la condition du commandite

§ 1 – Les principes généraux

À l'égard des associés commandités, la société en commandite est très proche de la société en nom collectif, dont la plupart des règles lui sont applicables. Ainsi, la loi exige la réunion de deux associés au minimum, un commandité et un commanditaire, pour créer une telle société. L'exercice du commerce se fera sous une dénomination sociale à laquelle peut être incorporé le nom des commandités ou commanditaires.

• Les règles de constitution et de publicité sont identiques à celles exigées pour la société en nom collectif.

• Le régime juridique des commandités est identique à celle de l'associé en nom. Il doit être commerçant, peut être une personne physique ou morale.

§ 2 – La cession des parts sociales

De la même manière que les parts de la société en nom collectif, celles de la commandite simple ne peuvent être représentées par des titres négociables. Concernant la cession des parts, il y a lieu de distinguer s'il s'agit de celles d'un commandité ou d'un commanditaire : les parts des commandités ne peuvent être cédées qu'avec l'accord unanime de tous les associés (C. com., art. L. 222-8-I) ; la cession des parts des commanditaires est soumise à un régime moins strict, dès l'instant que les statuts prévoient une cession libre entre les associés.

Concernant la dissolution, les causes sont celles qui sont communes à toutes les sociétés auxquelles s'ajoutent celles propres aux sociétés en nom collectif dès lors qu'elles concernent le commandité. La société continue cependant malgré le décès, le redressement ou la liquidation judiciaire d'un commanditaire, l'interdiction ou l'incapacité qui le frappe.

Section 2 - La condition particulière du commanditaire

§ 1- La situation du commanditaire

Le commanditaire est un associé, et non pas un prêteur. Bien qu'il n'ait pas à être commerçant, il suffit qu'il ait la capacité civile. Néanmoins, en qualité d'associé d'une société commerciale, il effectue des actes de commerce.

La cession des parts se fait avec le consentement de tous les associés. Les statuts peuvent autoriser la libre cession des parts de commanditaire à un associé, la cession, avec le consentement de tous les commandités et la majorité en nombre et en capital des commanditaires, des parts d'un commanditaire à des tiers.

Enfin, la responsabilité du commanditaire est limitée au montant de ses apports. Il n'est donc pas tenu au passif social.

I - Les apports du commanditaire

Comme tout associé, le commanditaire doit effectuer un apport, le plus souvent en argent (« bailleur de fonds »), parfois en nature. L'apport en industrie lui est en revanche interdit (C. com., art. 222-1, al. 2) dans la mesure où le commanditaire n'est tenu qu'à hauteur du montant de son apport.

II - Conséquences du caractère obligatoire de l'apport

- Le gérant et les créanciers disposent d'une action pour faire réaliser l'apport.
- Le montant ou la valeur de l'apport du commanditaire (comme du commandité) doit être indiqué dans les statuts.

§ 2 - Le commanditaire dans la vie sociale

I - Le rôle du commanditaire

Le rôle du commanditaire se dessine au regard de deux idées contradictoires, d'une part il est associé, et à ce titre, doit être animé par l'*affectio societatis,* d'autre part le commanditaire, non personnellement tenu, ne doit pas tromper les tiers sur sa qualité. Il en résulte deux règles, d'une par le commanditaire ne peut se voir confier la gérance, d'autre part, son rôle est soumis à un principe majeur de défense d'immixtion dans la gestion de la société.

C'est ce qu'énonce l'article L. 222-6 al. 1er du Code de commerce, « *l'associé commanditaire ne peut faire aucun acte de gestion externe, même en vertu d'une procuration.* »

Cette interdiction porte sur tous les actes mettant en rapport le commanditaire avec les tiers (signature de tout engagement, contrats...). Cette défense d'immixtion est destinée à protéger ces derniers qui pourraient être induits en erreur par de tels actes.

En revanche, les actes de gestion interne sont autorisés, c'est-à-dire tous les actes qui intéressent la gouvernance de l'entreprise (avis et conseils, communication des livres et documents sociaux).

En cas d'immixtion, le commanditaire est soumis au régime suivant :

- à titre obligatoire : responsabilité personnelle et solidaire du commanditaire avec le commandité pour les actes effectués en violation de la défense d'immixtion ;
- à titre facultatif : le tribunal de commerce peut étendre sa responsabilité solidaire à tout ou partie des engagements sociaux.

Pour les autres décisions, les statuts décident souverainement de la fréquence et des modalités des décisions collectives (par voie d'assemblée ou de consultation, à l'unanimité ou à la majorité ; toutefois l'unanimité est requise pour changer la nationalité, l'unanimité des commandités et la majorité en nombre et en capital des commanditaires, pour les autres modifications de statuts).

La réunion de tous les associés est obligatoire lorsqu'elle est demandée par un commandité ou des commanditaires représentant le quart en nombre et en capital des commanditaires (C. com., art. L. 222-5).

II - La participation aux bénéfices et aux pertes

Le principe de la participation aux bénéfices et aux pertes est intrinsèquement attaché à la qualité d'associé. Le commanditaire doit ainsi observer cette exigence, selon la règle suivante :

- la participation aux bénéfices (et au *boni* de liquidation) est proportionnelle aux apports ou dans les conditions fixées dans les statuts ;
- la participation aux pertes est strictement limitée à l'apport du commanditaire.

Titre 3
Les sociétés par actions

Le Vocabulaire juridique G. Cornu définit la société par actions de la manière suivante : « Société commerciale par la forme, désignée par une dénomination sociale, comprenant soit des associés à responsabilité illimitée appelés commandités et des associés à responsabilité limitée (société en commandite par actions), soit des associés de cette dernière catégorie seulement (société anonyme) ».

Catégorie d'une extrême hétérogénéité, les sociétés par actions évoquent en premier lieu la société anonyme. Son succès considérable a parfois occulté sa nature très réglementée de sorte que sont apparues ultérieurement des structures plus légères laissant plus de place à la liberté contractuelle, comme le propose la société par actions simplifiée.

Elles ont été conçues dès leur origine pour permettre de réunir des capitaux importants en vue d'exercer une activité économique. À ce titre, elles présentent une organisation et des mécanismes de financement aboutis. L'étude des valeurs mobilières constitue ainsi un pan essentiel de la compréhension des sociétés par actions, en ce qu'elle intéresse leur financement et leur contrôle.

La définition du vocabulaire juridique trace les lignes directrices de ce titre : ainsi, après une présentation générale de la société par actions, notion centrale de notre droit des sociétés, nous examinerons leur financement, c'est-à-dire les valeurs mobilières émises par ces sociétés, avant de nous attacher à l'examen de chacune des sociétés par actions. Ainsi, la société anonyme et à la société en commandite par actions seront suivies par une présentation de la société par actions simplifiée et de la société européenne, structures sociales plus récentes venues augmenter la liste des sociétés par actions.

Sous-titre 1

La société par actions : notions générales et présentation des valeurs mobilières

La société par actions, archétype des sociétés de capitaux, se situe à l'opposé des sociétés de personnes. L'intuitus personae n'a, tout au moins en théorie, que peu d'importance. Seuls importent les capitaux que de telles sociétés sont en mesure de réunir.

Il en résulte des caractéristiques en principe majeures et récurrentes, une responsabilité limitée à l'apport, des actions en principe librement négociables, une prédominance du principe majoritaire comme mode de détermination des décisions sociales.

Chapitre 1
Notions générales

L'essentiel

La première forme de sociétés de capitaux fut la société anonyme, qui s'est progressivement affranchie du contrôle de l'État. De nombreuses structures sociales se réclamant de cette nature ont été par la suite créées, de sorte que la catégorie de « sociétés par actions » a perdu son homogénéité, regroupant des sociétés de tailles différentes et de fonctionnement plus ou moins souple. Alors que la société anonyme a chassé hors de ses murs les mécanismes contractuels, la société par actions simplifiée n'est qu'un contrat institutionnalisé. Il est désormais difficile d'énoncer les dénominateurs communs de cette catégorie, qui résiste pourtant.

Les sociétés de capitaux sont aujourd'hui :

– la société anonyme (SA) : elle se caractérise par une responsabilité limitée (tous les associés sont tenus au passif à concurrence de leur seul apport), un fonctionnement majoritaire et un dispositif législatif impératif régissant le fonctionnement de la société ;

– la société en commandite par actions (SCA) : elle regroupe deux sortes d'actionnaires, le ou les commandités (les commandités de la société en commandite simple) et les actionnaires commanditaires (les actionnaires de la société anonyme) ;

– la société par actions simplifiée (SAS) : sa caractéristique essentielle réside dans une liberté contractuelle prononcée laissée aux associés et qui s'exprime dans les statuts, conférant à cette structure une souplesse importante ;

– la société par actions simplifiée unipersonnelle (SASU) : elle constitue une SAS à associé unique ;

– enfin, la société européenne : après une longue genèse, elle a vu le jour le 8 octobre 2001. Société par actions, la société européenne est considérée comme une société anonyme.

Section 1 – L'importance des sociétés par actions et leur évolution juridique

• **Rôle économique capital :** le rôle économique de ces sociétés demeure essentiel. Elles ont permis, aux XIXe et XXe siècles, la concentration de capitaux considérables et le développement des grandes sociétés modernes. Georges Ripert a pu écrire à leur propos qu'elles constituent un « *formidable instrument du capitalisme moderne* ».

• **Tendance à la différenciation :** cette évolution a été consacrée par la loi du 24 juillet 1966, qui distingue entre les petites ou moyennes sociétés par actions (souvent de caractère familial), et celles plus importantes qui se tournent vers les marchés financiers et dont les titres sont répandus dans le public. L'apparition de nouvelles structures, telles que la SAS et la SASU, a largement prolongé cette différenciation. De nouveaux outils sont offerts pour accueillir l'exercice des activités marchandes, répondant aux attentes de la pratique des affaires (souplesse, rapidité, organisation des rapports entre majoritaires et minoritaires). Aujourd'hui, au-delà de l'appellation « sociétés de capitaux », l'élément discriminant repose sur les moyens de financement, selon que ces sociétés font appel ou non aux marchés financiers.

§ 1 - Les traits juridiques essentiels des sociétés par actions

• **L'effacement quasi complet de l'associé :** l'actionnaire, disparaît derrière la personne morale de la société. Cette idée est particulièrement présente dans la société anonyme où l'associé est « anonyme » au sens où sa personne importante peu. Seule importe l'apport qu'il aura libéré. Pourtant, et ce depuis quelques années, on constate la nécessité impérieuse dans les sociétés anonymes, en particulier lorsqu'elles sont cotées, de renouer avec une connaissance aussi précise que possible de l'actionnariat (déclarations des franchissements de seuils, dénonciation des pactes d'actionnaires...). La société anonyme n'est plus si anonyme qu'elle était dans sa conception d'origine.

• **La disparition quasi totale de l'idée de contrat** au bénéfice de celle d'institution, strictement réglementée par la loi (sauf pour les SAS où le contrat retrouve toute sa puissance). Pour autant, on assiste depuis quelques années à une résurgence du contrat dans les sociétés par actions, en particulier dans les rapports entre actionnaires (pactes d'actionnaires par exemple).

§ 2 - Les évolutions successives de l'organisation

• La loi de 1867 pose les bases d'une « démocratie » des actionnaires, groupés dans leur assemblée générale. Cette première grande loi institue la structure pyramidale où le propriétaire, l'actionnaire, exerce le pouvoir.

• Néanmoins, le fonctionnement des sociétés par actions marque rapidement un échec de cette conception, en raison en particulier du nombre croissant des actionnaires souvent dépourvus d'*affectio societatis*.

Le droit moderne des sociétés par actions s'intéresse désormais davantage au statut des dirigeants qu'à celui des associés.

La loi de 1966 accuse cette dernière tendance tout en essayant de rendre aux associés leur place dans la vie de la société. Pour autant, rien ne semble endiguer cette évolution, que la crise de 2008 finit par mettre en pleine lumière. Trop de pouvoirs accordés aux dirigeants ? Pas assez de contre-pouvoirs ?

Progressivement, et malgré un traitement identique par le législateur, une distinction se dessine entre les sociétés cotées et celles qui ne le sont pas. Celle-ci est renforcée par l'apparition d'une régulation propre aux sociétés cotées, en provenance d'une autorité, l'Autorité des marchés financiers. Remplaçant l'ancienne Commission des opérations de bourse, elle se voit ainsi reconnaître un rôle et des pouvoirs sans cesse croissants, dans sa mission de protection et d'information des épargnants actionnaires des sociétés offrant au public des titres financiers. La défense accrue des actionnaires minoritaires depuis quelques années (rôle emblématique de l'ADAM, Association de

Défense des Actionnaires Minoritaires) met en exergue les enjeux de pouvoir au sein de la société par actions.

• Dans le prolongement de cette évolution, une réflexion émerge sur la gouvernance de la société anonyme cotée, mouvement dit de « *corporate governance* », avec l'édiction de recommandations de place outre Atlantique et en Europe. Celle-ci attire l'attention sur les dysfonctionnements constatés dans les sociétés cotées et tente de rétablir les termes de l'équilibre du pouvoir.

• La crise économique initiée en 2008 par une crise financière, remet profondément en question le modèle de gouvernance des grandes entreprises, en particulier concernant les mécanismes de contrôle qui se sont révélés insuffisants voire inexistants, obligeant ainsi à s'interroger sur la pertinence du modèle.

Celui-ci, après avoir été loué pour son intelligence et son efficacité, est-il toujours adapté ?

Section 2 - L'évolution de la réglementation des sociétés par actions

§ 1 - Le Code de commerce

Celui-ci réglemente deux formes de sociétés :

• **La commandite par actions :** elle est marquée par une certaine liberté de constitution, à raison de la garantie assurée par la présence d'un commandité personnellement et indéfiniment responsable.

Erreur du système : le commandité, homme de paille, sans crédit réel ; multiplication excessive des commandites.

• **La société anonyme :** connue en France dès le XVIIe siècle sous le nom de « compagnie », la société anonyme a longtemps été soumise à une autorisation gouvernementale (décret rendu en Conseil d'État) exigée par le Code de 1807. Cette contrainte limitait le développement de la société anonyme. Libéré de cette entrave en 1863, la société anonyme a alors rencontré un succès considérable.

§ 2 - La loi de 1867, les textes et les réflexions postérieurs

I - La loi du 24 juillet 1867

Texte fondateur, il pose les principes essentiels, en particulier la liberté de constitution de toutes les sociétés par actions. La réglementation précise la constitution et le fonctionnement des sociétés par actions.

II - La législation postérieure à la loi de 1867

Elle est inspirée par les idées essentielles suivantes :

• développement du caractère institutionnel de la société (extension des pouvoirs de l'assemblée générale extraordinaire) ;

• développement des garanties accordées aux actionnaires et de leurs pouvoirs théoriques au sein des assemblées générales, qui contraste avec l'échec constant sur le plan pratique. Le mythe de la démocratie actionnariale, mise en place en conséquence d'une construction de la société anonyme sur le modèle de la démocratie représentative, lieu d'exercice du pouvoir suprême, a fait long feu ;

• protection de l'épargne publique : elle est mise en œuvre grâce à la réglementation des émissions d'actions et d'obligations, des opérations sur le marché financier ;

• extension des pouvoirs et de la responsabilité théorique des dirigeants des sociétés par actions ;

• considérations fiscales : la société anonyme est érigée en contribuable substantiel et en collecteur d'impôts.

III - La loi du 24 juillet 1966 et les lois postérieures

• Maintien des préoccupations antérieures : protection accrue de l'épargne publique avec la création d'une autorité de marché (la COB remplacée par l'Autorité des marchés financiers) aux pouvoirs renforcés.

• Apparition de préoccupations nouvelles, d'inspiration nationale ou communautaire :

- renforcement de la sécurité des tiers qui traitent avec la société ;
- contrôle des groupes de sociétés sans reconnaissance pour autant de l'existence d'un droit des groupes (v. *supra*) ;
- constitution et fonctionnement des sociétés rendus plus aisés ;
- orientation de l'épargne individuelle vers les entreprises en créant notamment de nouveaux produits financiers attractifs (obligations convertibles avec bons de souscription, ou échangeables, actions de préférence) ;
- développement de l'actionnariat des salariés ;
- prévention, par des procédures appropriées et parfois confidentielles et de plus en plus affinées, des difficultés des entreprises (v. *infra*) ;

• Accroissement des pouvoirs de contrôle du personnel par l'intermédiaire des comités d'entreprise (L. 28 oct. 1982 et 1er mars 1984).

• Création de nouvelles formes juridiques (GEIE, SAS, SASU, société européenne).

• Mesures visant à renforcer la représentation des salariés dans les organes sociaux et la protection des minoritaires.

• Création de titres financiers toujours plus complexes, en vertu d'une ingénierie juridique très créative, ayant pour conséquence de flouter la frontière longtemps indiscutée entre prêteur et associé.

• Présence désormais obligatoire de salariés dans les conseils d'administration et de surveillance des sociétés anonymes importantes avec la loi de sécurisation de l'emploi 14 juin 2013.

• Renforcement de l'actionnariat de long terme avec la généralisation du droit de vote double dans les sociétés cotées, énoncée par la loi Florange du 29 mars 2014.

• Enfin, modifications importantes apportées au régime des valeurs mobilières et à l'identification des actionnaires, par l'ordonnance du 31 juillet 2014.

IV – Les réflexions sur la gouvernance des entreprises

A – Une réflexion sur le pouvoir dans les sociétés cotées

À partir des années 1980, ces organisations complexes que sont les sociétés par actions, en particulier celles faisant appel aux marchés financiers, ont fait l'objet d'une vaste réflexion sur l'équilibre des pouvoirs.

Initiée au Royaume Uni et largement développée aux États-Unis, elle s'est construite à travers le prisme du modèle anglo-américain selon lequel toute structure pyramidale génère des risques de gestion pour autrui, ce qu'on a coutume de nommer le « risque d'agence », mis en exergue par deux auteurs américains, Adolf Berle et Garber Means. Dans un ouvrage désormais célèbre, *The Modern Corporation and Private Property*, ils s'interrogent sur les moyens de réduire les conflits d'intérêts existant entre la direction et le capital, entre la direction et les propriétaires.

Cette réflexion que l'on nomme communément par « **gouvernement d'entreprise** », cherche ainsi à définir les relations entre la direction de la société, son conseil d'administration et ses actionnaires.

De nombreux rapports et recommandations ont été rédigés (*Principles of corporate governance* aux États Unis), destinés à rétablir les termes d'un pouvoir plus équilibré au sein des sociétés par actions cotées, dénonçant ainsi l'omnipotence des dirigeants et le dépouillement irrésistible des pouvoirs des actionnaires au bénéfice des dirigeants.

La France a initié ses propres réflexions, optant (sauf sur certaines questions sensibles comme celle des rémunérations des dirigeants sociaux où le législateur a dû intervenir, en particulier pour imposer une plus grande transparence) pour une approche non coercitive dite de *soft law*, en vertu de laquelle les sociétés refusant d'appliquer les recommandations doivent s'en justifier dans leur rapport annuel ou document de référence (« ***comply or explain*** »).

L'absence de système coercitif pourrait faire douter de l'efficacité de ces recommandations.

En réalité, les entreprises cotées sont soucieuses le plus souvent de les appliquer afin d'attraire les investisseurs étrangers, en particulier les fonds de pension américains attachés à ces pratiques de bonne gouvernance. De plus, la réputation de la Place de Paris repose également sur cette orthodoxie imposée par les recommandations de place.

De nombreux rapports successifs ont été ainsi édictés (rapports Viénot I et II, rapport Bouton), recommandations et incitations en provenance d'autorités de place. Le législateur a apporté sa contribution, obligeant ainsi la divulgation des rémunérations des dirigeants (loi NRE), ou encore en généralisant le droit de vote double dans les sociétés cotées (loi Florange).

Cet intérêt renforcé pour les sociétés cotées et leur gouvernance illustre leur importance économique.

B – Le Code Afep-Medef et le Haut comité de gouvernement d'entreprise

• À ce jour, le Code Afep-Medef constitue désormais le code de référence en matière de pratiques de bonne gouvernance. Édicté en 2008, il a été plusieurs fois modifié, dernièrement en juin 2013.

Il précise les pratiques de bonne gouvernance des sociétés cotées concernant l'exercice du pouvoir, en particulier l'organisation et la composition des conseils d'administration, l'exigence de comité d'audit et d'administrateurs indépendants, à l'instar du système américain. Il fait également des propositions sur la question des rémunérations accordées aux dirigeants sociaux ainsi que les informations financières communiquées au marché.

• Le code, lors de sa révision en juin 2013, a mis en place le **Haut comité de gouvernance d'entreprise**.

Cette instance indépendante, sans équivalent en Europe, est chargée d'assurer le suivi de l'application des principes posés par le code. Son activité a débuté en octobre 2008.

Composé de sept personnalités, le comité peut être saisi par les conseils d'administration sur des questions d'interprétation du code Afep-Medef ou s'autosaisir lorsqu'une société n'applique pas une recommandation sans explication suffisante.

Il est également habilité à proposer des évolutions du code de gouvernement d'entreprise.

Il publiera chaque année un rapport d'activité.

C - L'Autorité des marchés financiers

En sa qualité d'autorité de marché, l'AMF apporte également une contribution importante.

Elle publie depuis dix ans un rapport annuel sur le gouvernement d'entreprise, qui dresse chaque année, à partir d'un échantillon de sociétés interrogées, un état des lieux du respect des exigences légales posées par le droit des sociétés et des recommandations de place, essentiellement celles émises par le Code Afep-Medef.

Chapitre 2
Les valeurs mobilières émises par les sociétés par actions

L'essentiel

Définition : *l'ordonnance du 8 janvier 2009 relative aux instruments financiers pose les termes d'une nouvelle définition des valeurs mobilières, énoncé par l'article L. 228-1, al. 2 du Code de commerce : « les valeurs mobilières sont des titres financiers au sens de l'article L. 211-1 du code monétaire et financier, qui confèrent des droits identiques par catégorie. »*
L'article 211-1 du Code monétaire et financier énonce que les titres financiers sont les titres de capital émis par les sociétés par actions, les titres de créance à l'exclusion des effets de commerce et des bons de caisse, les parts ou actions d'organismes de placement collectif.
Si l'on compare ces définitions à celles qui ont pu précéder, on est frappé par la complexité croissante, qui est le reflet d'une ingénierie juridique et financière récente de plus en plus inventive.
*La plus importante des valeurs mobilières est l'**action** ou titre de capital, titres qui représentent les droits des associés. La plupart des sociétés anonymes n'émettent que des actions.*
*Les personnes ayant consenti un prêt à la société sont titulaires d'**obligations**.*
*À côté de ces valeurs mobilières « **simples** » que sont l'action et l'obligation ont été imaginées des valeurs mobilières dites **composées**, qui permettent à leurs titulaires de passer de la qualité d'obligataire à celle d'actionnaire.*

Section 1 – Les notions générales concernant les valeurs mobilières

Les sociétés par actions peuvent émettre toutes valeurs mobilières.

Pour autant, la notion de valeur mobilière n'est pas aisée à saisir. Elle résulte d'une combinaison du droit des sociétés enrichi par le droit financier, qui redouble d'imagination pour créer de nouveaux produits financiers. Elle est le fruit d'une superposition de différentes notions, qu'il est parfois difficile de distinguer.

L'ordonnance du 31 juillet 2014 a apporté des modifications substantielles au régime des valeurs mobilières complexes (en particulier celles ne donnant pas accès au capital).

§ 1 – Les valeurs mobilières, les titres financiers et les instruments financiers

L'article L. 228-1 du Code de commerce énonce que « *les valeurs mobilières sont des titres financiers au sens de l'article L. 211-1 du Code de monétaire et financier...* ». Pour autant, les titres financiers ne sont pas définis par le Code monétaire et financier. Ils font partie d'une catégorie plus vaste, celle des instruments financiers, nulle part définis de manière générique mais présentés par énumération.

Ces diverses notions, bien que voisines, se distinguent selon un principe de catégorie et sous catégorie. Les valeurs mobilières, notion trop étroite, appartiennent à la catégorie des titres financiers, créée par l'ordonnance du 8 janvier 2009 et constitués par les titres de capital, les titres de créance à l'exclusion des effets de commerce et des bons de caisse, et les parts ou actions d'organismes de placement collectif (SICAV, Fonds communs de placement, fonds communs de créances). Les titres financiers constituent avec les contrats financiers, ou instruments financiers à terme, la catégorie des instruments financiers. Les valeurs mobilières appartiennent ainsi à la catégorie plus large des instruments financiers (C. mon. fin., art. L. 211-1).

§ 2 – Les catégories et les caractéristiques principales des valeurs mobilières

Les trois grandes catégories de valeurs mobilières sont les actions, les obligations et les valeurs mobilières composées.

Malgré leur diversité, elles ont toutes en commun un principe essentiel de **négociabilité**, selon lequel les valeurs mobilières sont cessibles sans qu'il ne soit nécessaire d'observer les formalités de la cession de créance (C. civ., art. 1690).

La négociabilité s'accompagne d'un principe de libre négociabilité, qui désigne la liberté de l'actionnaire de disposer de son titre.

Ce principe fondamental assure ainsi une grande fluidité au financement des sociétés par actions et converge vers le principe de liquidité, principe fondateur des marchés et de leur bon fonctionnement.

Il existe quelques restrictions au principe de négociabilité (voir *infra*).

La seule condition de la négociabilité est l'inscription en compte de la valeur mobilière.

§ 3 – Le financement externe et les marchés réglementés

Distinction : le financement des sociétés par actions peut être *interne*, c'est-à-dire sans recours au public. Il intéresse alors toutes les sociétés par actions, y compris la société par actions simplifiée qui profite des mêmes possibilités à cet égard que la société anonyme.

Le financement des sociétés par actions peut également s'opérer par la voie d'une offre au public de titres financiers ou par l'admission aux négociations sur un marché réglementé de ses actions (C. com., art. L. 227-2).

I - Du droit des sociétés au droit des marchés financiers

Lorsqu'une société par actions désire placer ses titres dans le public et ainsi recourir à un financement *externe*, cette opération fait entrer la société dans un environnement juridique qui déborde le seul cadre étroit des associés.

Le droit des sociétés s'efface au bénéfice du droit des marchés financiers, avec sa logique propre de marché.

En effet, le recours au public pour assurer le financement de l'entreprise suppose que celui-ci soit protégé, en particulier à travers une information renforcée et une autorité de marché chargée de veiller à la protection de l'épargne et au bon fonctionnement des marchés.

Pour ces raisons, toutes les sociétés par actions ne sont pas autorisées à placer leurs titres dans le public. Ainsi, en raison de sa nature contractuelle prononcée, il est interdit à la société par actions simplifiée de procéder à une offre au public. Seules la société anonyme, la société en commandite par actions et la société européenne peuvent faire une offre au public, et dès lors, entrent ainsi dans le champ de surveillance de l'Autorité des marchés financiers.

De manière corollaire, le financement externe fait intervenir de nouveaux acteurs, les banques, l'Autorité des marchés financiers, les sociétés de bourse (qui ont remplacé les agents de change en 1988) et enfin, les marchés.

La directive sur les services d'investissement du 10 mai 1993, transposée dans notre ordre juridique par la loi du 2 juillet 1996 relative à la modernisation des activités financières, a mis en place un vaste marché dans lequel doivent être assurés la liberté de circulation des biens et des capitaux ainsi que le libre exercice des professions de l'intermédiation financière.

II - Les marchés financiers

Ce cadre a ainsi permis la création des marchés financiers, lesquels ont été définis par une ordonnance du 12 avril 2007 relative aux marchés d'instruments financiers, transposant la directive MIF du 21 avril 2004.

On distingue ainsi quatre catégories de marchés, les trois premiers marchés étant gérés par Euronext Paris, filiale à 100 % de NYSE-Euronext, né du rapprochement de NYSE Group et d'Euronext NV, le 4 avril 2007 :

• le marché unique **Euronext Paris** (anciennement Eurolist d'Euronext) : marché réglementé, il constitue la cote officielle et est constitué des trois compartiments : « A » pour les grandes valeurs dont la capitalisation est supérieure à un milliard d'euros, « B » pour les valeurs moyennes ayant une capitalisation entre 150 millions et un milliard, et « C » pour les petites valeurs ayant une capitalisation inférieure à 150 millions d'euros. Ce marché dispose également d'un compartiment dit « marché de professionnels » destiné aux sociétés qui font admettre leurs titres sans offre au public ;

• le marché **Alternext,** créé par Euronext en 2005 et destiné essentiellement aux PME-PMI. Bien que non réglementé (art. L. 421-4 code monétaire et financier), c'est un marché structuré et organisé inspiré du marché anglais de l'*Alternative Investment Market* (AIM) ;

• le **marché libre**, marché non réglementé organisé par Euronext Paris, et destiné aux sociétés de petite taille ;

• le **Matif** (marché à terme international de France) et le **Monep** (marché des options négociables de Paris), marchés de produits dérivés réglementés par Euronext Paris.

Section 2 – Les actions

Définition : l'action a une double signification. Elle est à la fois le droit de l'associé dans la société par actions et le titre négociable qui représente ce droit. Malgré cette apparente simplicité, les actions se sont considérablement diversifiées, par ajout ou retrait de certains attributs qui lui étaient traditionnellement attachés (par exemple, actions privées du droit de vote en contrepartie du versement d'un dividende prioritaire).

§ 1 – Les caractères essentiels de l'action

I – L'action est une fraction du capital social

Définition : l'action désigne le droit de l'associé dans une société par actions.

Les apports (en espèces ou en nature) constituent le capital social.

Le capital social est fractionné en actions remises aux actionnaires en représentation de leur apport. La valeur nominale de chaque action ou « pair » désigne la valeur de l'apport. Celle-ci est fixée par les statuts. Néanmoins, rapidement elle perd toute signification économique de sorte qu'il faut la distinguer de :

• **la valeur d'émission :** elle est supérieure à la valeur nominale lorsqu'une société ayant constitué des réserves procède à une augmentation de capital ;

• **la valeur boursière :** elle ne concerne que les actions faisant l'objet d'une cotation sur un marché. Elle résulte de l'offre et de la demande régissant le marché et est supposée intégrer un certain nombre d'informations concernant l'entreprise.

II – L'action représente un droit d'associé

À cette qualité d'associé correspondent les droits propres de l'actionnaire. On distingue traditionnellement les droits extra-pécuniaires ou extrapatrimoniaux des droits pécuniaires ou patrimoniaux.

A – Les droits extra-pécuniaires

1. L'actionnaire fait partie de la société

Cette règle essentielle signifie qu'il ne peut en être exclu. Ce principe est néanmoins accompagné de nombreuses exceptions (exclusion de l'actionnaire n'ayant pas libéré son apport, réduction de capital, procédure d'exclusion forcée ou *squeeze out*).

2. Le droit de vote de l'actionnaire

Celui-ci a en principe l'*affectio societatis* qui lui confère le droit de vote aux assemblées générales. L'article 1844 du Code civil énonce que « *tout associé a le droit de participer aux décisions collectives et de voter et les statuts ne peuvent déroger à ces dispositions.* »

Le droit de vote est sans aucun dote le droit iconique du droit des sociétés, la contrepartie de la prise de risque à l'entreprise commerciale à laquelle l'actionnaire a décidé d'apporter sa contribution.

En principe, les actionnaires ont la liberté de voter ou de ne pas voter. La règle est cependant moins souple à l'égard des sociétés de gestion de portefeuille qui ont l'obligation d'exercer le droit de vote attaché aux actions détenues par les OPCVM qu'elles gèrent ou de justifier leur décision de ne pas voter.

Caractéristiques du droit de vote :

• **Principe de proportionnalité :** selon l'article L. 225-122 I du Code de commerce, le droit de vote attaché aux actions est proportionnel à la quotité de capital représentée. Le texte précise que toute clause contraire est réputée non écrite. Il existe néanmoins de nombreuses atteintes au principe de proportionnalité (droit de vote double, limitation du droit de vote en assemblée générale).

• Interdiction de supprimer le droit de vote ou de le céder indépendamment du titre. ***Exception :*** depuis l'ordonnance du 24 juin 2004, il est possible de créer des actions de préférence sans droit de vote (C. com., art. L. 228-11). Afin qu'il y ait « préférence », cette suppression doit être compensée par une contrepartie financière. Plus généralement, le droit de vote est supprimé dans un certain nombre de cas par la loi (ex. : détention par la société de ses propres actions ou actions d'autocontrôle) ou en cas de conflit d'intérêts entre l'actionnaire et la société (conventions réglementées).

• Liberté totale dans l'exercice du droit de vote, sous réserve de l'abus de majorité ou de minorité. ***Exception :*** la convention de vote lorsque celle-ci est justifiée par l'intérêt social.

• Faculté d'exercer le droit de vote par mandataire : le mandat est généralement remis en blanc (pratique dite « des pouvoirs en blanc »). Il en résulte une concentration des pouvoirs entre les mains du conseil d'administration qui détient souvent en fait la masse des pouvoirs en blanc (transformation de fait de la démocratie des actionnaires en une oligarchie du conseil d'administration). On assiste depuis quelques années au développement d'une minorité agissante (ex. fonds de pension étrangers).

• **Nombre de voix :** la loi autorise la création d'actions à droit de vote double. Les actions à vote plural ne sont plus autorisées dans la société anonyme (elles le sont dans les SAS).

B - Les droits pécuniaires

• **Les droits aux bénéfices :** la société peut décider de distribuer à chacun de ses actionnaires un dividende dont le montant est déterminé par l'assemblée générale ordinaire. Ce droit ne signifie pas pour autant que les actionnaires ont le droit d'exiger chaque année une partie des bénéfices.

• **Le droit préférentiel de souscription**, lorsque la société augmente son capital en numéraire (C. com., art. L. 225-132) ;

• **Le droit au *boni* de liquidation :** il est réparti entre les actionnaires dans les mêmes proportions que leurs participations au capital social, sauf clause contraire des statuts (C. com., art. L. 237-29).

C - Les pactes d'actionnaires

En vertu du principe de relativité des conventions énoncé par l'article 1165 du Code civil, le pacte d'actionnaires n'engage que les parties qui l'ont signé. Son objet peut être très divers. Il peut permettre de préciser et organiser le contrôle de la vie sociale ou la composition du capital de la société (ex. : conventions de droit de vote, conventions de sortie, etc.), ou encore organiser la dévolution du pouvoir au sein de la société, en prévoyant une répartition des sièges au sein du conseil d'administration, voire permettre la sortie de certains actionnaires signataires en cas de modification importante apportée au capital de la société.

La jurisprudence les considère valables dès lors qu'ils ne sont pas contraires à l'intérêt social. En cas de violation de ses dispositions, la méconnaissance du pacte donne lieu à des dommages-intérêts et résolution.

Depuis la loi NRE du 15 mai 2001, l'article L. 233-11, al. 1 et 2 du Code de commerce exige que tout pacte ou toute clause d'une convention passée en actionnaires ou futurs actionnaires, et portant sur au moins 0,5 % du capital ou des droits de vote des actions cotées (y compris sur Alternext) soit rendu public auprès de la société et de l'AMF dans les cinq jours de bourse suivant la conclusion de la convention.

III - L'action est un titre négociable

La négociabilité des actions constitue le caractère essentiel de l'action, l'opposant à la part dans les sociétés de personnes. Elle permet à l'actionnaire d'entrer et de quitter librement la société dès lors qu'il a trouvé un acquéreur.

A - Le principe de libre négociabilité des actions

Il s'oppose à la cession d'une créance civile :

• en la forme : la négociabilité s'opère par les modes du droit commercial (virement de compte à compte, depuis la dématérialisation ; v. *infra*) ; la cession s'opère par les modes du droit civil ;

• quant aux effets : règle dite de l'inopposabilité des exceptions, inconnue en matière de cession civile.

B - Les restrictions à la libre négociation des actions

Il est possible d'insérer dans les statuts une clause d'agrément, ou encore une clause de préférence, qui sont autant de restrictions au principe de libre négociabilité. La seule limite consiste en ce que le droit constitutionnellement reconnu à l'actionnaire de pouvoir céder ses actions demeure assuré.

Les restrictions conventionnelles sont fréquentes dans les petites et moyennes sociétés anonymes. Il s'agit de la clause d'agrément, qui permet ainsi d'insuffler de l'*intuitus personae* dans la société par essence ouverte, remettant en cause la dichotomie rigide entre sociétés de personnes et sociétés de capitaux.

Le siège de cette clause est l'article L. 228-23 du Code de commerce. De telles clauses supposent nécessairement que les actions aient la forme nominative.

Caractéristiques : la clause d'agrément consiste à soumettre la transmission de l'action à l'accord d'un organe de la société, et ce, quel que soit le moyen de transmission des droits sociaux. Elle impose alors une procédure d'agrément à l'issue de laquelle l'agrément est accordé ou refusé.

→ **La procédure d'agrément :** le cédant doit notifier sa décision de céder à la société, c'est-à-dire à son représentant légal. L'agrément est en effet accordé ou refusé par la société. Si aucune réponse n'est donnée par la société dans les trois mois, l'agrément est réputé acquis.

La Cour de cassation a jugé que l'agrément doit être pur et simple. Les conditions qui pourraient l'accompagner sont réputées non écrites. (Com. 17 janv. 2012).

En cas de refus d'agrément, afin que le cédant ne reste pas prisonnier d'une société dont il veut sortir, la loi exige que le conseil d'administration (ou le directoire) fasse acquérir les actions dans les trois mois à compter du refus, soit par un actionnaire, soit par un tiers qui sera agréé, ou encore par la société elle-même avec l'accord du cédant.

Principe : la clause d'agrément est valable dès lors qu'elle figure dans les statuts, même en cas de cession entre actionnaires (Ord. 24 juin 2004). Sa violation est sanctionnée par la nullité de la cession.

Exceptions :

- La clause d'agrément est interdite dans les sociétés dont les actions sont admises aux négociations sur un marché réglementé (Ord. 24 juin 2004 ; C. com., art. L. 228-23, al. 1er).
- La clause est nulle dans les cas suivants (C. com., art. L. 228-23) :
  - cession à cause de mort (succession) ;
  - cession par suite de liquidation de communauté de biens entre époux ;
  - cession à un conjoint, ascendant, descendant. Même dans ce cas, la clause demeure valable cependant pour les cessions d'actions réservées aux salariés de la société.

§ 2 - Les différentes catégories d'actions

I - Les actions de numéraire et les actions d'apport

Cette distinction repose sur la nature de l'apport que les titres représentent, en espèces ou en nature. Ces deux catégories d'actions sont négociables, après l'immatriculation au registre du commerce et des sociétés, ou dès la réalisation de l'augmentation de capital.

A - Les actions de numéraire

C. com., art. L. 228-7, al. 1er.

- Ce sont les actions dont le montant est libéré en espèces ou par compensation, à la constitution de la société ou à l'occasion d'une augmentation de capital, et celles qui sont émises par suite d'une incorporation au capital de réserves, bénéfices ou primes d'émission.

• **Souscription :** elle est obligatoirement égale au moins à la valeur nominale (règle de la souscription intégrale du capital social).

• **Libération :** le versement doit être minimum d'un quart au moment de la souscription, les trois autres quarts étant libérés dans le délai maximum de cinq ans ; versement de la moitié lors de la constitution de la société.

B - Les actions d'apport

C. com., art. L. 228-7, al. 2.

Elles sont attribuées en représentation des apports en nature.

• Après l'immatriculation de la société au registre du commerce et des sociétés, ou inscription modificative à la suite de l'augmentation de capital (sauf exceptions).

• Libération intégrale obligatoire.

• Émission soumise à une procédure de vérification des apports en nature par un commissaire aux comptes (exception : pas de vérification en cas d'offre publique d'échange).

II - Les actions de capital et les actions de jouissance

A - Les actions de capital

Elles correspondent au capital engagé par l'actionnaire et donnent droit au remboursement du capital et à un premier dividende en cas de distribution des bénéfices.

B - Les actions de jouissance

Elles représentent le droit de l'actionnaire auquel la société a remboursé son apport initial au cours de la vie sociale par prélèvement sur des bénéfices ou des réserves libres (sans réduction de capital) (amortissement du capital). L'actionnaire demeure associé mais perd le droit au remboursement de l'apport et au premier dividende. La reconversion en actions de capital est possible.

III - Les actions ordinaires et les actions de préférence

L'ordonnance du 24 juin 2004 a profondément modifié la matière. Désormais, on distingue les actions ordinaires et les actions de préférence ou actions privilégiées, avec ou sans droit de vote. Elles remplacent les actions à dividende prioritaire sans droit de vote, les actions de priorité, les certificats d'investissement, les certificats de droit de vote (conservés à titre transitoire). Cette nouvelle catégorie réunit donc des titres aux caractéristiques différentes et nombreuses, s'inspirant des « *preferred shares* » nord-américaines. L'article 228-11 du Code de commerce précise que ces droits accordés à ces actions doivent être définis dans les statuts.

A - Les actions de préférence

La liberté contractuelle accordée par l'ordonnance signifie que les actions de préférence peuvent être assorties de droits particuliers de toute nature. Les avantages sont de nature pécuniaire (avantage financier) ou extra-pécuniaire, et portent alors sur le droit de vote.

Principe : ces avantages doivent néanmoins respecter un principe majeur, l'égalité des droits conférés à toutes les actions.

Exception : l'ordonnance reconnaît la faculté de créer des actions de préférence conférant des droits pécuniaires particuliers à une catégorie d'actions (premier dividende par exemple). Les actions de préférence peuvent donc être assorties de droits particuliers de toute nature, dotées ou non de droit de vote. L'avantage accordé est le plus souvent de nature pécuniaire, mais il peut aussi concerner le droit de vote qui fait alors l'objet d'aménagements (exercé par exemple en AGO mais pas en AGE...).

B - Les actions à vote plural : aspect particulier des actions de préférence

Principe : les actions à vote plural sont interdites, règle énoncée par l'article L. 225-122 du Code de commerce qui pose le principe de proportionnalité : 1 action = 1 voix. À cet égard, seules les actions créées dans le cadre de la SAS peuvent conférer à leurs bénéficiaires plus qu'un vote double.

Exception : le droit de vote double : cette matière a subi une modification substantielle avec la loi Florange du 29 mars 2014. En effet, celle-ci a inversé le principe préexistant, pour les sociétés cotées, en énonçant dans un article L. 225-123 du Code de commerce que les droits de vote double « *sont de droit, sauf clause contraire des statuts... pour toutes les actions entièrement libérées pour lesquelles il est justifié d'une inscription nominative depuis deux ans au nom du même actionnaire* ».

Jusque-là, une telle entorse au principe de proportionnalité n'était possible que si les statuts ou l'assemblée générale extraordinaire le permettaient. Ainsi, la règle est le vote double, sous réserve d'une clause contraire.

L'objectif affiché de cette disposition est d'inciter l'actionnariat de long terme, conformément aux recommandations du Rapport Gallois.

En revanche, le principe antérieur subsiste dans les sociétés non cotées où il est possible d'accorder un droit de vote double aux actionnaires dès lors qu'ils remplissent les conditions suivantes :

- titulaires d'actions nominatives entièrement libérées, inscrites depuis deux ans au profit du même actionnaire. Le droit de vote cesse automatiquement lorsque l'action est convertie en action au porteur ;
- actions attribuées par les statuts ou par une assemblée générale extraordinaire ;
- actionnaires de nationalité française ou ressortissant d'un État membre de l'Union européenne (condition supplémentaire ajoutée par les statuts).

§ 3 - Les différentes formes d'actions

Le régime des actions et des obligations a subi une évolution importante avec la dématérialisation.

I - Les actions nominatives et les actions au porteur

La loi de finances du 30 décembre 1981 a posé le principe de la dématérialisation, qui est intervenue techniquement le 3 novembre 1984. Depuis cette date, toutes les valeurs mobilières soumises à la législation française ne sont plus matérialisées mais représentées par une inscription en compte.

A - Jusqu'en 1984

Les actions revêtaient deux formes matérielles différentes.

1. Les actions au porteur

L'action était représentée par un titre écrit, remis par la collectivité publique ou privée émettrice. Il y a alors incorporation du droit dans le titre.

Le titre au porteur constituait un meuble corporel, non fongible (numéros). Il se transmettait par tradition (remise de la main à la main de l'écrit constitutif du titre), sauf dépôt (facultatif) à la *Sicovam*.

2. Les actions nominatives

L'action était représentée par une inscription du titulaire sur le registre spécial tenu par la collectivité émettrice à cet effet : le certificat nominatif éventuellement établi ne servait qu'à faire preuve de cette inscription, seule génératrice d'un droit.

Le titre nominatif se transmettait par transfert (changement d'inscription du titulaire sur présentation d'un bordereau, signé par le cédant et indiquant le nom du cessionnaire).

B - Depuis le 3 novembre 1984

Désormais, le Code de commerce énonce que « *les valeurs mobilières émises par les sociétés par actions revêtent la forme de titres au porteur ou de titres nominatifs.* » (art. L. 228-1, al. 3).

La dématérialisation prévue par la loi de Finances pour 1982 se trouve réalisée par une procédure d'inscription obligatoire en compte des valeurs mobilières. Cette procédure est applicable, entre autres, à toutes les actions émises en France, admises aux négociations sur un marché réglementé ou non.

Il y a néanmoins survivance d'un régime d'actions nominatives et au porteur après 1984 : les deux types d'action prennent la forme d'une inscription en compte, la différence résidant dans leur régime d'inscription.

Les régimes des titres au porteur et des titres nominatifs sont quasi identiques. La seule différence réside dans l'anonymat généré par le titre au porteur pour la société émettrice.

1. Les actions au porteur

• L'inscription en comptes est exclusivement tenue par les intermédiaires financiers habilités à cet effet. Le titulaire de l'action est donc inconnu de la société émettrice : survivance partielle de l'anonymat des titres au porteur. Néanmoins, afin de permettre l'identification des détenteurs de titres au porteur, la société émettrice peut demander au dépositaire central le nom du titulaire (titre au porteur identifiable ou TPI, C. com., art. L. 228-2). Ce régime est facultatif, et doit être prévu par les statuts.

• Le régime applicable aux seules actions admises de plein droit chez *Euroclear France* (ex-Sicovam) depuis le 3 novembre 1984 (*infra*, B, 1), sauf exceptions (actions en numéraire non libérées, etc.).

• Depuis l'ordonnance du 24 juin 2004, les sociétés non cotées peuvent émettre des titres au porteur (C. com., art. 228-2).

2. Les actions nominatives

• Le titre nominatif résulte de l'inscription en compte au nom du titulaire sur un registre tenu par l'organisme émetteur, sous réserve de diverses modalités d'application (v. *infra*). La société connaît ainsi l'identité de ses actionnaires.

• Doivent être nécessairement au nominatif les actions qui ne sont pas admises aux négociations sur un marché réglementé (C. com., art. L. 212-3). Ce qui signifie qu'en principe, lorsque l'émetteur voit ses actions négociées sur un marché réglementé, l'actionnaire a le choix entre la forme au porteur ou nominative.

• Les actions doivent être inscrites en compte. La forme nominative suppose que l'inscription soit tenue par la société émettrice.

II - La tenue des comptes d'actions

La Sicovam est devenue Euroclear France en 2001.

Attributions :

• Cet organisme interprofessionnel est chargé de faciliter la circulation des actions (plus généralement des valeurs mobilières) par des virements de compte à compte.

• Des comptes sont ouverts à Euroclear France au nom de ses affiliés (intermédiaires financiers habilités tels que les banques et collectivités émettrices d'actions admises à Euroclear), qui permettent de procéder à des compensations à raison des opérations effectuées par les affiliés et de vérifier la régularité des inscriptions en compte chez les affiliés.

A - Les actions admises à Euroclear France

Les instruments financiers admis à Euroclear France – qui correspondent aux actions admises aux négociations sur des marchés réglementés – sont obligatoirement gérés par l'intermédiaire d'Euroclear et peuvent revêtir, soit la forme au porteur, soit la forme nominative.

1. Les règles communes

Elles concernent les comptes de titres, indépendamment de la qualité du « teneur de compte » (qui relève du choix entre la forme au porteur et au nominatif : *supra*).

a. Les règles relatives à la tenue des comptes

Principes :

- les comptes doivent être tenus en partie double ;
- ils sont tenus valeur par valeur ;
- un journal général des opérations, servi chronologiquement doit mentionner toutes les écritures affectant les comptes.

Modalités :

- chaque compte de titres doit mentionner les éléments d'identification de son titulaire, la dénomination, la catégorie, le nombre et la valeur nominale des titres inscrits, etc.
- chaque titulaire d'un compte de titres peut se faire délivrer une attestation d'inscription.

b. Les règles relatives aux opérations sur titres

Les opérations consistent essentiellement à débiter un compte pour en créditer un autre, quelle que soit la cause de la mutation (entre vifs ou par décès, à titre onéreux ou gratuit). L'opération s'effectue en principe sur instructions signées du titulaire ou de son représentant. Elle est passée dans les comptes individuels (Euroclear ouvre un ou plusieurs comptes-courants d'instruments financiers au nom de chaque établissement dont elle a accepté l'adhésion), le jour de l'exécution de l'ordre. Euroclear communique quotidiennement à chaque adhérent le relevé comptable des opérations intervenues sur ses comptes-courants.

2. Les règles particulières

Elles concernent les formes au porteur ou nominative.

a. Les actions au porteur

Elles sont inscrites sur des comptes tenus par des intermédiaires financiers agréés. Les opérations sont effectuées par virement de compte à compte.

b. Les actions nominatives

Les titres, inscrits obligatoirement chez les émetteurs, peuvent l'être de surcroît chez un intermédiaire financier agréé.

- **Titres nominatifs purs :** titres inscrits chez le seul émetteur et gérés par le titulaire directement auprès de cet émetteur.
- **Titres nominatifs administrés :** titres inscrits chez l'émetteur et chez un intermédiaire financier agréé, chargé par le titulaire d'en assurer la gestion pour son compte :
  - ordres donnés à l'intermédiaire, qui exerce les droits patrimoniaux attachés aux titres, et est responsable du contrôle de la régularité des opérations ;
  - l'intermédiaire est substitué à l'émetteur aux seules fins d'administrer les titres ; tout virement ou modification dans les inscriptions sur le compte tenu par l'intermédiaire est automatiquement notifié à l'émetteur pour être enregistré dans ses comptes (qui demeurent les comptes « primaires »).

B – Les actions non admises à Euroclear France : régime normal de tenue de comptes

Les sociétés émettrices ouvrent des comptes de titres nominatifs à leurs titulaires. Ils ne sont pas gérés par l'intermédiaire d'Euroclear France.

1. Les actions émises par les sociétés ouvertes

Les règles de base demeurent applicables (v. *supra*, Actions admises à Euroclear) :

- principes de tenue des comptes et modalités de tenue des comptes ;
- distinction entre titres nominatifs « purs » et « administrés ».

La différence tient essentiellement à l'absence d'intervention de Euroclear.

2. Les valeurs mobilières émises par les sociétés fermées

- **But :** éviter la lourdeur du mécanisme nouveau.
- **Conditions :** le nombre de comptes d'actionnaires n'excède pas 100.

• **Procédure allégée :** comptes d'inscription et registre des mouvements, pas de comptabilité en partie double...

III - La location ou crédit-bail d'actions

La loi du 2 août 2005 en faveur des PME autorise que les actions des sociétés ne faisant pas appel public à l'épargne fassent l'objet d'un contrat de location ou de crédit-bail (C. com., art. L. 239-1 à L. 239-5).

La mise en location doit être prévue par les statuts. Elle ne peut être effectuée qu'au profit d'une personne physique qui versera un loyer. Cette faculté permet de faciliter la reprise des petites entreprises.

Le droit de vote attaché à ces actions appartient au bailleur dans les assemblées générales extraordinaires, au locataire dans les assemblées générales ordinaires .

§ 4 - La condition de l'actionnaire

L'actionnaire a à la fois un droit d'associé et une créance contre la société, éventuellement une dette envers elle.

I - L'actionnaire est associé

L'obligation fondatrice de l'actionnaire est d'effectuer l'apport auquel il s'est engagé à la société. Cette règle est essentielle, et gouverne un autre principe tout aussi déterminant, selon lequel on ne peut imposer à l'actionnaire d'augmenter ses engagements (C. com., art. 225-96).

Certains droits reconnus à l'actionnaire sont irréductibles. On parle de « droits individuels », auxquels ni les statuts ni l'assemblée générale extraordinaire ne peuvent porter atteinte : droit d'agir en responsabilité contre les mandataires sociaux, droit de participer à la vie sociale, notamment en votant aux assemblées générales, droit de sortir de la société en cédant ses actions.

Les droits attachés à l'action sont indivisibles à l'égard de la société (C. com., art. L. 228-5).

→ **Indivision** : en cas d'action en copropriété indivise, en vertu du principe d'indivisibilité du titre à l'égard de la société, les droits sont exercés à l'unanimité. Il en résulte l'obligation de désigner un mandataire commun pour l'exercice des droits. La qualité d'associé est néanmoins reconnue à chacun des indivisaires. Il en résulte que la jurisprudence a décidé que l'indivisaire est autorisé à exercer l'action *ut singuli* (Crim., 4 nov. 2009).

L'usufruit entraîne partage des droits entre l'usufruitier (droit de vote dans les AGO, droit à l'information, droit aux bénéfices) et le nu-propriétaire (droit de vote dans les AGE, droit au remboursement...).

La décision *Gaste*, confirmée par la Chambre commerciale de la Cour de cassation (22 févr. 2005), considère que le nu-propriétaire ne peut pas être privé du droit de participer aux décisions collectives, ce qui implique le droit de recevoir l'information préalable, même s'il ne dispose pas du droit de vote.

II - L'actionnaire est créancier

L'actionnaire est créancier, éventuellement de son apport (à la liquidation), du dividende lorsqu'une distribution de dividende a été régulièrement décidée.

III - L'actionnaire peut être débiteur de son apport (en cas de non-libération à la souscription)

L'actionnaire doit effectuer l'apport auquel il s'est engagé. La libération consiste ainsi en la réalisation de l'apport. Dans une société anonyme, cet apport peut être en numéraire (libération d'au moins la moitié de la valeur nominale des actions) ou en nature (une procédure de vérification des apports en nature est obligatoire, faisant intervenir un ou plusieurs commissaires aux apports). En effet, l'article L. 225-3 du Code de commerce énonce qu'il ne peut y avoir d'apport en industrie dans une société anonyme.

En cas de défaillance de l'actionnaire, la société peut vendre les actions, sur le marché réglementé si elles sont cotées, sinon aux enchères.

En cas de transmission d'une action non libérée, il y a responsabilité solidaire des titulaires successifs.

Section 3 - Les obligations

Notions générales : la société a diverses possibilités de se procurer des fonds. Elle peut recourir au crédit bancaire (à court terme), aux bons de caisse (à moyen terme) – non utilisés en pratique pour des raisons fiscales –, à l'augmentation de capital, ou enfin, à l'émission d'obligations (à long terme).

Depuis l'ordonnance du 25 mars 2004, les SARL importantes sont autorisées à émettre des obligations.

Définition : l'obligation est un titre négociable constatant une créance à long terme sur une société. Elle confère à son titulaire, l'obligataire, les mêmes droits de créance pour une même valeur nominale.

Notion : l'emprunt obligataire est réalisé par l'émission d'obligations, représentant une créance contre la société.

Caractères :

• L'obligation est un titre négociable représentant une créance à moyen ou long terme et de caractère collectif (« emprunt collectif ») contre la société, alors que l'action représente un droit d'associé.

• L'ordonnance du 8 janvier 2009 énonce que l'obligation est un titre financier, appartenant à la catégorie des instruments financiers (C. mon. fin., art. L. 211-1).

En tant que telle, l'obligation peut être émise sous les mêmes formes que les actions, avec les mêmes conséquences (v. *supra*, Les différentes formes d'actions).

Réglementation : depuis la dématérialisation, les obligations revêtent :

• la forme de titres au porteur ou de titres au nominatif dans les sociétés cotées ou assimilées ;

• la forme de titres au nominatif dans les sociétés non cotées.

Depuis l'ordonnance du 24 juin 2004, les obligations sont soumises à un régime juridique commun. Cette réforme a permis d'unifier et de simplifier le régime d'émission des différentes valeurs mobilières dites composées.

§ 1 - L'émission de l'emprunt obligataire

I - Les modalités de l'émission

• **Soit par placement direct par la société émettrice,** le plus souvent sans bulletin de souscription ;

• **soit par appel au concours bancaire :** la banque, simple intermédiaire, procède au placement des titres, ou souscrit la totalité de l'emprunt qu'elle replace ultérieurement (« syndicat de prise ferme »), ou s'engage à souscrire les titres non placés (« syndicat de garantie ») ;

• **soit par attribution aux salariés,** à concurrence du montant de la réserve spéciale de participation (art. 11, al. 2, 3e Ord. 21 oct. 1986).

II - Les conditions d'émission

• **Relatives à la société émettrice :** l'émission est réservée en principe aux sociétés par actions. Les SARL sont autorisées, depuis la loi du 25 mars 2004, à émettre un emprunt obligataire. Elles sont alors tenues de désigner un commissaire aux comptes et de s'assurer que les comptes des trois derniers exercices ont été régulièrement approuvés.

La société par actions doit remplir les conditions ci-après :

– avoir publié deux bilans régulièrement approuvés ; sinon vérification de l'actif et du passif ;

– avoir entièrement libéré son capital (sauf émission en vue de l'attribution aux salariés) ;

– émission décidée par le conseil d'administration ou le directoire, depuis l'ordonnance du 24 juin 2004, sauf si les statuts réservent ce pouvoir à l'assemblée générale ; antérieurement, l'émission était décidée par l'assemblée générale des actionnaires.

• **Relatives au titre :** l'obligation obéit aux règles suivantes :

- la valeur nominale des obligations est librement fixée par la société émettrice (plus de minimum depuis le décret du 1er avril 1999) ;
- contenant les mêmes droits pour la même valeur nominale ;
- mentions obligatoires sur le titre ;
- publication d'une notice au BALO ; dans l'hypothèse où la société émettrice fait une offre au public, elle doit également publier un prospectus revêtu du visa (note d'information) visée par l'AMF (Règl. gén. AMF, art. 212-1) ;
- obligations de mise en compte auprès de la société émettrice.

§ 2 - Le statut de l'emprunt obligataire

Chaque obligataire a des droits individuels. Néanmoins, l'essentiel de ses prérogatives s'exerce dans le cadre d'un groupement doté de la personnalité morale (bien que dépourvue de patrimoine propre), dite « masse ». L'ordonnance du 31 juillet 2014 relative au droit des sociétés institue une procédure d'identification des obligataires, sauf clause contraire du statut d'émission.

I - Les droits individuels des obligataires

L'obligation confère les deux droits attachés à toute créance : intérêt et remboursement du capital. Elle confère de plus des droits extra-pécuniaires.

Les obligations sont en principe des créances chirographaires. Il est possible de constituer des garanties (caution d'une autre société...).

A - Les droits pécuniaires : l'intérêt et le remboursement du capital

1. Le paiement de l'intérêt

Le taux est fixé au moment de l'émission de l'emprunt (ordre de grandeur de 4 à 7 %). Il est fonction de l'état du marché financier et doit être identique pour toutes les obligations faisant partie d'un même emprunt. En principe, le taux est fixe ; il peut être prévu un intérêt supplémentaire (« obligations participantes »).

2. Le remboursement du capital

Les conditions de remboursement de l'emprunt sont fixées dans le contrat d'émission.

Le remboursement peut se faire en une seule fois au terme convenu.

Le remboursement anticipé est interdit en principe, sauf stipulation expresse :

- par amortissement (le plus souvent par annuités constantes : tableau d'amortissement reproduit sur les titres) ;
- par rachat par la société des obligations, suivi de leur annulation (C. com., art. L. 228-74).

→ **Montant du remboursement** : ce remboursement peut prendre différentes formes afin d'offrir à l'obligataire un remboursement plus important que le capital initialement versé.

- l'obligation indexée : depuis la loi du 2 juillet 1998, les obligations peuvent être indexées sur le niveau général des prix, c'est-à-dire sur l'inflation ;
- le remboursement doit être égal au capital prêté, sauf majorations diverses : prime (obligation émise en dessous du pair), lot (les emprunts à lot devant être autorisés par la loi...).

B - Les droits extrapécuniaires

• **Le droit à l'information :** il est permanent (procès-verbaux des assemblées générales d'obligataires) ou temporaire (texte des rapports et résolutions proposés aux assemblées générales d'obligataires).

• **Le droit d'aliéner :** que l'obligation soit nominative ou au porteur, l'obligataire peut céder son titre.

II - Les droits collectifs des obligataires ou la « masse » des obligataires

Définition : La masse est un groupement d'obligataires, créée par la pratique. Elle est destinée à fédérer les obligataires afin de mieux assurer la défense de leurs intérêts.

Les porteurs d'obligations d'une même émission sont ainsi réunis de plein droit en une « masse », dotée de la personne morale, afin de défendre leurs intérêts communs (C. com., art. L. 228-46), mais dépourvue de patrimoine propre.

But : rendre possible la conclusion d'accords avec la société et prévoir une certaine intervention des obligataires dans la vie sociale.

Textes applicables : art. L. 228-46 et s. C. com.

A - L'organisation

La masse des obligataires, groupement pourvu de la personnalité civile, s'exprime de deux manières :

1. L'assemblée générale de la masse

Elle regroupe tous les obligataires d'un même emprunt ou de plusieurs emprunts lorsqu'une clause de chaque contrat d'émission le prévoit et que les porteurs ont des droits identiques.

Il est interdit de s'y faire représenter par des personnes liées directement ou indirectement à la société débitrice (et notamment les membres du conseil d'administration, du directoire, du conseil de surveillance…).

La convocation se fait à l'initiative de la société, du représentant de la masse ou d'obligataires représentant une fraction du capital social (1/30), par insertion au BALO (si la société fait une offre au public).

2. Les représentants de la masse

Le nombre de représentants de la masse ne peut excéder 3 mandataires, il n'est pas exigé que ces représentants soient eux-mêmes obligataires.

Ils sont nommés et révoqués par l'assemblée générale ordinaire de la masse. En cas d'appel public à l'épargne, ils sont nommés dans le contrat d'émission.

En cas de défaillance, un mandataire peut être nommé en justice.

B - Les pouvoirs

1. L'assemblée générale de la masse

Elle peut se réunir à toute époque. La loi n'impose aucune périodicité.

Les quorum et majorité sont identiques à ceux de l'assemblée générale ordinaire des actionnaires.

L'assemblée générale délibère sur toutes mesures ayant pour objet d'assurer la défense des obligataires. L'assemblée générale délibère également sur un certain nombre de questions intéressant directement ou indirectement les obligataires.

a. 1re catégorie de questions soumises à la masse

Objet : délibérations sur les questions intéressant la vie de la société, telles que la modification de la forme ou de l'objet, la fusion, ou la scission de la société.

Effets :

– si la masse donne son accord, l'opération est opposable à tous les obligataires ;

– si la masse refuse cet accord et que la société passe outre, tout obligataire peut demander son remboursement dans les trois mois de la publication de la décision de la société de passer outre, sauf en cas de fusion ou scission (dans ce dernier cas droit d'opposition de représentants de la masse dans les mêmes conditions que les créanciers ordinaires, v. *supra* Fusion).

b. 2e catégorie de questions soumises à la masse

Objet : délibérations sur les droits mêmes des obligataires :

– délibérations autorisées (C. com., art. L. 228-65) : abandon total ou partiel des garanties, prorogation du paiement et changement du taux des intérêts ; modification du tableau d'amortissement, transaction avec la société (liste indicative) ;

– délibérations interdites (C. com., art. L. 228-68) : accroissement de la charge des obligataires, conversion forcée des obligations en actions, reconnaissance de droits préférentiels à certains obligataires à l'intérieur de l'emprunt.

Effet : en cas de refus de l'assemblée, la société ne peut pas passer outre. En cas d'acceptation, la mesure est opposable aux obligataires.

2. Les représentants de la masse

• Convoquer l'assemblée générale des obligataires.

• Accomplir les actes de gestion pour défendre les intérêts communs (par exemple : inscription d'une hypothèque).

• Exercer en justice le droit des obligataires : produire au redressement et à la liquidation judiciaires.

• Assister aux assemblées générales des actionnaires avec droit à obtenir les mêmes communications mais sans voix délibérative.

§ 3 - Les valeurs mobilières donnant accès au capital ou donnant droit à l'attribution de titres de créances

À partir des années 1980, on assiste à une inflation de « valeurs composées » ou « complexes » : obligations convertibles en actions, obligations remboursables en actions obligations à bon de souscription d'actions (OBSA), obligations convertibles et/ou échangeables en actions nouvelles ou existantes (OCEANE).

L'apparition de ces valeurs composées a rendu moins nette la frontière traditionnelle entre action et obligation.

Dans un souci de simplification, l'ordonnance du 24 juin 2004 a supprimé les différents régimes pour établir un régime juridique unique pour toutes les valeurs mobilières donnant accès au capital ou donnant droit à l'attribution de titres de créances (C. com., art. L. 228-91 à 228-106) (v. *supra*).

À compter du 27 juin 2004, date d'entrée en vigueur de l'ordonnance, les émissions nouvelles d'OBSA, OCEANE..., ne peuvent être effectuées qu'en respect des nouvelles dispositions.

I - L'émission des valeurs mobilières

Depuis l'ordonnance du 8 janvier 2009, les sociétés par actions sont autorisées à émettre des actions ou d'autres titres donnant ou pouvant donner accès au capital ou donnant droit à l'attribution de titres de créances (C. mon. fin. nouv., art. L. 212-1 A). Ces émissions sont même encouragées au sein des groupes de sociétés (C. com., art. L. 228-93, al. 1er).

Diversité : l'ordonnance laisse une grande liberté pour imaginer de nouveaux titres répondant aux besoins des investisseurs et des émetteurs. Les titres déjà imaginés ont donc vocation à être de nouveau émis. Ce sont essentiellement les OCEANE, les OBSA, les OC, les ORA, les OBSO.

A - Les caractéristiques

• Les porteurs de valeurs mobilières ont droit à l'attribution de titres de capital ou de créances selon les modalités de l'émission.

• Comporte renonciation expresse des actionnaires à leur droit préférentiel de souscription au profit des porteurs de ces valeurs, pour les actions attribuées à ces derniers.

B - Les conditions d'émission

• La décision d'émettre ces valeurs doit être autorisée par l'assemblée générale extraordinaire ou déléguée par elle au conseil d'administration ou au directoire, après rapport spécial du conseil d'administration ou du directoire et rapport spécial des commissaires aux comptes (C. com., art. L. 228-92).

• Les actionnaires disposent d'un droit préférentiel de souscription aux valeurs qui donnent accès au capital. Ce droit est régi par le droit commun du droit préférentiel de souscription des actionnaires.

II - La protection des porteurs de valeurs mobilières

L'ordonnance de 2004 a introduit un dispositif de protection des titulaires de valeurs mobilières donnant accès au capital.

→ **Opérations interdites** : à compter de l'émission de ces valeurs mobilières et tant qu'il existe des droits en résultant, la société ne peut modifier sa forme ou son objet, à moins qu'elle y soit autorisée dans le contrat d'émission.

Regroupement en une masse : l'ordonnance de 2004 a institué le regroupement des titulaires de valeurs mobilières donnant accès au capital en une masse, qui jouit de la personnalité civile. Cette masse est très similaire à celle des obligataires. Il est possible de former une masse distincte pour chaque titre donnant les mêmes droits. Elle permet de donner un interlocuteur à l'émetteur s'il souhaite modifier certaines dispositions du contrat d'émission.

Les assemblées générales des titulaires de ces valeurs sont autorisées à autoriser toute modification aux conditions de souscription. Les titulaires bénéficient d'un droit à l'information, qui n'est pas individuel.

Sous-titre 2

La société anonyme

La société anonyme est fortement marquée par sa nature institutionnelle et inspirée dans sa construction par une conception en théorie démocratique de l'exercice du pouvoir. Les propriétaires, qui courent le risque de l'entreprise, se réunissent en assemblée générale et choisissent leurs dirigeants, les mandataires sociaux, à la majorité.

Les actionnaires donnent le plus souvent une « adhésion » plus qu'un consentement en rejoignant une telle société. On retrouve là l'importance du capital sur la personne des associés.

Chapitre 1
La constitution de la société anonyme

L'essentiel

Si les fondateurs ne disposent pas des capitaux nécessaires pour créer la société, ils peuvent s'adresser au public et leur offrir des titres, opération qui prendra un certain temps. Cette constitution de la société anonyme avec appel au public a subi une modification majeure avec l'ordonnance du 22 janvier 2009, qui a supprimé la notion d'appel public à l'épargne pour y substituer celle d'offre au public. Ces sociétés, dès lors qu'elles recourent au public pour se financer, entrent dans le champ de surveillance de l'Autorité des marchés financiers, et sont soumises à des obligations de publication et d'information financière spécifiques.

Autre considération importante, la société anonyme figure parmi les sociétés commerciales par la forme, que son objet social soit civil ou commercial (C. com., art. L. 210-1 al. 2).

Dans tous les cas, la constitution de la société anonyme, qu'elle se fasse avec ou sans offre au public, doit observer des exigences légales précises et impératives.

Section 1 – Les notions générales

En septembre 2009, on recensait environ 114 000 sociétés anonymes (contre 133 000 en janvier 2007), dont seulement 841 inscrites sur le marché d'Euronext Paris et 183 sur Alternext.

Derrière ces chiffres se cachent des réalités économiques très différentes, selon la taille et le mode de financement de l'entreprise.

Le droit français ne distingue pas, quant à leur fonctionnement et en théorie tout au moins, entre les sociétés qui se constituent avec une offre au public et celles qui ne le font pas. Ce sont les mêmes dispositions juridiques qui les régissent.

Pourtant, les logiques et la philosophie qui sous-tendent les règles diffèrent profondément. Alors que la société anonyme non cotée demeure soumise aux principes fondateurs du droit des sociétés, celles faisant une offre au public subissent l'attraction du marché et des règles qui le gouvernent. Il en résulte que les sociétés se tournant vers les marchés financiers ont des obligations plus lourdes, en particulier au regard de l'information qu'elles sont tenues de divulguer, et doivent se conformer aux règles du marché, en particulier celles de transparence et liquidité.

Quel que soit le mode de financement retenu par les fondateurs, avec ou sans offre au public, il faut souligner le rôle prépondérant des banques, par le biais de la souscription totale ou partielle des actions (syndicat de prise ferme ou de garantie) ou de la mise de leurs guichets à la disposition des fondateurs.

Définition : sont fondateurs ceux qui prennent l'initiative de la fondation et qui concourent activement à la création de la société.

Condition de la société en formation : elle ne possède pas encore la personnalité morale, et ne peut donc contracter aucune obligation. D'où deux hypothèses :

• **la société n'est pas constituée :** les frais engagés et les obligations contractées restent à la charge des fondateurs ;

• **la société est constituée :** les frais de constitution et les obligations assumées sont à la charge de la société, si elle les reprend à son compte après avoir été régulièrement constituée.

La société peut être constituée avec ou sans offre au public. La constitution *ab initio* avec offre au public est extrêmement rare. Le plus souvent, la société se constitue sous forme de société fermée, puis propose dans un second temps une offre de ses actions au public à travers une introduction en bourse.

S'agissant des sanctions des règles de constitution, ce sont celles qui sont communes à toutes les sociétés. V. *supra*.

Section 2 - La constitution avec offre au public

Définition : la notion d'appel public à l'épargne avait fait l'objet d'une redéfinition par la loi Breton du 26 juillet 2005 qui, en particulier, avait restreint le champ d'application de cette notion.

L'ordonnance du 22 janvier 2009 a finalement supprimé l'appel public à l'épargne pour la remplacer par celle d'« offre au public », fortement inspirée du concept européen. De cette manière, le droit français se rapproche de la conception européenne de la matière, connue des investisseurs étrangers.

L'AMF a vocation à surveiller les sociétés recourant à l'offre au public.

Il est à noter qu'il est rare que la société se constitue *ab initio* avec une offre au public.

§ 1 - La notion d'offre au public

L'article L. 411-1 nouv. du Code monétaire et financier décide que l'offre au public de titres financiers est constituée par l'une des opérations suivantes :

« *1. Une communication adressée sous quelque forme et par quelque moyen que ce soit à des personnes et présentant une information suffisante sur les conditions de l'offre et sur les titres à offrir, de manière à mettre un investisseur en mesure de décider d'acheter ou de souscrire ces titres financiers ;*

2. Un placement de titres financiers par des intermédiaires financiers. »

Ce nouveau dispositif est accompagné de dérogations posées par les articles L. 411-2, I et II et L. 411-3 nouv. du Code monétaire et financier, qui énoncent un certain nombre d'hypothèses où il n'y a pas d'offre au public.

Ces nombreuses dérogations ont comme dénominateur commun un montant inférieur à des seuils établis par l'AMF, lorsque l'offre au public s'adresse à des professionnels (investisseurs qualifiés, personnes fournissant des services d'investissement pour compte de tiers), ou enfin, lorsque l'offre de titres financiers est émise par des organismes publics (État membre de la Communauté européenne, Banque Centrale européenne, organisme international à caractère public).

Dès lors que l'entité procède à une offre au public, de titres financiers ou à une admission de titres financiers aux négociations sur un marché réglementé, la constitution va s'inscrire dans le temps, durer plusieurs mois et exiger de nombreuses opérations et procédures préalables.

§ 2 - Les formalités préalables

Celles-ci sont nombreuses et précisément réglementées. Cette exigence est la conséquence du recours au financement public.

I - L'information des souscripteurs

Les apporteurs de capitaux, ceux qui vont donc souscrire à l'offre au public, bénéficient d'une information renforcée :

- dépôt du projet de statuts au greffe du tribunal de commerce (C. com., art. L. 225-2, al. 1er). Toute personne peut consulter ce projet ;
- publication d'une notice au BALO, renseignant tout souscripteur sur les principales caractéristiques de la société ;
- obligation de reproduire les énonciations de cette notice dans les prospectus, circulaires, affiches… ;
- mise à la disposition du public d'une note d'information, le prospectus, soumis au visa de l'AMF.

II - La formation du capital social

L'ordonnance du 22 janvier 2009 a supprimé l'exigence d'un capital social de 225 000 €. Désormais, le capital social de toutes les sociétés anonymes, que celles-ci recourent ou non à l'offre au public, doit être au minimum de 37 000 € (C. com., art. L. 224-2 nouv.). Les clauses de variabilité du capital sont en principe interdites.

- Règle de fond : la souscription doit être intégrale.
- Règle de forme : la souscription doit être obligatoirement reçue sur un bulletin de souscription indiquant le nombre de titres souscrits, dont le souscripteur conserve une copie.
- Minimum de sept actionnaires.
- Constatation des souscriptions et des versements par un certificat du dépositaire (C. com., art. L. 225-6).

§ 3 - L'assemblée générale constitutive

La constitution définitive de la société anonyme est l'œuvre de l'assemblée constitutive.

I - La convocation de l'assemblée générale constitutive

Elle est convoquée par les fondateurs (C. com., art. L. 225-7, al. 1er), huit jours au moins à l'avance. Tout souscripteur peut participer à l'assemblée constitutive, quel que soit le nombre des actions.

Le quorum et la majorité sont ceux prévus pour les assemblées extraordinaires (C. com., art. L. 225-9, al. 2).

→ **Principe de proportionnalité :** chaque souscripteur dispose d'un nombre de voix proportionnel à la quotité de capital représentée par les actions qu'il a souscrites (C. com., art. L. 225-122).

II - Les pouvoirs de l'assemblée générale constitutive

• Elle constate la souscription intégrale du capital et la libération des actions du montant exigible ;

• elle approuve et adopte les statuts ;

• elle nomme les premiers organes de la société, les administrateurs ou les membres du conseil de surveillance ;

• elle nomme un ou plusieurs commissaires aux comptes ;

• elle approuve les actes accomplis durant la période de formation pour le compte de la société. L'immatriculation emportera leur reprise ;

• elle statue sur l'évaluation des apports en nature et l'octroi des avantages particuliers :

A - L'objet

• **Apports en nature** (v. *supra*) ;

• **avantages particuliers** : avantages concédés en contrepartie de services ou de biens non apportés juridiquement à la société et qui ne sont pas consentis à d'autres personnes dans les mêmes circonstances.

B - La procédure de vérification

• À la demande d'un ou plusieurs fondateurs, nomination en justice d'un ou plusieurs commissaires aux apports, chargés d'apprécier la valeur des apports et des avantages, par le président du tribunal de commerce ; le commissaire établit sous sa responsabilité un rapport sur l'évaluation des apports en nature. Il est civilement responsable des fautes qu'il peut commettre dans le cadre de sa mission.

• L'assemblée statue sur l'évaluation : ou elle l'approuve, ou elle la réduit à l'unanimité ; sinon la société n'est pas constituée. L'apporteur est exclu du vote.

Section 3 - La constitution sans offre au public

Les règles suivantes subsistent : dépôt des fonds versés pour les apports en numéraire, certificat de dépositaire, signature des statuts et état des actes accomplis, interdiction de retirer les fonds avant l'immatriculation au registre du commerce.

À noter que la formalité essentielle, dès lors que la société se constitue sans offre au public, est la signature des statuts, laquelle marque le point de départ de la société. En revanche, l'entité ne pourra jouir de la personnalité morale qu'à compter de son immatriculation au registre du commerce et des sociétés.

Le capital social minimum de 37 000 € doit être intégralement souscrit. Il doit y avoir un minimum de sept actionnaires parmi lesquels au moins une personne physique.

Le capital social divisé en actions. Le montant nominal est librement fixé par les statuts (C. com., art. L. 228-8).

La libération des actions en numéraire se fait lors de la souscription, de la moitié au moins de leur valeur nominale (C. com., art. L. 225-3, al. 1).

Formalités : ce sont les mêmes que pour toute société commerciale (enregistrement, dépôt au greffe des statuts, immatriculation au registre du commerce et des sociétés, insertion au BODACC).

Chapitre 2
La vie de la société anonyme

L'essentiel

Caractéristique : *le fonctionnement de la société anonyme est strictement encadré par la loi, vérifiant à cet égard la conception institutionnelle de la société. Malgré des réalités économiques et humaines très différentes, ces règles sont en grande majorité les mêmes, que la société se constitue ou non avec offre au public. Néanmoins, la réflexion sur la gouvernance des entreprises cotées a contribué ces dernières années à insuffler des distinctions importantes entre les sociétés anonymes recourant aux marchés financiers pour se financer et celles qui n'y recourent pas. Concernant les sociétés cotées, le rôle de l'Autorité des marchés financiers est désormais central.*

Section 1 – L'administration et la direction de la société anonyme

L'histoire du droit des sociétés depuis 1867 est celle d'un dépouillement lent mais irrésistible des propriétaires, les associés ou actionnaires, au bénéfice des dirigeants dont les pouvoirs n'ont cessé d'augmenter.

Ce déplacement du centre de gravité du pouvoir des propriétaires vers les dirigeants, n'a pu être possible qu'autant qu'il s'est effectué dans le respect de trois principes fondateurs du droit des sociétés, le principe majoritaire qui gouverne l'élection des dirigeants, le respect de l'intérêt social dans la mesure où les pouvoirs accordés aux mandataires sociaux ne le sont qu'autant qu'ils sont exercés dans le seul intérêt collectif des actionnaires (l'abus de biens sociaux signant le détournement de pouvoir au bénéfice de quelques-uns), enfin, un principe de responsabilité qui doit permettre aux actionnaires de sanctionner les mandataires sociaux lorsque ceux-ci ont failli à leur mission.

Le droit des sociétés repose donc sur ces trois piliers, qui posent les bases du fonctionnement vertueux de l'entreprise. Malheureusement, force est de constater que certains principes de responsabilité sont longtemps restés lettre morte.

Des décisions récemment rendues par la Cour de cassation ont rendu aux principes de responsabilité, en particulier civile, pesant sur les administrateurs une certaine vitalité.

Il ne faudrait pas néanmoins que leur résurgence actuelle ne s'accompagne d'excès inverses.

La loi du 24 juillet 1966 a offert un choix entre deux formes de gestion, une gestion dite moniste avec conseil d'administration et une gestion dualiste, avec directoire et conseil de surveillance.

La loi NRE du 15 mai 2001, cherchant à permettre un meilleur équilibre des pouvoirs au sein de la société anonyme moniste, a complété ce choix en autorisant, au sein de cette société, la dissociation des fonctions de présidence et de direction générale. Par ailleurs, des recommandations édictées par des autorités de place, en particulier le Medef et l'Afep (Association française des entreprises privées) avec le Code Afep-Medef, précisent les règles de bonne gouvernance dans les sociétés cotées.

§ 1 - Le régime moniste et ses aménagements successifs par la loi

La société anonyme repose sur une organisation hiérarchisée et spécialisée des organes. À cet égard, l'organisation de la société anonyme est complexe et connaît bien plus de règles impératives de fonctionnement que la plupart des autres sociétés. Si le droit français refuse de distinguer les sociétés anonymes non cotées de celles dont les actions sont admises aux négociations, un corpus de règles propres aux conseils d'administration des sociétés cotées se dégage, contribuant à créer une véritable spécificité de gouvernance dans ces sociétés.

Enfin, le régime moniste est largement retenu, tout au moins par les grandes sociétés anonymes. Actuellement, parmi les entreprises du CAC 40, 34 sociétés sur 40 (soit 85 %) ont choisi une structure moniste, et 28 sociétés ont un président-directeur général.

I - Le conseil d'administration

Créé par la loi du 16 novembre 1940, le conseil d'administration est un organe collégial et intermittent. La conséquence essentielle, souvent mal comprise, est que ses administrateurs ne peuvent agir individuellement car ils n'ont, en dehors du conseil auquel ils appartiennent, aucun pouvoir.

→ **De l'*affectio societatis*** : organe collégial, le conseil d'administration confère à ses administrateurs des pouvoirs collectifs. Bien que nulle part énoncé, les membres du conseil d'administration doivent présenter un certain *affectio societatis* afin que la collégialité fonctionne avec efficacité.

Celui-ci est l'objet de beaucoup d'attention, en particulier sa composition, son fonctionnement et ses responsabilités.

A - La nomination et la cessation des fonctions des administrateurs

1. Les conditions de nomination des administrateurs

Les premiers administrateurs sont désignés par les statuts (trois ans au maximum) en cas de constitution sans offre au public, ou par l'assemblée constitutive (six ans au maximum) en cas d'offre au public.

Leurs mandats sont ensuite renouvelés par l'assemblée générale ordinaire.

Depuis la loi NRE, le conseil d'administration peut comprendre de **trois à dix-huit administrateurs** (au lieu de 24).

Ce chiffre peut être porté de manière exceptionnelle à 24 en cas de fusion, et cela pour une durée de 3 ans maximum. Les sociétés du CAC 40 ont une moyenne de 14 administrateurs, avec de fortes disparités allant de 24 administrateurs pour Le Crédit Agricole à seulement 8 administrateurs pour Michelin.

• Avant la loi de modernisation de l'économie du 4 août 2008, l'une des conditions de nomination était la qualité d'actionnaire et de propriétaire d'un nombre minimum d'actions librement fixé par les statuts.

Cette règle fondatrice, qui établissait un lien quasi dogmatique entre propriété et responsabilité, n'est plus exigée.

Seuls les statuts peuvent imposer que chaque administrateur soit propriétaire d'un nombre d'actions de la société, qu'ils déterminent (C. com., art. L. 225-25 al. 1er).

On peut douter de la pertinence de cet abandon, en particulier après la crise financière de 2008 qui a pu prouver, si besoin était, combien il est essentiel que les décideurs encourent les responsabilités patrimoniales de leurs décisions.

Lorsque les salariés actionnaires détiennent au moins 3 % du capital social, la société a l'obligation de nommer au conseil d'administration un ou plusieurs de leurs représentants en vertu de la loi de modernisation sociale du 17 janvier 2002.

• L'administrateur peut être une personne physique ou une personne morale, avec un représentant permanent. La durée du mandat ne peut excéder six ans depuis la loi Warsmann du 22 mars 2012 (C. com., art. L. 225-18 al. 1er).

Le code Afep-Medef, concernant les sociétés cotées, recommande que le mandat n'excède pas une durée de quatre ans afin que les actionnaires puissent se prononcer de façon fréquente sur le renouvellement des administrateurs. Cette recommandation n'est pas largement suivie, les administrateurs restant le plus souvent dix ans dans leur fonction.

• Un administrateur ne peut cumuler, tous mandats confondus, plus de cinq mandats d'administrateur ou de membre du conseil de surveillance (Loi 29 oct. 2002 et 1er août 2003). Cette règle est accompagnée d'une dérogation pour les groupes (un nombre illimité de mandats peut être exercé dans des sociétés contrôlées, cotées ou non).

• Le cumul des fonctions d'administrateur avec un contrat de travail : possibilités d'exercer des fonctions salariées (directeur technique ou commercial notamment) sous certaines conditions (à peine de nullité) :

- emploi effectif (C. com., art. L. 225-22) : contrat de travail sérieux et sincère ainsi qu'un lien de subordination avec la société ;
- contrat de travail antérieur à la nomination comme administrateur ;
- cumul limité au tiers des administrateurs en fonction (non compris les administrateurs représentant les actionnaires salariés) ;
- le nombre d'administrateurs liés à la société par un contrat de travail ne peut dépasser le tiers des administrateurs en fonction.

• L'administrateur ne doit pas être frappé d'une cause d'incompatibilité (fonctionnaires, parlementaires, membres du gouvernement) ou de déchéance (v. *infra*, Loi de sauvegarde).

2. De nouvelles catégories d'administrateurs ?

Certains administrateurs sont nommés au regard de considérations spécifiques, ce qui leur confère si ce n'est un rôle différent, tout au moins une posture particulière. Bien que soumis aux principes communs imposés à tout administrateur, en particulier celui d'agir dans le seul intérêt de la société, ils présentent un certain tropisme.

a. L'administrateur salarié

Jusqu'alors facultative depuis une ordonnance de 1986, les statuts pouvant prévoir que figurent au conseil d'administration des administrateurs élus par les salariés, la loi du 14 juin 2013 de sécurisation de l'emploi, reprenant une proposition du rapport Gallois, rend désormais obligatoire la présence d'administrateurs représentant les salariés dans les entreprises de grande taille. La loi pose ainsi deux critères, les entreprises qui emploient au moins 5 000 salariés permanents dans la société et ses filiales, directes ou indirectes, dont le siège est en France, et les entreprises employant au moins 10 000 salariés, toutes filiales comprises en France et à l'étranger. Dès lors qu'une société remplit l'une de ces conditions, elle devra insérer dans ses statuts une clause concernant la présence d'administrateurs au sein du conseil représentant les salariés. Ils devront être un ou deux, selon la taille du conseil. Le législateur propose plusieurs modes de désignation (les salariés, le comité du groupe, l'organisation syndicale majoritaire, par un mode mixte s'il y a deux administrateurs).

Cette réforme, qui tente d'imposer une collaboration entre le capital et le travail au sein du conseil d'administration, a une valeur essentiellement symbolique dans la mesure où elle ne concerne que quelques entreprises (seules sont visées celles du CAC 40, et dans cette catégorie, toutes ne répondent pas aux critères législatifs).

Ce texte s'inscrit dans la construction d'une approche de gouvernance pérenne à l'échelle européenne. Il soulève néanmoins de nombreuses interrogations : quelle sera l'efficacité de ce nouveau dispositif dans un écosystème traditionnellement hostile à la collaboration du travail et du capital ? Cette présence obligatoire de salariés ne risque-t-elle pas d'amener les conseils à mettre en place des stratégies d'évitement afin d'écarter ces nouveaux venus ?

Surtout, quels intérêts ces administrateurs défendront-ils en pratique, celui de la société ou celui des salariés ? Le versement d'un jeton de présence ne risque-t-il pas d'être source de conflits d'intérêts dès lors qu'il devient une source non négligeable de revenus pour le salarié ? Sauf à ne pas rémunérer l'administrateur salarié, ce qui n'est pas la voie retenue, comment s'assurer que celui-ci défende les intérêts des salariés qu'il représente ?

b. L'administrateur indépendant

Dans le cadre de la réflexion sur le gouvernement d'entreprise, le droit français a importé la notion d'administrateur indépendant familière aux sociétés américaines. L'objectif est de doter les conseils d'administrateurs capables de s'opposer à l'omnipotence de certains présidents, et d'apporter un regard différent. Notion peu claire, il se définit comme la « *personne qui n'entretient aucune relation de quelque nature que ce soit avec la société, son groupe ou sa direction qui puisse compromettre l'exercice de sa liberté de jugement* » (rapport Bouton). Comme son nom l'indique, l'administrateur indépendant fait valoir son indépendance d'esprit et son indépendance financière.

Le Code Afep-Medef recommande que la part des administrateurs indépendants soit de la moitié des membres du conseil dans les sociétés cotées dont l'actionnariat est dispersé. Certaines sociétés du CAC 40 n'hésitent pas à considérer que leur organe de contrôle est constitué à 100 % d'administrateurs indépendants.

c. L'administrateur référent

Inspiré par la pratique britannique du *lead director*, il s'agit là d'une nouvelle piste de réflexion visant à prévenir d'éventuels conflits d'intérêts, en particulier en cas de cumul des fonctions de président du conseil et de directeur général et ainsi instaurer un véritable contre pouvoir à l'omnipotence du PDG. On lui reconnaît un rôle de leader des administrateurs indépendants, et se voit attribuer plus de pouvoirs, en particulier celui d'inscrire à l'ordre du jour du conseil les sujets à débattre, de réunir les administrateurs en dehors de la présence de la direction générale, voire de procéder aux démarches pour remplacer le président-directeur général si celui-ci n'est pas à la hauteur.

L'AMF, dans son rapport annuel pour 2013, recommande que les sociétés ayant décidé de créer une telle fonction organisent cette nouvelle fonction (statuts, règlement intérieur ?..) et reconnaissent à l'administrateur référent des pouvoirs adaptés à ses missions, que cet administrateur soit totalement indépendant. Le concept est nouveau et mérite donc d'être précisé. 22,5 % des sociétés du CAC 40 ayant un PDG ont décidé de se doter d'un administrateur référent.

d. La femme administrateur

En réaction à une très faible représentativité historique des femmes dans les conseils d'administration, la France a finalement opté pour la voie législative afin de permettre la féminisation de ces organes. La loi Zimmermann-Copé du 27 janvier 2011 impose ainsi une représentation de 40 % de femmes dans les conseils d'administration des sociétés dont les actions sont admises aux négociations dans un délai de 6 ans à compter de la loi.

Au 31 décembre 2012, le ratio moyen des administrateurs de sexe féminin a progressé sensiblement puisqu'il est de 26,2 % pour les sociétés du CAC 40. Malgré de fortes disparités parmi ces sociétés, certaines enregistrent un taux de 50 % de féminisation du conseil (Publicis).

Malgré l'efficacité reconnue, l'établissement d'une politique de quotas a donné lieu à de vifs débats.

3. La cessation des fonctions des administrateurs

• La loi stipule que la durée maximale du mandat d'administrateur est de 6 ans. La plupart des sociétés du CAC 40 ont instauré une durée statutaire de 4 ans.

• **Révocation *ad nutum* :** séquelle de la conception de l'administrateur envisagé comme mandataire social, celui-ci est révocable *ad nutum* (sauf abus de droit, qui permettra le versement de dommages-intérêts mais non sa réintégration). Cette règle signifie qu'il peut être révoqué à tout moment par l'assemblée générale sans indemnité et sans qu'il soit nécessaire de donner un motif à cette révocation (C. com., art. L. 225-18, al. 2). L'assemblée peut statuer sur la révocation même si la question n'est pas portée à l'ordre du jour.

• **Règle d'ordre public :** toute disposition susceptible de porter atteinte directement ou indirectement au principe de la révocabilité *ad nutum* est nulle (*cf.* : parachutes dorés, désormais soumis au régime des conventions réglementées, et dont le versement est contraint par des exigences de performances, loi du 21 août 2007).

Une décision récente de la Chambre commerciale de la Cour de cassation du 14 mai 2013 semble pourtant infléchir ce principe, en décidant que « *la révocation d'un administrateur... n'est abusive que si elle a été décidée brutalement, sans respecter l'obligation de loyauté dans l'exercice du droit de révocation.* » La Cour de cassation précise que la révocation est abusive s'il n'est pas démontré que l'administrateur révoqué « *avait eu connaissance des motifs de sa révocation avant qu'il fût procédé au vote.* »

• **Autres causes :** les administrateurs sont soumis aux dispositions statutaires ou légales relatives à la limite d'âge, à la durée du mandat, au décès, à la transformation ou dissolution de la société, à la démission. Celle-ci peut être volontaire ou forcée. L'administrateur n'a pas à justifier sa démission. Acte unilatéral, il n'est pas nécessaire qu'elle soit acceptée par le conseil. Elle peut intervenir lorsque l'administrateur, en opposition forte avec la direction, souhaite dégager sa responsabilité et ne plus être associé aux décisions prises par le conseil d'administration.

B – Les missions du conseil d'administration

• **Deux principes essentiels** : le conseil d'administration est un **organe intermittent**, soumis au principe délibératif. Cela signifie que les administrateurs n'ont de pouvoirs qu'autant qu'ils sont réunis en conseil.

Par ailleurs, les administrateurs ne doivent en principe pas représenter les intérêts de certains actionnaires. Nommés à la majorité et non selon un principe de proportionnalité, ils doivent défendre **l'intérêt social** et agir dans l'intérêt de la société.

• **Quorum** : il ne peut délibérer valablement que si la moitié au moins de ses membres est présente. Toute clause contraire est réputée non écrite (C. com., art. L. 225-37, al. 1er).

• **Vote** : celui-ci se fait par tête, à la majorité simple des membres présents ou représentés, à moins que les statuts n'exigent une majorité renforcée (C. com., art. L. 225-37, al. 2). Le procès-verbal indique les personnes présentes, absentes et le contenu des délibérations. Il constitue un document essentiel, en particulier si un administrateur souhaite écarter sa responsabilité en s'opposant à une décision (veto).

Les différentes missions assignées aux administrateurs doivent être exercées de façon assidue par les membres du conseil d'administration, qui ne peuvent se contenter de siéger passivement au sein d'un conseil au risque d'engager leur responsabilité civile. Une jurisprudence récente rendue dans l'affaire Crédit Martiniquais par la Chambre commerciale de la Cour de cassation le 30 mars 2010, a rappelé cette obligation en énonçant que « *commet une faute individuelle chacun des membres du conseil d'administration ou du directoire d'une société anonyme qui, par son action ou son abstention, participe à la prise d'une prise d'une décision fautive de cet organe.* » La Cour de cassation réaffirme par cette décision une conception orthodoxe du fonctionnement collégial du conseil, qui suppose que l'administrateur dans l'exercice de ses missions adopte une attitude active et impliquée.

Le conseil se voit attribuer différentes missions. De manière générale, les administrateurs ont un devoir de loyauté dégagé par la jurisprudence, tant envers leurs associés qu'à l'égard de la société.

1. Les missions générales

Le principe est que le conseil d'administration est un organe collégial, qui ne peut par conséquent exercer ses missions qu'autant qu'il est régulièrement réuni.

La loi NRE du 15 mai 2001 a redéfini l'ensemble des pouvoirs du conseil.

C. com., art. L. 225-35 : il définit les termes du pouvoir général attribué au conseil d'administration. Celui-ci dispose d'un pouvoir général d'orientation, d'évocation et de surveillance. Ainsi, le conseil d'administration « [...] *détermine les orientations de l'activité de la société et veille à leur mise en œuvre... Il se saisit de toute question intéressant la bonne marche de la société* [...] *le conseil d'administration procède aux contrôles et vérifications qu'il juge opportuns* ».

• Ces pouvoirs doivent être exercés sous réserve des pouvoirs expressément attribués par la loi aux assemblées d'actionnaires, et dans la limite de l'objet social (et de l'abus de droit, v. *infra*). Ainsi, il n'est pas autorisé à modifier les statuts.

• Cette triple mission exige un droit à l'information corollaire : la jurisprudence a reconnu un véritable droit individuel à l'information des administrateurs afin de pouvoir exercer efficacement leurs missions (arrêt *Cointreau*, 1990). Ce droit a été consacré par la loi NRE dans l'article L. 225-35, al. 3 du Code de commerce, qui fait peser le devoir de communication aux administrateurs de toutes les informations nécessaires pour remplir leur mission sur le président du conseil ou le directeur général de la société en cas de dissociation des fonctions.

2. Les missions particulières

À côté de cette triple mission majeure conférée au conseil d'administration, la loi lui reconnaît des attributions particulières. Ainsi, il nomme, révoque le président et le directeur général et fixe leur rémunération (C. com., art. L. 225-47). Il lui revient aussi de décider si le président cumulera ses fonctions avec celle de directeur général, ou au contraire, les dissociera. Il prend les mesures nécessaires au bon fonctionnement des assemblées d'actionnaires, en particulier détient le pouvoir essentiel de détermination de l'ordre du jour. Il dresse l'inventaire, le compte de résultat et le bilan, convoque l'assemblée générale ordinaire ou l'assemblée générale extraordinaire en cas de perte de la moitié du capital social, présente un rapport sur les rémunérations et avantages de toute nature versés à chaque mandataire social, enfin donne les autorisations accordées par a société (cautions, avals, garanties).

C – Les conventions entre la société et ses dirigeants

C. com., art. L. 225-38.

Certaines conventions passées entre la société et ses dirigeants peuvent générer des conflits d'intérêts. La loi organise ainsi un dispositif complexe visant à chasser les conflits les plus évidents.

Néanmoins, toutes les conventions ne sont pas concernées par cette procédure de contrôle.

D'une part, certaines conventions sont purement et simplement interdites car présentant un conflit évident. C'est le cas par exemple d'un cautionnement ou un emprunt accordé par la société à un administrateur.

D'autres conventions dites « courantes » ne posent aucune difficulté et ne sont donc pas soumises à la procédure de contrôle. Intuitivement, on comprend que l'administrateur siégeant au conseil de Renault et achetant un véhicule Renault n'entre pas dans le champ de contrôle.

C'est donc la catégorie intermédiaire de conventions qui nécessite un contrôle spécifique. La loi NRE du 15 mai 2001 a ainsi renforcé le dispositif mis en place par la loi de 1966. L'ordonnance du 31 juillet 2014 relative au droit des sociétés modifie également le régime existant.

1. Les personnes concernées

Il s'agit des personnes à certaines conventions, intervenues :

– directement entre la société et son directeur général, l'un de ses directeurs généraux délégués, l'un de ses administrateurs, l'un de ses actionnaires ayant 10 % des droits de vote ou la société la contrôlant. La formule porte à interprétation tant la notion d'actionnaire est multiforme. Un actionnaire dépourvu du droit de vote entre-t-il dans cette catégorie ?

– indirectement, par l'entremise d'une entreprise.

2. Les opérations visées

Il faut distinguer trois séries d'opérations :

– opérations purement et simplement interdites, car ces conventions sont liées au crédit (C. com., art. L. 225-43) ;

– opérations échappant à la procédure de contrôle : il s'agit des « *opérations courantes et conclues à des conditions normales* » (C. com., art. 225-39), l'ordonnance du 31 juillet 2014 ajoute les conventions conclues avec des filiales directement ou indirectement détenues à 100 %. Il appartient au conseil d'administration de qualifier comme telle une telle convention ;

– opérations soumises à la procédure de contrôle des conventions réglementées : l'article L. 225-38 du Code de commerce soumet toutes les autres conventions à la procédure de contrôle.

3. La procédure de contrôle

Procédure désormais complexe, le contrôle des conventions réglementées s'opère selon une procédure constituée de 5 étapes :

1/ information du conseil d'administration par l'intéressé dès qu'il a connaissance de la convention ;

2/ autorisation préalable du conseil d'administration. L'ordonnance précise que l'autorisation préalable doit dorénavant être motivée « en justifiant de l'intérêt de la convention pour la société, notamment en précisant les conditions financières qui y sont rattachées ». L'intéressé ne peut prendre part au vote. En cas d'absence d'autorisation préalable, la convention peut être annulée si elle a eu des conséquences dommageables pour la société (C. com., art. L. 225-42) ;

3/ le président avise les commissaires aux comptes des conventions autorisées ;

4/ rapport spécial des commissaires à l'assemblée, indiquant les caractéristiques de la convention ;

5/ l'assemblée générale statue sur la convention (l'administrateur intéressé ne prend pas part au vote). Elle approuve la convention, ou n'approuve pas la convention. Celle-ci n'est pas nulle et produit ses effets à l'égard des tiers. Seules les conséquences préjudiciables à la société peuvent être mises à la charge de l'intéressé, et éventuellement des autres membres du conseil d'administration.

Depuis la loi du 26 juillet 2005 complétée par celle du 21 août 2007, les engagements pris par les sociétés anonymes cotées au profit de leur président, directeur général et directeur général délégué, consistant en des éléments de rémunération ou des indemnités dues à la cessation de leurs fonctions sont soumis au dispositif sur les conventions réglementées (C. com., art. L. 225-42-1). Les parachutes dorés dépendent également des performances de l'entreprise (L. 21 août 2007).

D - La rémunération des administrateurs

1. Une matière désormais délicate

Les fonctions d'administrateur peuvent être exercées gratuitement. Si cela est rare, une telle situation peut se rencontrer néanmoins dans les petites sociétés anonymes familiales.

Le Rapport *Sudreau* pour la réforme de l'entreprise remis en 1975 au Président de la République apporte un éclairage précieux sur la conception que se faisaient alors les auteurs sur la question de la rémunération des dirigeants sociaux. Il parle ainsi d'une « *rémunération convenable mais non excessive afin de permettre le recrutement au sein du conseil de personnes de valeur* ». Cette consigne insufflant un principe de modération semble incongrue si l'on en croit les dérives récentes générant une croisade menée depuis plusieurs années contre les rémunérations excessives.

Reste que la question de la rémunération des dirigeants est devenue une matière aussi sensible que controversée, en France mais également dans les autres économies de marché. La crise de 2008 a exacerbé les débats ; les excès dénoncés en particulier à Wall Street continuent de surprendre malgré la crise de 2008.

Le patron de la banque JP Morgan s'est ainsi vu attribuer une rémunération de plus de 20 millions de dollars, soit une augmentation de plus de 75 % de son salaire par rapport à l'année précédente alors que les bénéfices de la banque ont diminué de 16 %.

Cette matière, bien plus complexe qu'elle n'y paraît, fait ainsi l'objet d'un examen renforcé, et est soumise en France à des règles plus contraignantes que dans le passé.

a. Le principe de transparence

Celui-ci est récent, et apparaît avec la loi NRE de 2001.

Le traitement de la rémunération des administrateurs suppose que l'on fasse une distinction préalable entre les sociétés cotées et celles qui ne le sont pas.

D'une part, les rémunérations des dirigeants des sociétés dont les titres ne sont pas admis aux négociations demeurent moins importantes. Surtout, elles ne sont plus soumises à un principe de publicité depuis la loi de sécurité financière. La loi du 1er août 2003 a en effet restreint le champ de cette disposition aux seules sociétés cotées.

La loi Breton du 26 juillet 2005 exige des précisions et l'attestation des commissaires aux comptes.

Dans les sociétés cotées, les rémunérations sont établies sur proposition du comité de rémunération.

Le rapport du conseil d'administration à l'assemblée générale annuelle doit rendre compte de la rémunération totale et des avantages de toute nature versés, durant l'exercice, à chaque mandataire social. Le rapport de gestion doit préciser les éléments composant cette rémunération ainsi que les critères en vertu desquels ils ont été déterminés.

La pratique récemment intégrée dans notre ordre juridique du « *say on pay* » ajoute une nouvelle contrainte de légitimation des niveaux de rémunération.

b. Le « *Say on Pay* »

Cette pratique anglo-américaine est entrée dans le Code Afep Medef en 2013. Elle reconnaît aux actionnaires des sociétés cotées un droit de vote *a posteriori* sur les rémunérations accordées pour l'exercice écoulé lors de l'assemblée générale. Il s'agit d'un vote consultatif, qui ne remet pas en cause les rémunérations acquises. En cas de vote négatif, la société doit publier sur son site un « *communiqué mentionnant les suites que le conseil entend donner aux attentes exprimées par les actionnaires* ».

Ce mécanisme permet ainsi aux sociétés d'adopter une attitude plus pédagogique et transparente sur la question des rémunérations. C'est également un moyen d'exiger une meilleure performance des entreprises.

Les premières assemblées générales de 2014 appliquant ce nouveau principe ont donné des résultats très différents. Ainsi, alors que chez Bouygues, les actionnaires ont approuvé à 99,5 % les éléments de rémunérations des dirigeants, l'approbation a été plus réservée chez Renault, la rémunération de son président ayant reçu un vote positif de 64 %.

2. Les composantes de la rémunération des administrateurs

Le « **package** » des administrateurs de la société anonyme, en particulier lorsqu'elle est cotée, est de plus en plus complexe dans sa composition et donne lieu depuis quelques années à de vives critiques, en réponse à certains excès (stock-option, parachutes dorés…). On tente alors de justifier le montant des rémunérations, parfois important, par la rigueur du principe de révocation *ad nutum* auquel les administrateurs sont soumis. Il est certain que l'équilibre est difficile à atteindre et repose sur une appréciation casuistique délicate.

→ **Quelques chiffres** : pour l'année 2013, et selon les documents de référence fournis par chacune des 40 valeurs françaises, la rémunération moyenne des patrons du CAC 40 a été de 2,25 millions d'euros. L'enveloppe globale des rémunérations attribuées à ces patrons a été de 90 millions d'euros, soit un repli de 2,1 % par rapport à 2012 (2 840 000 euros).

Le spectre est large puisqu'il va de 4,5 millions d'euros (président du directoire de Publicis) à 450 000 euros (président-directeur général de EDF). Ce dernier montant tient compte de la consigne du gouvernement de diminuer les salaires des administrateurs des entreprises dont l'État est actionnaire minoritaire de 30 %, avec un plafond fixé en 2012 de 450 000 euros pour les patrons des entreprises publiques détenues à plus de 50 % par l'État.

L'un des garde-fous inspiré du droit américain est l'établissement d'un comité de rémunération dans les sociétés cotées. La difficulté se déplace alors sur le terrain des critères de performance retenus par le comité et leur mise en œuvre.

Les composantes de la rémunération sont nombreuses, ce qui rend l'ensemble complexe et la comparaison délicate.

a. Les jetons de présence

Le principe est que l'activité de l'administrateur doit être rémunérée par des jetons de présence (C. com., art. L. 225-44). Il s'agit d'un montant annuel fixé par l'assemblée générale. La répartition de cette somme globale entre les administrateurs est faite par le conseil d'administration.

b. Les rémunérations exceptionnelles

S'ajoute une possible rémunération exceptionnelle pour missions particulières (C. com., art. L. 225-46). Elle doit alors être soumise à la procédure des articles L. 225-38 et s. du Code de commerce sur les conventions réglementées.

c. Les stock-options et actions gratuites

Depuis la loi de finance du 30 décembre 2004, la société peut mettre en œuvre un plan de souscription ou d'achat d'actions ou d'attribution d'actions gratuites pour les dirigeants sociaux lorsque la société est cotée. Ces compléments de rémunération sont en disgrâce, le Code Afep Medef recommande que ces attributions d'options ou d'actions soient soumises à des conditions de performance sur une période de plusieurs années consécutives. Un mauvais usage des stocks est régulièrement dénoncé et elles sont strictement encadrées à travers leur fiscalité devenue coercitive avec la loi du 28 septembre 2012. On les tient en effet responsable d'une gestion court-termiste de l'entreprise. Certains dirigeants du CAC 40 ont même défendu leur suppression et quelques sociétés y ont renoncé (GDF Suez, L'Oréal, Danone).

d. La part variable

À la part fixe de la rémunération peut s'ajouter une part variable subordonnée à la réalisation d'objectifs définis par le conseil d'administration. Le Code Afep Medef invite les sociétés cotées à une grande transparence sur les critères permettant de déterminer le calcul de cette part complémentaire de rémunération.

e. Les indemnités de départ

La loi TEPA du 21 août 2007 a renforcé le dispositif juridique encadrant les indemnités de départ des dirigeants des sociétés cotées, suite à des dérives récentes (en particulier, indemnités de départ d'Antoine Zacharias, PDG de Vinci, octroyées dans des conditions dénoncées par la Cour de cassation le 16 mai 2012). Désormais, la loi subordonne le versement de ce complément de retraite au respect de conditions liées aux performances du dirigeant, appréciées au regard de celles de la société qu'il dirige. Aucun versement ne peut intervenir avant que le conseil d'administration ne constate le respect des conditions prévues.

Le Code Afep Medef ajoute une recommandation, en vertu de laquelle « *il n'est pas acceptable que des dirigeants dont l'entreprise est en situation d'échec ou qui sont eux-mêmes en situation d'échec la quittent avec des indemnités.* »

E - Les responsabilités

Outre la responsabilité fiscale, les mandataires sociaux encourent une triple responsabilité, à laquelle il faut ajouter, lorsque la société est cotée, une responsabilité dite « administrative » devant l'Autorité des marchés financiers, en cas de violation des dispositions de son Règlement général.

La responsabilité peut être civile, patrimoniale et pénale.

1. Les règles générales de la responsabilité civile

Après avoir longtemps été quasi lettre morte, la responsabilité civile des dirigeants sociaux a été réactivée par quelques décisions jurisprudentielles récentes (décisions *Sidel* de 2008, *Gaudriot* et *Crédit Martiniquais* de 2010), renforçant la pertinence du recours à la police d'assurance « responsabilité civile des mandataires sociaux » (ou police D&O). Ainsi, la décision *Gaudriot* (Com. 9 mars 2010) énonce que la mise en œuvre de la responsabilité civile des dirigeants à l'égard des actionnaires n'est pas soumise à la preuve du caractère détachable de la faute imputée aux dirigeants, faisant ainsi tomber le bouclier de responsabilité représentée par la personne morale. Quant à la décision Crédit Martiniquais (Com. 31 mars 2010), elle pose une présomption simple de faute individuelle de l'administrateur, qui par son action ou son abstention, participe à la prise de décision fautive, opérant ainsi un renversement de la charge de la preuve de la faute.

• Le principe général est celui de la responsabilité individuelle et solidaire des administrateurs (C. com., art. L. 225-251 et s.). La responsabilité civile encourue par les administrateurs reprend les éléments classiques de la responsabilité civile de droit commun, c'est-à-dire la faute, le préjudice et lien de causalité. L'article L. 225-251 du Code de commerce énumère trois séries de fautes qui peuvent être reprochées aux administrateurs, les infractions aux dispositions légales ou réglementaires, la violation des statuts, et les fautes de gestion. Cette dernière catégorie est vaste et englobe différents comportements répréhensibles.

• La jurisprudence, sous l'influence du « *fiduciary duty* » de droit américain, qui se décline en « *duty of care* » et « *duty of loyalty* », a ainsi développé ces dernières années un devoir de loyauté des administrateurs envers leurs associés et de la société (décision *Vilgrain*, Com. 27 févr. 1996), lequel se combine avec l'obligation de discrétion à l'égard des informations confidentielles (sanctionnée en dernier ressort par le délit d'initié lorsque la société est cotée).

a. Responsabilité individuelle ou solidaire

La responsabilité sera individuelle lorsqu'une faute précise peut être imputée à un dirigeant déterminé. Elle peut être solidaire si plusieurs administrateurs sont condamnés à raison des mêmes faits ou qu'ils ont commis une faute commune, ou en cas de condamnation pénale de plusieurs administrateurs.

b. Action sociale et action individuelle

Ces deux actions en responsabilité civile doivent être clairement distinguées. Alors que l'action sociale répare le préjudice subi par la société, l'action individuelle vise à réparer le préjudice rencontré par les actionnaires ou un tiers du fait d'une faute commise par les dirigeants.

Pour que le préjudice subi par un actionnaire soit réparé, cela suppose que l'actionnaire rapporte la preuve d'un préjudice personnel, indépendant de celui qui a pu être subi par la société, direct et certain. Longtemps la Cour de cassation a considéré que le dommage subi par l'actionnaire n'était que le corollaire des pertes subies pas la société personne morale, et donc indirect, vidant ainsi de sa substance la portée de cette action civile.

Une évolution remarquable s'est dessinée avec la jurisprudence *Sidel* (CA Paris, 31 oct. 2008), qui a accueilli l'action en demande de réparation d'actionnaires, décidant qu'ils ont subi un « *préjudice direct et personnel, distinct de celui subi par la société* ». La difficulté se déplace alors sur le terrain de l'indemnisation, et plus particulièrement du calcul du quantum lorsque les victimes (actionnaires) sont nombreuses. En l'état actuel du droit positif, faute d'instruments plus opérants, les juges recourent à la perte de chance (d'effectuer un meilleur investissement) pour indemniser les investisseurs ayant subi un préjudice financier. Cette méthode aboutit le plus souvent à une indemnisation à la fois aléatoire et forfaitaire (10 euros/ action dans le cas du dossier *Sidel*). Une réflexion de place est engagée pour proposer un modèle substitutif d'indemnisation plus satisfaisant.

L'action sociale cherchant à réparer le préjudice subi par la société est en principe engagée par ses représentants par le biais de l'action sociale *ut universi*. Si les représentants ne peuvent ou ne veulent engager une telle action, le droit reconnaît aux actionnaires une telle faculté. Ils agiront alors au lieu et place des représentants à travers l'action sociale exercée *ut singuli*. Celle-ci peut être exercée par un actionnaire agissant individuellement ou par un groupe d'actionnaires représentant au moins 5 % du capital social. Dans les faits, elle est rarement exercée dans la mesure où, en cas de succès, les dommages-intérêts seront destinés à augmenter le patrimoine de la société tandis que les frais de la procédure auront été supportés par les actionnaires.

2. Les règles spéciales de responsabilité en cas de sauvegarde, de redressement ou de liquidation judiciaire

• **Conséquences de l'ouverture d'une procédure collective :** à compter du jugement d'ouverture de redressement ou de liquidation judiciaire, les administrateurs et dirigeants ne peuvent céder leurs actions.

• **Responsabilité dite « patrimoniale » :** l'article L. 651-2 du Code de commerce, modifié par l'ordonnance du 18 décembre 2008, énonce que lorsque la liquidation judiciaire de la société fait apparaître une insuffisance d'actif, le tribunal de commerce peut décider que les dirigeants, de droit ou de fait, ou certains d'entre eux seront responsables de tout ou partie du passif social, avec ou sans solidarité. Cette responsabilité atypique, construite sur la responsabilité civile, est redoutable pour les dirigeants qui peuvent se voir contraints de contribuer, sur leurs deniers personnels, à l'insuffisance d'actif. Surtout, elle confère au juge un pouvoir d'appréciation considérable, en particulier, au regard de l'assiette de l'insuffisance d'actif à la charge des dirigeants. Dans les cas les plus graves, les administrateurs s'exposent au risque de banqueroute (C. com., art. L. 654-1 s.).

• **Faillite personnelle :** elle est désormais facultative et prévus dans certains cas par la loi (C. com., art. L. 653-4 et 653-6). Le juge prononce le plus souvent une mesure plus limitée, l'interdiction de diriger, de gérer, d'administrer ou contrôler directement ou indirectement toute entreprise commerciale ou artisanale et toute personne morale.

3. La responsabilité pénale

Les infractions de droit commun prévues par le Code pénal ont vocation à s'appliquer à l'encontre des dirigeants déviants (faux et usage de faux, escroquerie, abus de confiance...). Ces textes insuffisants sont désormais complétés par un véritable droit pénal des sociétés, à tel point que l'on a pu dénoncer le caractère tentaculaire de ces textes répressifs (Rapport Coulon, qui préconise une véritable dépénalisation de la vie des affaires, 2008).

Ainsi, malgré une volonté affichée de tendre vers un recul de l'appareil répressif, de nombreuses infractions sont mises à la charge des administrateurs de sociétés :

– distribution de dividendes fictifs ; présentation de bilan inexact ; abus de confiance... ;

– abus de biens sociaux (C. com., art. L. 242-6-3 °) : il s'agit de l'infraction la plus fréquente en droit des sociétés. Elle résulte de l'usage contraire à l'intérêt social de la société, de mauvaise foi, des biens ou du crédit de la société, à des fins personnelles ou pour favoriser un tiers. L'usage peut résulter d'une action ou d'une abstention. La contrariété à l'intérêt social est librement appréciée par le juge. Le point de controverse le plus aigu porte sur la question du point de départ de la prescription. La Chambre criminelle de la Cour de cassation (Crim., 27 juin 2001) considère que « *la prescription de l'action publique du chef d'abus de biens sociaux court, sauf dissimulation, à compter de la présentation des comptes annuels pour lesquels les dépenses litigieuses sont mises indûment à la charge de la société.* ».

→ **Responsabilité pénale du chef d'entreprise :** le chef d'entreprise, notion nulle part définie, désigne la personne responsable au sein de la société d'un certain nombre (croissant) de réglementations (droit du travail, hygiène et sécurité, discrimination, harcèlement). Dans la société anonyme classique, le chef d'entreprise est le directeur général. Cette responsabilité multiforme est lourde et fait peser des risques majeurs. Le dirigeant devra aussi recourir à la délégation de pouvoirs afin de mettre en place un bouclier de responsabilité, permettant de transférer la responsabilité pénale du « délégant-chef d'entreprise » au délégataire. La mise en place des délégations peut même être une exigence (la Cour de cassation a pu décider que l'absence de délégation, compte tenu de la structure de l'entreprise en l'espèce, constituait une circonstance aggravante de responsabilité pénale du dirigeant – Com. 28 févr. 1995).

II – Les organes de direction

À côté du conseil d'administration, organe collégial et intermittent, la société anonyme repose sur l'existence d'organes de direction qui en assurent de façon permanente le bon fonctionnement.

La loi du 15 mai 2001 permet au conseil d'administration d'opter entre la dissociation des fonctions de président du conseil d'administration et de directeur général ou le cumul des fonctions sur la tête du président du conseil d'administration (« PDG »). Cette faculté accordée au seul conseil d'administration a pour objectif de lutter contre une conception souvent autocratique du pouvoir. Ainsi, le passage d'un mode à l'autre ne s'analyse pas en une modification des statuts.

Les sociétés françaises demeurent attachées à la concentration des pouvoirs, la dissociation étant transitoire dans un contexte de succession. L'ancien PDG amorce de la sorte une sortie des affaires en douceur, tout en demeurant président du conseil et assurant la transition à l'héritier qu'il a choisi. De nombreuses sociétés importantes ont emprunté ce chemin (Vinci, L'Oréal, Total, Saint-Gobain, BNP Paribas).

A - Le président du conseil d'administration depuis la loi NRE

Celui-ci se voit reconnaître des prérogatives différentes selon le modèle d'exercice de la direction générale par le conseil d'administration.

1. La nomination et la cessation des fonctions

a. Les conditions de nomination

Il doit être une personne physique, être administrateur (C. com., art. L. 225-47) et ne pas cumuler cinq mandats de président. Enfin, il ne doit pas excéder la limite d'âge statutaire (ou 65 ans). Il est rééligible.

Il est élu par le conseil d'administration pour une durée qui ne peut excéder celle de son mandat d'administrateur. Il est néanmoins rééligible.

b. La cessation des fonctions

• Elle intervient par l'arrivée du terme de son mandat, la démission, le décès ou l'atteinte de la limite d'âge… ;

• La révocation *ad nutum* (C. com., art. L. 225-47, al. 3) : celle-ci peut être le fait de l'assemblée générale au titre de sa qualité d'administrateur, soit par le conseil d'administration en sa qualité de président.

2. Les attributions

Celles-ci dépendent de la formule retenue par le conseil d'administration, cumul des fonctions ou dissociation.

a. Le cumul des fonctions ou le « PDG de droit divin »

Dans cette hypothèse, la plus ancienne, le président du conseil cumulent également les fonctions de direction générale. Le président est alors « *investi des pouvoirs les plus étendus pour agir en toutes circonstances au nom de la société* » (C. com., art. L. 225-56-I, al. 1er). Il assume la direction générale de la société (organe d'exécution) dans la limite de l'objet social et sous réserve des pouvoirs expressément attribués par la loi aux assemblées d'actionnaires et au conseil d'administration. Enfin, il représente la société dans ses rapports avec les tiers.

Indépendamment de la formule retenue :

– le président engage la société à l'égard des tiers même au-delà de l'objet social.

– il peut exercer une fonction salariée accessoire aux mêmes conditions qu'un administrateur quelconque (v. *supra*).

b. La présidence dissociée

Cette faculté de dissociation, introduite dans notre droit par la loi NRE, cherche à établir un système plus équilibré des pouvoirs. Le président est ainsi privé des pouvoirs de direction générale. L'article L. 225-51 du Code de commerce précise son rôle : il organise et dirige les travaux du conseil, convoque le conseil, fixe l'ordre du jour. Il veille au bon fonctionnement des organes de la société, et en particulier, il doit s'assurer que les administrateurs peuvent exercer leurs missions. Dans les sociétés faisant une offre au public, il rend compte dans un rapport des conditions de préparation et d'organisation des travaux du conseil ainsi que les procédures de contrôle internes. Lors des assemblées générales, il préside l'audience, exerce les pouvoirs en blanc.

3. Les responsabilités

• **Situation juridique** : le président n'est pas commerçant.

• **Responsabilités civile, pénale, administrative et patrimoniale** : le président encourt les mêmes responsabilités que celles des administrateurs. En cas de présidence dissociée, les responsabilités pèsent en grande partie sur le directeur général.

B - Le directeur général

La loi du 15 mai 2001 a transféré au directeur général les pouvoirs de direction générale et fait donc de lui l'homme fort de l'entreprise.

1. La nomination et la cessation des fonctions

a. Les conditions de nomination

Le directeur général doit être nommé par le conseil d'administration (C. com., art. L. 225-51-1, al. 1er). Il peut être choisi parmi les administrateurs ou en dehors d'eux. Il peut être actionnaire ou non. S'il n'est pas administrateur, il peut cumuler son mandat avec un contrat de travail, si les conditions requises sont observées.

b. La cessation des fonctions

Les causes sont la limite d'âge et la survenance d'une incompatibilité ou d'une déchéance. Il peut être révoqué à tout moment par le conseil d'administration. Si elle intervient sans juste motif, elle peut donner lieu à des dommages-intérêts (C. com., art. L. 225-55, al. 1er). Néanmoins, la révocation demeure *ad nutum* lorsque le directeur général est également président du conseil d'administration.

2. Les prérogatives

Le directeur général, dont la nomination est obligatoire, est devenu l'organe social central de la société anonyme moniste. Il est doté de pouvoirs légaux et assume sous sa responsabilité la direction générale de la société. Il la représente dans ses rapports avec les tiers et « *est investi des pouvoirs les plus étendus pour agir en toutes circonstances au nom de la société* » (C. com., art. L. 225-56-I, al. 1er).

L'omnipotence du directeur général ne rencontre comme seules limites que les pouvoirs légaux attribués aux autres organes, en particulier l'assemblée des actionnaires, le conseil d'administration, le président, ou les limitations prévues par les statuts. Enfin, il ne peut agir que dans la limite de l'objet social. Dans le cas où il dépassait ce cadre, il engagerait sa responsabilité vis-à-vis de la société.

En revanche, dans les rapports avec les tiers, la société demeure engagée même pour les actes ne relevant pas de l'objet social. Mesure protectrice, cette règle tombe si la société rapporte la preuve que le tiers savait ou ne pouvait ignorer le dépassement de l'objet social.

3. Les responsabilités

Le directeur général encourt les mêmes responsabilités civile, pénale, administrative et patrimoniale que les administrateurs. Néanmoins, il est bien plus exposé qu'eux, en particulier parce que son rôle est permanent et non collégial, à la différence des missions remplies par les administrateurs. Il est également tenu à un devoir de loyauté vis-à-vis de ses actionnaires.

C - Les comités d'études et de direction

Dans les sociétés dont les titres sont admis aux négociations, on assiste à la multiplication de comités sous la pression des réflexions sur le « gouvernement d'entreprise ». Ces comités, comité d'audit, de rémunération, de stratégie sont placés sous la dépendance totale du conseil d'administration. Seul le conseil peut décider la création de tels comités, dont il fixe la composition, la mission et la rémunération de ses membres. Ils ne peuvent empiéter sur les pouvoirs des organes de la société. Ce sont de simples organismes consultatifs, émanant du conseil d'administration, dont la fonction est de préparer les travaux du conseil.

Ils n'ont ainsi aucun pouvoir propre et n'encourent en principe aucune responsabilité au titre des missions attachées à l'appartenance d'un comité. Néanmoins, les administrateurs siégeant au sein de tels comités se voient reconnaître une rémunération supplémentaire. La question d'une responsabilité corollaire pourrait alors se dessiner.

§ 2 - Le régime dualiste et ses aménagements successifs par la loi

Le régime dualiste a été introduit dans notre ordre juridique par la loi du 24 juillet 1966, suivant en cela l'exemple allemand qui connaît depuis 1937 une répartition des pouvoirs entre le *Vorstand* (directoire) et l'*Aufsichtsrat* (conseil de surveillance).

En 1966 et avant que la loi NRE n'introduise une dissociation des fonctions de direction, cette modalité d'exercice du pouvoir cherchait à lutter contre une concentration déjà dénoncée des pouvoirs.

Le régime dualiste se caractérise par une **concentration des pouvoirs** d'administration et de direction en seul organe, le **directoire**. L'autre organe est exclusivement chargé de contrôler le directoire, d'où son nom de **conseil de surveillance**.

Facultatif, le régime dualiste peut être adopté ou abandonné à tout moment de la vie de la société. Néanmoins, le passage d'une formule à l'autre s'analyse en une modification des statuts, et en cela, est plus exigeant que le passage d'une direction associée ou dissociée de la formule moniste. En tout état de cause, cette forme concurrente d'exercice du pouvoir dans la société anonyme n'a jamais rencontré le succès escompté, et ce, pour les raisons évoquées lors de la direction dissociée, un fort attachement des patrons français à une concentration des pouvoirs. Le plus souvent, ce modèle est retenu pour assurer une succession, permettant ainsi à l'ancien PDG de garder des fonctions en qualité de membre du conseil de surveillance, voire de directeur au sein du directoire.

I - Le directoire

Composition : cinq membres au plus, ou de sept membres dans les sociétés cotées, (C. com., art. L. 225-58, al. 1er), le directoire est un organe collégial.

Dans les sociétés anonymes dont le capital social est inférieur à 150 000 €, les fonctions dévolues au directoire peuvent être exercées par une seule personne physique, le directeur général unique.

A - La nomination et la révocation des membres du directoire

1. La nomination

Les membres du directoire sont nommés par le **conseil de surveillance** pour une durée de 2 à 6 ans, en fonction des dispositions statutaires, de 4 ans à défaut de telles dispositions (C. com., art. L. 225-62). Il est rééligible. Le conseil de surveillance confère à l'un d'entre eux la qualité de président.

Le directeur doit être une **personne physique**, ne pas cumuler **plus d'un mandat de membre du directoire**, ne pas excéder la limite d'âge statutaire (ou 65 ans). Il peut ne pas être actionnaire. Tout salarié peut être nommé au directoire et tout membre du directoire peut devenir salarié (C. com., art. L. 225-61). Aucun membre du conseil de surveillance ne peut faire partie du directoire.

2. La révocation

Depuis la loi NRE, les membres du directoire peuvent être révoqués par **l'assemblée générale**, ou par le conseil de surveillance **si les statuts le prévoient** (C. com., art. L. 225-61, al. 1er). Elle est libre mais si elle intervient sans juste motif, il y aura octroi de dommages-intérêts mais pas réintégration. La notion de juste motif s'apprécie de la même manière que dans les sociétés en nom collectif et les SARL.

B - La rémunération des membres du directoire

Elle est fixée par le conseil de surveillance, ce qui constitue un pouvoir substantiel de ce dernier. Depuis la loi NRE, lorsque la société est cotée, le rapport annuel doit rendre compte de ces rémunérations et des avantages en nature (C. com., art. L. 225-102-1, al. 1er). Les parachutes dorés sont soumis à la procédure des conventions réglementées de la même manière qu'en ce qui concerne les administrateurs, et sont ainsi accordés au regard des performances de la société (C. com., art. L. 225-90-1 nouv.). Sous réserve du principe de fixation des rémunérations attribué au conseil de surveillance, les règles disponibles pour les administrateurs en cette matière sont appliquées aux directeurs.

C - Le fonctionnement du directoire et ses attributions

L'article L. 225-64 du Code de commerce énonce dans son dernier alinéa que « *le directoire délibère et prend ses décisions dans les conditions fixées par les statuts.* » Il résulte donc une grande liberté concernant les modalités de fonctionnement du directoire.

1. Le pouvoir général

• Le directoire est investi des pouvoirs les plus étendus pour agir en toutes circonstances au nom de la société (C. com., art. L. 225-64, al. 1er), dans la limite de l'objet social et même au-delà, à l'égard des tiers. Ses pouvoirs sont donc les mêmes que ceux du directeur général de la société anonyme classique.

• Ces pouvoirs sont attribués sous réserve des pouvoirs expressément reconnus par la loi aux assemblées d'actionnaires et au conseil de surveillance.

2. Les attributions particulières

Le directoire se voit reconnaître des pouvoirs particuliers, telle que la convocation des assemblées générales, la fixation de l'ordre du jour, l'augmentation ou la réduction de capital sur délégation de l'assemblée générale extraordinaire, l'établissement du rapport de gestion.

3. Les pouvoirs exercés par le président du directoire

Il détient le pouvoir de représenter la société à l'égard des tiers, à moins que les statuts n'habilitent le conseil de surveillance à attribuer les mêmes pouvoirs à un ou plusieurs membres du directoire (C. com., art. L. 225-66).

D - Les conventions entre les membres du directoire (ou du conseil de surveillance) et la société

Elles sont soumises au même régime que celui établi pour les administrateurs, *mutatis mutandis* (ex. : autorisation du conseil de surveillance et non du conseil d'administration) (v. *supra*).

E - Les responsabilités

Les membres du directoire sont soumis aux mêmes responsabilités civile, pénale, administrative et patrimoniale que celles encourues par les administrateurs (v. *supra*).

II - Le conseil de surveillance

• **Composition :** organe collégial, il est composé de trois à dix-huit membres. Depuis la loi Breton, il est possible de participer et de voter par des moyens de visioconférence. La loi exige que soient nommés au conseil un ou plusieurs représentants des salariés actionnaires lorsque ceux-ci détiennent au moins 3 % du capital social (C. com., art. L. 225-71). Les statuts peuvent prévoir la nomination de membres du conseil de surveillance par les salariés.

• **Cumul :** une personne physique ne peut appartenir à plus de cinq conseils de surveillance simultanément.

A - La nomination et la cessation des fonctions des membres du conseil de surveillance

1. La nomination

Désignés dans les statuts, puis par l'assemblée générale ordinaire (C. com., art. L. 225-75), les membres du conseil de surveillance sont rééligibles. Le conseil de surveillance doit élire en son sein un président, personne physique, dont le rôle est limité.

Depuis la loi LME, la loi n'exige plus que les membres du conseil de surveillance soient actionnaires (sauf disposition contraire des statuts).

La loi du 14 juin 2013 prévoit la participation de représentants des salariés, avec voix délibérative, aux conseils de surveillance des grandes entreprises (10 000 salariés dans le monde ou 5 000 en France).

2. La cessation des fonctions

La durée des fonctions ne peut dépasser 3 ans pour les membres désignés statutairement et 6 ans pour ceux désignés par l'assemblée générale. Les fonctions prennent fin par l'arrivée du terme, le décès, la démission ou la révocation. Celle-ci se fait *ad nutum* par l'assemblée générale ordinaire (C. com., art. L. 225-75, al. 2).

B - Les rémunérations des membres du conseil de surveillance

Elles sont déterminées par le conseil en ce qui concerne le président du conseil. Des jetons de présence sont attribués aux membres du conseil de surveillance (l'assemblée générale détermine le montant global).

Les rémunérations exceptionnelles sont soumises à la procédure de contrôle des conventions réglementées (C. com., art. L. 225-84). Les différents éléments de rémunération sont soumis à une publicité (rapport de gestion soumis aux actionnaires : C. com., art. L. 225-102-1).

C - Les délibérations et attributions du conseil de surveillance

• **Quorum :** Le conseil de surveillance ne délibère que si la moitié au moins de ses membres sont présents.

• **Vote :** les décisions sont prises à la majorité des membres présents ou représentés.

1. Les pouvoirs généraux de contrôle permanent de la gestion de la société par le directoire

C. com., art. L. 225-68, al. 2.

Le conseil ne doit pas s'immiscer dans la gestion du directoire. En particulier, il n'a pas à se déterminer sur l'opportunité des actes de gestion pris par le directoire.

Afin de pouvoir exercer cette mission générale de contrôle, l'article L. 225-68 du Code de commerce met en place un dispositif détaillé des moyens accordés au conseil de surveillance.

2. Les pouvoirs particuliers

En plus de ce pouvoir général de contrôle, le conseil de surveillance dispose d'un certain nombre d'attributions : nomination des membres du directoire, pouvoir d'autorisation des opérations importantes (cession de participations, cautions, avals et garanties donnés par la société, procédure de contrôle des conventions passées entre la société et un membre du directoire ou du conseil de surveillance, C. com., art. L. 225-86 s.).

3. Le pouvoir de décision

Le déplacement du siège social dans le même département ou dans un département limitrophe.

D - Les responsabilités pour les fautes personnelles commises dans l'exécution du mandat

N'ayant pas la qualité de dirigeant de droit (Com. 12 juill. 2005), les membres du conseil de surveillance n'encourent, en principe, aucune responsabilité en raison d'actes de gestion (C. com., art. L. 225-257, al. 1er). Cette règle particulièrement protectrice sera en revanche écartée en cas d'immixtion dans la gestion, le membre du conseil de surveillance encourant le risque d'une requalification en dirigeant de fait par le juge, ce qui l'exposerait alors aux responsabilités encourues par tout dirigeant de droit.

Section 2 - Les organes de contrôle de la société anonyme

Principe : la surveillance de la gestion de la société anonyme revient en principe aux actionnaires réunis en assemblée. Ce contrôle se révèle insuffisant, pour de nombreuses raisons, tenant en particulier à la complexité croissante de la vie des affaires. La loi a institué d'autres organes de contrôle, les commissaires aux comptes et l'expert de gestion, le comité d'entreprise, ainsi que l'Autorité des marchés financiers lorsque la société fait une offre au public (v. *infra*).

§ 1 - Le commissaire aux comptes

Il consiste dans un contrôle exercé par une **autorité extérieure**.

La loi de 1966 puis celle du 1er mars 1984, qui s'efforce de **renforcer** leur compétence et **leur indépendance**, ont aménagé un **statut professionnel** des commissaires aux comptes (liste, compagnie régionale, discipline).

Les lois du 15 mai 2001 et du 1er août 2003 ont apporté des modifications importantes à l'organisation et au statut de la profession, pour en améliorer la surveillance et assurer le respect de la déontologie. Une ordonnance du 8 décembre 2008 a transposé la directive du 17 mai 2006 concernant le contrôle légal des comptes annuels.

Les commissaires aux comptes ne sont pas unis à la société par un lien contractuel. Les relations sont établies par la loi. **Le commissaire aux comptes est un organe social.**

→ **Organisation professionnelle :** la loi LSF du 1er août 2003 a institué un haut-commissariat aux comptes, le « H3C », autorité administrative indépendante dotée de la personnalité morale et ayant pour mission d'assurer la surveillance de la profession avec le concours de la Compagnie nationale des commissaires aux comptes (CNCC). Parmi ses missions, le H3C émet un avis sur les normes d'exercice professionnel.

I - La nomination et la cessation des fonctions

A - La nomination

Les commissaires aux comptes sont nommés par l'assemblée constitutive (si la société est constituée avec offre faite au public) ou les statuts (dans le cas contraire), puis par l'assemblée générale annuelle sur proposition du conseil d'administration ou de surveillance (C. com., art. L. 823-1). Ils sont nommés pour six exercices (C. com., art. L. 823-3, al. 1er). Toute société anonyme doit avoir au moins un commissaire aux comptes. Elle doit en avoir deux si elle publie des comptes consolidés.

B - La cessation des fonctions

En dehors de l'arrivée du terme et du non-renouvellement de son mandat, la mission du commissaire aux comptes cesse en cas de :

– **relevé des fonctions :** il ne peut résulter que d'une faute ou d'un empêchement. Faute : mauvaise exécution de la mission. Il est prononcé par le tribunal de commerce statuant en la forme des référés ;

– **révocation :** elle peut être exercée par les dirigeants, l'assemblée générale, un ou plusieurs actionnaires représentant au moins 5 % du capital social, une association d'actionnaires, le comité d'entreprise, le ministère public, et par l'AMF si la société fait une offre au public ;

– **récusation :** elle intervient si le commissaire aux comptes est soupçonné de manquer de compétence ou d'impartialité. Elle ne peut être prononcée que pour justes motifs, à la demande d'un ou plusieurs actionnaires représentant au moins 5 % du capital social, d'une association d'actionnaires (dans les sociétés cotées), du comité d'entreprise, du ministère public, ou de l'AMF si la société fait une offre au public.

II - La rémunération

Cette question est délicate dans la mesure où elle renvoie à celle de l'indépendance du commissaire vis-à-vis de la société qu'il est chargé de contrôler. En effet, la rémunération est toujours à la charge de la société.

La loi du 1er août 2003 a imposé que l'information sur le montant des honoraires versés à chacun des commissaires soit mise à la disposition des actionnaires (C. com., art. L. 820-3, al. 2).

III - Les attributions

A - La certification de la régularité et de la sincérité des comptes sociaux

Il doit contrôler et certifier les comptes annuels, qui doivent être réguliers et sincères, et donner une image fidèle du résultat des opérations de l'exercice écoulé (C. com., art. L 823-9, al. 1er). Dans l'hypothèse où la société établit des comptes consolidés, l'article L. 823-9, al. 2 du Code de commerce énonce que les commissaires aux comptes « *certifient* [...] *que les comptes sont réguliers et sincères et donnent une image fidèle du patrimoine, de la situation financière ainsi que du résultat de l'ensemble constitué des différentes entités.* »

- « Image fidèle » : elle n'est possible qu'autant que la comptabilité satisfait aux obligations de régularité et de sincérité ;
- « régularité » : « la conformité aux règles et procédures en vigueur » ;
- « sincérité » : « application de bonne foi de ces règles et procédures en fonction de la connaissance que les responsables des comptes doivent normalement avoir de la réalité et de l'importance des opérations, événements et situations ».

Cette mission est **permanente** et **exclut toute immixtion dans la gestion**, comme l'exprime très clairement l'article L. 823-10 du Code de commerce. Le commissaire peut certifier les comptes, certifier avec des réserves ou refuser la certification. Elle consiste donc en la vérification des principaux documents comptables.

L'importance de la tâche explique qu'il soit procédé par sondages (C. com., art. L. 823-16 1 °).

B - L'information

- **Des dirigeants** : les commissaires aux comptes doivent indiquer les contrôles opérés et les rectifications éventuelles, voire les inexactitudes qu'ils auraient découvertes. Ils doivent être convoqués à la réunion du conseil d'administration (ou du directoire et du conseil de surveillance).
- **Des actionnaires** : les commissaires aux comptes doivent être convoqués à toutes les assemblées (C. com., art. L. 823-17). Ils présentent leur rapport général qui relate leur mission de contrôle des comptes (C. com., art. L. 823-9) ainsi que divers rapports (rapport sur les conventions conclues entre la société et ses dirigeants lorsque la société fait une offre au public, rapport sur certaines opérations financières comme les augmentations de capital avec renonciation au droit préférentiel de souscription).

Leur rôle est aussi essentiel lorsque l'assemblée générale extraordinaire est amenée à prendre des décisions (établissement d'un rapport préalable).

C - L'alerte et la convocation de l'assemblée générale

La loi du 1er mars 1984 ajoute que le commissaire doit informer les dirigeants de « *tout fait de nature à compromettre la continuité de l'exploitation* » (C. com., art. L. 234-1) et les inviter à faire délibérer l'organe collégial sur ce ou ces faits. Si besoin est, le commissaire aux comptes peut même établir un rapport spécial, présenté à la prochaine assemblée générale. Le dispositif mis en place est lourd, consistant en plusieurs étapes. Ce n'est que si toute la procédure est menée à son terme que le président du tribunal de commerce pourra être saisi.

→ **Procureur de la République** : il a obligation de révéler tout fait délictueux dont il pourrait avoir connaissance (C. com., art. L. 225-240, al. 2).

Il revient également au commissaire aux comptes de provoquer **la convocation de l'assemblée générale**, en particulier en cas de perte de la moitié du capital social, facultatif dans les autres cas.

IV - Les responsabilités

- **La responsabilité civile (C. com., art. L. 822-17) :** les commissaires aux comptes sont responsables de leurs fautes et négligences :

- envers la société et les actionnaires ;
- envers les tiers, en application de l'article 1382 du Code civil. La faute doit être prouvée par le demandeur car l'obligation qui pèse sur le commissaire aux comptes est en principe de moyens (Com. 27 oct. 1992).

Néanmoins, une jurisprudence très ferme de la Cour de cassation rend les commissaires responsables lorsqu'ils ont sciemment certifié des comptes inexacts (Com. 17 déc. 2002). L'action en responsabilité se prescrit par 3 ans (C. com., art. L. 822-18).

• **La responsabilité pénale :** les commissaires aux comptes sont responsables en cas d'information mensongère sur la situation de la société (C. com., art. L. 820-7), en cas de non-révélation de faits délictueux, en cas de violation du secret professionnel (C. com., art. L. 820-5).

• **La responsabilité disciplinaire :** elle peut consister en un simple avertissement et aller jusqu'à la radiation (C. com., art. L. 822-8). Les peines sont prononcées par la commission régionale et sont susceptibles d'appel devant le Haut conseil du commissariat aux comptes.

• **La responsabilité administrative :** les commissaires aux comptes entrent dans le champ de surveillance de l'AMF puisque le Règlement général énonce qu'une sanction pécuniaire peut être prononcée à l'encontre de « toute personne » dès lors que l'information faite au public n'a pas répondu aux exigences de précision, d'exactitude ou de sincérité (Comm. sanctions AMF, 28 févr. 2008).

V - La responsabilité patrimoniale

En cas d'immixtion dans la gestion de la société, le commissaire aux comptes peut encourir la même responsabilité que les dirigeants et ainsi, se voir condamner à une action pour insuffisance d'actif s'il est démontré qu'une ou plusieurs fautes de gestion ont été à l'origine de l'insuffisance d'actif au moment de la liquidation de la société.

§ 2 - L'expert de gestion

La loi de 1966 a imaginé l'expertise de minorité permettant aux actionnaires minoritaires de demander la désignation d'un expert. L'expertise de l'article L. 225-231 du Code de commerce est devenue l'expertise de gestion, mesure d'information dans l'intérêt de l'entreprise et des tiers.

I - La nomination et la procédure d'expertise de gestion

A - La nomination

Elle se fait à la demande d'un ou plusieurs actionnaires représentant au moins 5 % du capital social (au lieu de 10 %), d'une association d'actionnaires de l'article L. 225-120 du Code de commerce, du comité d'entreprise, du ministère public, de l'AMF lorsque la société fait une offre au public.

B - La procédure d'expertise de gestion

Elle a été modifiée par la loi NRE. Désormais, il faut au préalable une question écrite posée au président du conseil d'administration ou du directoire portant sur une ou plusieurs opérations de gestion. La réponse est communiquée aux commissaires aux comptes. En cas de défaut de réponse dans un délai d'un mois ou de réponse insatisfaisante, demande en référé de la désignation d'un expert.

Si les minoritaires n'atteignent pas 5 % du capital social, ils peuvent demander la désignation d'un expert sur le fondement de l'article 145 du Code de procédure civile (expertise dite *in futurum*).

II - La mission

Si le président du tribunal fait droit à la demande, il détermine l'étendue exacte de la mission et les pouvoirs de l'expert (C. com., art. L. 225-231, al. 4). Cette mission peut porter que sur une ou plusieurs opérations de gestion déterminées, et ne peut donc avoir caractère général et porter sur l'ensemble de la gestion.

Le rapport de l'expert est communiqué au demandeur, au conseil d'administration (ou au directoire et au conseil de surveillance), au ministère public, au comité d'entreprise, au commissaire aux comptes, et à l'AMF si la société fait une offre au public. Il est annexé au rapport du commissaire aux comptes pour la prochaine assemblée générale ordinaire.

§ 3 - Le comité d'entreprise

I - Un organe pour les salariés

La question du rôle du comité d'entreprise soulève celle des rapports complexes entre le capital et le travail en droit français. Alors que l'Allemagne a imposé à partir de 1976 la présence d'un tiers de salariés, voire la moitié pour les grandes sociétés, dans les conseils de surveillance, notre environnement culturel et juridique fait preuve d'une certaine défiance à l'encontre des salariés. De sorte que l'on a toujours hésité entre l'idée de faire du comité d'entreprise un contrepoids au pouvoir des actionnaires et du conseil d'administration et celle de faire entrer plus de salariés dans les conseils d'administration, sans vraiment choisir.

Créé en 1946, le comité d'entreprise avait à l'origine vocation à être le conseil des salariés. Au fil du temps, le législateur a accordé aux salariés les moyens d'information nécessaire, contribuant ainsi à réduire le décalage d'influence qui séparait les actionnaires et les salariés, sans pour autant faire du comité d'entreprise un contre-pouvoir efficace au conseil d'administration.

II - Un organe de contrôle

Deux textes récents ont contribué à renforcer de manière substantielle le rôle du comité d'entreprise.

La loi NRE du 15 mai 2001 lui a reconnu des prérogatives importantes, en particulier la possibilité de demander en justice la désignation d'un mandataire chargé de convoquer l'assemblée générale en cas d'urgence ou encore demander l'inscription de projets de résolution à l'ordre du jour. Surtout, cette loi impose désormais qu'un certain nombre d'informations soit communiqué au comité d'entreprise, lui donnant ainsi les moyens d'une influence réelle. En particulier, il a droit aux mêmes informations que les actionnaires sur les états financiers et comptables de l'entreprise.

La loi de sécurisation de l'emploi du 14 juin 2013, outre qu'elle impose la présence de salariés au sein de conseil d'administration, prévoit que le comité d'entreprise soit désormais consulté tous les ans sur les « *orientations stratégiques* » de l'entreprise, quelle que soit la forme de la société.

Enfin, en cas d'offre publique, le dirigeant de la société cible doit immédiatement réunir le comité d'entreprise.

Section 3 - Les assemblées générales

§ 1 - La souveraineté des assemblées

• L'assemblée générale est, en principe, le « ***lieu d'exercice du pouvoir suprême*** » réunissant tous les associés ayant accepté de courir le risque social. C'est donc l'organe souverain, tout au moins en théorie, de la société anonyme. Il en résulte **une omnipotence de principe des assemblées**.

Néanmoins, cette souveraineté s'exerce dans la limite des autres pouvoirs légaux attribués aux organes de direction.

Cette omnipotence de principe a longtemps été mise à mal par la pratique. En particulier, le fort absentéisme des actionnaires observé dans les sociétés cotées modifie l'équilibre des pouvoirs au bénéfice des dirigeants exerçant les pouvoirs en blanc à leur bénéfice et entraînant ainsi un déplacement du centre de gravité du pouvoir. La démocratie actionnariale est-elle un mythe ?

Pourtant, depuis quelques années, l'assemblée générale redevient un moment et un lieu important de la vie de la société anonyme, en particulier cotée. Certaines assemblées laissent d'ailleurs un souvenir fort, telle que celle de Havas en 2005, à l'occasion de laquelle Vincent Bolloré, fort de 20 % du capital social, a pu exiger des postes d'administrateur et demander la démission du conseil et de son président.

• Un **exercice de communication** : les assemblées sont aujourd'hui un moment important de communication et de rencontre. Un effort substantiel a été mis en œuvre pour favoriser la participation des actionnaires, tant à l'échelle nationale qu'au niveau européen.

Les assemblées sont gouvernées par des dispositions générales, auxquelles s'ajoutent des considérations propres à chaque type d'assemblée selon qu'elle est ordinaire, extraordinaire ou mixte.

§ 2 - Les règles générales concernant toutes les assemblées générales

• **La collégialité** : avant de s'attacher aux règles plus techniques régissant les assemblées, elles sont toutes soumises à un double principe essentiel. D'une part, les décisions sont prises selon un principe de collégialité, ce qui présuppose un principe corollaire essentiel, celui de la délibération en vertu duquel, tout associé peut en principe donné son avis et poser des questions. La diffusion préalable des nombreuses informations aux actionnaires a pour objet l'exercice de ce droit essentiel de participation et l'organisation des débats.

• **Le principe de la majorité** : la nature institutionnelle de la société anonyme justifie que l'on abandonne le principe de l'unanimité, attaché à la nature contractuelle de la société, et que l'on soumette les décisions sociales de la société anonyme à la règle de la majorité. Ce principe s'impose par les exigences pratiques compte tenu du nombre parfois très élevé d'associés dans la société anonyme cotée.

La minorité doit donc se soumettre au vote majoritaire. Néanmoins, il existe une exception importante concernant l'augmentation des engagements des associés, qui ne peut être décidée qu'à l'unanimité.

I - La convocation et la tenue

A - La convocation

L'article L. 225-103 du Code de commerce met en place un dispositif complet de convocation de l'assemblée générale. Elle est effectuée par les fondateurs (assemblée constitutive) puis :

– par le conseil d'administration, le directoire ou le conseil de surveillance : assemblées ordinaire et extraordinaire ;

– à défaut par les commissaires aux comptes ;

– ou par un mandataire désigné en justice (C. com., art. L. 225-103-II, al. 2) : à la demande de tout intéressé en cas d'urgence, ou d'un ou plusieurs actionnaires réunissant au moins 1/5 du capital social, ou d'une association d'actionnaires. Dans ce cas, c'est l'ordonnance du tribunal nommant le mandataire de justice qui fixe l'ordre du jour (Com. 20 févr. 2007).

B - L'ordre du jour

Le pouvoir de déterminer l'ordre du jour est considérable. En effet, les débats portent en principe uniquement sur les questions inscrites à l'ordre du jour et l'assemblée ne peut délibérer sur une question qui n'a pas été fixée par l'ordre du jour. Il est établi par la convocation, qui est attributive de compétence (C. com., art. L. 225-105, al. 1er), et qui incombe au conseil d'administration ou au directoire. Toutefois, les actionnaires minoritaires, les associations d'actionnaires et le comité d'entreprise peuvent requérir l'inscription de projets de résolution à l'ordre du jour sous certaines conditions.

Ce principe de fixité de l'ordre du jour supporte une exception importante, la révocation *ad nutum*, ainsi l'usage d'une rubrique « questions diverses ».

II - La réglementation du droit de vote

A - L'admission à l'assemblée

Le droit de vote constitue la manifestation la plus évidente de la qualité d'associé. Tout actionnaire a ainsi le droit de participer aux décisions collectives (sauf modalités d'exercice propres à chaque assemblée).

Cette exigence est régulièrement rappelée par la Cour de cassation, à l'appui de l'article 1844 du Code civil : « *tout associé a le droit de participer aux décisions collectives et de voter et les statuts ne peuvent déroger à ces dispositions que dans les cas prévus dans la loi* ». Les statuts ne peuvent plus imposer que l'actionnaire possède un nombre minimum d'actions pour participer à l'assemblée.

1. Le principe proportionnel

L'article L. 225-122 du Code de commerce pose le principe de proportionnalité en vertu duquel « *le droit de vote attaché aux actions de capital ou de jouissance est proportionnel à la quotité de capital qu'elles représentent et chaque action donne droit à une voix au moins* ». Ce principe fait néanmoins l'objet de nombreuses dérogations (limitation statutaire du nombre de voix détenu par chaque actionnaire dans les assemblées, droit de vote double).

2. La représentation

Elle est possible (C. com., art. L. 225-106, al. 1 et 5), tout actionnaire peut se faire représenter.

3. Les pouvoirs en blanc

Les sociétés font adresser par les banques des mandats en blanc. Ceux-ci permettent d'atteindre le quorum exigé par la loi. Ils donnent au président un pouvoir considérable puisqu'il peut exercer le vote attaché à ces mandats dans le sens qu'il souhaite (C. com., art. L. 225-106, al. 6).

4. Le vote par correspondance

Dans le but de favoriser la participation des actionnaires aux assemblées. Tout actionnaire peut donc voter par correspondance, quelle que soit la nature de l'assemblée.

B - Les quorums et majorité

1. Le quorum

La loi du 26 juillet 2005 a abaissé les seuils de quorum afin de favoriser la tenue des assemblées. Pour les AGE, il est abaissé à 25 % sur première convocation, à 20 % sur seconde convocation (C. com., art. L. 225-96), pour les assemblées spéciales, le tiers et 20 % (C. com., art. L. 225-99), enfin pour les AGO, 20 % sur première convocation (C. com., art. L. 225-98) et aucun quorum sur seconde convocation.

Les statuts de sociétés ne faisant pas d'offre au public peuvent prévoir des quorums plus élevés.

2. La majorité

Pour les assemblées générales extraordinaires, la majorité est celle des 2/3 des voix dont disposent les actionnaires présents ou représentés ; pour les AGO, la majorité des voix suffit (C. com., art. L. 225-98, al. 3).

C - L'information des actionnaires

Ce droit est essentiel puisqu'il permet à l'actionnaire d'exercer ses droits et pouvoirs, en particulier le droit de vote, en connaissance de cause.

L'information des actionnaires est établie par la société, sous le contrôle de l'Autorité des marchés financiers lorsqu'elle l'émetteur fait une offre au public de ses titres. Le flux d'informations à destination des actionnaires n'a fait qu'augmenter ces dernières années, soumettant ainsi les émetteurs à des obligations de divulgation croissantes. Il n'est pas certain que trop d'informations contribuent à éclairer les investisseurs.

Il existe aujourd'hui deux catégories d'informations, selon la qualité du destinataire :

• **l'information de l'actionnaire**, due par toute société, qu'elle soit ou non cotée et qui consiste essentiellement dans l'obligation des dirigeants – les mandataires sociaux – de rendre compte de leur gestion à leurs mandants.

• **l'information de l'investisseur**, dès lors que la société est cotée. L'AMF veille à ce que l'information donnée au public soit « *exacte, précise et sincère* », et énonce par ailleurs que « *l'émetteur doit, dès que possible, porter à la connaissance du public tout fait important susceptible, s'il était connu, d'avoir une influence sensible sur le cours d'un instrument financier* », selon les termes de son Règlement général.

La difficulté actuelle est celle d'une inflation croissante tant de l'information, qui pose la question de sa qualité, que de sa complexité grandissante.

Cette inflation est source de nouvelles formes de responsabilités pour les dirigeants. À côté de cette distinction selon le destinataire de l'information, on identifie traditionnellement les informations suivantes.

1. L'information permanente

Tout actionnaire a droit à toute époque d'obtenir communication d'informations visées à l'article L. 225-115 du Code de commerce : inventaire, comptes annuels, comptes consolidés, rapports du conseil d'administration et du directoire, procès-verbaux, feuilles de présence des assemblées des trois derniers exercices, documents devant faire l'objet d'une communication temporaire [*supra*] et relatifs aux trois derniers exercices.

2. L'information occasionnelle

Il s'agit de l'information préalable à toute assemblée générale (liste des actionnaires, ordre du jour, projets de résolution, rapports des commissaires aux comptes...), dans le cadre de l'assemblée générale (comptes annuels, rapport de gestion, travaux du conseil et procédures de contrôle interne, rémunérations des dirigeants, conventions de C. com., art. L. 225-38) ;

3. L'information en cas d'opérations financières

Enfin, lorsque l'entreprise procède à des opérations sur son capital social, la société est tenue de communiquer un certain nombre d'informations, le plus souvent en collaboration avec les commissaires aux comptes. Lorsque la société est cotée, l'AMF a pour mission de veiller à l'exactitude de l'information remise par l'émetteur aux investisseurs, en particulier, au travers de la procédure du visa. L'information financière, que les sociétés cotées sont alors tenues de communiquer tant à leurs actionnaires qu'au marché, est devenue pléthorique et complexe, gouvernée par un souci parfois excessif de transparence.

Cette obligation d'information génère de nouvelles formes de responsabilités, en particulier pour les dirigeants mais aussi les commissaires aux comptes.

III - Les sanctions

À côté de l'injonction de faire, qui peut être prononcée par le Président du tribunal de commerce statuant en référé (C. com., art. L. 238-1), la sanction traditionnelle consiste en la nullité.

A - La nullité

Obligatoire : l'article L. 225-121 du Code de commerce prévoit des causes de nullité obligatoire pour certaines irrégularités, telle que celles relatives à la compétence, au quorum, à la majorité et à l'ordre du jour. La nullité sera également obligatoire en cas de carence du rapport du conseil d'administration ou du directoire, des commissaires aux comptes.

Facultative : l'article L. 225-121 du Code de commerce décide que l'assemblée « peut » être annulée en cas de non-respect des dispositions relatives au droit de communication de documents aux actionnaires.

B - Le régime de l'action en nullité

La prescription de l'action en nullité est de 3 ans à compter du jour où la nullité est encourue. Elle peut être couverte par la régularisation du vice avant le jugement. La nullité pour convocation irrégulière est irrecevable si tous les actionnaires étaient présents ou représentés.

§ 3 - L'assemblée générale ordinaire

I - La tenue

A - Le nombre d'assemblées générales ordinaires et sa convocation

• Cette assemblée doit être obligatoirement réunie au moins une fois par an, dans les six mois de la clôture de l'exercice (C. com., art. L. 225-100). Elle peut être convoquée extraordinairement, en cas de nécessité en cours d'exercice. La convocation émane du seul conseil d'administration et non de son président, du directoire ou du conseil de surveillance dans la structure dualiste.

• Le bureau : composé du président et de deux scrutateurs, le plus souvent les 2 premiers actionnaires de référence, le bureau veille au bon fonctionnement de l'assemblée. Il certifie l'exactitude de la feuille de présence. Son rôle et le flou entourant ses compétences exactes ont été mis en lumière lors de l'affaire *Eiffage*, le bureau ayant tenté de priver les actionnaires de leurs droits de vote pour défaut de notification de franchissement de seuils. La Cour de cassation a décidé qu'aucun texte n'attribue au bureau une telle faculté (Com. 15 mai 2012).

B - Le droit de vote

Il est en principe ouvert à tout actionnaire, sauf les précisions suivantes :

1. Le principe de proportionnalité

Jusqu'à la loi Florange du 29 mars 2014, le principe était que le droit de vote attaché aux actions était proportionnel à la quotité de capital représentée et chaque action donne droit à une voix au moins. La loi Florange a inversé le principe, les droits de vote double étant désormais de droit, sauf clause contraire des statuts (C. com., art. L. 225-123) dans les sociétés cotées. Le principe préexistant est en revanche maintenu dans les sociétés non cotées.

2. Les limitations statutaires

La loi permet que les statuts limitent le nombre de voix attribué à un seul actionnaire (C. com., art. L. 225-125). Cette faculté, rarement utilisée, a retrouvé une certaine vigueur dans les sociétés cotées en raison de son efficacité anti-OPA.

3. Le quorum et la majorité

- **Le quorum** : depuis la loi Breton du 26 juillet 2005, il est du cinquième des actions ayant le droit de vote (C. com., art. L. 225-98, al. 2) sur première convocation. Aucune exigence n'est posée sur seconde convocation ;
- **La majorité** : l'exercice du droit de vote se fait à la majorité absolue simple.

4. Les pouvoirs en blanc et votes par correspondance

Dans les sociétés importantes, l'actionnaire ne peut ou ne veut assister à l'assemblée. Les banques adressent aux actionnaires à la demande de la société une formule de procuration. La pratique des pouvoirs en blanc permet d'atteindre le quorum plus facilement. Le pouvoir en blanc attaché au vote attaché aux procurations est accordé au président de l'assemblée qui émettra un vote favorable aux résolutions proposées par les dirigeants.

Tout actionnaire peut néanmoins voter par correspondance, et ce quelle que soit la nature de l'assemblée. Le plus souvent, les sociétés importantes réunissent le vote par correspondance et le vote par procuration sur un document unique.

II - Les attributions

A - Le principe

L'assemblée générale ordinaire a compétence sur toutes questions excédant les pouvoirs du conseil d'administration ou du directoire et ne constituant pas une modification aux statuts (C. com., art. L. 225-98 al. 1).

B - Les modalités

Quatre sortes de délibérations sont essentiellement soumises à cette assemblée :

– le renouvellement des organes d'administration et de contrôle ;

– l'approbation des comptes ;

– l'approbation des conventions conclues entre la société et ses dirigeants (*supra*) ;

– l'affectation et la distribution du résultat : l'assemblée ne peut décider la distribution de dividende qu'après avoir approuvé les comptes de l'exercice écoulé et constaté l'existence de sommes distribuables (C. com., art. L. 232-12, al. 1er).

1. Dotation de la réserve légale

Elle représente 1/20 du bénéfice annuel jusqu'à ce qu'elle atteigne 1/10 du capital social. Elle constitue une garantie des créanciers de la société. Cette réserve légale ne saurait donc être distribuée aux actionnaires (dividendes fictifs – C. com., art. L. 232-12, al. 3).

2. Dotation des réserves extraordinaires (statutaires ou facultatives)

Les statuts peuvent prévoir des réserves supplémentaires. Dans la pratique, ces réserves sont rares.

3. Répartition des bénéfices proprement dits

Elle se fait dans l'ordre suivant :

- une fois l'approbation des comptes et l'attribution des différentes sommes évoquées (réserves...), et si les comptes font apparaître des bénéfices distribuables, l'assemblée a le choix entre mettre en réserve tout ou partie des bénéfices, ou les distribuer sous forme de dividende. Cette décision oppose souvent les actionnaires majoritaires aux minoritaires.
- actions de préférence : elles peuvent conférer des avantages financiers (C. com., art. L. 228-11). Les statuts peuvent ainsi prévoir que certaines actions de préférence conféreront à leurs titulaires un droit supérieur aux bénéfices s'ils justifient d'une inscription nominative pendant une durée déterminée (souvent deux ans), à concurrence de 0,5 % maximum du capital social ;
- solde (« super dividende ») réparti entre les actionnaires et, selon des modalités complexes, les salariés (réserve spéciale de participation prévue par l'ordonnance du 21 octobre 1986 : les droits des salariés sont calculés à la clôture de chaque exercice à partir du bénéfice fiscal réalisé en France).

4. Report à nouveau (à distinguer des réserves)

Il s'agit d'un solde disponible, s'ajoutant aux bénéfices de l'exercice suivant.

5. Paiement du dividende en actions

La société peut offrir à ses actionnaires la possibilité de percevoir leur dividende en numéraire ou sous forme d'actions nouvelles. Il doit être prévu par les statuts. La décision est de la compétence de l'Assemblée générale ordinaire.

6. Interdiction de distribuer des dividendes fictifs (C. com., art. L. 232-12)

La répétition des dividendes fictifs n'est pas admise, sauf contre les actionnaires de mauvaise foi ou si les dividendes ne sont pas conformes à la définition des bénéfices distribuables (C. com., art. L. 232-17).

7. Prescription quinquennale

Le dividende non réclamé se prescrit par cinq ans (C. civ., art. 2224 nouv.), au profit de l'État.

§ 4 - L'assemblée générale extraordinaire : les modifications statutaires

Attributions : « *L'assemblée générale extraordinaire est seule à modifier les statuts dans toutes leurs dispositions ; toute clause contraire est réputée non écrite.* » Les termes de l'article L. 225-96 du Code de commerce donnent la mesure de l'importance des pouvoirs attribués à cette assemblée.

Évolution : on observe ainsi une extension progressive des pouvoirs de l'assemblée générale extraordinaire, rappelant le caractère institutionnel de la société anonyme (en effet, la conception contractuelle de la société exigerait que seule l'unanimité puisse porter atteinte au pacte social).

I - La tenue et la délibération

A - Les membres de l'assemblée générale extraordinaire

Tous les actionnaires participent à cette assemblée.

B - Les quorums et majorité

• Le quorum a été abaissé par la loi Breton du 26 juillet 2005. Désormais, l'assemblée générale extraordinaire ne peut valablement délibérer que si le quart au moins des actions ayant le droit de vote sur première convocation, et le cinquième sur seconde convocation sont représentés. À défaut, l'assemblée peut être prorogée à une date postérieure de deux mois maximum, le quorum du 1/5 étant toujours exigé, entraînant ainsi un risque de blocage.

• La majorité est celle deux tiers des voix dont disposent les actionnaires présents ou représentés (C. com., art. L. 225-96, al. 3). Il en ressort que les actionnaires ayant la minorité de blocage disposent d'un pouvoir puissant.

II - Les attributions

Le principe est celui de la compétence de l'assemblée extraordinaire pour modifier les statuts.

A - Les exceptions légales

Exceptions légales :

• Interdiction de changer la nationalité de la société, à moins que le pays d'accueil ait conclu avec la France une convention (C. com., art. L. 225-97). À défaut, l'unanimité est exigée.

• Interdiction d'augmenter les engagements des actionnaires (C. com., art. L. 225-96, al. 1er) : cette interdiction signifie qu'aucune décision ne peut entraîner une aggravation de la dette contractée par les associés envers la société ou envers les tiers (décider la transformation de la SA en en société en nom collectif par exemple...) sans l'accord unanime de tous les associés.

B - Les exceptions résultant de principes généraux

Elles sont énoncées par la jurisprudence sous l'empire de la loi de 1867 :

– interdiction de prendre une délibération frauduleuse ;

– interdiction de porter atteinte à l'organisation légale de la société anonyme, et ainsi de porter atteinte aux pouvoirs accordés aux autres organes sociaux, tel que le conseil d'administration. Cette interdiction illustre le caractère institutionnel de cette société ;

– interdiction de porter atteinte aux « *droits propres* » des actionnaires (suppression du droit de vote, interdiction de céder ses actions...).

III – Les modifications du capital social

Les modifications portant sur le capital d'une société anonyme consistent soit en une augmentation soit en une réduction, et ne peuvent être décidées que par les actionnaires réunies en assemblée générale extraordinaire.

A – L'augmentation de capital

L'augmentation de capital, opération très fréquente dans la vie de la société anonyme qui a besoin de renforcer ses fonds propres, peut répondre à différents objectifs :

– développer la société ;

– faire face à une difficulté de trésorerie ;

– permettre l'entrée d'un nouvel associé ;

– permettre l'intéressement des salariés, par exemple par l'incorporation au capital de la réserve spéciale de participation. La loi sur l'épargne salariale du 19 février 2001 exige que l'AGE se prononce sur l'augmentation de capital réservée aux salariés ;

– diminuer le passif de la société par incorporation des créances au capital.

Cette matière a été profondément modifiée par l'ordonnance du 24 juin 2004. L'esprit général est de faciliter les augmentations de capital afin de permettre une meilleure adaptabilité aux évolutions du marché et aux exigences de la société. À l'égard de cette opération, il y a lieu de noter que l'assemblée générale a perdu certaines de ses prérogatives au profit des organes d'administration.

Le conseil d'administration ou le directoire doit indiquer dans son rapport les motifs de l'augmentation.

1. L'autorité qualifiée

L'assemblée générale extraordinaire est seule compétente pour décider de l'augmentation de capital. Toute décision prise en violation de ce principe serait nulle (C. com., art. L. 225-129, al. 1er et L. 225-149-3, al. 3).

→ **Délégations :** l'AGE peut consentir au conseil d'administration ou au directoire soit une **délégation de compétence**, qui permet à celui-ci de décider lui-même l'opération, soit une **délégation de pouvoirs**, en vertu de laquelle seront fixées les modalités de l'opération. L'ordonnance du 24 juin 2004 étend les facultés de délégation :

• **délégation de compétence** : l'AGE délègue au conseil d'administration (ou au directoire) sa compétence pour décider une augmentation de capital. Elle fixe le plafond global et la durée de la délégation, qui ne peut excéder 26 mois (C. com., art. L. 225-129-2, al. 1er) ;

• **délégation de pouvoirs** : l'assemblée décide l'augmentation et délègue au conseil d'administration (ou au directoire) les pouvoirs de fixer les modalités de l'émission de titres (C. com., art. L. 225-129-1). L'augmentation doit être en principe réalisée dans le délai de 5 ans à compter de la délégation.

2. Les modalités

Quelle que soit la modalité, il existe des règles communes à toutes les augmentations de capital :

– émission d'actions ordinaires ou d'actions de préférence ;

– majoration du montant nominal des titres de capital existants. Les titres nouveaux sont émis soit à leur montant nominal, soit à un montant majoré d'une prime d'émission (C. com., art. L. 225-128, al. 1er).

La prime d'émission a pour objet d'égaliser les droits des actionnaires anciens et nouveaux, puisque les nouveaux actionnaires bénéficient des droits sur les réserves déjà constituées. Cette prime doit être intégralement libérée lors de la souscription, sous peine de sanction pénale.

a. L'augmentation par apport en numéraire

C'est le procédé classique. Ce type d'augmentation permet à l'entreprise, lorsqu'elle est cotée, d'élargir son actionnariat. Dans tous les cas, elle va bénéficier de capitaux supplémentaires.

Le capital de la société doit avoir été intégralement libéré avant toute émission d'actions nouvelles à libérer en numéraire (C. com., art. L. 225-131, al. 1er).

• **Modalités :** elle consiste en l'émission de nouvelles actions contre souscription en espèces.

• **Droit des actionnaires :** les actionnaires existants bénéficient d'un **droit préférentiel de souscription obligatoire**, qui leur permet de sauvegarder les droits des actionnaires anciens.

Ce droit de souscription est d'ordre public (C. com., art. L. 228-95) et constitue un droit individuel de l'actionnaire. Une option est alors ouverte aux actionnaires : exercer leur droit préférentiel ou y renoncer avec faculté de négocier leur droit préférentiel. Les actionnaires peuvent y renoncer collectivement ou individuellement.

b. L'augmentation par incorporation des réserves de bénéfices ou de primes d'émission

D'où augmentation en proportion des droits des actionnaires :

– soit par remise d'actions gratuites ;

– soit par augmentation de la valeur nominale des titres.

Toutes les réserves comptabilisées peuvent être incorporées (réserves facultatives, statutaires, réserve légale à condition de la reconstituer).

c. L'augmentation par apport en nature

Il ne s'agit alors plus d'augmenter les capacités de financement mais de permettre l'entrée dans le patrimoine social d'un immeuble, d'un brevet, l'apporteur devenant actionnaire.

Il existe une procédure de vérification par les commissaires aux comptes analogues à celle prévue lors de la constitution (sauf en cas d'offre publique d'échange) (C. com., art. L. 225-147, al. 2).

Les actions d'apport en nature doivent être intégralement libérées dès leur émission (C. com., art. L. 225-147, al. 5).

Depuis l'ordonnance du 24 juin 2004, lorsque les titres sont admis sur un marché réglementé, l'assemblée générale extraordinaire peut déléguer les pouvoirs nécessaires afin de procéder à une augmentation de capital, dans la limite de 10 % de son capital. Cette autorisation ne peut excéder une durée de 26 mois.

d. L'augmentation de capital résultant de l'exercice des droits attachés aux valeurs mobilières donnant accès au capital

L'ordonnance du 24 juin 2004 a unifié la matière consistant en l'exercice des droits attachés aux valeurs mobilières donnant accès au capital (ORA, ABSA, BSA...).

Cette modalité d'augmentation de capital emporte renonciation d'office des actionnaires à leur droit préférentiel de souscription en cas de décision d'émettre de telles valeurs mobilières.

Cette augmentation de capital est plus simple puisqu'elle échappe aux contraintes liées aux formalités classiques. En réalité, le seul exercice des droits attachés aux valeurs mobilières réalise l'augmentation de capital. En conséquence, elle échappe aux formalités exigées pour les autres opérations (C. com., art. L. 225-149, al. 1er).

e. L'option de souscription ou d'achat d'actions au profit des salariés

Ou « *stock-options plans* ». Ces mécanismes, qui nous viennent du droit américain, ont été institués par la loi du 31 décembre 1970. Cette matière a donné lieu ces dernières années à de vives controverses. En réponse, la loi NRE du 15 mai 2001 a apporté quelques modifications. Néanmoins, l'attribution d'actions gratuites, introduite par la loi de finances du 30 décembre 2004 (*infra*), constitue une formule alternative très attractive. De plus, le mauvais usage des *stock-options* a été largement dénoncé. Le législateur a ainsi décidé d'en réduire l'intérêt en utilisant l'outil fiscal. Le régime fiscal se révèle bien moins avantageux depuis 2012.

1) Dispositif

Il permet à certains salariés, essentiellement des cadres dirigeants, de souscrire ou d'acheter des actions à des conditions avantageuses. Cette faculté permet d'aligner l'intérêt des dirigeants sur celui de la société.

2) Sociétés dont les actions sont concernées

• En principe, les actions d'une société sont souscrites ou achetées par les salariés de cette société. Toutefois, la loi autorise des souscriptions d'actions, sous certaines conditions, au profit des salariés d'une société filiale ou d'une société mère de la société émettrice.

• Transparence : la loi NRE impose que chaque année l'assemblée générale ordinaire soit informée dans un rapport spécial des plans d'options mis en œuvre.

3) Procédure

• le prix de souscription est fixé par le conseil d'administration ou par le directoire au jour de l'option. Par hypothèse, le cours est plus élevé au jour de la levée de l'option ;

• renonciation des actionnaires à leur droit de souscription dans l'autorisation d'augmentation ;

• augmentation de capital automatiquement réalisée par la levée de l'option ;

• le conseil ou le directoire peut interdire la revente immédiate des actions (pour des raisons fiscales essentiellement), sans que le délai ainsi imposé ne puisse excéder 3 ans à compter de la levée de l'option.

B - La réduction de capital

Cette opération doit être décidée également en assemblée générale extraordinaire puisqu'elle exige une modification des statuts. Les objectifs peuvent être variés :

– capital trop élevé ;

– la société a subi des pertes : la réduction de capital permet alors l'absorption des pertes

– elle peut faciliter la reprise de la distribution des dividendes lorsque la société après une période difficile, renoue avec les bénéfices ;

– elle peut constituer une opération préalable à une augmentation de capital ultérieure par émission d'actions nouvelles en numéraire. Il s'agit de la pratique dite du « coup d'accordéon », laquelle a pour objectif de permettre l'entrée d'un ou plusieurs actionnaires nouveaux ;

– enfin, la loi décide que la réduction du capital peut être imposée en cas de perte de moitié du capital social, si l'assemblée générale extraordinaire décide de ne pas dissoudre la société (C. com., art. L. 225-248).

1. L'autorité qualifiée

Seule l'assemblée générale extraordinaire est compétente. Elle peut déléguer au conseil d'administration ou au directoire tous pouvoirs pour la réaliser (C. com., art. L. 225-204, al. 1 et 3). Les commissaires aux comptes dressent un rapport, communiqué aux actionnaires.

2. Les droits des créanciers et des actionnaires

• Les créanciers antérieurs peuvent former une opposition qui, accueillie, entraîne remboursement des créances ou constitution de garanties suffisantes.

• La réduction de capital ne doit pas porter atteinte à l'égalité des actionnaires (C. com., art. L. 225-204, al. 1er).

3. Les modalités

• Soit diminution de la valeur nominale du titre ;

• soit diminution du nombre d'actions par remise d'une action en échange de plusieurs.

4. L'achat par la société de ses propres actions

Principe : cette opération fut longtemps interdite (C. com., art. L. 225-206). Néanmoins, le Rapport *Esambert* établi à la demande de la COB et rendu en 1998, a mis en exergue les nombreux avantages de cette opération (stabilisation de l'actionnariat, mesure anti-OPA...). Cette règle comporte de nombreuses exceptions, sous l'influence du droit américain. La loi du 2 juillet 1998 a donc favorisé cette opération, assouplissant les conditions de rachat de leurs actions par les sociétés (en particulier en mettant en place un régime fiscal favorable).

Cas particulier : le **rachat d'actions** peut intervenir en vue ou non d'une réduction de capital, sous certaines conditions :

– achat d'actions pour les annuler ;

– achat d'actions à attribuer aux salariés au titre de la participation aux résultats de l'entreprise (*supra*) ;

– achat d'actions à attribuer aux salariés bénéficiaires d'options d'achat ;

– offre publique de rachat d'actions (ou OPRA) : achat d'actions dans la limite de 10 % du capital social si les actions de la société sont admises aux négociations sur un marché réglementé (C. com., art. L. 225-209). L'autorisation est accordée par l'assemblée générale ordinaire. Elle définit les finalités et les modalités de l'opération avec un plafond. L'autorisation est valable pour une durée de 18 mois.

Dans tous les cas, le programme de rachat ne suppose plus un document d'information soumis au visa de l'AMF. Néanmoins, le marché doit en être informé (C. mon. fin., art. L. 451-3). L'ordonnance du 31 juillet 2014 relative au droit des sociétés a modifié le régime du rachat des actions de préférence (seule la société peut être à l'origine du rachat des actions).

IV - L'attribution d'actions gratuites

L'article 83 de la loi de Finances pour 2005 autorise, depuis le 1er janvier 2005, l'attribution d'actions gratuites aux salariés et aux dirigeants (C. com., art. L. 225-197-1 à 225-197-5). Les sociétés concernées sont la société anonyme, qu'elle fasse ou non une offre au public, la SAS, et la société en commandite par actions. L'attribution porte sur des actions existantes ou à émettre.

La loi Florange du 29 mars 2014 a relevé le seuil de ces actions attribuées aux salariés, de 10 % à 30 % du capital du nombre total d'actions attribuées gratuitement, dès lors que ces actions bénéficient à tous les salariés, et ce, que la société soit cotée ou non (C. com., art. L. 225-197-1). Cette mesure signe la volonté du législateur d'impliquer les salariés dans la vie de l'entreprise et d'aligner autant que possible l'intérêt de la société et celui des salariés.

Le conseil d'administration (ou le directoire) se voit reconnaître les pouvoirs de décision tandis que l'assemblée générale extraordinaire est réduite à un rôle limité.

A - Les pouvoirs de l'Assemblée générale extraordinaire

• Les associés doivent statuer au vu d'un rapport du conseil d'administration ou du directoire, ainsi que du rapport du commissaire aux comptes. Elle a le pouvoir exclusif d'autoriser le conseil ou le directoire à attribuer les actions, dans un délai qui ne peut excéder 38 mois.

• L'assemblée fixe le pourcentage maximal du capital social pouvant être attribué gratuitement, sans que le nombre total des actions attribuées gratuitement ne puisse excéder 10 % du capital social. Elle détermine également la durée de la période minimale d'acquisition (2 ans) et de conservation des actions après attribution (2 ans) soit 4 ans minimum.

B - Les pouvoirs du conseil d'administration (ou du directoire)

Le conseil d'administration (ou le directoire) est le véritable décideur. Il s'agit là d'un domaine réservé qui le protège de tout empiétement de l'AGE.

Il détermine l'identité des bénéficiaires des attributions d'actions : liste nominative des intéressés parmi le personnel ou des dirigeants éligibles (autres que les administrateurs ou les membres du conseil de surveillance). Le régime s'inspire de celui des *stock-options*, très marqué par l'*intuitus personae*.

Le conseil d'administration ou le directoire définit les catégories de bénéficiaires de l'attribution et établit les critères d'attribution des actions.

La loi du 3 décembre 2008 traite de manière identique les attributions gratuites d'actions et les stock-options.

Chapitre 3
Les crises de la vie de la société anonyme et sa dissolution

L'essentiel

Observations préliminaires : *les événements pouvant perturber la vie de la société sont nombreux. Nous évoquerons les incidents de fonctionnement graves, certains de nature à entraîner la désignation d'un administrateur provisoire, d'autres s'analysant en des oppositions majeures entre majoritaires et minoritaires. Enfin, la société anonyme peut être appelée à disparaître, en conséquence de certains événements.*

Section 1 – Les crises de la vie de la société anonyme

La société anonyme peut connaître en cours de vie sociale des crises menaçant son fonctionnement, voire son existence. La jurisprudence a imaginé deux constructions permettant d'éviter que ces crises n'entravent la pérennité de la société. Celles-ci insufflent une discipline juridictionnelle, reposant sur une immixtion plus ou moins puissante du juge. Cette immixtion que certains pourraient contester, n'est rendue possible qu'autant qu'elle s'effectue dans le seul intérêt de la société. Notion définie nulle-part, l'intérêt social constitue la clé de voûte du bon fonctionnement, et donc des possibles dysfonctionnements de la société anonyme.

Nous verrons successivement l'administration provision, puis les abus de majorité et de minorité.

§ 1 – L'administration provisoire

Mandataire *ad hoc* désigné en justice en cas de crise grave empêchant le fonctionnement normal de la société, l'administrateur provisoire a pour objectif de tenter de restaurer un climat de sérénité et ainsi, d'assurer la continuation de la société. Il ne doit pas être confondu avec l'administrateur judiciaire, qui intervient dans le cadre des procédures collectives (*voir infra*).

Pour la Cour de cassation, « *la désignation d'un administrateur provisoire est une mesure exceptionnelle, qui suppose rapporter la preuve de circonstances rendant impossible le fonctionnement normal de la société, et menaçant celle-ci d'un dommage imminent* » (Com. 25 janv. 2005). Construction jurisprudentielle, aucun texte n'organise l'administration provisoire.

I – Les conditions de nomination

Le tribunal nomme un administrateur provisoire lorsque la gestion de la société est entravée, portant atteinte à l'intérêt de celle-ci. Compte tenu de la gravité de cette nomination qui consiste à autoriser l'immixtion d'un tiers dans la vie de la société, on se doute que le trouble doit être d'une intensité importante, ce que les conditions évoquent.

Conditions :

– l'entrave empêche le fonctionnement régulier de la société. De simples divergences de vue sont insuffisantes ;

– l'intérêt social est exposé à un péril certain et imminent ;

– néanmoins, un redressement de la situation peut être escompté. Sinon, il y aurait lieu de prononcer la dissolution de la société. L'appréciation du juge est délicate car il cherche à éviter de s'immiscer dans la gestion de la société.

II - Les pouvoirs et la mission

La désignation de l'administrateur provisoire peut se faire à la demande des dirigeants de la société, ou par un ou plusieurs actionnaires. Concernant les autres demandeurs, en particulier les créanciers voire les salariés, la jurisprudence exige que le demandeur ait un lien de droit avec la société. La question n'est pas tranchée, et certains considèrent que les créanciers n'ont pas qualité pour agir car ils n'ont pas à se faire juges des intérêts de la société.

Caractéristiques de la procédure :

- l'action est intentée devant le tribunal de commerce, qui statuera le plus souvent en la forme des référés, compte tenu de l'urgence ;
- le président du tribunal nomme, fixe la mission et la rémunération de l'administrateur.

Pouvoirs et mission : en principe, l'administrateur est investi de tous les pouvoirs conférés par la loi aux dirigeants, ce qui entraîne le dessaisissement des dirigeants en fonction. Il peut également être doté de pouvoirs limités.

Il doit avant tout dénouer une crise, ce qui a pour conséquence le caractère provisoire de ses pouvoirs.

Sa mission prend fin le jour où les circonstances exceptionnelles ayant justifié sa nomination cessent.

III - Les responsabilités

L'administrateur provisoire encourt les mêmes responsabilités, civile, pénale, patrimoniale et administrative que les dirigeants qu'il est chargé de remplacer.

§ 2 - Les abus de majorité et de minorité

L'abus de majorité et l'abus de minorité sont également une construction jurisprudentielle, qui permet de sanctionner le mauvais usage de la loi de la majorité dans les sociétés, qui serait détournée de sa finalité.

On comprend alors que ces notions imaginées par la jurisprudence sont intimement liées à l'intérêt social, et à la conception que l'on s'en fait.

Elles reconnaissent au juge un pouvoir d'appréciation important mais demeurent rarement utilisées dans la pratique.

I - L'abus de majorité

Cet outil a été imaginé par la jurisprudence dans une décision célèbre rendue par la Chambre commerciale, le 18 avril 1961. Se réclamant à la fois de l'abus de droit et de l'abus de pouvoir, cette construction permet de sanctionner la rupture intentionnelle d'égalité entre les actionnaires. Pour autant, il ne peut servir à sanctionner une gestion malheureuse, ce qui pose donc les termes de l'intervention du juge dans son appréciation d'un éventuel abus.

Définition : l'abus de majorité est la « *résolution d'une assemblée d'actionnaires prise contrairement à l'intérêt social et dans l'unique dessein de favoriser des membres de la majorité au détriment de membres de la minorité* ».

Sanctions :

– annulation de la résolution abusive. L'action est le plus souvent intentée par les minoritaires. Elle peut aussi l'être par la société elle-même en raison de l'atteinte à l'intérêt social ;

– condamnation des majoritaires au versement de dommages-intérêts.

II - L'abus de minorité

Définition : l'abus de minorité sanctionne un mauvais usage des droits, c'est-à-dire contraire à l'intérêt social, dont est titulaire la minorité.

L'abus le plus courant consiste dans l'obstruction de la minorité, empêchant ainsi le vote d'une décision, en particulier, lorsque la minorité détient la minorité de blocage dans le cadre de l'assemblée générale extraordinaire.

Sanction : c'est l'aspect le plus difficile de cette construction, qui rappelle que le parallèle avec l'abus de majorité n'est pas total. En effet, alors que l'abus de majorité peut être sanctionné par l'annulation de la décision abusive, rien de tel dans cette hypothèse. De plus, la Cour de cassation refuse que le juge se substitue aux organes sociaux (Décision *Flandin*, Com, 9 mars 1993). Il peut néanmoins nommer un mandataire social aux fins de représenter les associés minoritaires et voter en leur nom dans le sens des décisions conformes à l'intérêt social.

Section 2 - La dissolution de la société anonyme

Il s'agit d'une opération en pratique rare en raison de son coût fiscal très élevé (imposition du *boni* de liquidation comme revenu distribué).

§ 1 - Les causes

Outre les causes de droit commun énoncées par l'article 1844-7-1° du Code civil, la société anonyme connaît des causes particulières de dissolution.

I - Les causes générales

Il s'agit des causes de droit commun, l'arrivée du terme (C. civ., art. 1844-7,1°), de la réalisation ou de l'extinction de son objet (C. civ., art. 1844-7, 2°) à l'exclusion de celles tenant à la personne des associés, y compris la mésintelligence entre associés (C. civ., art. 1844-7).

II - Les causes particulières

Elles désignent les hypothèses suivantes :

• Décision de l'assemblée générale extraordinaire (C. com., art. L. 225-246) ;

• Nombre d'actionnaires devenu inférieur à sept depuis un an : le tribunal peut, à la demande de tout intéressé, prononcer la dissolution de la société ;

• Réduction du capital social à un montant inférieur au minimum légal (225 000 € pour les sociétés faisant une offre au public ; 37 000 € pour les autres) ;

• Dissolution pour pertes : c'est l'hypothèse la plus préoccupante. Elle intervient lorsque les capitaux propres de la société deviennent inférieurs à la moitié du capital social (C. com., art. L. 225-248). L'assemblée générale extraordinaire décide soit la dissolution anticipée, soit le maintien de l'activité avec recapitalisation et donc la régularisation. La dissolution n'intervient que rarement car le plus souvent le tribunal accorde un délai pour régulariser ;

• Mésententes entre associés : le tribunal peut prononcer la dissolution anticipée de la société à la demande d'un associé pour justes motifs (C. civ., art. 1844-7, 5°), en particulier lorsqu'une mésentente entre associés paralyse le fonctionnement de la société. Le demandeur ne doit pas être à l'origine du trouble social ;

• Clause de dissolution : l'article 1844-7, 8° du Code civil permet de prévoir des clauses de dissolution « *pour toute autre cause prévue dans les statuts* ». Il n'existe pas de limite explicite concernant les clauses de dissolution de société anonyme.

§ 2 - Les effets

L'une des causes évoquées entraîne la liquidation par les soins d'un liquidateur et le partage.

Particularités :

- les actionnaires restent tenus du montant non libéré des actions ;
- la prescription est la prescription quinquennale.

Sous-titre 3

Les autres sociétés par actions

L'omnipotence du modèle de la société anonyme ne doit pas occulter les autres formes de sociétés par actions. Certaines rencontrent d'ailleurs un tel succès que celui-ci porte ombrage au modèle le plus connu.

En réalité, dernière un rattachement commun à la catégorie générique de société par actions, ces structures sociales se réclament de mécanismes et d'inspiration profondément différents. Ainsi, à la rigidité réglementaire de la société anonyme s'oppose la souplesse assumée de la société par actions simplifiée. Alors que certaines d'entre elles sont fortement marquées par leur nature institutionnelle, d'autres réhabilitent la conception contractuelle de la société.

Néanmoins, au-delà de ces spécificités, une grande césure oppose les sociétés par actions autorisées à offrir leurs titres au public et celles qui ne le peuvent pas.

Nous proposons d'examiner successivement la société en commandite par actions, la société par actions simplifiée ainsi que la société par actions simplifiée unipersonnelle, avant d'évoquer la société européenne.

Chapitre 1
La société en commandite par actions

L'essentiel

En voie de disparition avec la loi de 1966 qui imaginât, un temps, supprimer purement et simplement cette forme sociale mais la maintint tout en favorisant sa transformation en société anonyme, la société en commandite par actions connaît un regain de faveur remarquable, en particulier lorsque la société est cotée. Elle constitue en effet une protection contre les OPA inamicales, dont le corollaire est en principe une décote boursière. Opérant une dissociation entre le capital et le pouvoir de gestion, elle se révèle être un outil précieux. C'est ainsi que des entreprises de première importance ont adopté pour cette forme sociale, souvent des entreprises familiales telles que Lagardère ou encore Michelin pour n'en citer que quelques-unes. La montée dans le capital de la société en commandite par actions Hermès International par le groupe LVMH a mis en lumière les particularités de cette structure. LVMH avait ainsi acheté entre 2008 et 2010, par le biais de banques, des equity swaps, produits dérivés portant sur les actions Hermès, en deçà du seuil des 5 %. Le 26 octobre 2010, LVMH déclarait détenir une participation de 17,1 % du capital d'Hermès.

Notion : *Il s'agit d'une société dont le capital est divisé en actions et dont la caractéristique est la coexistence de deux catégories d'associés :*

– le ou les commandités, le plus souvent gérants, personnellement responsables des dettes sociales. Ils doivent avoir la capacité pour exercer une activité commerciale. Ils sont dans la même situation juridique que les associés en nom ;

– les commanditaires, dans la situation d'actionnaires. À ce titre, la société peut faire appel public à l'épargne ou rester fermée.

Textes applicables : selon l'article 226-1, al. 2 du Code de commerce, les textes applicables aux sociétés en commandite simple et ceux applicables aux sociétés anonymes, sauf ceux ayant trait au conseil d'administration, au directoire et au conseil de surveillance, et certains textes spécifiques, sont applicables.

Section 1 – La constitution de la société en commandite par actions et ses associés

§ 1 – La constitution et le capital social

Les règles en vigueur sont quasi-identiques à celles de la société anonyme (montant, souscription et libération des actions, publicité de la constitution). Une importance particulière doit être attachée aux statuts, en particulier concernant les associés, le contrôle et la gérance.

L'assemblée constitutive n'élit pas le gérant, qui est nommé par les statuts.

Le capital social doit être du même montant que celui des sociétés anonymes, 37 000 euros, et ce, que la société en commandite fasse des offres au public ou non.

§ 2 - Les deux catégories d'associés

La particularité de cette structure, qu'elle propose ses titres au public ou non, est de réunir deux catégories d'associés, certains exerçant des fonctions de gestion, les commandités, d'autres, les commanditaires, réalisant un apport et étant donc des actionnaires.

Cette société se réclame dans son essence et ses mécanismes de la société en commandite simple et s'en différencie seulement par la possibilité d'offrir ses titres au public.

I - Les commanditaires

Trois actionnaires commanditaires au moins sont nécessaires. Ils ont la qualité d'actionnaire et à ce titre, ont les mêmes prérogatives pécuniaires et extrapécuniaires que l'actionnaire de la société anonyme. En particulier, le droit de vote est soumis aux mêmes règles, sous réserve des droits accordés aux commandités.

II - Les commandités

Ils ont ainsi le statut des associés en nom de la société en nom collectif. Leur responsabilité est solidaire et indéfinie. Commerçants par détermination de la loi, il en résulte que seule une personne morale commerçante peut avoir la qualité de commandité.

Les parts des commandités sont totalement distinctes des actions émises par la commandite. Elles ont néanmoins souvent une valeur importante dans la mesure où elle représente le pouvoir économique de l'entreprise.

Section 2 - Les organes et le fonctionnement de la société en commandite par actions

§ 1 - La direction

• La direction est assurée par le ou les gérants, qui sont désignés par les statuts, puis par l'assemblée générale ordinaire, sauf clause contraire des statuts. Un vote à la majorité des commanditaires et à l'unanimité des commandités est exigé, sauf clause contraire.

• Le gérant peut être un commandité ou un tiers. En revanche, l'article L. 222-6 du Code de commerce interdit au commanditaire de faire des actes de gestion. Il en résulte que les commanditaires ne peuvent être gérants.

• Le gérant commandité a le statut d'un associé en nom (commerçant, personnellement responsable), pratiquement maître absolu de la société.

• Il exerce le commerce et engage la société sous la « dénomination sociale », qui peut comporter le ou les noms des commandités, mais jamais celui des commanditaires.

• Révocation : le gérant, associé ou non, statutaire ou non, est révocable dans les conditions prévues par les statuts (art. L. 226-2, al. 3 C. com). Cette faculté permet de conférer ou non une certaine stabilité à la gérance. Le gérant peut toujours être révoqué par le tribunal de commerce pour cause légitime à la demande de tout associé ou de la société (C. com., art. L. 226-2, al. 4).

§ 2 - Les décisions collectives

Elles doivent être adoptées par chacune des catégories d'associés, commanditaires et commandités.

• Les assemblées générales de commanditaires : elles réunissent les commanditaires, et non les commandités sauf s'ils sont aussi actionnaires. Les conditions de délibération sont les mêmes que celles de la société anonyme.

• Consultation des commandités ou assemblée des commandités :
- assemblée ordinaire : elle se réunit chaque année pour approuver les comptes et statuer sur les bénéfices (pas de réserve légale), avec l'accord de la majorité des commandités (s'ils ne sont pas tous gérants).
- assemblée extraordinaire : elle a qualité pour modifier les statuts mais avec le consentement unanime des commandités (l'accord de la majorité des commandités suffit cependant pour transformer la société en SARL ou en société anonyme).

§ 3 - Le contrôle de la société en commandite par actions

I - Le conseil de surveillance

Nomination : il est élu par l'assemblée générale ordinaire et est composé d'au moins trois actionnaires commanditaires, pour la durée fixée par les statuts. Les commandités ne peuvent être membres du conseil de surveillance

Mission et pouvoir :
- il « assume le contrôle permanent de la gestion de la société » (C. com., art. L. 226-9 al. 1). Il a ainsi pour mission de contrôler la gestion financière de la société, en fin d'exercice et au cours de la vie sociale ;
- son pouvoir est limité à la gestion interne (avis, convocation éventuelle de l'assemblée…) ;
- il autorise également les conventions conclues entre la société et un gérant ou un membre du conseil (art. L. 226-10 C. com. ; v. Société anonyme).

II - Le commissaire aux comptes

La commandite est soumise ou contrôle d'un ou plusieurs commissaires aux comptes. Leur statut est quasi identique à celui des commissaires de la société anonyme (nomination, rémunération, fonctions…).

Section 3 - La dissolution

Les causes de dissolution résultent du caractère mixte de la société :

• À l'égard des commanditaires : seules causes de dissolution des sociétés anonymes.

• À l'égard des commandités : ce sont les causes de dissolution des sociétés de personnes (décès, incapacité, redressement judiciaire, incapacité ou interdiction d'exercer une profession commerciale du commandité), sauf dispositions statutaires contraires (v. *supra*, La dissolution de la société en nom collectif).

Chapitre 2
La société par actions simplifiée (SAS)

L'essentiel

Évolution : *la société par actions simplifiée a été introduite par la loi du 3 janvier 1994. Caractérisée par l'importance de la liberté contractuelle des associés qui s'exprime dans les statuts et par le recours à la loi supplétive (C. com., art. L. 227-1, al. 3), elle était à l'origine destinée à être utilisée dans deux situations précises :*
– au sein d'un groupe de sociétés, pour alléger les contraintes liées à la forme de société anonyme, s'agissant d'une filiale détenue par des sociétés du groupe ;
– en cas de création d'une filiale commune par deux sociétés situées dans un groupe de sociétés.
C'était alors uniquement une société de sociétés. Compte tenu de son succès, les réformes ultérieures ont cherché à étendre son usage. Ainsi, depuis la loi du 12 juillet 1999 la SAS peut être constituée entre des personnes physiques (cette même loi a permis que la SAS comprenne un seul associé, personne physique ou morale).
Une autre modification allant dans le sens d'un usage plus accessible de cette structure sociale a été opérée par la loi LME du 4 août 2008, en vertu de laquelle le capital social est librement fixé par les statuts.
L'ordonnance du 22 janvier 2009 a maintenu pour la SAS l'impossibilité de faire une offre au public de ses titres financiers ou de procéder à l'admission de ses actions aux négociations sur un marché réglementé. En revanche, elle l'autorise à procéder à l'admission aux négociations sur un marché réglementé des titres autres que les actions, en particulier des obligations. Encore faut-il qu'une telle admission ne constitue pas en réalité une offre au public. Il est évident que ces possibilités nouvelles de financement ne peuvent que rendre cette structure sociale encore plus attrayante, en particulier par rapport aux « petites sociétés anonymes ».
Textes applicables : *selon l'article L. 227-1, al. 3 du Code de commerce, « dans la mesure où elles sont compatibles avec les dispositions particulières prévues par le présent chapitre, les règles concernant les sociétés anonymes, à l'exception des articles L. 225-17 à L. 225-126 et L. 225-243 sont applicables à la société par actions simplifiée ».*

Section 1 – La constitution et les statuts de la SAS

§ 1 – Les conditions de fond

Ces conditions sont les mêmes que celles posées pour une société anonyme, sous les réserves suivantes.

I - Les associés

La SAS peut comporter un seul associé, il s'agit alors de la SASU (v. *infra*). La loi ne fixe pas un nombre maximum d'associés.

Une personne physique ou une personne morale peut être associée d'une telle société. Aucune exigence supplémentaire n'est requise, en particulier l'associé n'a pas à être commerçant.

II - Le capital social et apports

A - Le capital social

Jusqu'à la loi du 4 août 2008 de modernisation de l'économie, le capital social était fixe, d'un montant de 37 000 € intégralement libéré. Désormais, celui-ci est librement déterminé par les statuts.

En revanche, il lui est interdit de procéder à une offre au public ou à l'admission aux négociations sur un marché réglementé (C. com., art. L. 227-2). L'ordonnance du 22 janvier 2009 autorise pourtant la SAS à faire coter des titres autres que des actions (C. com., art. L. 227-2).

Les actions représentant le capital social peuvent être des actions ordinaires ou des actions de préférence.

B - Les apports

Véritable exception en la matière au droit des sociétés par actions, la loi du 4 août 2008 autorise désormais que des apports en industrie soient réalisés (C. com., art. L. 227-1 al. 3). Une telle hypothèse doit être prévue dans les statuts qui préciseront les modalités de souscription et de répartition des actions attachées à cette forme d'apport.

Tout associé peut ainsi réaliser de tels apports et se limiter à ce type d'apport, lequel donne droit à des actions particulières, les actions d'industrie.

Sinon, la SAS bénéficie des mêmes possibilités financières que la société anonyme, sous réserve des offres au public qui lui sont interdites en raison du fort *intuitus personae* qui doit unir les associés de la SAS.

§ 2 - Les conditions de forme

Les conditions de forme sont les mêmes que celles exigées pour la société anonyme.

§ 3 - Les statuts

Plus que dans toute autre forme sociale, où ils sont le plus souvent imposés dans certaines de leurs dispositions, les statuts de la SAS constituent l'armature de cette société puisqu'elle laisse à ses fondateurs une extrême liberté dans leur conception et leur rédaction.

Les clauses statutaires aussi nombreuses que spécifiques peuvent en effet être incluses dans les statuts de la SAS, ménageant aux associés de cette société une liberté quasi totale dans l'organisation et la dévolution des pouvoirs.

Ainsi, les statuts remplacent nombre de règles obligatoires de la société anonyme.

Cette liberté conventionnelle (C. civ., art. L. 1832 et s.), qui s'accompagne d'une sécurité juridique *a minima*, peut être comprise comme un avantage unique. Elle n'est pourtant pas sans danger, en particulier si les statuts sont mal rédigés ou résultent d'un rapport de force déséquilibré entre les différents associés.

Parfois, les statuts peuvent aussi être silencieux, voire imprécis, ouvrant la porte aux conflits entre actionnaires.

Quelle est la sanction des actes contraires aux statuts ? L'arrêt *Larzul* (Com. 18 mai 2010) a décidé que « *sous réserve des cas dans lesquels il a été fait usage de la faculté, ouverte par une disposition impérative, d'aménager conventionnellement la règle posée par celle-ci, le non respect des stipulations contenus dans les statuts ou dans le règlement intérieur n'est pas sanctionné par la nullité.* »

Toute la difficulté est de distinguer les règles légales impératives des règles supplétives que les statuts peuvent aménager.

Section 2 - Les organes de fonctionnement de la SAS

§ 1 - Les dirigeants

I - Les pouvoirs des dirigeants

L'article L. 227-5 du Code de commerce pose une règle essentielle : « *les statuts fixent les conditions dans lesquelles elle* (la SAS) *est dirigée* ». La composition de l'organe de direction est ainsi fixée librement par les statuts, à condition qu'il y ait au moins un président, lequel peut être une personne morale, pour représenter la société à l'égard des tiers. Il en résulte une liberté importante, autorisant les rédacteurs à imaginer toute forme de direction (unique, bicéphale, collégiale...), ainsi que tout organe (comités...).

- Les procédures de nomination, de révocation ainsi que la durée des fonctions sont en conséquence librement fixées par les statuts. Les règles de fonctionnement sont également établies par les statuts.

- Le statut des dirigeants est également librement déterminé par le pacte social, qu'il s'agisse de la durée des fonctions, de la révocation, de la rémunération, du cumul avec un contrat de travail, de la question des indemnités de rupture, etc.

- Les pouvoirs des dirigeants résultent des statuts ou d'une décision collective des associés.

- Le président est le seul organe obligatoire de la SAS. Il peut être une personne physique ou morale (C. com., art. L. 227-7). Il a les pouvoirs les plus étendus à l'égard des tiers, est investi des pouvoirs les plus étendus pour agir en toutes circonstances au nom de la société. Ces pouvoirs peuvent être limités dans les rapports avec les associés. Les modalités de sa désignation et de sa révocation sont totalement libres (unanimité, présidence tournante...). Elles sont prévues par les statuts.

• Depuis la loi du 1er août 2003, les statuts peuvent prévoir que le directeur général ou le directeur général délégué exerce les pouvoirs confiés au président (C. com., art. 227-6, al. 3). Les statuts doivent préciser clairement les pouvoirs qui leur sont conférés.

• Les autres dirigeants éventuels n'ont pas de pouvoir à l'égard des tiers mais seulement dans l'ordre interne de la société.

• Les commissaires aux comptes établissent un rapport sur les conventions (autres que les conventions courantes conclues à des conditions normales) conclues entre les dirigeants (directement ou indirectement) et la société.

II - Les responsabilités des dirigeants

Les règles en la matière sont plus claires. L'article L. 227-8 du Code de commerce énonce ainsi que « *les règles fixant la responsabilité des membres du conseil d'administration et du directoire des sociétés anonymes sont applicables au président et aux dirigeants de la société par actions simplifiées.* »

Même si les règles de responsabilité entre administrateurs et membres du directoire ne sont pas identiques, les principes demeurent communs.

Les responsabilités encourues par les dirigeants de la SAS sont donc civile, pénale et patrimoniale en cas d'insuffisance d'actif.

§ 2 - Les associés

I - L'importance des statuts et l'information des associés

Une grande liberté est laissée aux statuts en ce qui concerne les décisions collectives, d'une part, et le retrait et l'admission des associés, d'autre part. L'information donnée aux associés doit aussi être organisée par le pacte social.

Les associés ne reçoivent une large information qu'au moment de la clôture de l'exercice avec le rapport général de gestion. Les statuts et le règlement intérieur doivent aussi leur être fournis.

Il est en réalité nécessaire que les statuts prévoient la question cruciale de l'information et sa communication aux associés, en particulier ceux qui participent au processus de décision.

Caractéristique : la caractéristique principale et revendiquée de la SAS est de ménager une place importante aux **clauses**. Ceux-ci peuvent ainsi prévoir différentes clauses afin de renforcer la stabilité de l'actionnariat telle que la clause d'inaliénabilité, la clause d'agrément, la clause de changement de contrôle.

La clause d'exclusion, en vertu de laquelle un associé peut être tenu de céder ses actions et de quitter la société, est valable comme l'énonce l'article L. 227-16 du Code de commerce.

La Cour de cassation a apporté une précision importante dans le cadre de l'existence d'une clause d'exclusion. En effet, une décision du 23 octobre 2007 rendue par la Chambre commerciale décide, à propos du droit de vote de l'associé dont l'exclusion est envisagée, que si « *les statuts d'une société par actions simplifiée peuvent, dans les conditions qu'ils déterminent, prévoir qu'un associé peut être tenu de céder ses actions, ce texte – l'art. 227-16 – n'autorise pas les statuts, lorsqu'ils subordonnent cette mesure à une décision collective des associés, à priver l'associé dont l'exclusion est proposée de son droit de participer à cette décision et de voter sur la proposition* ».

II - Les décisions

A - Les décisions autres que l'admission et le retrait des associés

• Les statuts déterminent les décisions qui doivent être prises collectivement, sauf certaines décisions qui sont obligatoirement collectives (augmentation ou réduction de capital, approbation annuelle des comptes ou dissolution, par exemple).

• Les statuts déterminent les modalités des consultations (en assemblée, par correspondance, par fax, etc.) et les informations à communiquer préalablement aux associés. Recours possible à Internet.

• Les statuts établissent les conditions de vote, en particulier la majorité requise, le droit de veto, la non-opposition de tiers à la société. Le principe de proportionnalité des droits de vote à la quotité de capital ne s'impose pas. Il est donc possible de créer des actions à vote plural ou encore, d'accorder un droit de veto à un associé. Le formalisme du vote n'est pas précisé. Il est recommandé de garder une preuve des processus de décision. Un procès-verbal de décision est requis.

B - L'admission et le retrait des associés

La loi valide certaines clauses, qui deviennent opposables aux tiers et dont l'inobservation est sanctionnée par la nullité : clause d'inaliénabilité (pour une durée de 10 ans maximum – C. com., art. L. 227-13), clause d'agrément (même entre associés), clause d'exclusion (en cas de changement de contrôle d'une des sociétés associées par exemple), etc.

III - Les conventions réglementées

Le régime des conventions dites réglementées, visant à chasser les conflits d'intérêts les plus évidents, est souple dans la SAS puisqu'il n'existe pas d'autorisation préalable à peine de nullité.

Néanmoins, c'est une question que les statuts peuvent régler, en renforçant le contrôle de ces conventions.

Le champ du contrôle, qui reste donc a posteriori, a été substantiellement renforcé par la loi NRE du 15 mai 2001, et plus récemment par la loi de simplification et d'amélioration de la qualité du droit du 17 mai 2011.

L'article L. 227-10 du Code de commerce est venu soumettre au dispositif de contrôle « *les conventions intervenues directement ou par personne interposée entre la société et son président, l'un de ses dirigeants, l'un de ses actionnaires disposant d'une fraction des droits de vote supérieure à 5 % ou, s'il s'agit d'une société actionnaire, la société la contrôlant au sens de l'article L. 233-3 C. com.* » Le seuil de 5 % a été placé à 10 % par la loi LSF de 2003.

Par ailleurs, la loi du 17 mai 2011 pose la même distinction qu'en droit des sociétés anonymes entre « *les conventions portant sur les opérations courantes et conclues à des conditions normales* », soustraites à tout contrôle, et les autres.

Les conventions non courantes sont désormais soumises à une procédure de contrôle, néanmoins moins sévère que celle imposée pour de telles conventions dans la société anonyme. En particulier, aucune autorisation préalable n'est imposée. Il n'est pas non plus exigé que l'intéressé révèle le projet de convention. Pour autant, la plupart des statuts prévoient une telle exigence.

§ 3 - Les commissaires aux comptes

• La nomination d'un ou plusieurs commissaires aux comptes est nécessaire selon que deux seuils sur trois sont atteints par la société : total de leur bilan (un million d'euros), montant du chiffre d'affaires HT (deux millions d'euros), ou le nombre moyen des salariés au cours de l'exercice (20).

• Le statut des commissaires aux comptes est identique à celui des sociétés anonymes.

Section 3 - La dissolution

• On applique les causes de dissolution des sociétés anonymes.

• Sauf clause contraire des statuts, les décisions sont prises à l'unanimité (désignation du liquidateur, décisions relatives aux comptes annuels, etc.).

Chapitre 3
La société par actions simplifiée unipersonnelle (SASU)

L'essentiel

La loi du 12 juillet 1999 autorise la SAS à ne comprendre qu'un seul associé, personne physique ou personne morale (C. com., art. L. 227-1, al. 2), dont la situation est assez similaire à celle de l'EURL (v. infra).
Cette structure présente un intérêt surtout pour les groupes de sociétés avec filiales à 100 %.

Section 1 – Les caractéristiques de la SASU

- Depuis la loi du 4 août 2008, le capital social est soumis au principe de la liberté statuaire, comme pour la SAS.
- Dénomination sociale : la SASU peut comporter le nom de l'associé ou un nom fantaisiste.
- Les statuts doivent être établis par écrit.
- Fonctionnement : l'associé unique exerce tous les pouvoirs dévolus à la collectivité des associés. Il ne peut déléguer ses pouvoirs.
- Tous les ans, le président de la SASU, qu'il soit ou non l'associé unique, doit arrêter le rapport de gestion les comptes annuels et les comptes consolidés s'il y en a. Toutes ses décisions sont consignées dans un registre.
- Les conventions entre la société et ses dirigeants ne font pas l'objet d'un rapport du commissaire aux comptes et son président. Elles font seulement l'objet d'une mention sur le registre des décisions (C. com., art. L. 227-10, al. 4).

Section 2 – La dissolution

Les solutions sont identiques à celles de l'EURL.

La conséquence principale de la dissolution consiste dans la transmission universelle du patrimoine de la société à l'associé unique si c'est une personne morale. Dans l'hypothèse où c'est une personne physique, il faut alors procéder à la dissolution de la SASU et à la mise en liquidation selon le droit commun.

Chapitre 4
La société européenne

L'essentiel

Textes applicables : *un règlement communautaire du 8 octobre 2001 a fixé le statut de la société européenne ou « societas europaea » (SE). La loi Breton du 26 juillet 2005 a assuré la transposition de la directive. Deux décrets (14 avril et 9 nov. 2006) sont venus compléter le dispositif.*

Caractéristiques :

- *La société européenne n'est pas rattachée, du point de vue de la nationalité, à l'État de l'Union dans lequel elle fixe son siège statutaire.*
- *La constitution et le fonctionnement de la société européenne sont régis par les dispositions particulières du règlement communautaire, et, dans le silence du règlement, par les dispositions applicables aux sociétés anonymes de l'État membre où elle a son siège. De manière plus générale, les modalités de fonctionnement de la société européenne sont très proches de celles de la société anonyme, avec une souplesse accrue concernant les rapports entre actionnaires.*

La société européenne offre un dispositif homogène au sein de l'Union européenne, particulièrement adaptée à la réalité des groupes à dimension communautaire. Mais en réalité, il y a autant de sociétés européennes que d'États membres de l'espace économique européen.

Ainsi, elle rencontre un succès certain (Allianz, SCOR), l'Allemagne arrivant en tête des pays choisis pour l'implantation des sociétés européennes. Il est intéressant de remarquer que, souvent, le recours à cette forme sociale contribue à améliorer l'image de l'entreprise, signant ainsi son rayonnement européen, susceptible d'attirer la confiance des investisseurs. Enfin, elle facilite les restructurations par voie de fusions intracommunautaires.

- *Au 1er octobre 2013, on comptait 1966 sociétés européennes.*

Section 1 – La constitution

• Le capital social est très proche de celui d'une société anonyme française. Il est divisé en actions. Son montant est 120 000 € si la société ne fait pas d'offre au public, de 225 000 € si elle fait une offre au public.

• Elle dispose de la personnalité morale, et doit faire figurer dans sa dénomination sociale obligatoirement le sigle « SE ». Son immatriculation est soumise à publicité. Surtout, les règles de transfert de siège au sein de l'Union européenne, avec maintien de la personnalité morale, sont particulièrement favorables.

• La société européenne se caractérise par sa diversité. Elle peut être une holding, une société filiale. Une société anonyme peut se transformer en une société européenne.

Section 2 - Le fonctionnement

Le fonctionnement de la SE renvoie à la législation nationale de chaque État membre, comme l'a décidé le législateur européen.

§ 1 - La direction

Le règlement CE donne le choix entre les deux modes, moniste ou dualiste.

• **Système moniste** : il repose sur un conseil d'administration, un président et un ou plusieurs directeurs généraux. Les administrateurs sont nommés par l'assemblée générale. Ils gèrent la société et élisent le président.

• **Système dualiste** : il distingue les missions de direction de celles de surveillance. Les organes de direction sont nommés et révoqués par l'organe de surveillance.

Dans les deux cas, le règlement renvoie aux législations internes ou aux statuts (concernant en particulier les questions de majorité et de quorum).

§ 2 - Les associés

• La société européenne se caractérise par une grande souplesse concernant les réunions de l'assemblée générale, qui doivent avoir lieu au minimum une fois par an.

• Le règlement instaure une protection des droits des actionnaires minoritaires (possibilité de convocation de l'assemblée générale et de fixation de l'ordre du jour à la demande d'un ou plusieurs actionnaires représentant au moins 10 % du capital social...). Les sociétés européennes ne faisant pas d'offre au public peuvent insérer dans leurs statuts des clauses réglementant l'admission et le retrait des actionnaires (clauses d'exclusion, clauses de changement de contrôle, clauses de restriction de cession d'actions).

• La loi renvoie aux législations des États membres pour fixer les domaines de compétence de l'assemblée générale.

§ 3 - L'implication des travailleurs

La société européenne offre une protection des salariés.

Ainsi, elle ne peut être immatriculée au Registre du commerce et des sociétés que si un accord sur les modalités de l'implication des travailleurs dans la société a été conclu. Cet accord porte sur l'information et la consultation des représentants des travailleurs, ainsi que la participation de ces derniers aux organes de direction de l'entreprise. À cet égard, la société européenne permet de faciliter l'information et la consultation transnationale lorsque le sujet intéresse l'ensemble des structures d'un groupe.

Section 3 - La dissolution, la liquidation et la transformation

• Pour la dissolution, la liquidation, l'insolvabilité et la cessation des paiements, la société européenne est soumise aux dispositions de la loi qui s'appliqueraient à une société analogue constituée dans l'État membre dans lequel la société a son siège statutaire.

• La transformation de la société européenne en société anonyme ne donne lieu ni à dissolution ni à création d'une personnalité nouvelle.

Titre 4
Les sociétés à responsabilité limitée

La société à responsabilité limitée est, de loin, la structure sociale la plus répandue en France. La raison en est simple : elle permet à des personnes physiques de se livrer à une activité commerciale sans encourir une responsabilité commerciale lourde. Pourtant, cette forme sociale peut décrire des réalités très différentes, pouvant accueillir de deux, voire un seul associé dans le cas de l'EURL, à 100 associés. Sa nature hybride, qui la situe à mi-chemin entre la société fermée et la société ouverte, lui offre la souplesse recherchée.

Elle subit néanmoins la concurrence de la société par actions simplifiée, qui présente l'avantage d'une extrême liberté laissée aux associés dans l'organisation et la dévolution du pouvoir.

Elle peut être constituée de deux associés minimum (SARL), ou même comprendre qu'un unique associé depuis la loi du 11 juillet 1985 (EURL).

Chapitre 1
La société à responsabilité limitée pluripersonnelle (SARL)

L'essentiel

Caractéristiques : *la société à responsabilité limitée (SARL) combine certains caractères des sociétés de capitaux (responsabilité limitée à l'apport) et des sociétés de personnes (simplicité, les parts sociales ne sont pas librement cessibles).*

- *Créée par la loi du 7 mars 1925 à l'imitation de la législation allemande, elle a connu un succès considérable en raison de la limitation de la responsabilité. Lors de son entrée dans notre droit positif, la SARL était marquée par un fort intuitus personae, faisant de cette nouvelle forme sociale une société de personnes, malgré le principe de la responsabilité limitée. D'autant que celui-ci est néanmoins moins vrai depuis que la pratique bancaire exige de la part du gérant unique ou de l'associé majoritaire un engagement personnel. Au gré des réformes successives, le caractère fermé de la SARL s'est estompé.*
- *Nature hybride de la SARL : la loi du 24 juillet 1966 éloigne la SARL des sociétés de personnes et la rapproche des sociétés de capitaux. La tendance actuelle est de réserver la forme de la SARL aux petites et moyennes entreprises, celle de la société anonyme aux grandes entreprises. Malgré sa nature hybride, la SARL est organisée comme « une petite société de capitaux » (P. Le Cannu et B. Dondéro, Droit des sociétés, LGDJ, 5e éd. 2013, n° 1304).*
- *La SARL est de loin la société la plus répandue. En septembre 2009, on en dénombrait plus de 1 550 000 contre environ 133 000 sociétés anonymes. Elle constitue un instrument adapté aux TPE et aux PME, structures le plus souvent familiales, voire individuelles.*

Section 1 - La constitution de la SARL

La constitution de la SARL peut être rapide. Seules certaines exigences traditionnelles au droit des sociétés doivent être en effet respectées.

§ 1 - Les conditions de fond

I - Les associés

A - Le nombre et la capacité des associés

- Il est de deux associés minimum et de 100 maximum (C. com., art. L. 223-3). Le nombre maximum posé par le législateur a pour objectif de cantonner les SARL à des entreprises de taille moyenne. Néanmoins, le nombre d'associés n'empêche pas le recrutement de très nombreux salariés, de sorte qu'une SARL peut abriter une entreprise importante. En cas de réunion de toutes les parts en une seule main, la SARL devient une EURL.

• Les associés de la SARL ne sont donc pas commerçants. Seule la capacité civile est, elle, exigée. Deux époux peuvent être seuls associés dans une SARL.

B - Les droits des associés

Ils sont représentés par des parts sociales égales (C. com., art. L. 223-2) et non par des titres négociables (C. com., art. L. 223-12). La loi du 24 juillet 1966 interdisait aux SARL d'émettre des valeurs mobilières. Le principe a été abandonné par l'ordonnance du 25 mars 2004, cherchant ainsi à favoriser le financement des SARL. Désormais, celles-ci peuvent émettre des obligations nominatives à condition de ne pas les offrir au public. Ne sont concernées que les SARL tenues d'avoir un commissaire aux comptes, c'est-à-dire celles qui remplissent deux des seuils établis par les textes (1 550 000 euros de bilan, 50 salariés, 3 100 000 euros de chiffre d'affaires HT).

L'opération est décidée par l'assemblée générale ordinaire.

II - La désignation et le capital social

A - La désignation de la SARL

La dénomination sociale peut incorporer le nom d'un ou plusieurs associés et doit être précédée ou suivie de la mention « société à responsabilité limitée » (ou SARL) ainsi que de l'indication du capital social.

B - Le capital social et les apports

Depuis la loi du 1er août 2003, le montant minimum du capital social est librement déterminé par les statuts. En particulier, il peut donc être d'un euro. Cette solution en apparence souple n'est pas sans danger. D'ailleurs, la jurisprudence (Com. 23 nov. 1999) a déjà décidé qu'une SARL créée sans fonds propres suffisants pour assurer son fonctionnement normal constitue une **faute de gestion** imputable à son gérant.

Le capital social est divisé en parts d'une valeur fixée dans les statuts.

• Les apports peuvent être en en numéraire, en nature et en industrie depuis la loi NRE du 15 mai 2001.

• Depuis la loi NRE du 15 mai 2001, les parts sociales peuvent n'être libérées que d'un cinquième de leur montant (C. com., art. L. 223-7). La libération du surplus s'effectue en une ou plusieurs fois sur décision du gérant, dans un délai qui ne peut dépasser 5 ans.

• Apports en nature : la question de l'évaluation est essentielle.

– la valeur de chaque apport en nature est fixée dans les statuts, au vu d'un rapport effectué par le commissaire aux comptes (C. com., art. L. 223-9, al. 1er) ;

– les associés sont « *solidairement responsables pendant cinq ans, à l'égard des tiers, de la valeur attribuée aux apports en nature* » (C. com., art. L. 223-9, al. 4).

• Apports en industrie : ils sont autorisés dans la SARL depuis la loi NRE. La libération de cette forme d'apport présente un caractère successif (sur 5 ans).

C - Le statut des parts sociales

• Elles ne peuvent être représentées par des titres négociables (C. com., art. L. 223-12).

• Le principe de proportionnalité de la répartition des parts aux apports est supplétif. Elle doit figurer dans les statuts.

• Concernant la question de leur **cessibilité**, il y a lieu de distinguer la qualité du cessionnaire.

– entre **associés**, les parts sociales sont librement cessibles (C. com., art. L. 223-16, al. 1er), car une telle cession ne porte pas atteinte au caractère fermé de la SARL, sous réserve d'une clause statutaire limitant cette libre cessibilité ;

– vis-à-vis des **tiers**, les parts sociales ne sont en revanche pas librement cessibles. Une telle cession est soumise à la procédure d'agrément, rappelant ainsi le caractère partiellement fermé de cette forme sociale.

L'article L. 223-14 du Code de commerce établit une procédure qui permet d'organiser cette cession. L'objet de la procédure d'agrément est de contrôler l'entrée d'un nouvel associé tout en évitant que l'associé qui souhaite quitter la société ne soit prisonnier de ses parts sociales. L'agrément doit être accordé par la majorité des associés représentant au moins la moitié des parts sociales, à moins que les statuts ne prévoient une majorité plus forte. Si l'agrément est accordé, le cessionnaire devient associé ; si l'agrément est refusé, l'associé peut obliger ses coassociés à lui racheter ou à faire racheter ses parts sociales par un tiers qu'ils désignent et qui ont leur agrément dans un délai de trois mois suivant le refus.

– cessions entre conjoints, ascendants ou descendants, transmission par voie de succession ou par liquidation de communauté, cession à un associé : elles sont libres, sauf clause contraire des statuts.

→ **Modalités de la cession :** la cession doit s'opérer par écrit, avec signification faite à la société et publicité au registre du commerce et des sociétés.

D - Le nantissement des parts sociales

L'ordonnance du 23 mars 2006 relative aux sûretés a modifié les règles régissant le nantissement constitué par un associé pour garantir ses propres dettes ou celles d'un tiers. Si la créance garantie n'est pas payée, le créancier peut devenir propriétaire des parts nanties ou demander la vente forcée des parts. Le cessionnaire doit être alors agréé par les associés.

§ 2 - Les conditions de forme

Elles sont analogues à celles prévues pour les sociétés anonymes ne faisant pas d'offre au public (v. *supra*). Les exigences suivantes sont ainsi requises :

- dépôt des fonds et interdiction de les retirer avant immatriculation au registre du commerce et des sociétés ;
- évaluation des apports en nature dans les statuts (*supra*) ;
- dispense d'assemblée constitutive (mais tous les associés doivent intervenir à l'acte constitutif de la société) ;
- ajouter les conditions de forme communes à toutes les sociétés.

Remarque : la dénomination sociale peut incorporer le nom d'un ou plusieurs associés, suivi de « SARL ».

§ 3 - Les sanctions des conditions de constitution

Ce sont les mêmes sanctions que celles concernant les règles de constitution des sociétés anonymes, bien que très rarement mises en œuvre (v. *supra*).

Section 2 - La vie et les organes de la SARL

§ 1 - La gérance

La SARL doit être obligatoirement gérée par un ou plusieurs gérants, personnes physiques, associés ou non. Le nombre de gérants est librement fixé par les statuts (C. com., art. L. 223-18, al. 1er).

I - Les nominations et révocation de la gérance

A - La nomination

Le gérant est nommé, soit par les statuts, on parle alors de gérant statutaire, soit lors de l'assemblée des associés représentant plus de la moitié des parts sociales, il s'agit d'un gérant non statutaire.

Il est obligatoirement une personne physique, et n'a pas la qualité de commerçant. Il ne doit néanmoins pas être frappé par une incompatibilité ou une interdiction de gérer.

B - Le cumul avec un contrat de travail

La question de savoir si un gérant peut cumuler ses fonctions avec le statut de salarié de la SARL a été vivement débattue. Or, aucune disposition du Code de commerce ne traite de cette question qui se révèle en pratique importante.

Il en résulte un dispositif plutôt souple, plus avantageux que le statut des administrateurs de la société anonyme, le gérant cumulant le statut de salarié et de mandataire social :

- un salarié peut librement être nommé gérant. Il pourra conserver son contrat de travail et ainsi cumuler les deux fonctions, dès lors que l'activité salariée est effective et distincte de la gérance ;

- un gérant en fonction peut conclure avec la société un contrat de travail, sous réserve que ce contrat soit approuvé par les associés selon la procédure des conventions réglementées.

Dans tous les cas, le contrat de travail doit être effectif et distinct des fonctions sociales. Par ailleurs, le gérant salarié doit pouvoir démontrer l'existence d'un lien de subordination. Cette exigence amène ainsi la Cour de cassation a considéré comme nul le contrat de travail passé par un gérant majoritaire, dans la mesure où celui-ci ne peut être dans un lien de subordination.

C - La cessation des fonctions

Le gérant est réputé démissionnaire lorsqu'il atteint la limite d'âge statutaire (ou 65 ans). En l'absence de disposition contraire, le gérant est nommé pour la durée de la société (C. com., art. L. 223-18, al. 3).

Le gérant peut être révoqué à la majorité absolue des parts sociales. Depuis l'ordonnance du 25 mars 2004, les statuts peuvent prévoir une majorité plus élevée. Si la révocation a été faite sans justes motifs, elle donne lieu à des dommages-intérêts (C. com., art. L. 223-25, al. 1er). À cet égard, sa situation est moins précaire que celle de l'administrateur de la société anonyme soumis à la règle de la révocation *ad nutum*.

Le juste motif consiste en une faute de gestion, ou encore, comme la jurisprudence l'affirme, lorsque la mésentente compromet le fonctionnement de la société.

La révocation judiciaire (C. com., art. L. 223-25, al. 2) permet d'éviter l'inamovibilité du gérant majoritaire, à la demande de tout associé, pour « cause légitime ».

II - Les attributions de la gérance

A - Le pouvoir de gérer et d'engager la société

L'article L. 223-18 du Code de commerce distingue les rapports avec les autres associés des rapports avec les tiers :

• **Avec les associés :** tout dépend des statuts, la loi n'ayant qu'une fonction supplétive de volonté. Les statuts peuvent ainsi organiser une gérance collective, en espérant alors que les statuts prévoient une répartition des fonctions entre chacun d'entre eux.

Si les statuts sont muets, le gérant a les mêmes pouvoirs que celui de la société en nom collectif.

• **Avec les tiers :** le gérant engage la société à l'égard des tiers pour les actes ne relevant pas de l'objet social, à moins qu'il ne prouve que le tiers savait que cet acte dépassait l'objet social (C. com., art. L. 223-18, al. 5).

B - Les conventions réglementées

Les conventions conclues entre un gérant ou un associé, directement ou par personne interposée, et la société sont soumises à la procédure de contrôle identique à celle existant dans les sociétés anonymes (C. com., art. L. 223-19). La loi distingue donc les conventions courantes et conclues à des conditions normales, et ainsi non soumises à un contrôle, les conventions interdites (par exemple, le gérant ou un associé se faisant consentir un découvert par la SARL) et celles soumises à la procédure de contrôle.

Celle-ci est fortement inspirée de la procédure de l'article L. 225-38 et s du Code de commerce organisant le contrôle des conventions passées dans la société anonyme.

Le gérant ou l'associé doit ainsi soumettre au commissaire aux comptes, s'il existe, la convention dans le délai d'un mois suivant sa conclusion. Le commissaire aux comptes établit un rapport soumis à l'assemblée générale, qui devra approuver ou non la convention, sans que l'intéressé ne puisse prendre part au vote. Les conventions non approuvées ne sont pas nulles. Seules conditions préjudiciables pour la SARL seront mises à la charge du gérant ou de l'associé.

III - Les responsabilités de la gérance

On ne peut manquer de rapprocher la situation du gérant de la SARL de celle des administrateurs de la société anonyme. Il encourt ainsi les responsabilités civile, pénale et patrimoniale.

A - La responsabilité civile

Le gérant répond contractuellement et délictuellement de sa mauvaise gestion envers les associés et envers les tiers. Le régime de l'action en responsabilité obéit aux mêmes règles que celles pour la société anonyme (action individuelle et action sociale, *ut universi* ou *ut singuli*). L'action se prescrit par 3 ans, à compter du fait dommageable ou de sa révélation en cas de dissimulation (C. com., art. L. 223-23).

En cas de pluralité de gérants, ils sont responsables individuellement ou solidairement, selon les cas.

À l'égard des tiers, la responsabilité personnelle du ou des gérants ne sera recherchée qu'autant qu'ils ont commis une faute détachable de leurs fonctions. La Chambre commerciale de la Cour de cassation a pu définir dans une décision de principe du 20 mai 2003 la notion de faute séparable ou détachable des fonctions dès lors que « *le dirigeant commet intentionnellement une faute d'une particulière gravité, incompatible avec l'exercice normal des fonctions sociales* ». Une faute non détachable des fonctions aura vocation à être prise en charge par la société personne morale.

B - La responsabilité pénale

Malgré le mouvement de dépénalisation du droit des sociétés, les sanctions pénales demeurent nombreuses et efficaces. Dans le cadre de la SARL, la responsabilité pénale consiste essentiellement en l'abus de biens sociaux. L'article L. 241-3-4° du Code de commerce frappe d'une amende pouvant atteindre 375 000 € et d'une peine d'emprisonnement pouvant aller jusqu'à 5 ans, le ou les gérants ayant commis un tel délit ou encore auront procédé à une distribution de dividendes fictifs.

C - Les responsabilités en cas de sauvegarde, de redressement ou de liquidation judiciaire de la société

• La responsabilité sera le plus souvent recherchée parce que le gérant se sera porté caution, à titre personnel, envers un établissement de crédit. En cas d'ouverture d'une procédure de redressement ou de liquidation judiciaire, la banque se retournera contre lui (C. com., art. L. 622-28).

• Responsabilité pour insuffisance d'actif : dès lors que la liquidation fait apparaître une insuffisance d'actif, le juge peut décider que tout ou partie des dettes sociales peut être supporté par le ou les gérants de droit ou de fait si une faute de gestion a contribué à cette insuffisance (C. com., art. L. 651-2 al. 1 nouv.).

Cette action en responsabilité patrimoniale vise à réparer le préjudice subi par le débiteur.

• Faillite personnelle et banqueroute : elle est facultative (C. com., art. L. 653-1 et s.). Elle emporte interdiction de diriger, gérer ou administrer, toute entreprise commerciale. Dans les cas les plus graves, le gérant s'expose à la banqueroute (C. com., art. L. 654-1 et s.) avec un emprisonnement pouvant aller jusqu'à 5 ans.

§ 2 - Les associés

• Les droits et obligations des associés de la SARL sont très proches de ceux des actionnaires de la société anonyme.

• Chaque associé dispose d'un nombre de voix proportionnel aux parts sociales qu'il possède (C. com., art. L. 223-28, al. 1er). Tout associé a le droit de participer aux décisions sociales. Depuis la loi NRE, deux membres du comité d'entreprise peuvent assister aux assemblées.

• Les statuts fixent le mode de consultation (assemblée, consultation écrite possible, ou consentement de tous les associés, exprimé dans un acte sous seing privé ou notarié, vidéoconférence). L'article 223-26 du Code de commerce permet aux associés de poser par écrit des questions au gérant, qui doit y répondre au cours de l'assemblée générale.

I - La vie sociale normale

• La communication des comptes de l'exercice doit être faite avant l'assemblée.

• Les décisions appartiennent à la collectivité des associés, lesquels décident à la majorité des parts sociales (sauf stipulation statutaire prévoyant une majorité plus élevée). L'assemblée des associés doit se réunir de façon obligatoire une fois par an pour approuver les comptes de l'exercice ou sur la demande d'associés.

• Les décisions sont en principe prises par l'assemblée générale (C. com., art. L. 223-27, al. 1er). Les principales décisions sont l'affectation des bénéfices (réserve légale comme dans la société anonyme), l'approbation des conventions conclues entre la société et un associé.

II - La modification des statuts

• Depuis la loi du 2 août 2005, un quorum du quart des parts sociales sur première convocation et du cinquième sur deuxième convocation est requis.

• Les décisions sont prises à la majorité des 2/3 des parts sociales. L'unanimité est exigée pour certaines décisions telles que le changement de nationalité, certaines transformations de la SARL (en société en nom collectif, par ex.) ou l'augmentation des engagements des associés.

§ 3 - Le commissaire aux comptes et l'expert de gestion

I - Le commissaire aux comptes

• La nomination d'un commissaire aux comptes est exigée dès lors que la société, à la clôture d'un exercice, répond à deux des trois critères suivants : bilan supérieur à 1 550 000 €, montant hors taxes du chiffre d'affaires supérieur à 3 100 000 € et nombre moyen de salariés au cours de l'exercice supérieur à 50.

La nomination est également requise lorsque des associés représentant au moins la moitié des parts sociales, ou un ou plusieurs associés représentant au moins 1/10 du capital la demandent et l'obtiennent en justice (Président du tribunal de commerce statuant en référé).

• Les missions et les responsabilités du commissaire aux comptes dans la SARL sont analogues à ceux du commissaire aux comptes de la société anonyme, y compris en ce qui concerne la durée de ses fonctions (6 ans).

II - L'expert de gestion

Il est possible de demander la nomination d'un expert de gestion (procédure décrite au C. com., art. L. 223-26). Le statut, la mission sont identiques à ceux de l'expert de gestion dans la société anonyme. En particulier, la demande de nomination peut être faite par les associés (1/10e du capital social), le ministère public ou le comité d'entreprise.

L'expertise de gestion sera le plus souvent demandée dans le cadre de la SARL par les associés minoritaires soucieux de difficultés financières.

Section 3 - La transformation et la dissolution de la SARL

§ 1 - La transformation

• Le principe général énoncé par l'article L. 210-6 du Code de commerce est que la transformation régulière d'une société n'entraîne pas la création d'une personne morale nouvelle.

• Transformations et majorités requises : la SARL peut se transformer en société anonyme, par un vote à la majorité des 3/4 des parts sociales. La SARL peut être transformée en société en nom collectif, en commandite simple ou par actions ou encore en SAS à l'unanimité des associés.

• Depuis la loi du 1er août 2003, l'intervention d'un commissaire à la transformation n'est nécessaire que dans l'hypothèse où la SARL se transforme en société par actions et qu'elle n'est pas dotée d'un commissaire aux comptes.

§ 2 - La dissolution

• Les causes générales de dissolution de société s'appliquent à la SARL.

• En revanche, les causes de dissolution tenant à la personne des associés, tel que le décès, ne sont pas pertinentes. En effet, les parts sociales se transmettent aux successeurs à cause de mort. Une clause statutaire contraire est permise en cas de décès.

• La perte de la moitié du capital social non régularisée dans les deux ans est également une cause de dissolution (C. com., art. L. 223-42).

• Enfin, l'augmentation du nombre des associés au-dessus de cent, si la situation n'est pas régularisée dans un délai de deux ans (C. com., art. L. 223-3), entraîne aussi la dissolution.

Chapitre 2
La société à responsabilité limitée unipersonnelle (EURL)

L'essentiel

Origine : *la loi du 11 juillet 1985 a créé l'entreprise avec un associé unique sous la forme d'une SARL (la dénomination d'entreprise unipersonnelle à responsabilité limitée ou EURL, d'utilisation courante, n'est pas légale). Cet outil cohabite désormais avec l'EIRL, qui offre à l'entrepreneur individuel un cadre alternatif d'exercice de son activité professionnelle.*

Objectif : *permettre à un exploitant individuel de limiter sa responsabilité en créant seul une personne morale qui assume la charge et les risques de l'exploitation, sans avoir à recourir comme avant à des sociétés pluripersonnelles fictives dont il était en fait le seul maître.*

Cette loi avait déjà entraîné un bouleversement profond du droit des sociétés qui désormais ne s'analyse plus nécessairement en un contrat mais en une institution résultant d'un acte unilatéral de volonté.

Le modèle subit la concurrence de la SASU (v. supra), et de l'EIRL depuis la loi du 15 juin 2010.

Section 1 – La constitution de l'EURL

La constitution peut s'opérer de deux manières.

§ 1 – La création *ab initio* d'une EURL

Elle procède de « l'acte de volonté » du constituant unique (art. 1832, al. 2 C. civ.). Pratiquement, la création est soumise aux mêmes conditions de fond et de forme que celles exigées pour une SARL, sauf adaptations nécessaires à l'existence d'un seul associé. Les particularités par rapport à la SARL pluripersonnelle sont les suivantes.

I – Les conditions de fond

Elles sont essentiellement relatives aux associés :

- Ce doit être une personne physique ou personne morale, sous une réserve (dissolution par le tribunal de commerce à la demande de tout intéressé si cette réserve n'est pas respectée) : une EURL ne peut être associée unique d'une autre EURL (C. com., art. L. 223-5, al. 1er).
- Le capital social, comme celui de la SARL, peut n'être que d'un euro. Il peut être constitué par des apports en numéraire et en nature (exigeant alors un commissaire aux apports qui sera alors désigné par l'associé unique).

- Le statut fiscal diffère selon que l'associé unique est :
  - une personne physique : « translucidité » de l'EURL ;
  - une personne morale : assujettissement à l'impôt sur les sociétés de l'EURL.

II - Les conditions de forme

À défaut de reprise dans les statuts des actes passés pour le compte de la société en formation, la reprise est possible par décision unilatérale de l'associé après l'immatriculation de l'EURL au Registre du commerce et des sociétés.

§ 2 - La transformation d'une société en EURL

En cours de vie sociale, l'EURL peut résulter de la réunion de toutes les parts d'une SARL pluripersonnelle en une seule main.

Section 2 - La vie et les organes de l'EURL

§ 1 - Le gérant

L'associé unique peut être gérant, sauf s'il est une personne morale, ou désigner un tiers comme gérant. La réglementation prévue pour les gérants de la SARL pluripersonnelle est applicable.

Si l'associé unique est gérant, il doit veiller à séparer la gestion de son patrimoine privé de celle du patrimoine social de l'EURL. À défaut, ses biens personnels répondraient des dettes sociales.

Le gérant est investi à l'égard des tiers des pouvoirs les plus étendus pour agir en toutes circonstances au nom de la société.

Les fonctions de gérant peuvent être gratuites ou rémunérées.

§ 2 - L'associé unique

- L'associé unique peut être une personne physique ou une personne morale (C. com., art. L. 223-1).

- Il exerce les pouvoirs dévolus à l'assemblée des associés dans les SARL pluri-personnelles (C. com., art. L. 223-1, al. 2).

- Les décisions prises par l'associé unique (sans possibilité de délégation) doivent être consignées dans un registre à peine de nullité, le registre tenu est au siège social.

- Une publicité des décisions semblable à celle des décisions d'assemblées de SARL pluripersonnelles est organisée.

I - La vie sociale courante

- La communication des comptes et documents sociaux s'effectue comme dans les SARL pluripersonnelles si l'associé unique n'est pas gérant.

• Les principales décisions sont l'approbation annuelle des comptes et l'affectation des bénéfices (comme dans la SARL pluripersonnelle, etc.).

• Les conventions de l'associé unique ou le gérant avec la société sont soumises aux dispositions concernant les SARL.

II - Les modifications statutaires

Elles sont effectuées par décision unilatérale de l'associé unique.

§ 3 - Les commissaires aux comptes

On applique les mêmes règles que pour la SARL pluripersonnelle : l'EURL n'est tenue à un commissaire aux comptes que si, à la clôture d'un exercice, elle dépasse l'un des trois seuils suivants : total de bilan 1 550 000 €, chiffre d'affaires hors taxe de 3 100 000 € ou nombre de 50 salariés.

Section 3 - La dissolution de l'EURL

Les causes de dissolution de l'EURL sont les mêmes que celles de la SARL pluripersonnelle, à l'exception de celles qui impliquent l'existence de plusieurs associés pour les cas de mésentente entre associés (v. *supra*, Droit commun des sociétés commerciales, Causes de dissolution, Dissolution judiciaire).

Depuis la loi NRE du 15 mai 2001, il n'y a plus de transmission universelle du patrimoine lorsque l'associé unique est une personne physique.

Titre 5
Les sociétés diverses

À côté des sociétés commerciales traditionnelles évoquées précédemment, il y a lieu d'examiner d'autres structures sociales, les sociétés privées, les sociétés du secteur public ainsi que les sociétés internationales.

Chapitre unique
Présentation générale

L'essentiel

Observation préliminaire : *on observe une tendance du législateur moderne à une diversification des sociétés en fonction de leur objet ou de la personne de leurs associés.*

Section 1 – Les sociétés privées

§ 1 – Les formes communes à toutes les entreprises ou des dispositions maintenues de la loi de 1867

I – La société anonyme à participation ouvrière

La loi du 26 avril 1917 dite « loi Briand », du nom de l'ancien Président du conseil de la IIIe République, a ajouté un titre VI à la loi du 24 juillet 1867. La société anonyme à participation ouvrière est une variété de société anonyme où coexistent deux types d'actions, des actions de capital classiques d'une part et des actions de travail d'autre part (C. com., art. L. 225-260), au sein de laquelle existe une structure dénommée « société coopérative de main d'œuvre ».

Objectif : organiser la participation des travailleurs aux bénéfices de l'entreprise. Cette structure a été créée à une époque où il n'existait aucun mécanisme de représentation des salariés. Cette structure n'a plus en pratique aucun succès.

Caractères : la société est caractérisée par la présence de deux catégories d'actions :

– actions de capital (droit commun) ;

– actions de travail, propriété collective de « la société coopérative de main-d'œuvre » – (avec participation aux assemblées générales et au conseil d'administration).

Les actions de travail sont la propriété collective du personnel salarié (ouvriers et employés), constitué en société commerciale coopérative de main-d'œuvre, laquelle comprend obligatoirement et exclusivement tous les salariés.

II – La société à capital variable

Elle figure dans le Titre III de la loi du 24 juillet 1867.

C'est une forme applicable à toutes les sociétés (le plus souvent, société anonyme), caractérisée par la variabilité du capital. Ce n'est donc pas un type de société autonome et elle est soumise aux règles propres suivant sa forme (SARL, SA, SAS...).

Loi NRE du 15 mai 2001 a supprimé, pour toutes les sociétés à capital variable autres que la coopérative, la possibilité de ne verser, lors de la constitution de la société, que le dixième du montant du capital fixé dans les statuts.

Cette structure est fréquemment utilisée pour les sociétés coopératives. Elle permet ainsi :

• **Par l'augmentation de capital :** l'admission de nouveaux associés, ou de nouveaux versements.

• **Par la réduction de capital :** le retrait d'un associé, ou une faculté exceptionnelle d'exclusion.

Elle exige une publicité particulière de la clause de variabilité du capital.

En revanche, on ne procède ni au dépôt ni à la publication des actes constatant les augmentations ou les diminutions de capital social.

§ 2 - Les sociétés ayant pour objet certaines activités

C'est là un phénomène caractéristique du droit moderne qui favorise la multiplication des formes de sociétés applicables à une activité déterminée (sociétés d'assurance et de capitalisation, sociétés de banque et de crédit, sociétés d'investissement). On retiendra à titre d'exemple les sociétés coopératives.

La société coopérative, dans son essence, constitue une réponse critique aux structures capitalistes puisque l'objectif n'est pas de générer des profits qu'à promouvoir l'activité des membres de la société coopérative, ou à leur procurer des biens ou des services à un moindre coût.

Considérée par le législateur comme une société et non comme une association, la société coopérative doit choisir la forme d'une société commerciale, le plus souvent une société anonyme, ou d'une société civile. Néanmoins, elle déroge au droit commun des sociétés sur de nombreux aspects.

Par ailleurs, elle est caractérisée par la qualité des associés : ce sont, soit des travailleurs au service de la société (coopérative de production), soit des fournisseurs de la société (coopérative de vente), soit des clients (coopérative de consommation). Elle tend à la suppression du patronat ou des intermédiaires.

I - Les règles de principe

Le statut général repose sur les principes essentiels de « l'idéal coopératif », idéal quasi humaniste en rupture avec l'approche capitaliste. Il en résulte certaines conséquences essentielles :

– le principe d'exclusivité : les services de la coopérative sont réservés à ses membres ;

– la suppression du profit capitaliste : il n'y a pas de répartition de bénéfices ;

– la gouvernance : l'organisation de l'administration, en particulier le rôle actif des associés, est démocratique. Le principe est celui d'« un membre une voix », quel que soit le montant de l'apport effectué ;

– la double qualité des membres : ils sont à la fois associé et coopérateur, ce qui génère des obligations de faire, les associés étant des contractants.

II - La réglementation

• La société coopérative peut accueillir toute forme de société.

• Il existe un statut général de la coopération.

• Différents statuts particuliers sont établis, en fonction des différentes coopératives de production, de consommation, de crédit.

• On opère une combinaison nécessaire entre :
- d'une part, la forme générale ;
- d'autre part, le statut coopératif général ;
- enfin, le statut particulier à une coopérative déterminée.

• Le caractère fermé de la coopérative : elle est en principe inaccessible aux non-coopérateurs, la coopérative ne fonctionnant qu'au bénéfice de ses seuls membres.

Section 2 - Les sociétés du secteur public

L'intervention de l'État dans le fonctionnement des sociétés constitue une caractéristique du droit moderne, en particulier en France. Elle est plus ou moins étendue et peut prendre la forme :
- d'un contrôle (sociétés contrôlées) ;
- d'une participation (sociétés d'économie mixte) ;
- d'une nationalisation (sociétés nationalisées) : sociétés dont le capital appartient exclusivement à l'État ou à des personnes morales relevant du secteur public.

§ 1 - Le contrôle

La forme traditionnelle de l'intervention de l'État respecte en principe le caractère privé de la société.

Ce contrôle s'explique par des considérations diverses :
- sociétés bénéficiaires d'un privilège ;
- sociétés d'intérêt public (concession d'un service public) ;
- sociétés diverses d'intérêt général (sociétés professionnelles ; sociétés de développement régional…).

§ 2 - Les sociétés d'économie mixte

Elle consiste en l'association de l'État (ou d'une autre collectivité publique) et de capitalistes privés dans le cadre d'une société (compromis entre le socialisme d'État et le libéralisme).

Elle emporte ainsi une double intervention de l'État, en qualité d'actionnaire (État actionnaire) et en qualité d'administrateur.

La condition juridique de l'État actionnaire ou de l'État administrateur est profondément dérogatoire au régime traditionnel. Ce rôle peut être encore plus important dans le cadre des sociétés d'économie mixte locales.

§ 3 - Les sociétés nationalisées

La nationalisation est le transfert à la nation en toute propriété d'une exploitation privée pour des motifs d'intérêt général.

Trois périodes de nationalisations se sont succédé, largement mises en échec par les privatisations engagées par les lois des 2 juillet et 6 août 1986, puis par celles de juillet 1993, de 1995, 1997 et 2003 :

– les nationalisations du lendemain de la Seconde guerre mondiale ;

– les nationalisations socialistes (L. 11 févr. 1982).

Section 3 - Les sociétés en matière internationale

§ 1 - Les sociétés françaises et la participation étrangère

I - L'autorisation d'investir en France et le décret du 14 mai 2014

• L'autorisation d'investir en France est applicable à l'investissement direct consistant essentiellement en la prise de contrôle d'une activité économique exercée en France au-delà de 20 % (sociétés dont les actions sont admises aux négociations sur un marché réglementé) ou 33,33 % du capital.

Depuis le décret du 7 mars 2003, seuls étaient soumis à autorisation préalable les investissements directs étrangers de nature à mettre en cause l'ordre public ou la sécurité publique (défense nationale, cryptologie...).

• Néanmoins, un décret récent relatif aux investissements étrangers soumis à autorisation préalable, pris le 14 mai 2014 dans le contexte du dossier Alstom, renforce le dispositif jusqu'alors existant. À onze secteurs déjà considérés comme stratégiques, le décret en ajoute cinq autres pour lesquels les investissements étrangers en France sont désormais soumis à l'autorisation du Ministre de l'Économie (approvisionnement en énergie, en eau, exploitation des réseaux et des services de transport, de communications électroniques, d'installation d'importance vitale et santé publique).

Le régime de l'autorisation préalable s'applique aux investissements étrangers réalisés dans des secteurs identifiés.

Ces dispositions rappellent combien l'entrée dans le capital d'un investisseur étranger est désormais considérée comme un enjeu économique et social important.

La définition de l' « investissement étranger » repose sur un double critère, son origine géographique et la nature de l'opération.

En pratique, l'Administration conditionne son autorisation à des engagements de l'investisseur, généralement consentis sur une longue durée et consistant principalement à préserver l'emploi et les savoir faire.

Ce nouveau décret renforce les possibilités de négociation État-investisseur introduites en 2005 avec la mise en place d'une autorisation sous condition d'engagements.

II - Les formalités requises des dirigeants étrangers

• L'ordonnance du 25 mars 2004 a supprimé l'obligation pour les ressortissants étrangers qui exercent en France une profession commerciale, artisanale ou industrielle de posséder une carte de commerçant étranger. Elle est remplacée par l'obtention d'une autorisation préalable à l'exercice de cette activité par le préfet du département dans lequel est exercée l'activité.

• Carte de séjour : carte temporaire ou titre de résident.

§ 2 - Les sociétés étrangères

Le phénomène d'internationalisation des sociétés cotées est un fait marquant de ces dernières années. La difficulté majeure est alors celle du rattachement de la société commerciale à un état donné. Surtout, l'offre faite au public contribue à une ouverture telle du capital des grandes sociétés que la notion de société française peut devenir artificielle.

I - La reconnaissance des sociétés étrangères

A - L'Union européenne

L'article 48 du traité de Rome (instituant la CEE) reconnaît automatiquement en France les sociétés ressortissantes des États de l'Union européenne.

• **Sociétés de personnes :** elles bénéficient de plein droit de la personnalité morale en France dès lors qu'elles en bénéficient selon leur législation nationale.

• **Sociétés anonymes :** la reconnaissance n'a pas eu lieu de plein droit, sauf pour les sociétés ressortissantes d'États de l'Union européenne.

– Reconnaissance par la loi du 30 mai 1857 au profit des sociétés belges ;

– Reconnaissance par voie de décret collectif visant un pays déterminé (pris en application de l'art. 2 L. 30 mai 1857) ;

– Reconnaissance dans le cadre d'un traité diplomatique (v. *supra*).

B - Les sociétés non reconnues (exception)

Elles sont considérées comme des sociétés de fait.

II - La situation juridique

• La personnalité morale d'une société n'est pas plus étendue en France que dans le pays dont la société a la nationalité.

• La personne morale étrangère jouit en France des droits reconnus aux étrangers, à l'exclusion de ceux réservés aux Français.

§ 3 - Les sociétés internationales

Le développement des institutions internationales a conduit à la reconnaissance de véritables sociétés internationales.

Principe : la notion même de société internationale est exclue, puisqu'une loi nationale est nécessaire pour conférer à une société la personnalité morale.

Exception : elle consiste en l'existence d'établissements publics industriels de forme commerciale dotés d'un statut propre.

Exemples essentiels : Banque de règlements internationaux, Société européenne pour le financement du matériel ferroviaire, la BIRD, les entreprises communes de l'Euratom...

Titre 6

Le groupement d'intérêt économique

Définition : *le groupement d'intérêt économique français ou GIE est une forme juridique créée par l'ordonnance du 23 septembre 1967. Il regroupe certaines activités semblables ou complémentaires de plusieurs entreprises (ex. : vente, exportation, recherche). Il n'a pas nécessairement un but lucratif.*

Caractéristiques : *une très grande liberté est laissée aux parties pour organiser le groupement. Il a la personnalité morale et la pleine capacité juridique. Sa constitution est possible sans capital. La loi du 1er mars 1984 alourdit cependant le fonctionnement des GIE de taille importante. Une loi du 13 juillet 1989 a apporté des innovations importantes entraînant un léger regain d'intérêt pour cette structure. Parallèlement a été institué un groupement d'intérêt économique européen, introduit en droit français le 1er juillet 1989.*

Chapitre 1
Le groupement d'intérêt économique français

L'essentiel

Le groupement d'intérêt économique (GIE) répond aux besoins d'un marché élargi, en permettant aux entreprises de mettre en commun certaines de leurs activités tout en conservant leur autonomie. À mi-chemin entre la société commerciale et l'association, la caractéristique majeure est la liberté qui est laissée aux parties pour l'organisation du groupement. Doté de la personnalité morale, le GIE impose seulement quelques règles concernant l'administration et le contrôle. Il permet ainsi le regroupement de personnes et de moyens, et à cet égard ressemble à la société commerciale, tout en s'en distinguant par certains aspects. Après avoir connu un succès certain au moment de sa création par l'ordonnance du 23 septembre 1967, le GIE observe un recul, en conséquence de certains inconvénients (non-reconnaissance par la Cour de cassation de la propriété commerciale) ou de l'apparition de structures concurrentes (en particulier la SAS).

***Définition :** le groupement d'intérêt économique est un contrat, conclu entre plusieurs personnes physiques ou morales, et dont l'objectif est de développer une activité commune.*

Section 1 – La constitution du GIE

§ 1 – Les conditions de fond

I – L'objet et les membres du GIE

Le groupement doit avoir pour objet de « faciliter ou développer l'activité économique de ses membres, améliorer ou accroître les résultats de cette activité ; il n'est pas de réaliser des bénéfices pour lui-même. » (C. com., art. L. 251-1, al. 2).

Le texte pose certaines exigences :

• Le GIE doit être un prolongement de l'activité économique de ses membres et ne doit pas se substituer à ses membres.

• Il jouit de la personnalité morale à dater de son immatriculation au registre du commerce et des sociétés. Si la portée de celle-ci est restreinte que pour les sociétés, le GIE peut néanmoins être titulaire d'un bail commercial (C. com., art. L. 251-5).

• Il doit avoir un but économique, ce qui englobe l'activité des professions libérales.

• L'objet du GIE peut être commercial ou purement civil, selon son activité. Il doit avoir un objet licite.

• **Les membres du GIE :** ils doivent être au minimum deux (personnes physiques ou morales de nationalité française ou étrangère), et avoir la pleine capacité civile.

II - Le capital social et la dénomination

• Les apports peuvent être en numéraire, en nature, alors même que le GIE est constitué sans capital social.

• Il est en effet possible qu'il n'y ait pas de capital social (C. com., art. L. 251-3, al. 1). Si un capital est prévu, la liberté est laissée aux membres d'organiser sa composition, le mode de libération des apports, la représentation des droits dans le capital. La conséquence est que tous les membres du GIE sont tenus indéfiniment et solidairement au passif.

• La dénomination est obligatoire et doit être suivie des mots : « *GIE régi par l'ordonnance du 23 sept. 1967* ».

§ 2 - Les conditions de forme et de publicité

• La rédaction par écrit (statuts) sous seing privé ou notarié du contrat de GIE est requise. Elle doit contenir certaines indications (C. com., art. L. 251-8).

• Le dépôt des statuts et l'immatriculation au Registre du commerce et des sociétés sont également nécessaires. Le groupement est doté de la personnalité morale à compter de son immatriculation.

Section 2 - Le fonctionnement du GIE

L'ordonnance de 1967 n'impose que quelques dispositions sur le fonctionnement du GIE.

§ 1 - Les administrateurs

Il peut y avoir un ou plusieurs administrateurs.

I - La nomination et la révocation

Les administrateurs doivent être des personnes physiques ou morales. Les personnes morales doivent désigner un représentant permanent (C. com., art. L. 251-11). Pour le reste, liberté est laissée aux fondateurs d'organiser l'administration du groupement.

II - Les pouvoirs et responsabilités

Les pouvoirs sont attribués dans les statuts ou par l'assemblée des membres. À l'égard des tiers, les administrateurs ont les pouvoirs les plus étendus.

Les administrateurs sont responsables envers les membres du groupement, en qualité de mandataire, en cas de violation de la loi ou des statuts et en cas de faute de gestion.

Si le groupement compte 100 salariés au plus, à la clôture d'un exercice, les administrateurs doivent établir divers documents d'analyse dans des rapports écrits communiqués aux commissaires aux comptes et au comité d'entreprise. Des demandes d'explications sur certains faits peuvent être formulées.

§ 2 - Les assemblées

À nouveau, les règles impératives sont peu nombreuses.

• Les statuts fixent les modalités de convocation. Toutefois, l'assemblée doit être obligatoirement réunie à la demande d'un quart au moins du nombre des membres.

• Les assemblées (éventuellement ordinaires et extraordinaires) sont habilitées à prendre toutes décisions dans les conditions déterminées par le contrat (C. com., art. L. 251-10). Les statuts fixent les conditions de tenue, de quorum et de majorité.

Néanmoins, l'assemblée doit être obligatoirement tenue à la demande d'un quart au moins des membres du GIE (C. com., art. L. 251-10).

§ 3 - Les organes du contrôle de la gestion et des comptes du GIE

I - Le contrôle de gestion

• Il doit être confié à des personnes physiques. Il porte sur la régularité et l'opportunité de la gestion, et doit s'exercer dans le respect du contrat constitutif du groupement.

• Les statuts fixent les conditions de nomination des contrôleurs et d'exercice du contrôle. Toutefois, en cas d'émission d'obligations, l'assemblée doit nommer les contrôleurs.

II - Le contrôle des comptes

Il consiste dans le contrôle de la régularité et de la sincérité des comptes.

Distinction :

• Si le groupement compte 100 salariés au plus à la clôture d'un exercice ou s'il a émis des obligations, un contrôleur est nommé par l'assemblée sur la liste des commissaires aux comptes pour une durée de six exercices (v. *supra*, Commissaires aux comptes de société anonyme, avec les adaptations nécessaires).

• Sinon, les statuts disposent librement.

§ 4 - Les membres du GIE

Principe : les membres bénéficient des services fournis par le GIE.

• Les droits des membres ne peuvent être représentés par des titres négociables. En revanche ils peuvent l'être par des parts.

• Ils sont tenus responsables des dettes personnellement et solidairement. Les bénéfices sont répartis entre les participants suivant le contrat constitutif du GIE.

• Entrée et droit de retrait : le GIE peut accueillir de nouveaux membres dans les conditions fixées par le contrat. Les membres bénéficient d'un droit de retrait, sous réserve d'avoir exécuté leurs obligations (C. com., art. L. 251-9). Le retrait suppose une cession des parts du groupement, qui s'apparente à la cession de parts sociales de sociétés de personnes.

Section 3 - La dissolution et la liquidation du GIE

§ 1 - Les causes de dissolution

Les causes de dissolution sont les suivantes :

- expiration du terme fixé dans les statuts ;
- réalisation ou extinction de l'objet ;
- décision de l'assemblée ;
- décision judiciaire pour de justes motifs ;
- décès d'un membre ou dissolution (personne morale) ;
- incapacité, faillite personnelle, interdiction applicable à un membre, sauf si les statuts écartent cette cause.

§ 2 - La liquidation

• La dissolution entraîne liquidation du GIE. La personnalité morale subsiste pour les besoins de la liquidation (C. com., art. L. 251-21).

• Les conditions de la liquidation sont fixées librement dans le contrat.

Chapitre 2
Le groupement européen d'intérêt économique

L'essentiel

> ***Hypothèse*** *: un GEIE a son siège en France et est constitué par des membres d'États différents de l'Union européenne.*
> *Le régime de ce groupement résulte alors d'une combinaison entre le droit communautaire (Règl. 25 juill. 1985) et le droit national (L. 13 juin 1989), en application de l'article 2, al. 1er du règlement.*
> ***Définition*** *: la définition juridique du groupement européen d'intérêt économique est donnée par l'article 3 du règlement : « Le but du groupement est de faciliter ou de développer l'activité économique de ses membres, d'améliorer ou d'accroître les résultats de cette activité ; il n'est pas de réaliser des bénéfices pour lui-même. Son activité doit se rattacher à l'activité économique de ses membres et ne peut avoir qu'un caractère auxiliaire par rapport à celle-ci ».*

Section 1 - La constitution du GEIE

§ 1 - Les conditions de fond

Le GEIE procède d'un contrat. La loi applicable à ce contrat (sauf pour l'état et la capacité des personnes) est la loi de l'État du siège fixé par le contrat.

I - L'objet social et le capital social du GEIE

• L'objet du groupement est le même que celui d'un GIE (*supra*, titre 1). Le GEIE a ainsi un caractère civil ou commercial selon son objet.

• On applique les règles du GIE, qui peut donc être constitué avec ou sans capital. Il ne peut faire une offre au public.

II - Le siège social et la dénomination du GEIE

• Mentionné dans le contrat constitutif, il doit être situé dans l'Union européenne. Les règles de détermination du siège (art. 12 Règl.) sont applicables, soit :
- le lieu où le groupement a son administration centrale ;
- le lieu où l'un des membres a son administration centrale ou son activité principale si le groupement y a une activité réelle.

Le siège du groupement peut être transféré à l'intérieur de la CEE.

• Celle-ci est obligatoire et doit, sur tous « actes, lettres, notes et documents similaires », être précédée ou suivie des mots « groupement européen d'intérêt économique » ou du sigle « GEIE », à peine d'amende (L. 13 juin 1989, art. 11).

III - Les membres du GEIE

• Un GEIE doit être composé au moins de deux ou plusieurs personnes, physiques ou morales (sociétés ou entités juridiques ayant leur siège ou leur administration centrale dans l'Union européenne) d'États différents de l'Union européenne.

• La démission intervient dans les conditions prévues au contrat de groupement ou, à défaut, avec l'accord unanime des membres. Tout membre peut cependant démissionner pour juste motif.

• L'exclusion peut intervenir dans les cas prévus dans le contrat de groupement ou lorsqu'un membre contrevient gravement à ses obligations ou menace de troubler gravement le fonctionnement du groupement.

• L'admission de nouveaux membres s'effectue à l'unanimité des membres du groupement.

§ 2 - Les conditions de forme et de publicité

Outre la rédaction d'un écrit, il y a lieu de procéder à l'immatriculation et à la publicité du GEIE.

I - L'immatriculation

Obligation : le GEIE, dès lors qu'il a son siège en France, doit requérir son immatriculation au Registre français du commerce et des sociétés (art. 6 Règl.). Le GEIE est immatriculé dans l'État de son siège.

Effets de l'immatriculation :

• Le groupement acquiert la personnalité morale et, par voie de conséquence, la pleine capacité juridique (art. 2 Règl.).

• Le groupement peut reprendre les actes accomplis en son nom avant l'immatriculation. À défaut, ceux qui les ont accomplis sont solidairement et indéfiniment responsables.

II - La publicité

Elle est double, à la fois nationale et communautaire.

A - Nationale

Publication au BODACC des mentions devant figurer au contrat, du numéro, de la date et du lieu d'immatriculation, et des actes ou indications soumis également au dépôt au registre du commerce.

B - Communautaire

Publication à l'Office des publications officielles des communautés européennes de la constitution du GEIE (avec les références d'immatriculation au registre du commerce).

Section 2 - Le fonctionnement du GEIE

Le règlement et la loi du 13 juin 1989 prévoient trois organes obligatoires, outre ceux prévus éventuellement par le contrat de groupement.

§ 1 - Les gérants

Le groupement est administré par un ou plusieurs gérants, qui sont des personnes physiques ou morales. Si une personne morale est nommée gérant, elle doit nommer un représentant permanent. Les gérants agissent collégialement.

I - La nomination et la révocation

Les fondateurs (contrat de groupement) ou les membres du groupement (décision unanime) déterminent les conditions de nomination et de révocation du ou des gérants dans le contrat. À défaut, nécessité d'une décision unanime des membres.

II - Les pouvoirs et la responsabilité

A - Les fondateurs

Les fondateurs (contrat de groupement) ou les membres du groupement (décision unanime) fixent les pouvoirs et attributions du ou des gérants. À l'égard du groupement, la responsabilité personnelle des gérants est engagée s'ils dépassent les limites de leur mandat.

À l'égard des tiers, chaque gérant engage le groupement, même en dehors des limites de l'objet du groupement, sauf si le tiers connaissait ce dépassement de pouvoir ou ne pouvait l'ignorer.

Le contrat de groupement peut prévoir que celui-ci n'est valablement engagé que par deux ou plusieurs gérants agissant conjointement. La clause est valable si elle est publiée.

B - Les obligations comptables

Ce sont celles de l'administrateur du GIE (*supra*) (L. 13 juin 1989, art. 7 et 21).

C - Les responsabilités

Les responsabilités sont celles de l'administrateur du GIE (*supra*) (L. 13 juin 1989, art. 7 et 21). Les membres du GEIE répondent indéfiniment et solidairement des dettes de toute nature de celui-ci.

§ 2 - Les assemblées

« *Les décisions collégiales du groupement… sont prises par l'assemblée des membres du groupement…* » (L. 13 juill. 1989, art. 4).

Disposition supplétive : « les statuts peuvent stipuler que ces décisions, ou certaines d'entre elles, pourront être prises sous forme de consultation écrite » (C. com., art. L. 252-4).

• Les décisions extraordinaires sont prises à l'unanimité des membres. La liste est établie par l'article 17, al. 2, du règlement (ex. : modifier l'objet du groupement, le nombre de voix attribué à chaque membre, leur part contributive au financement, les conditions de prise de décision, etc.).

• Les décisions ordinaires (« toute décision en vue de la réalisation de l'objet du groupement ») sont prises aux conditions de quorum et de majorité prévues par le contrat de groupement ou à défaut, à l'unanimité (art. 16, al. 2 Règl.).

§ 3 - Les organes de contrôle des comptes du GEIE

Les dispositions relatives au GIE s'appliquent. Le GEIE est soumis aux obligations comptables et au contrôle des comptes applicables aux GIE français (C. com., art. L. 252-7).

§ 4 - Les membres du GEIE

• Le groupement ne peut faire d'offre au public. Les droits des membres ne peuvent être représentés par des titres négociables, mais seulement par des parts sociales (v. GIE).

• Tous les membres du groupement sont tenus personnellement et solidairement des dettes de celui-ci sur leur patrimoine propre.

• Tout membre cesse de faire partie du groupement en cas de décès (personne physique) ou de dissolution (personne morale). Sauf disposition contraire du contrat de groupement, le groupement subsiste entre les membres restants.

Section 3 - La dissolution et la transformation du GEIE

Observation préliminaire : le caractère européen du groupement implique que le transfert de siège d'un État dans un autre n'entraîne pas dissolution (v. art. 13, al. 1 Règl.). Le règlement prévoit cependant une procédure particulière.

§ 1 - La dissolution

I - Les causes de dissolution

A - La dissolution décidée par les membres

1. La dissolution obligatoire

La dissolution est obligatoire en cas :
- d'arrivée du terme ;
- de réalisation de l'objet ou d'impossibilité de le poursuivre ;
- de survenance d'une cause de dissolution prévue au contrat de groupement ;

– si le groupement n'est plus composé de plusieurs membres d'États différents de l'Union européenne.

2. La dissolution facultative

Elle est facultative pour toute autre raison. La dissolution volontaire du groupement est prise à l'unanimité.

B – La dissolution décidée par le tribunal

1. La dissolution obligatoire

• Sans condition : absence de décision des membres dans les 3 mois suivant la survenance d'un des trois premiers cas où ils doivent prononcer la dissolution (*supra*, A, 1).

• Sous condition qu'aucune régularisation ne soit possible ou n'ait été effectuée avant la décision au fond si :

– le groupement ne vise plus le but qui lui est assigné par le règlement et la loi ;
– le siège n'est plus dans l'Union européenne ;
– le groupement n'est plus composé de plusieurs membres d'États différents de l'Union européenne.

2. La dissolution facultative

Lorsqu'elle intervient pour juste motif.

II – La liquidation (art. L. 252-7 C. com.)

Les règles définies par la loi française renvoient à celles du GIE.

§ 2 – La transformation

Elle est possible, sans dissolution, ni création d'une personne morale nouvelle dans les cas suivants :

– transformation en GEIE de toute société ou GIE ;
– transformation en GIE ou en société en nom collectif d'un GEIE.

Titre 7
La réglementation des principales opérations de prises de contrôle de sociétés cotées

Cette matière continue de faire l'objet de profonds bouleversements depuis quarante ans, et ce, sous la triple influence de la réglementation anglo-américaine qui s'est imposée au travers des prises de participation de fonds de pension américains, de la réglementation européenne et de ses nombreuses directives (directive Transparence, directive Abus de marché, directive Offres publiques...) et enfin, des comportements des acteurs financiers toujours plus sophistiqués.

Elle intéresse les différentes prises de participation dans les sociétés dont les titres financiers sont offerts au public ou admis à la négociation sur un marché réglementé.

Une loi du 31 mars 2006 relative aux offres publiques d'acquisition a procédé à des modifications importantes. Surtout, cette matière fait l'objet une réglementation à la fois légale et réglementaire, au sein de laquelle le Règlement général de l'Autorité des marchés financiers remplit une fonction de régulation tout à fait essentielle.

Mesure importante, la ***loi du 22 octobre 2010*** *de régulation bancaire et financière a supprimé la procédure de garantie de cours. Cette procédure obligeait toute personne physique ou morale, agissant seule ou de concert, acquérant un bloc de titres lui conférant, compte tenu des titres ou droits de vote qu'elle détient déjà, la majorité du capital ou des droits de vote d'une société, de déposer un projet de garantie de cours. Elle est désormais remplacée par l'offre obligatoire en cas de franchissement du seuil de 50 % des actions ou des droits de vote (communiqué AMF 1er févr. 2011).*

Plus récemment, la ***loi Florange du 29 mars 2014*** *a apporté des modifications substantielles, en particulier concernant le régime des offres publiques d'achat.*

La ***directive européenne*** *relative aux sanctions pénales applicables aux* ***abus de marché*** *rendue le 16 avril 2014 annonce une nouvelle modification du Règlement général de l'Autorité des marchés financiers.*

Une bonne compréhension de cette matière exige une présentation préalable de cette autorité.

Chapitre 1
L'Autorité des marchés financiers

L'essentiel

Observations préliminaires : *la loi du 1er août 2003 a fusionné les trois autorités de marché (COB, CMF et CDGF) pour créer l'Autorité des marchés financiers (www. amf-france.org).*

Cette institution, qui a des homologues dans les différents pays européens (la Bafin en Allemagne, la Consob en Italie, la FSA en Grande Bretagne, la CNMV en Espagne), est parfois comparée à la SEC américaine (Securities and exchange commission). Pourtant, elle est dotée de pouvoirs bien plus nombreux et puissants, lesquels ont été augmentés une nouvelle fois par la loi du 22 octobre 2010.

La nouvelle autorité de marché veille à « la protection de l'épargne investie en produits financiers, à l'information des investisseurs et au bon fonctionnement des marchés » (Présentation de l'AMF – Rapport annuel AMF pour 2009).

Il y a lieu de signaler que l'activité des analystes financiers entre dans son champ de surveillance ainsi que celle, dans une certaine mesure, des commissaires aux comptes.

Autorité publique indépendante, elle est dotée de la personnalité morale. L'AMF remplit ainsi une mission de service public en ce qu'elle défend l'intérêt général et non celui des victimes privées, intérêt général qui s'analyse dans le bon fonctionnement des marchés financiers. Les amendes prononcées par la Commission des sanctions sont ainsi versées au Trésor public. Elle est composée de différents organes, indépendants, le Collège avec à sa tête le président de l'AMF, les enquêteurs, et la Commission des sanctions, chacun se voyant reconnaître un rôle bien précis. Dans sa totalité, l'AMF réunit environ 445 collaborateurs.

Section 1 – Le rôle de l'Autorité des marchés financiers

Comme l'énonce l'article L. 621-1 du Code monétaire et financier, l'AMF a pour mission de veiller à la protection de l'épargne et au bon fonctionnement des marchés d'instruments financiers. Son rôle et ses pouvoirs sont par conséquent essentiels dès lors que sont concernés les épargnants et les émetteurs. Plus précisément, elle régule les acteurs et les produits de la place financière française, les marchés financiers et leurs infrastructures, les sociétés cotées, les intermédiaires financiers autorisés à fournir des services d'investissement, et les produits d'épargne collective investie dans les produits financiers.

Dans tous les cas, l'action de l'AMF a comme vecteur l'information, qu'elle soit permanente ou dans le cadre d'opérations de marché. Son rôle de l'AMF est triple.

§ 1 – L'information des investisseurs

I – L'information, vecteur de l'action de l'AMF

L'information divulguée par les émetteurs au marché constitue en effet un aspect essentiel de la mission de l'AMF. Plus précisément, l'action de l'AMF a pour vecteur l'information.

Le Règlement général de l'AMF pose en effet deux règles fondatrices, qui gouvernent la question centrale de l'information. D'une part, l'article 223-1 du Règlement général énonce que « *l'information donnée au public par l'émetteur doit être exacte, précise et sincère* ». D'autre part, l'article 223-2 du même règlement énonce que « *tout émetteur doit, dès que possible, porter à la connaissance du public toute information privilégiée...* ».

Le rôle de l'AMF est ainsi de veiller à ce que, en toutes circonstances, les émetteurs faisant une offre au public communiquent aux épargnants une telle information qualifiée de « réglementée » (Règl. gén. AMF, art. 221-1).

II – L'information « réglementée »

L'expression « information réglementée » désigne un certain nombre d'informations que l'émetteur se doit de communiquer au marché, et ce, sous la surveillance de l'AMF qui veille à ce que cette information soit complète.

Cette information désigne en réalité trois corpus d'informations distincts : d'une part, l'information permanente donnée au marché par l'émetteur dès que possible dès lors qu'elle est susceptible d'avoir un impact sur le cours, d'autre part l'information périodique divulguée dans le cadre des assemblées générales, et enfin l'information à diffuser en cas d'offre au public ou de différentes opérations effectuées sur les instruments financiers (en particulier à travers le prospectus, soumis à l'AMF qui doit y apporter son visa).

L'AMF réglemente ainsi les opérations financières des émetteurs et contrôle les documents qu'ils diffusent à l'occasion d'opérations financières (introduction en bourse, augmentation de capital, offre publique d'achat, fusion et scission).

§ 2 – La surveillance du bon fonctionnement des marchés d'instruments financiers

Cette mission majeure de surveillance du bon fonctionnement des marchés d'instruments financiers a une double signification.

L'objectif de la surveillance est de détecter tout événement ou comportement pouvant constituer un abus de marché, ou tout autre manquement à la réglementation applicable aux intervenants sur le marché, notamment les obligations professionnelles des intermédiaires financiers. Le bon fonctionnement des marchés financiers signifie que les comportements répréhensibles puissent être sanctionnés.

Ceux-ci sont regroupés en trois grandes catégories de manquements sanctionnés par l'AMF, les abus de marché. L'abus de marché désigne le comportement visant à détourner le marché de sa finalité et ainsi, à en entraver le bon fonctionnement. L'abus de marché porte atteinte au jeu de l'offre et de la demander, et doit être à ce titre sanctionné.

Les abus de marché sont l'opération d'initié, la manipulation de cours et la diffusion d'information fausse ou trompeuse. Ils sont définis et réglementés dans le Règlement général.

L'autorité est ainsi compétente pour sanctionner toute atteinte portée à son règlement général, en particulier les abus de marché. À cet égard, elle dispose d'un pouvoir de sanction pécuniaire propre, et concurrence le juge pénal qui a la charge également de réprimer de tels abus. On parle alors de délit (et non de manquement) d'initié, de délits de manipulation de cours et de diffusion de fausse information.

Le champ d'application de cette prérogative est large puisque l'AMF est « *habilitée à recevoir de tout intéressé des réclamations qui entrent par leur objet dans sa compétence et à leur donner la suite qu'elles appellent* ».

§ 3 – La protection de l'épargne investie dans les produits financiers

L'AMF détermine les règles relatives aux opérations financières et l'information diffusée par les sociétés cotées dont les titres font l'objet d'une offre au public, ainsi qu'au respect des obligations professionnelles auxquelles sont astreintes certaines personnes (les OPCVM, les prestataires de services d'investissement).

À cet égard, son Règlement général constitue un texte essentiel, en ce qu'il définit les différentes règles concernant l'information des émetteurs, et la mission que doit remplir l'AMF lors des opérations financières (prospectus, visa…).

L'AMF autorise la création des différents produits d'épargne collective, les SICAV et les fonds communs de placement. En particulier, elle vérifie l'information figurant dans le prospectus de chaque produit, et s'assure lorsque les produits sont complexes, que l'information donnée aux épargnants ainsi que les risques attachés soient clairs et compréhensibles.

Section 2 – Les pouvoirs de l'Autorité des marchés financiers

Afin d'exécuter cette mission générale de service public, l'AMF dispose de larges pouvoirs, lui conférant ainsi un pouvoir exorbitant.

Ce cumul, lui permettant de conjuguer les pouvoirs d'édiction de normes générales, d'enquête et de sanction propre, n'a pas été jugé contraire au principe de séparation des pouvoirs par le Conseil constitutionnel (Cons. const. 28 juill. 1989, n° 89-260 DC).

Quelques chiffres : en 2012, l'AMF a conduit 80 enquêtes et a ouvert 31 procédures de sanctions. La Commission des sanctions a prononcé 58 sanctions. L'autorité exerce ses compétences sur 5 985 entités.

§ 1 - Le pouvoir d'édiction de normes générales et impersonnelles

Pour l'exécution de ses missions, l'AMF édicte un règlement général homologué. Celui-ci précise les différents pouvoirs dont l'AMF est dotée, les règles gouvernant les différentes opérations financières (OPA, OPE, offre publique de retrait...), les règles s'imposant aux émetteurs en particulier au regard des obligations de communication d'information, ainsi que les règles de bonne conduite professionnelle. C'est un document dense, régulièrement modifié, en particulier en conséquence des nouveaux textes européens (récemment, nouvelle directive d'abus de marché).

§ 2 - Le pouvoir d'enquête

Les enquêtes sont menées par un corps indépendant de l'AMF, constitué d'enquêteurs et d'inspecteurs.

L'enquête porte sur un ou plusieurs faits susceptibles de constituer une atteinte au Règlement général de l'AMF.

Le rapport à l'issue de l'enquête est remis au Collège, qui décide des suites à donner, en particulier de poursuivre ou non.

Ainsi, afin de s'assurer le respect des dispositions édictées par son Règlement général, en particulier concernant les comportements répréhensibles (abus de marché et toute manœuvre ayant pour objet d'entraver le fonctionnement régulier du marché), les enquêteurs disposent de pouvoirs considérables en vue de collecter les informations, en particulier d'un droit de visite et de saisie, d'un véritable droit de perquisition, du droit de se faire communiquer tout document. Ils peuvent mener des auditions à l'égard de toute personne en vue d'une mise en cause dans le cadre d'une procédure initiée par le secrétaire général.

La loi de 2010 impose que soit remise la charte de l'enquête à toute personne faisant l'objet d'une telle procédure, afin d'expliquer les modalités de son déroulement ainsi que des principes de bonne conduite.

§ 3 - Les pouvoirs d'injonction et de sanction

I - Des pouvoirs autonomes

A - Le pouvoir d'injonction

Le collège, composé de 16 membres, dispose du pouvoir d'enjoindre à des acteurs du marché de cesser d'effectuer certaines pratiques contraires aux dispositions législatives ou réglementaires et portant atteinte aux droits des épargnants ou ayant pour effet de fausser le bon fonctionnement du marché.

B - Le pouvoir de sanction

L'AMF dispose d'un pouvoir de sanction propre. Après une procédure contradictoire, la Commission des sanctions est habilitée à prononcer, sans recours au juge pénal, une sanction pécuniaire dès lors qu'il aura été prouvé qu'un manquement a été porté à son Règlement général, le plus souvent un abus de marché.

À titre d'exemple, elle a récemment sanctionné la société LVMH pour avoir manqué à son obligation d'information dans son dispositif de montée dans le capital d'Hermès International (CS, 25 juin 2013).

À ce titre, la Commission des sanctions fait œuvre de jurisprudence, à part entière, et constitue un véritable tribunal.

La seule limite posée concerne les peines privatives de liberté, qui demeurent l'attribut exclusif du juge pénal.

Le montant maximum de la sanction a été porté par la loi du 22 octobre 2010 à 100 millions € ou le décuple des profits réalisés, et ce, quelle que soit la nature de l'atteinte au Règlement général. Ce plafond unique concerne à la fois les manquements professionnels commis par les entités régulées et les manquements commis par « toute personne ».

Il résulte de cette prérogative reconnue à l'AMF une concurrence de pouvoirs de sanction de l'AMF et du juge pénal, qui se prolonge par une dualité de poursuites pour les mêmes faits, validée par la Cour de cassation (Com. 1er mars 2000). Cette double répression méconnaît le principe *non bis in idem* qui interdit que les mêmes faits ayant fait l'objet d'une décision définitive soient de nouveau poursuivis.

Cette dualité de poursuites et de sanctions devant le juge pénal et la Commission des sanctions pourrait être néanmoins remise en cause, depuis une décision récente rendue par la Cour européenne des Droits de l'Homme, le 4 mars 2014 (Décision *Grande Stevens et autres c/Italie*). S'agissant d'une manipulation de cours, les juges ont décidé que les auteurs ne sauraient être poursuivis deux fois pour les mêmes faits.

II – la procédure de sanction devant l'AMF

L'exercice de ce pouvoir de sanction autonome se déroule selon une procédure strictement déterminée, qui veille en particulier à assurer un procès équitable selon l'exigence du paragraphe 6 de la Convention européenne des droits de l'Homme. Elle se déroule selon les étapes suivantes :

- Le secrétaire général de l'AMF signe l'ouverture d'enquête, signifiant les ordres de mission, dès lors que des comportements susceptibles de nuire au bon fonctionnement des marchés ont été identifiés. Cela peut résulter de la surveillance des marchés par l'AMF et ainsi, d'une auto saisine, d'une dénonciation d'une autorité étrangère homologue ou encore, d'une plainte faite auprès de l'autorité. Les enquêteurs, à l'issue de leur mission, rendent un rapport qui est alors transmis au Collège.

- Le Collège est l'autorité de poursuite. À la lecture du rapport établi par les enquêteurs, il décide de ne pas poursuivre ou de poursuivre, signifiant alors la notification de griefs aux personnes poursuivies. Il peut également transmettre au parquet dans l'hypothèse où des infractions pénales auraient été identifiées ou transmettre le dossier à des autorités compétentes nationales ou étrangères. La procédure devient alors pleinement contradictoire à compter de la notification des griefs.

- La Commission des sanctions, constituée de 12 membres, désigne un rapporteur en son sein, qui instruit le dossier et remet un rapport à la Commission. Dès, celle-ci se comporte alors en véritable tribunal, et prononce les sanctions pécuniaires dès lors qu'une atteinte au règlement général a été caractérisée.

§ 4 - Les pouvoirs de médiation et de transaction

I - La médiation

L'AMF a mis en place un dispositif de médiation destiné à accompagner les épargnants rencontrant un litige avec leur intermédiaire financier ou une société cotée en bourse. Le médiateur peut ainsi être saisi par toute personne souhaitant régler à l'amiable son différend. Il s'agit d'une procédure gratuite, confidentielle, impartiale, rapide et volontaire. En revanche, cette procédure ne saurait résoudre un litige entrant dans le champ de compétences de l'AMF.

II - Le pouvoir de transaction

La procédure de transaction a été instituée par la loi du 22 octobre 2010 de régulation bancaire et financière, l'AMF se voyant ainsi reconnaître un pouvoir supplémentaire de transaction, dit de « composition administrative ».

Cette procédure n'est applicable qu'aux intermédiaires financiers (notamment les prestataires de services d'investissement, les sociétés de gestion, les conseillers en investissements financiers), ayant commis un manquement aux obligations professionnelles. Les personnes ayant commis un abus de marché ne peuvent ainsi bénéficier de cette procédure. L'accord de transaction est négocié entre le Secrétaire général de l'AMF et la personne mise en cause, qui s'engage à verser au Trésor public une somme dont le montant maximum est celui de la sanction pécuniaire encourue. Une fois conclu, l'accord est soumis au Collège pour validation, puis à la Commission pour homologation. Une fois homologué, l'accord est rendu public et publié sur le site de l'AMF. Dans l'hypothèse où la Commission refuse d'homologuer l'accord, une procédure de sanction est alors ouverte.

En 2012, 10 procédures de transaction ont été initiées, et 7 accords ont été homologués par la Commission des sanctions.

Chapitre 2
Le ramassage en bourse et l'obligation de déclaration des franchissements de seuils

L'essentiel

Une personne physique ou morale souhaitant monter dans le capital d'une société cotée dispose d'un moyen simple, qui consiste à acquérir au fil du temps les actions ou titres financiers. Cette technique dite du « ramassage » en bourse présente plusieurs inconvénients évidents. Elle est lente et coûteuse puisqu'elle entraîne l'augmentation du cours de bourse. Surtout, dans un souci de transparence très cher à cette matière, la réglementation oblige tout actionnaire détenant une participation dépassant certains seuils à en faire la déclaration tant à l'émetteur qu'à l'AMF.

La matière des franchissements de seuils a subi de nombreuses modifications.

De manière intéressante, la société anonyme, lorsqu'elle fait une offre au public, perd son caractère anonyme au profit d'une connaissance serrée de l'actionnariat par l'émetteur. L'objectif est de lutter contre le contrôle rampant, qui consiste à prendre le contrôle d'une société sans en payer le prix.

Section 1 – L'obligation de déclaration des franchissements de seuils

§ 1 – Le contenu de l'obligation

La déclaration est obligatoire et porte sur le franchissement de certains seuils légaux, voire statutaires, tant à la **hausse qu'à la baisse**.

L'article L. 233-7 du Code de commerce pose ainsi les termes de ce dispositif, qui vise à permettre aux émetteurs mais aussi au public d'avoir une parfaite connaissance de leur actionnariat, et de permettre de lutter contre le contrôle rampant.

Le dispositif consiste en une liste de seuils légaux posés par l'article L. 233-7, qui doivent faire l'objet d'une déclaration obligatoire.

L'article L. 233-7 I énonce ainsi que toute personne physique ou morale agissant seule ou de concert – notion dont la définition est donnée par l'article L. 233-10 du Code de commerce – qui vient à posséder un nombre d'actions représentant plus de 5 %, 10 %, 15 %, 20 %, 25 %, 33,33 %, 50 %, 66,66 %, 90 % et 95 % doit rendre ce franchissement de seuil public.

L'article L. 233-7 III énonce qu'à cette liste de seuils dits légaux, les émetteurs sont libres d'ajouter des seuils supplémentaires entraînant obligation de déclaration dans les statuts. À titre d'exemple, les sociétés Carrefour et L'Oréal ajoutent des seuils statutaires tous les 1 %, Peugeot tous les 2 %. L'obligation supplémentaire ne peut porter sur une fraction du capital ou des droits de vote inférieure à 0,5 %.

Déclaration d'intention : par ailleurs, lorsqu'une personne physique ou morale acquiert un nombre d'actions représentant plus de 10,15, 20 ou 25 % du capital ou des droits de vote d'une société cotée, elle est tenue de faire une déclaration d'intention indiquant en particulier les objectifs qu'elle envisage poursuivre dans les six mois à venir.

§ 2 - La mise en œuvre de l'obligation

La question de la déclaration de franchissements de seuils renvoie à celle, non moins délicate, du mode de calcul des instruments financiers à prendre en compte.

La déclaration doit préciser le nombre total d'actions détenues par l'intéressé ainsi que le nombre de titres qu'il possède donnant accès à terme au capital ainsi que les droits de vote qui y sont attachés.

Ainsi, la loi Warsmann du 22 mars 2012 a pris une mesure, longtemps attendue, qui prévoit désormais la prise en compte des dérivés se dénouant en numéraire dans le calcul des franchissements de seuils. Jusque-là, les instruments financiers à dénouement monétaire n'étaient pas inclus dans le calcul des seuils.

Dorénavant, tout produit dérivé conférant le droit pour son propriétaire d'acquérir, à sa seule initiative, les actions sous jacentes déjà émises ou les droits de vote, devra être pris en compte dans le calcul des seuils.

Dès lors que l'un de ces seuils est franchi à la hausse ou à la baisse, la personne doit en informer l'émetteur dans un délai de 5 jours de négociation ainsi que l'AMF (à charge pour cette dernière d'en informer le public dans les conditions posées par son Règlement), du seuil franchi ainsi que du nombre total d'actions ou de droits de vote qu'elle possède.

Les modalités de calcul des seuils, qui peuvent se révéler particulièrement complexes, sont précisées par le Règlement général de l'AMF (art. 223-11 RG).

Longtemps peu regardante sur ces omissions de déclaration de franchissement de seuils, l'AMF est désormais très vigilante sur le respect de ce dispositif.

Section 2 - Les sanctions attachées au défaut de déclaration des franchissements de seuils

L'article L. 233-14 du Code de commerce pose les termes des sanctions en cas de non-respect des obligations de déclarations de franchissement de seuils. L'actionnaire qui a omis de procéder à cette déclaration « *est privé des droits de vote attachés aux actions excédant la fraction qui n'a pas été régulièrement déclarée pour toute assemblée d'actionnaires qui se tiendrait jusqu'à l'expiration d'un délai de deux ans suivant la date de régularisation.* »

L'article L. 233-14 prévoit également, qu'à la demande du président de la société, d'un actionnaire ou de l'AMF, le tribunal de commerce peut prononcer une suspension totale ou partielle des droits de vote, pour une durée ne pouvant excéder 5 ans, à l'encontre de l'actionnaire qui n'aurait pas procédé à cette déclaration. Des amendes pénales sont également applicables, après avis de l'AMF.

En revanche, la question de la sanction pour non-déclaration d'un franchissement de seuil à la baisse demeure ouverte, la privation du droit de vote prévue par l'article L. 233-14 étant inopérante.

Chapitre 3
Les offres publiques d'acquisition

L'essentiel

Textes applicables : *le droit des offres publiques est un droit relativement récent, si on le considère à l'aune du droit des sociétés. C'est une matière complexe, qui s'est affranchie des règles de droit commun pour répondre à des exigences prudentielles de marché et de protection des investisseurs, et dans une certaine mesure, des minoritaires. La détermination des règles gouvernant les offres publiques dépend de la volonté de l'État de favoriser ou non ce type de prise de participation. Si de nombreux textes modifient régulièrement le dispositif existant, cette matière articule des règles européennes, nationales et réglementaires. De sorte qu'une bonne compréhension des règles gouvernant les offres publiques suppose une maîtrise parfaite des sources du droit. Une loi du 31 mars 2006 relative aux offres publiques d'acquisition, dont l'objet a été d'intégrer la Directive communautaire OPA du 21 avril 2004, a apporté de nouvelles modifications au droit existant. Les règles figurent dans le Code monétaire et financier et dans le Règlement général de l'AMF. Enfin, la loi Florange du 29 mars 2014 a apporté des modifications essentielles, constituant selon le président de l'AMF, « une réforme très profonde du droit des offres publiques ». Enfin, il y a lieu de signaler que les offres publiques portent sur les titres et non sur les actifs d'une entreprise cotée.*

Exemples : *notre environnement économique connaît désormais des offres importantes. Pour ne citer que quelques-unes d'entre elles, en 1999 l'offre hostile lancée par BNP sur Paribas et La Société Générale, en 2003, Alcan sur Péchiney, en 2006, Mittal sur Arcelor, en 2013 sur Club Méditerranée.*

*L'**AMF :** d'emblée, le rôle de l'AMF est mis en exergue : « afin d'assurer l'égalité des actionnaires et la transparence des marchés, le règlement général de l'Autorité des marchés financiers fixe les règles relatives aux offres publiques portant sur des instruments financiers... » (art. L. 433-1 nouv. C. mon. fin.).*

Section 1 – Les hypothèses d'une offre publique d'acquisition

§ 1 – L'offre publique d'acquisition ou d'échange

I – La définition

• Il y a offre publique faite à une société cible lorsqu'une personne physique ou morale – l'initiateur de l'offre – fait savoir publiquement aux actionnaires d'une société cible qu'elle est prête à leur acheter, sous la surveillance des autorités boursières, leurs titres à un prix généralement supérieur au cours de bourse (OPA), ou à leur échanger contre d'autres titres (OPE). Dans les deux cas, l'offre est limitée dans le temps.

• Les offres publiques d'acquisition sont strictement réglementées, en particulier par le Règlement général de l'AMF (art. 231-1 et s.), et se déroulent ainsi sous sa surveillance (en particulier, examen par l'AMF du projet d'offre).

La loi prévoit également et réglemente les offres publiques d'échange (OPE), les offres publiques simplifiées d'achat ou d'échange (Règl. gén. AMF, art. 233-1 et s.).

• On distingue trois catégories d'offres publiques, les offres amicales c'est-à-dire voulues par la cible et l'attaquant qui décident d'un commun accord de sceller leur futur, les offres inamicales qui s'analysent en une véritable agression de l'attaquant sur la cible, et, enfin, les offres obligatoires, qui s'imposent lorsqu'une personne physique ou morale, agissant seule ou de concert, vient à détenir 30 % des titres de capital ou des droits de vote.

II – Les bénéfices et les inconvénients de l'offre publique

A – Les bénéfices de l'offre publique

• L'offre publique d'acquisition permet ainsi d'obtenir le contrôle, sinon la majorité, de l'entreprise sans avoir recours à des achats successifs en bourse, plus long et plus coûteux, ou à une cession directe d'actions. Pour autant, il permet de lutter contre le contrôle rampant.

• Elle assure un principe d'égalité entre actionnaires, puisque les minoritaires ont la garantie de pouvoir céder leurs titres au même prix que les actionnaires majoritaires. À ce titre, c'est un mécanisme boursier égalitaire.

• La menace d'une offre publique oblige également la direction de l'entreprise à soigner ses actionnaires, en particulier en développant une politique de fidélisation (versement régulier de dividendes par exemple…), afin que ceux-ci ne soient pas enclins à apporter leurs titres à une éventuelle offre hostile.

• Elle permet également une concentration rapide des entreprises, et ainsi la consolidation de certains secteurs d'activité.

• Du point de vue de la cible, elle favorise une gestion stricte et performante de l'entreprise, afin de repousser les menaces d'une attaque hostile. La menace potentielle d'une offre non amicale incite la direction à une gestion qui valorise l'entreprise. C'est pourquoi les entreprises cotées ayant opté pour la structure de société en commandite par actions subissent une décote de la valeur des titres, conséquence du fait qu'elles ne puissent subir les assauts d'une offre inamicale.

B – Les inconvénients de l'offre publique

• Une offre publique d'achat hostile bascule l'entreprise dans un état de guerre économique, que traduit d'ailleurs parfaitement bien la terminologie (« cible », « attaquant » ou « raider », « défenses anti-OPA », « offre hostile »…). À cet égard, lorsqu'elle est inamicale, l'offre publique déstabilise l'entreprise.

• Une offre publique, lorsqu'elle réussit, n'est pas nécessairement créatrice de valeur. Elle peut mener au démantèlement de l'entreprise.

§ 2 - Le dépôt obligatoire d'une offre publique d'achat

Si l'offre peut être spontanée et ainsi, résulter de la volonté d'une personne physique ou morale d'acquérir une cible en dehors de toute obligation, il existe certaines situations où cette opération devient obligatoire. Le Règlement général de l'AMF (Règl. gén. AMF, art. 234-2 et s.) pose un certain nombre de cas où l'offre publique d'achat devient obligatoire.

Lors des débats précédant la loi Florange, il a été question d'abaisser le seuil de déclenchement obligatoire d'OPA de 30 % à 25 %, voire 20 % du capital ou des droits de vote. Pour repousser cette modification, il a été avancé que l'abaissement du seuil serait une erreur au regard de l'attractivité de la France.

I - Le franchissement de 30 %

L'article 234-2, al. 1er Règl. gén. AMF énonce que lorsqu'une personne physique ou morale, agissant seule ou de concert, vient à détenir, directement ou indirectement, **30 %** (et non plus le tiers, depuis la loi de régularisation bancaire et financière du 22 octobre 2010) des titres de capital ou des droits de vote d'une société française dont les titres sont admis aux négociations sur un marché réglementé, elle est tenue de lancer une offre publique d'achat sur la totalité des actions. Dans cette hypothèse, le Règlement général précise que le projet d'offre ne peut faire dépendre le succès de l'offre à la présentation minimum d'un nombre de titres. La loi Warsmann du 22 mars 2012 précise que les produits dérivés désormais pris en compte dans le calcul des franchissements de seuils « *ne sont pas pris en compte pour la détermination du seuil de dépôt obligatoire d'un projet d'offre publique* ». La raison du non-alignement de régime quant aux produits dérivés entre franchissement de seuil et OPA obligatoire résulte de deux logiques différentes. Alors que la première réglementation vise à informer le marché, la seconde a pour but de permettre aux actionnaires minoritaires de sortir de la société dans les mêmes conditions que les majoritaires.

II - L'excès de vitesse

• L'article L. 433-3 du Code monétaire et financier décide que lorsque des personnes physiques ou morales, agissant seules ou de concert, détenant entre 30 % et la moitié du nombre total des titres de capital ou des droits de vote, augmentent, en moins de douze mois consécutifs, leur participation d'au moins 1 % du nombre total des titres de capital ou des droits de vote (sous réserve de la clause dite de grand-père, art. 234-11, al. 1 et 2 Règl. gén. AMF), ils doivent en informer l'AMF et déposer un projet d'offre sur le solde. La loi Florange du 29 mars 2014 a ainsi fait passer le seuil d'excès de vitesse de 2 % à 1 %. L'idée est là aussi d'éviter le « ramassage » rampant en bourse.

• Lorsque des personnes physiques ou morales, agissant seules ou de concert, viennent à détenir par suite de fusion ou d'apport plus de 30 % du capital ou des droits de vote (Règl. gén. AMF, art. 234-2 al. 3).

Il ressort de ces dispositions que le déclenchement de l'OPA n'est donc pas obligatoire dès lors que la montée dans le capital social de la société cible se fait lentement (la vitesse d'acquisition ne doit pas dépasser plus de 1 % par an).

Il est possible de solliciter auprès de l'AMF une dérogation à l'obligation de déposer une offre publique. Il existe un certain nombre de dérogations limitativement énumérées par le règlement général de l'AMF.

Section 2 – La procédure de l'offre publique d'acquisition

La procédure comporte deux phases : une phase secrète et une phase publique.

§ 1 – La préparation de l'offre

I – La procédure

L'offre est mise au point dans le plus grand secret (en cas d'offre inamicale) par l'initiateur et un ou plusieurs établissements bancaires spécialisés ainsi que des cabinets d'avocats chargés de s'assurer du volet réglementaire en collaboration avec l'AMF.

L'AMF est saisie de la demande par un (ou plusieurs) établissement bancaire spécialisé. Le dossier doit préciser en particulier le prix, les modalités de paiement, les objectifs de l'initiateur ainsi que le nombre minimum de titres devant être présentés pour que l'initiateur donne suite à l'offre. Il est accompagné d'une note indiquant les éléments qui justifient la fixation du prix proposé. L'offre doit être ferme, sans réserve. Un avis de dépôt du projet d'offre est publié et la cotation du titre concerné est suspendue. Le dépôt du projet auprès de l'AMF marque le début de l'offre publique.

II – Le rôle de l'AMF

La réglementation de l'AMF établie par son règlement général est destinée à assurer l'égalité des actionnaires et la transparence des marchés. En revanche, l'AMF à aucun moment ne se fait juge de l'opportunité, en particulier économique ou industrielle, de l'offre.

• **Égalité des actionnaires :** ce principe signifie une égalité de traitement. Elle justifie que les offres publiques portent sur la totalité des titres du capital ou des droits de vote.

• **Transparence et intégrité du marché :** l'intégrité du marché concerne essentiellement la répression d'un certain nombre de comportements délictueux (délits et manquements). La transparence désigne un souci permanent pour garantir la qualité de l'information du public. Elle se décline de la manière suivante :

– Déclaration de conformité emportant visa de la note d'information : l'initiateur doit établir une note d'information pour le public, déposée auprès de l'AMF, qui dispose d'un délai de 10 jours de négociation suivant le début de la période d'offre pour y apposer son visa. Cette note d'information précise un certain nombre d'informations essentielles (le nombre et la nature des titres que l'initiateur s'engage à acquérir, les conditions de financement, les intentions sur une durée d'au moins douze mois suivant l'offre, les orientations en matière d'emploi de l'initiateur, l'avis motivé du conseil d'administration ou du conseil de surveillance). L'apposition du visa ne suppose aucune approbation sur l'opportunité de l'opération. Elle prouve seulement que les informations contenues dans la note sont pertinentes et cohérentes.

– L'AMF peut demander des rectifications ou des compléments d'information pendant la durée de l'offre.

§ 2 – Le déroulement de l'offre

Les multiples réformes et modifications apportées à cette matière sont marquées par un **renforcement significatif de l'information donnée aux actionnaires**.

À cet égard, le rôle de l'AMF est central, en particulier à travers le visa de la note d'information (art. 231-16 et s. RG AMF) qu'elle est libre d'accorder ou de ne pas octroyer.

I – Le calendrier de l'offre (art. 231-31 à 231-35 Règl. gén. AMF)

L'offre se déroule selon un calendrier précis, dont voici les étapes essentielles :

• Ouverture de l'offre publique à partir de la publication de la ou des notes d'information visée(s) par l'AMF.

• **Durée de l'offre :** les titulaires de titres désireux de répondre à l'offre adressent à l'intermédiaire de leur choix, dans le temps qui leur est imparti (25 à 35 jours de négociation), un ordre révocable de vente (ou d'échange). L'AMF assure alors la centralisation des titres afin de vérifier leur existence.

• Au plus tard, 5 jours avant la clôture de l'offre, l'initiateur a la faculté de surenchérir les termes de son offre. Une offre concurrente (à un prix plus élevé) peut être également présentée. Les surenchères doivent proposer un prix supérieur d'au moins 2 %.

• **Le résultat de l'offre** : À l'expiration du délai fixé, l'AMF publie le résultat de l'offre. Si le nombre d'actions apportées est inférieur au minimum fixé, l'offre est déclarée sans suite. Si l'offre comporte une suite positive, il y aura alors connaissance du nombre de titres acquis par l'initiateur.

Par ailleurs, la loi Florange apporte une modification substantielle : lorsque, à la clôture de l'OPA, l'initiateur de l'offre ne détient pas au moins 50 % du capital ou des droits de vote « *l'offre est caduque de plein droit* ». L'objectif premier est là aussi de lutter contre les participations rampantes.

II – Le rôle du conseil d'administration et du comité d'entreprise

Ce sont là deux apports essentiels de la loi Florange, laquelle accorde à ces deux organes un rôle désormais central en cas d'offre publique.

A – Le conseil d'administration : d'une relative passivité... à une mission clé de voûte

La société cible peut être tentée de mettre en place des mécanismes ayant pour objet de repousser l'offre publique. L'idée de doter les sociétés cotées de telles défenses est née aux États-Unis, certains cabinets d'avocats ayant ainsi imaginé les défenses les plus astucieuses visant à rendre l'acquisition particulièrement onéreuse ou encore impossible tout simplement, ce qu'on nomme les *poison pills*.

La validité de principe de telles défenses dépend des intérêts que celles-ci cherchent à défendre. S'agit-il en effet de l'intérêt de la société cible, lequel devrait en principe être apprécié par les seuls actionnaires de la cible, ou s'agit-il de défendre l'intérêt des dirigeants en place, dont on peut craindre qu'ils se trouvent à un moment dans une situation de conflit d'intérêts ?

La directive du 21 avril 2005, transposée par la loi du 31 mars 2006, a adopté le principe de validité de telles défenses. Le dispositif retenu par la France reste libéral : elle admet les avantages de l'OPA tout en reconnaissant à la société cible les moyens de se défendre.

→ **Rôle du conseil d'administration :** la loi Florange du 29 mars 2014 sort le conseil d'administration et les organes de direction de la société cible de la passivité qui leur était imposée en cas d'offre publique hostile.

Désormais, et sauf disposition contraire des statuts, le conseil d'administration ou les organes de direction peuvent prendre « *toute décision dont la mise en œuvre est susceptible de faire échouer l'offre* ». À ce titre, la loi Florange constitue un changement tout à fait significatif du droit des offres publiques.

Les dirigeants et mandataires sociaux disposent désormais de larges pouvoirs. « *Toute décision* » peut s'entendre de différents outils, tels que l'acquisition d'un actif important, la cession d'actifs stratégiques (« *crown jewels* »), l'émission d'un emprunt obligataire, autant de moyens visant à dissuader l'offre et ainsi, constituer des moyens de défense à la disposition du conseil d'administration. Pour autant, le conseil d'administration ne doit mettre en œuvre de tels outils qu'autant que la volonté de repousser l'offre répond au seul intérêt de la société cible, au risque sinon de faire encourir aux administrateurs leur responsabilité si l'offre échoue en raison de la mise en œuvre de leurs mesures de défense.

B - Le rôle du comité d'entreprise

La loi Florange confie également un rôle de premier plan au comité d'entreprise de la société cible en cas d'offre hostile. À compter du 1er juillet 2014, les dirigeants d'une société faisant l'objet d'une offre publique seront tenus de réunir le comité d'entreprise pour l'informer et le consulter sur le projet d'offre préalablement à l'avis motivé rendu par le conseil d'administration ou le conseil de surveillance.

Le comité d'entreprise devra émettre son propre avis dans le délai d'un mois à compter du dépôt du projet d'offre.

§ 3 - Le contrôle de la gestion des sociétés pendant le cours des offres publiques

Dès qu'une offre a été rendue publique, les conseils d'administration des sociétés concernées doivent faire preuve d'une grande réserve, notamment dans tous les actes de disposition du crédit ou des biens sociaux (qui doivent être portés à la connaissance de l'AMF).

Le conseil d'administration déclare si l'offre est amicale ou hostile.

Il doit s'assurer que les actes ou déclarations n'ont pas pour effet de compromettre l'intérêt social ou l'égalité de traitement ou d'information entre les détenteurs de titres. Conseillé par un établissement bancaire, dans le cas d'une offre hostile, il peut imaginer les moyens de repousser l'offre (défenses anti-OPA), dès lors que ceux-ci ne portent pas atteinte aux dispositions légales.

Chapitre 4
Les offres publiques de retrait et le retrait obligatoire

L'essentiel

***Distinction :** bien que le Règlement général de l'AMF ne soit pas d'une grande clarté quant à la nomenclature des différentes formes de « retrait », on distingue, selon le rôle reconnu à l'AMF et actionnaires minoritaires, les offres publiques de retrait du retrait obligatoire, lequel s'analyse en une véritable expropriation.*

Section 1 – Les offres publiques de retrait

L'offre publique de retrait est une procédure bâtie sur le modèle de l'offre publique d'achat, destinée à faciliter l'acquisition par un ou plusieurs actionnaires largement majoritaires des titres encore détenus par le public, ou à protéger les minoritaires lors de la survenance d'événements importants concernant la société.

Bien que le Règlement général n'établisse pas une telle dichotomie, l'offre publique de retrait peut être « facultative » ou « obligatoire ». Ces opérations sont gouvernées par le Règlement général et le Code monétaire et financier.

Dans tous les cas, il s'agit d'un retrait facultatif pour le minoritaire, et obligatoire pour le majoritaire qui est donc tenu de racheter les droits des actionnaires minoritaires.

§ 1 – L'offre publique de retrait dite « facultative »

• Cette offre exige une condition de fond. Il faut que le ou les actionnaires majoritaires détiennent seul ou de concert au moins 95 % du capital ou des droits de vote d'une société dont les titres sont admis aux négociations sur un marché réglementé.

• L'offre publique de retrait peut être faite à l'initiative de l'actionnaire majoritaire ou des minoritaires. Le plus souvent, elle sera lancée à l'initiative de l'actionnaire majoritaire, dans le but de retirer la société de la cote.

Le texte prévoit également qu'elle peut être lancée à la demande d'un ou plusieurs actionnaires minoritaires. Cette offre leur permet de ne pas rester prisonniers de la société alors que le flottant est devenu particulièrement étroit (moins de 5 %) posant ainsi un problème de liquidité. Lorsque le minoritaire souhaite sortir parce qu'il représente moins de 5 % du capital social ou des droits de vote, il doit en faire la demande à l'AMF, qui décidera (ou non) de requérir au majoritaire de déclencher une offre publique de retrait.

§ 2 – L'offre publique de retrait « obligatoire »

Le rachat facultatif devient obligatoire pour le majoritaire lorsque la société se trouve dans l'une des situations suivantes (art. 236-6 Règl. gén. AMF) :

• Transformation d'une société anonyme en société en commandite par actions si un groupe majoritaire détient les deux tiers des droits de vote ou du capital social. Aucune appréciation de l'AMF n'est alors requise.

• Modification substantielle des statuts (modifications des droits des actionnaires…) ou de l'activité de la société, à l'initiative des personnes qui contrôlent la société.

L'AMF, aux vues de la modification substantielle, prend la décision d'accéder à la demande de retrait (retrait « semi-automatique », selon les termes de D. Ohl).

Dans ces cas, l'émetteur expose la situation à l'AMF, qui dispose d'un pouvoir d'appréciation. Le seul fait que l'une de ces hypothèses soit vérifiée suffit pour que l'AMF décide ou pas le déclenchement de l'offre.

Section 2 – Le retrait obligatoire

Devant l'échec pratique de l'offre publique de retrait qui ne permettait que rarement à l'actionnaire majoritaire d'acquérir la totalité des titres détenus par le public, il a été institué, par une loi du 31 décembre 1993, une procédure complémentaire dite de « retrait obligatoire » (ou *squeeze out*).

Désormais, les actionnaires majoritaires peuvent exiger que les titres qui ne leur auront pas été présentés par les minoritaires (et ne représentant pas plus de 5 % du capital ou des droits de vote), leur soient transférés (art. L. 433-4-II C. mon. fin.).

Réforme et procédure : depuis la loi du 31 mars 2006 (art. L. 433-4 III° C. mon. fin.), le retrait obligatoire ne doit plus être nécessairement précédé d'une offre publique de retrait. En d'autres termes, toute offre publique peut être le préalable d'un retrait obligatoire, à condition qu'un actionnaire majoritaire réunisse 95 % du capital social ou des droits de vote, permettant ainsi de procéder au transfert forcé à son profit de la propriété de tous les titres qui n'auraient pas été apportés à l'offre publique.

→ Garanties conférées aux actionnaires minoritaires :

– l'information est soumise à l'appréciation de l'AMF : l'autorité de marché examine le projet d'offre et se prononce sur sa validité. Elle rend publique la décision de retrait obligatoire et précise ses conditions de mise en œuvre ;

– le versement d'une « indemnité » est effectué, montant déterminé selon une évaluation multicritères et assortie de l'appréciation d'un expert indépendant.

Enfin, le Règlement général exige qu'un expert indépendant soit nommé en cas de retrait obligatoire (art. 261-1 II Règl. gén. AMF).

Effet : à l'issue du retrait obligatoire, les titres de la société concernée sont radiés de la cote. La société n'est plus réputée faire une offre au public.

Pour aller plus loin

Bibliographie

- Th. Bonneau et Fr. Drummond, *Droit des marchés financiers*, Economica, 3e éd., 2010
- M. Cozian, A. Viandier, Fl. Deboissy, *Droit des sociétés*, Litec, 26e éd., 2013
- P. Didier et Ph. Didier, *Droit commercial*, t. 1, *Introduction générale, l'entreprise commerciale*, Economica, 2005.
- P. Le Cannu et B. Dondero, *Droit des sociétés*, coll. « Domat », Montchrestien, 5e éd., 2013
- Ph. Merle, Anne Fauchon, *Droit commercial – Sociétés commerciales*, coll. « Précis », Dalloz, 17e éd., 2014
- D. Ohl, *Droit des sociétés cotées*, Litec, 3e éd., 2008

Sujets de réflexion

- Les responsabilités des associés en nom collectif.
- Intérêt social et intérêt majoritaire ?
- La personnalité morale : un écran plus ou moins opaque.
- La qualité de gérant de la société à responsabilité limitée.
- Société anonyme et SAS, concurrence ou complémentarité ?
- La pénétration du contrat dans le droit des sociétés.
- La gouvernance des entreprises cotées, un moyen ou une fin ?
- L'évolution récente de la responsabilité du dirigeant de la société anonyme cotée.
- Le gouvernement d'entreprise : moyen ou finalité ?
- L'AMF, une autorité de régulation puissante.
- La protection des actionnaires minoritaires.

Troisième partie

Le droit des entreprises en difficulté

Lorsqu'une entreprise, personne physique ou personne morale, n'est plus en mesure d'exécuter ses obligations, ses créanciers vont tenter de se faire payer sur ses biens. Notre droit a toujours organisé une procédure dite « collective », c'est-à-dire imposant une discipline collective à tous les créanciers de l'entreprise, afin de permettre un règlement ordonné de ceux-ci. Le droit des procédures collectives désigne ainsi l'ensemble des règles ayant vocation à s'appliquer lorsqu'une entreprise rencontre des difficultés.
Après une longue évolution faite de réformes successives, le dispositif légal actuel propose au débiteur en difficulté, l'entreprise, un arsenal de réponses possibles selon la gravité des difficultés rencontrées, qui vont des mécanismes de prévention et de traitement privé des difficultés, aux procédures de sauvegarde, de redressement ou liquidation judiciaires.

273 Titre 1 – Le dispositif légal : présentation générale
274 Chapitre 1 – De la faillite à la sauvegarde : évolution du droit des entreprises en difficulté
278 Chapitre 2 – La notion d'état de cessation des paiements

281 Titre 2 – La prévention et le traitement non judiciaire des difficultés de l'entreprise
282 Chapitre 1 – La détection et la prévention des difficultés de l'entreprise
285 Chapitre 2 – La conciliation

289 Titre 3 – Les procédures de sauvegarde et de redressement judiciaires
290 Chapitre 1 – Les effets propres aux procédures de sauvegarde et de redressement judiciaires
295 Chapitre 2 – Les effets communs aux procédures de sauvegarde et de redressement judiciaires
301 Chapitre 3 – Les procédures de sauvegarde financière accélérée et de sauvegarde accélérée

303 Titre 4 – La liquidation judiciaire
304 Chapitre 1 – L'ouverture de la liquidation judiciaire

306 Chapitre 2 – La réalisation de l'actif
308 Chapitre 3 – L'apurement du passif

309 Titre 5 – Les responsabilités et les sanctions
310 Chapitre 1 – La responsabilité des prêteurs
311 Chapitre 2 – La responsabilité des dirigeants des personnes morales

Titre 1
Le dispositif légal : présentation générale

Le droit des entreprises en difficulté répond à une logique et une philosophie propres, faisant de cette matière un droit atypique, qui déroge au droit commun et où le rôle du juge est le plus souvent prépondérant. Droit volontariste, qui a souffert d'une grande instabilité, en conséquence d'une approche très empirique parfois même expérimentale de la part du législateur, il est en permanente discussion avec d'autres branches du droit, en particulier le droit des sûretés, sur lequel il conserve néanmoins une primauté évidente.

Chapitre 1
De la faillite à la sauvegarde : évolution du droit des entreprises en difficulté

L'essentiel

Construit au gré des exigences économiques et marqué par de profonds changements, le droit des entreprises en difficulté, essentiellement pragmatique, cherche à atteindre des objectifs clairement énoncés par le législateur. Au gré des réformes initiées par ce dernier, dont la plus emblématique demeure la loi de sauvegarde des entreprises du 26 juillet 2005, nous sommes passés d'un droit de la faillite répressif à un droit de sauvetage de l'entreprise en difficulté.

Section 1 – Les caractéristiques du droit des entreprises en difficulté

§ 1 – L'importance du contexte économique dans la conception de la matière

Le droit des entreprises en difficulté, autrefois nommé droit de la faillite, est un droit complexe, en permanente évolution.

En effet, en des temps de prospérité économique, telle que la révolution industrielle, la disparition d'une entreprise était souvent synonyme de responsabilités, voire de comportements malhonnêtes de ses dirigeants. Les temps ont changé, l'environnement économique est devenu hostile, en particulier depuis le premier choc pétrolier, de sorte que nous sommes passés d'un droit répressif de la faillite à un droit de la défaillance, puis de la sauvegarde de l'entreprise.

Il en résulte que le cœur du dispositif n'est plus tant de rechercher les responsabilités et de sanctionner les dirigeants, à cet égard mieux protégés, que de sauver l'entreprise, l'emploi et ses éléments d'actif.

Le droit des entreprises en difficulté, tel qu'il résulte aujourd'hui des multiples réformes dont la dernière en date est l'ordonnance du 12 mars 2014, est un droit ainsi fortement marqué par les empreintes étatiques en raison des enjeux économiques et sociaux évidents. En effet, en période de crise, cette matière revêt un habit à forte coloration politique, et prend souvent l'allure d'un remède à la crise elle-même. Légiférer en la matière revient à adopter une politique volontariste avec des enjeux d'emploi et de remède à la crise économique.

§ 2 – Les nombreux intérêts en présence

Le droit des entreprises en difficulté est un droit atypique, il suffit pour s'en convaincre de s'attacher à la terminologie.

Ainsi, alors que le droit des sociétés continue de privilégier les intérêts des propriétaires et ne s'intéressent que depuis peu à ceux des salariés, cette matière se développe dans un système différent où entrent en concurrence les différents « *stakeholders* », c'est-à-dire les différentes parties prenantes intéressées au sauvetage de l'entreprise, les salariés, les fournisseurs, les clients, les créanciers, l'administration fiscale, et enfin, le ou les propriétaires.

Notre dispositif légal est certainement l'un des plus aboutis en Europe, avec des procédures nombreuses et adaptées aux besoins des entreprises traversant des difficultés. La législation française du droit des entreprises en difficulté est arrivée à maturité, ayant réussi à créer un équilibre plutôt satisfaisant entre tous les intérêts en présence, même si les propriétaires demeurent les sacrifiés. Il est vrai néanmoins qu'ils ont accepté de courir le risque d'entreprise.

Section 2 – La loi de sauvegarde des entreprises et les différentes procédures disponibles

§ 1 – La loi du 26 juillet 2005

La matière a subi de profondes modifications avec la loi de sauvegarde des entreprises du 26 juillet 2005 et son décret d'application du 28 décembre 2005. Ces textes modifient les lois du 25 janvier 1985 et du 10 juin 1994. La nécessité d'une procédure nouvelle résultait de l'échec du dispositif antérieur : sur plus de 50 000 entreprises en cessation des paiements avérée en 2005, plus de 90 % des procédures collectives aboutissaient en effet à des liquidations judiciaires.

• **Trois grandes lignes directrices** gouvernent ce nouveau dispositif :

– une incitation au règlement négocié et concerté des difficultés dans les meilleurs délais ;

– l'amélioration de l'efficacité des redressements et liquidations judiciaires ;

– la rationalisation du régime des sanctions en introduisant une distinction entre le débiteur malchanceux et de bonne foi et le débiteur de mauvaise foi.

• Le cœur du dispositif se trouve dans la création d'une nouvelle procédure, **la procédure dite de sauvegarde** :

– elle marque l'introduction de dispositifs de négociation entre le débiteur et ses créanciers (conciliation, sauvegarde) ;

– elle s'applique en amont de l'état de cessation des paiements, de façon à traiter le plus tôt possible les difficultés de l'entreprise.

• La réforme opérée par la loi du 26 juillet 2005 repose sur deux tendances majeures :

– **l'importance accordée à la négociation :** suivant l'évolution de nombreuses autres matières du droit, en particulier le droit social avec les conventions collectives ou le droit de la famille avec les conventions de divorce, on passe d'un droit longtemps imposé à un droit pour beaucoup négocié, en particulier avec la procédure de conciliation, laissant ainsi un espace non négligeable aux accords négociés entre le débiteur et ses créanciers principaux, et ce dans l'intérêt bien compris de l'entreprise ;

– **l'importance accordée à la prévention :** l'accent est mis sur le traitement préventif des difficultés des entreprises dans le but avoué de favoriser la survie de l'entreprise en difficulté et la protection de l'emploi. L'idée est que le chef d'entreprise accepte de recourir à ces mécanismes de négociation, voire de se placer sous la protection judiciaire pour trouver un remède aux difficultés que l'entreprise rencontre.

§ 2 - Les réformes ultérieures

Ce dispositif légal a fait l'objet de deux réformes importantes ultérieures, l'une opérée par l'ordonnance du 18 décembre 2008, l'autre résultant de la loi de régulation bancaire et financière du 22 octobre 2010.

Ces réformes traduisent la prise en compte du succès mitigé de la loi de sauvegarde de 2005. En effet, en 2006 seules 500 procédures de sauvegarde et 800 procédures de conciliation ont été ouvertes sur 45 000 défaillances constatées.

Ces réformes poursuivent la volonté de la loi de 2005 de faire du chef d'entreprise le principal protagoniste de la réorganisation de l'entreprise, et de lui faire bénéficier des mesures de protection.

Surtout, la loi de 2010 augmente l'arsenal juridique d'une nouvelle procédure, la sauvegarde financière accélérée (SFA). Procédure de courte durée, elle est destinée à contourner le blocage qui pourrait résulter d'un refus de la part des établissements bancaires de mettre en place un accord de conciliation.

Enfin, l'ordonnance du 12 mars 2014 réforme une fois de plus cette matière, apportant quelques modifications importantes, en particulier concernant le régime de la conciliation et en créant une autre forme de procédure de sauvegarde.

Remarque : il y a lieu de signaler que l'EIRL, créée par la loi du 15 juin 2010 (v. *supra*), a été adaptée au droit des entreprises en difficulté par une ordonnance du 9 décembre 2010.

→ **Quelques chiffres** : l'année 2013 a enregistré un record de faillites, en particulier des PME, avec plus de 63 000 défaillances d'entreprises, dont 70 % de liquidations, 29 % de redressements judiciaires et 1 % de sauvegardes selon les sources Coface. On comprend alors que le gouvernement décide de revoir régulièrement sa copie afin d'améliorer le dispositif existant.

§ 3 - Le dispositif actuel

Il résulte de ces réformes successives que notre droit des entreprises en difficulté fait désormais coexister quatre types de procédures :

– **1 procédure amiable** : la procédure de conciliation recherche le redressement par un accord entre le débiteur et le créancier ;

– **3 procédures judiciaires** : la procédure de sauvegarde, à laquelle il faut ajouter ses deux variantes, la sauvegarde financière accélérée et la sauvegarde accélérée ; la procédure de redressement judiciaire ; et enfin, la liquidation judiciaire.

Section 3 – Les entreprises pouvant bénéficier du dispositif légal

Les procédures mises en place par la loi de 2005 bénéficient aux personnes suivantes (C. com., art. L. 620-2 et 631-2).

• **Les personnes physiques :** tout commerçant (sont commerçants ceux qui accomplissent des actes de commerce – C. com., art. L. 121-1), tout agriculteur (L. 30 déc. 1988), toute personne immatriculée au répertoire des métiers (les artisans) (L. 25 janv. 1985).

La loi du 26 juillet 2005 étend la procédure à toute personne physique exerçant une activité professionnelle indépendante, ce qui inclut les professionnels libéraux (architectes, avocats, experts-comptables...). Cette extension est accompagnée de mesures spécifiques d'adaptation et de garanties procédurales assurées par l'ordre professionnel ou l'autorité compétente.

• **Les personnes morales de droit privé :** la procédure s'applique si le groupement possède la personnalité morale, et à compter du moment où il l'a acquis, soit pour les sociétés de droit commun et les groupements d'intérêt économique, à compter de leur immatriculation, et pour les sociétés civiles professionnelles à compter de l'agrément, l'inscription ou la titularisation.

Sont exclues les personnes morales de droit public (État, collectivités territoriales...).

Chapitre 2
La notion d'état de cessation des paiements

L'essentiel

La cessation des paiements était la clé de voûte du dispositif issu de la loi de 1985. En effet cette notion a longtemps été l'indice des difficultés de l'entreprise imposant l'ouverture d'une procédure collective. Cet état justifiait alors l'intervention du juge pour aider l'entreprise à surmonter des difficultés qu'elle ne pouvait affronter seule.
Aujourd'hui si la notion demeure, son rôle et son contenu ont été profondément modifiés. Autrefois assimilée à une situation désespérée annonçant la liquidation de l'entreprise, la cessation des paiements est comprise désormais comme une crise grave de trésorerie provoquant alors la mise en place d'une nouvelle stratégie de l'entreprise. On comprend dès lors que le débiteur soit autorisé à bénéficier d'une procédure de redressement judiciaire.

Section 1 – La définition de la cessation des paiements

C. com., art. L. 631-1 : il y a cessation des paiements lorsque le débiteur est « dans l'impossibilité de faire face au passif exigible avec son actif disponible ».

- « **Passif exigible** » : ce sont les dettes dont le créancier est en droit de réclamer le paiement immédiat sans être tenu de respecter un terme ni l'accomplissement d'une condition. Ce sont les dettes certaines et exigibles ;
- « **Actif disponible** » : ce sont les sommes dont l'entreprise dispose pour assurer le paiement immédiat d'une dette, c'est-à-dire l'existant en caisse et en banque ainsi que ce qui est susceptible d'une conversion immédiate ;
- **« Impossibilité de faire face » :** la cessation des paiements résulte de la comparaison de ces deux postes. Le tribunal n'est pas autorisé à retenir au titre de l'actif disponible les procédés ruineux ou frauduleux que le débiteur s'est procuré.

La cessation des paiements des établissements de crédit fait l'objet d'une définition dérogatoire, plus sévère.

Cet état résulte ainsi de la comparaison de deux masses, à un moment opportun car il est évident qu'un des facteurs essentiels de la réussite du redressement de l'entreprise réside dans son ouverture au bon moment.

La cessation des paiements n'est pas l'insolvabilité, de même qu'un débiteur peut présenter un bilan déficitaire sans être en cessation des paiements. De manière essentielle, la définition de l'état de cessation des paiements n'est pas une notion comptable mais une notion juridique qui donne lieu souvent à interprétation quant à sa détermination dans le temps lorsqu'un litige intervient.

Section 2 - Le rôle de la cessation des paiements

La mise en œuvre de ce critère est délicate et souvent source de litige.

Pourtant, critère essentiel, la cessation des paiements est l'une des conditions de fond de l'ouverture de la procédure de redressement ou de liquidation judiciaires (mais non de la sauvegarde).

La loi du 26 juillet 2005 a modifié le rôle joué par cette notion. En effet, elle cesse d'être le critère de distinction entre les procédures amiables et les procédures judiciaires. Ainsi, la procédure de sauvegarde (qui est une procédure collective) est ouverte aux débiteurs *in bonis*, et les débiteurs en cessation des paiements depuis moins de 45 jours peuvent bénéficier d'une procédure amiable, la conciliation.

Néanmoins, la notion de cessation des paiements demeure essentielle, en particulier dans le cadre du redressement judiciaire. Elle est une condition de fond d'ouverture de la procédure de redressement ou de liquidation judiciaires. De sorte que lorsqu'elle survient, elle crée l'obligation pour le débiteur de demander au plus tard dans les 45 jours l'ouverture d'une procédure collective.

• **Preuve de la cessation des paiements :** elle peut résulter de l'aveu du débiteur ou être apportée à l'occasion d'une instance contre lui. Le créancier qui engage une action afin de prouver l'état de cessation des paiements de son débiteur doit prouver que l'état financier de ce dernier ne lui permet pas de faire face à son passif exigible.

• **Fixation et report de la date de cessation des paiements :** la date est fixée par le tribunal. Elle entraîne des effets juridiques importants, en particulier en fixant le point de départ d'actions contre les dirigeants, ou encore la possibilité pour le débiteur de demander à bénéficier d'une procédure de conciliation.

Titre 2
La prévention et le traitement non judiciaire des difficultés de l'entreprise

Organiser la prévention des difficultés de l'entreprise n'est pas aisé, en particulier à l'égard de l'opportunité du moment, c'est-à-dire agir ni trop tôt, ni trop tard, concernant également les moyens d'action, enfin dans la pondération des différents intérêts en présence qu'il faut arbitrer.

Notre droit s'est engagé dans deux directions, en favorisant la détection et la prévention des difficultés d'une part, en instaurant des procédures en amont spontanées, en dehors de l'intervention du juge et aux effets limités d'autre part. De sorte que le nouveau dispositif insiste sur des mesures très en amont, lesquelles consistent dans des processus de prévention des difficultés. Ces mesures sont d'une part la prévention avec des mécanismes d'alerte sophistiqués, des procédures non judiciaires d'autre part, que sont l'intervention d'un mandataire ad hoc, et la procédure de conciliation qui remplace le règlement amiable de la loi de 1985 et à laquelle l'ordonnance du 12 mars 2014 a apporté quelques précisions.

Le dénominateur commun de ces outils mis à la disposition du débiteur en difficulté est la quasi-absence de l'intervention du juge (sous réserve de l'homologation, facultative au demeurant, de la convention de conciliation).

Ces procédures, qui ne sont pas collectives, constituent des réponses non judiciaires aux difficultés rencontrées par le débiteur, à la différence des autres procédures que nous évoquerons ultérieurement, proprement judiciaires et collectives.

Chapitre 1
La détection et la prévention des difficultés de l'entreprise

L'essentiel

Le dispositif de prévention des difficultés de l'entreprise repose sur un parti pris essentiel, selon lequel plus les difficultés sont détectées en amont et plus les chances de préserver l'entreprise et ses actifs sont déterminantes. Dès lors, on comprend l'importance de ces mesures et les incitations posées par le législateur afin que le débiteur recoure dès que nécessaire à ce dispositif. En effet, la matière des difficultés des entreprises est sensible au facteur temps. Trop tôt peut se révéler préjudiciable et trop tard, décisif. La prévention désigne essentiellement le déclenchement d'une procédure d'alerte, l'intervention d'un mandataire ad hoc d'autre part.

Section 1 – Une prévention élargie ou le déclenchement de l'alerte

Le critère de déclenchement de l'alerte intervient lorsque l'entreprise « *connaît des difficultés de nature à compromettre la continuité de l'exploitation* » (C. com., art. L. 611-2).

Le législateur a prévu plusieurs procédures d'alerte afin que l'information sur les difficultés rencontrées soit décelée au plus vite. Ainsi, l'alerte peut être donnée par :

• **Le groupement de prévention agréé :** il fournit à ses adhérents (adhésion ouverte, depuis la loi du 1er août 2003, à toute personne immatriculée au registre du commerce et des sociétés ou au répertoire des métiers et à toute personne morale de droit privé) une analyse des informations comptables et financières. S'il relève des indices de difficultés, il en informe le chef d'entreprise.

• **Le commissaire aux comptes :** il doit déclencher l'alerte lorsqu'il relève « *des faits de nature à compromettre la continuité de l'exploitation* ». Cette obligation est légale. La procédure se déroule en **trois étapes** : l'alerte est communiquée au président du conseil d'administration ou du directoire avec une réponse attendue. S'il n'y a pas de réponse dans les quinze jours, une délibération doit être faite pas le conseil d'administration ou du conseil de surveillance ; à défaut de délibération ou si la continuité de l'exploitation est toujours compromise, l'assemblée générale est convoquée avec un rapport spécial du commissaire aux comptes.

• **Les associés et les actionnaires** (5 % du capital social) **ou une association d'actionnaires :** ils peuvent poser des questions écrites aux dirigeants sur « *tout fait de nature à compromettre la continuité de l'exploitation* », qui doivent répondre dans un délai d'un mois.

• **Le comité d'entreprise :** il peut demander aux dirigeants de lui fournir des explications sur la situation économique de l'entreprise et plus largement, sur « *tout fait de nature à affecter de manière préoccupante la situation économique de l'entreprise* ».

• **Le président du Tribunal de commerce ou du tribunal de grande instance (C. com., art. L. 611-2) :** il intervient au vu de certains clignotants de nature à indiquer que l'entreprise connaît des difficultés. Ces clignotants sont des inscriptions de privilèges ou nantissements, la publicité légale (non-dépôt de comptes annuels, perte de plus de la moitié du capital social...), voire la rumeur publique. Le président peut alors convoquer les dirigeants afin que soient envisagées les mesures propres à redresser la situation, ou même que soit saisi un mandataire *ad hoc* ou un conciliateur.

Section 2 - Le mandataire *ad hoc*

§ 1 - L'objet du mandat *ad hoc*

Création prétorienne consacrée par la loi du 10 juin 1994, le mandataire *ad hoc* est devenu un acteur important du dispositif mis en place afin de prévenir les difficultés de l'entreprise.

Il s'analyse en une procédure volontaire, c'est-à-dire à l'initiative du débiteur, non judiciaire et non collective des difficultés de l'entreprise. Néanmoins, on ne peut dire que le juge soit totalement exclu de cette procédure dans la mesure où le mandataire *ad hoc* tient ses pouvoirs du Président du tribunal de commerce à qui il rend compte périodiquement de sa mission.

Sur l'échelle des diverses mesures mises à la disposition du débiteur afin de remédier aux difficultés, il se situe très en amont, en particulier avant l'état de cessation des paiements.

La demande de désignation d'un mandataire *ad hoc* émane du représentant de l'entreprise seul auprès du président du tribunal (C. com., art. L. 611-3). Depuis l'ordonnance du 18 décembre 2008, le chef d'entreprise a la possibilité de proposer lui-même le nom d'un mandataire.

§ 2 - Les missions du mandataire *ad hoc*

Théoriquement, le mandataire *ad hoc* se voit attribuer une mission limitée, liée à des circonstances particulières.

Les missions sont définies par le Président du tribunal de commerce, si le débiteur exerce une activité commerciale ou artisanale, et le tribunal de grande instance dans les autres cas (C. com., art. L. 611-3).

Essentiellement, la mission dans son ensemble consiste à analyser la situation, et éventuellement favoriser une conciliation future en approchant certains créanciers. Aucune intrusion et aucun dessaisissement de fait du dirigeant de l'entreprise ne doivent en résulter. Le mandataire *ad hoc* est par ailleurs tenu à une obligation de confidentialité.

La mission du mandataire *ad hoc* va ainsi du simple audit de l'entreprise et de ses difficultés à la négociation de solutions amiables avec certains créanciers, préparant ainsi une éventuelle conciliation. Le débiteur n'est pas dessaisi et continue ainsi de gérer l'entreprise, le mandataire n'ayant à ce titre aucun pouvoir de gestion.

Dans le meilleur des cas, le mandat *ad hoc* peut aboutir à un protocole entre les parties, en présence du mandataire *ad hoc* qui entérine les concessions faites par les créanciers. Le plus souvent, le mandat *ad hoc* est le préalable à la recherche d'une solution négociée dans le cadre d'une procédure de conciliation, voire de sauvegarde.

La fin de la mission intervient lorsque le débiteur en fait la demande, le Président du tribunal met immédiatement fin à la mission du mandataire.

Il est rémunéré par le débiteur et sa mission n'est pas enfermée dans des délais légaux.

Chapitre 2
La conciliation

L'essentiel

L'ancien règlement amiable a disparu et a été remplacé par la conciliation.
À l'instar du mandat ad hoc, la conciliation s'analyse en une procédure volontaire, engagée à la demande du débiteur, non judiciaire et non collective des difficultés de l'entreprise. La caractéristique essentielle de cette procédure est qu'il ne s'agit donc pas d'une procédure collective, elle n'intéresse pas la collectivité des créanciers du débiteur. Seuls certains d'entre eux, les plus importants, acceptent de passer un accord, qui peut rester confidentiel, avec le débiteur. Les gages du succès de ce nouvel outil à la disposition du débiteur sont sa souplesse et sa confidentialité.

Section 1 – L'objet et les critères de la conciliation

§ 1 – L'objet de la conciliation

La conciliation consiste à permettre au débiteur qui en fait la demande, alors qu'il n'est pas nécessairement en état de cessation des paiements mais rencontre des difficultés juridiques, économiques ou financières avérées ou prévisibles, de rechercher un accord avec certains créanciers, en général les créanciers principaux, destiné à mettre fin aux difficultés de l'entreprise (C. com., art. L. 611-7).

Le conciliateur peut également « *présenter toute proposition se rapportant à la sauvegarde de l'entreprise, à la poursuite de l'activité économique et au maintien de l'emploi.* » (C. com., art. L. 611-7).

L'objectif est ainsi de favoriser la recherche de solutions négociées avec les créanciers principaux, le cas échéant les contractants habituels, destinées à mettre fin aux difficultés de l'entreprise.

Malgré le silence des textes, les difficultés doivent être susceptibles de conduire à la cessation des paiements.

• **Monopole du débiteur :** la requête est déposée par le débiteur, qui expose « *sa situation économique, sociale et financière, ses besoins de financement ainsi que, le cas échéant les moyens d'y faire face.* » La demande de conciliation est donc une faculté reconnue au débiteur. Il en résulte donc que ce droit est refusé aux autres acteurs, les créanciers ou le Ministère public, voire les salariés.

• **Rôle du tribunal :** il ouvre la conciliation, nomme le conciliateur (qui peut être proposé par le chef d'entreprise depuis 2008) et détermine sa mission ainsi que les conditions de sa rémunération. La durée de la mission ne peut excéder quatre mois mais peut être prorogée d'un mois sur décision motivée (C. com., art. L. 611-6 al. 2).

§ 2 - Les critères de la conciliation

C. com., art. L. 611-4 : le débiteur doit « *éprouver une difficulté juridique, économique ou financière, avérée ou prévisible et ne se trouve pas en cessation des paiements depuis plus de 45 jours.* ». Il résulte de ce texte que les difficultés peuvent être de nature différente, financières, retard de paiement, modification de certains contrats, retard de livraison...

Néanmoins et implicitement, les difficultés de l'entreprise peuvent être surmontées.

Facultative avant l'apparition de la cessation des paiements, la saisine d'une juridiction devient obligatoire dans un délai qui ne doit pas dépasser 45 jours après l'état de cessation des paiements.

L'objectif est d'éviter l'ouverture d'une procédure de redressement judiciaire. À aucun moment, le débiteur n'est dessaisi ; il continue de gérer son entreprise et le conciliateur ne doit pas s'immiscer.

Section 2 - La nature et les effets de la conciliation

§ 1 - La nature de la conciliation

• **La nature hybride de la conciliation :** c'est un mécanisme contractuel, puisqu'il consiste en un accord entre le débiteur et ses principaux créanciers, qui ne lie par conséquent que les parties à l'accord.

Il s'agit d'un accord non collectif, qui n'intéresse donc que certains créanciers.

Néanmoins, l'accord obtenu peut être homologué par le président du tribunal (C. com., art. L. 611-9). Il fera alors l'objet d'une mesure de publicité, ce qui lui fait perdre un aspect essentiel qui est la confidentialité de l'accord (C. com., art. L. 611-15).

• **L'information du comité d'entreprise :** l'ordonnance du 12 mars 2014 prévoit désormais que « *le comité d'entreprise ou, à défaut, les délégués du personnel sont informés par le débiteur du contenu de l'accord lorsque celui-ci demande l'homologation.* »

A contrario, cette nouvelle disposition signifie que cette information ne s'impose ni en cours de procédure de conciliation, ni lorsque celle-ci débouche sur un accord amiable confidentiel, et donc non soumis à conciliation.

Une double publicité est prévue. Le jugement d'homologation est déposé au greffe. Il fait l'objet d'une mesure de publicité par une insertion au BODACC.

§ 2 - Les effets de la conciliation

• **Les effets de la conciliation sur le débiteur :** les efforts consentis par les créanciers ayant accepté de rejoindre la conciliation peuvent être de différente nature, telle que l'octroi de délai de paiement, ou encore d'aménagement de la dette... Dans tous les cas, il s'agit d'accorder du temps et du crédit à l'entreprise en difficulté afin de lui permettre de passer une période difficile.

• **Les effets de la conciliation sur les créanciers ou le privilège de « *new money* » :** il est normal que les efforts consentis au débiteur soient accompagnés d'une contrepartie pour le ou les créanciers ayant accepté de conclure un accord avec le débiteur. Ainsi, ceux-ci se voient reconnaître en contrepartie un privilège, en cas d'ouverture d'une procédure de sauvegarde, de redressement, judiciaire ou de liquidation judiciaire. L'ordonnance du 12 mars 2014 a étendu le domaine d'application de ce privilège, dès lors que l'accord est homologué. Le créancier bénéfice ainsi d'un rang de faveur en cas d'échec de la conciliation.

Section 3 - Le conciliateur

Mandataire de justice, c'est une personnalité du monde des affaires retenue en raison de ses compétences particulières. Il ne doit pas s'immiscer dans la gestion et ne se substitue pas aux organes de direction.

Depuis l'ordonnance du 18 décembre 2008, le Président du tribunal n'est plus totalement libre du choix de la personne du conciliateur. En effet, la personne du conciliateur peut être proposée par le débiteur. Cette mesure cherche à assurer les plus grandes chances de succès à la conciliation en attrayant un homme ou une femme ayant la confiance du débiteur.

La durée de sa mission ne peut excéder la durée de quatre mois, mais peut être prorogée d'un mois sur décision motivée (C. com., art. L. 611-6).

Titre 3
Les procédures de sauvegarde et de redressement judiciaires

Les procédures de sauvegarde et de redressement judiciaire signent l'échec des mesures préventives et non judiciaires. Par ailleurs, il existe un risque imminent, voire avéré, de cessation de paiement, nécessitant une discipline collective. On quitte dès lors le domaine des procédures volontaristes et non collectives pour des mécanismes judiciaires et imposant une discipline collective aux créanciers et aux salariés.

Les procédures de sauvegarde et de redressement judiciaires présentent de nombreuses similitudes.

Le critère discriminant est celui de la cessation des paiements puisque la procédure de sauvegarde, innovation majeure de la loi du 26 juillet 2005, n'est ouverte qu'au débiteur in bonis tandis que la procédure de redressement judiciaire s'impose en cas de cessation des paiements.

Considérée comme une procédure de « redressement judiciaire anticipée », la procédure de sauvegarde doit être désormais mise en perspective avec deux procédures jumelles, la sauvegarde financière accélérée et la sauvegarde accélérée, créée par l'ordonnance du 12 mars 2014, qui pourront la concurrencer lorsque les conditions seront réunies.

Mécanisme incitatif, qui invite le débiteur en difficulté à se mettre sous protection du tribunal le temps de restructurer son entreprise et de négocier ses dettes, la procédure de sauvegarde doit ainsi aboutir à un plan de continuation appelé plan de sauvegarde.

Caractéristiques des procédures de sauvegarde et de redressement judiciaire :

- ***Procédures collectives :** les procédures tant de sauvegarde que de redressement judiciaire soumettent à ses règles l'ensemble des personnes concernées par la défaillance de l'entreprise (le débiteur, ses créanciers, ses salariés) à une discipline collective. En d'autres termes, elles intéressent la totalité des créanciers, qui doivent se soumettre à une discipline judiciaire collective. Ce sont plus que de simples procédures de prévention.*
- ***Procédure d'ordre public :** toutes les dispositions de la loi la concernant sont en principe d'ordre public.*
- ***Procédure judiciaire :** les procédures de sauvegarde et de redressement sont proches (voir l'exposé des motifs et C. com., art. L. 620-1 et 631-1), de sorte que nous évoquerons leurs effets communs après avoir exploré leurs caractéristiques propres.*

Chapitre 1
Les effets propres aux procédures de sauvegarde et de redressement judiciaires

L'essentiel

Distinction : *les deux procédures présentent de nombreuses similitudes. En réalité, la procédure de sauvegarde est une procédure de redressement judiciaire anticipée. Le débiteur, qui décide de recourir à ce mode de traitement de ses difficultés, bénéficie de l'ensemble des dispositions applicables à toute procédure collective, et en particulier au redressement judiciaire, bien qu'il ne soit pas en état de cessation des paiements.*

Section 1 – La procédure de sauvegarde

Caractéristiques :

– la procédure de sauvegarde est réservée au **débiteur *in bonis***, c'est-à-dire non encore en état de cessation des paiements ;

– le chef d'entreprise n'est pas dessaisi de l'administration de ses droits ;

– malgré un certain caractère contractuel, le pouvoir judiciaire demeure omniprésent et dispose de prérogatives importantes ;

– la procédure de sauvegarde est une procédure volontaire, qui ne peut être initiée par le seul débiteur.

§ 1 – La saisine volontaire du tribunal

La saisine du juge en vue du prononcé d'ouverture d'une procédure de sauvegarde est à la fois volontaire et facultative :

• La demande de procédure de sauvegarde est faite par le débiteur, dès lors que celui-ci n'est pas en cessation des paiements. Elle se fait par demande écrite déposée par le débiteur au greffe du tribunal compétent.

Le débiteur décide ainsi de se placer sous la protection du juge, afin de préserver ses intérêts. Il est donc de l'essence même de cette procédure que seul le débiteur, personnes physique ou morale, ait qualité pour saisir le tribunal (C. com., art. L. 620-1).

• Cette saisine volontaire signifie aussi qu'elle ne correspond à aucune obligation et s'analyse donc en une décision de gestion du dirigeant du débiteur dans le cadre de son pouvoir général de gestion. Il en résulte que le débiteur ne commet pas de faute s'il ne saisit pas le juge ou le saisit trop tard, sauf en cas d'action pour insuffisance d'actif.

§ 2 – Les critères de déclenchement de la procédure de sauvegarde

Le bénéfice de cette procédure est accordé à tout débiteur qui n'est pas à même de surmonter des difficultés de nature à le conduire à une cessation des paiements (C. com., art. L. 620-1). Le débiteur *in bonis* peut ainsi bénéficier d'une procédure collective produisant des effets judiciaires tout en n'étant pas en cessation des paiements.

L'article L. 620-1 du Code de commerce pose ainsi un double critère :

– l'absence d'état de cessation des paiements ;

– « *des difficultés qu'il n'est pas en mesure de surmonter* ».

Quelles difficultés ? La loi ne précise pas, laissant ainsi une latitude d'appréciation quant aux difficultés rencontrées par l'entreprise. Ce sont des difficultés juridiques, économiques ou financières, lesquelles dominent le plus souvent.

Elles doivent être avérées et non seulement prévisibles. En réalité, les difficultés insurmontables qui justifient l'ouverture d'une procédure de sauvegarde laissent craindre un état de cessation des paiements à court ou moyen terme.

La preuve des difficultés appartient au débiteur. Elle peut être faite par tous moyens. Encore faut-il que le déclenchement de la procédure ne soit pas tardif et puisse autoriser une sauvegarde.

Ces difficultés ne sont pas nécessairement liées à l'activité du débiteur. Ainsi, dans le cas de Cœur Défense, la procédure avait été déclenchée par la faillite de *Lehman Brothers* le 15 septembre 2008 (mécanismes purement financiers de covenants).

L'ordonnance du 18 décembre 2008 a apporté une modification importante : le débiteur n'a plus à faire la preuve des difficultés conduisant à la cessation des paiements. Il devra seulement démontrer des « *difficultés qu'il n'est pas en mesure de surmonter* ». Une simple rupture de contrat avec un client majeur peut justifier le déclenchement de cette procédure.

Conditions de forme : la sauvegarde est à deux vitesses :

• Régime général : il s'applique aux grandes entreprises (20 salariés au moins ou chiffre d'affaires d'au moins 3 000 000 €). Il s'agit d'une procédure lourde avec une période d'observation plus longue.

• Régime simplifié : il n'y aura pas désignation d'un administrateur provisoire (20 salariés ou moins et chiffre d'affaires inférieur à 3 000 000 €).

Compétence : ce sera le tribunal de commerce pour un débiteur commerçant ; le tribunal de grande instance dans les autres cas. Il prononce le jugement d'ouverture de la procédure. Le tribunal est saisi par le débiteur.

Section 2 – La procédure de redressement judiciaire

Le redressement judiciaire est destiné à permettre la poursuite de l'activité de l'entreprise, le maintien de l'emploi et l'apurement du passif. Comme le plan de sauvegarde, le plan de redressement ne peut tendre qu'à la continuation de l'activité.

§ 1 – Le déclenchement de la procédure de redressement judiciaire

I – Les conditions de fond sont doubles

• L'entreprise est en **cessation des paiements**. C'est le critère discriminant majeur, qui distingue la procédure de redressement judiciaire de la procédure de sauvegarde. La cessation des paiements crée une obligation pour le débiteur qui doit dans les 45 jours demander l'ouverture de cette procédure (s'il n'a pas demandé l'ouverture d'une conciliation). Dès lors, s'il apparaît lors de la demande d'ouverture de la procédure de sauvegarde que le débiteur est en cessation des paiements, le tribunal peut d'office ouvrir un redressement judiciaire. De même, s'il apparaît après l'ouverture de la procédure que le débiteur était déjà en cessation des paiements au moment du prononcé du jugement, le tribunal constate et convertit la procédure de sauvegarde en procédure de redressement judiciaire.

• Ou la procédure de conciliation a échoué.

→ L'ouverture de la procédure peut également procéder d'autres causes, telle que la demande d'un créancier ou du ministère public, saisine d'office par le tribunal. Dans tous les cas, c'est une procédure obligatoire, dont le critère exclusif est celui de la cessation des paiements.

La date de cessation des paiements est fixée par le tribunal.

II – La saisine du tribunal

Il ne s'agit plus de prévenir mais de remédier à une défaillance avérée.

La loi ne laisse donc plus le champ à une libre appréciation, mais permet à différents acteurs de l'entreprise de saisir le juge et ce, en vue d'une décision rapide.

• **La saisine par le débiteur :** elle doit intervenir au plus tard dans les 45 jours qui suivent la cessation des paiements (C. com., art. L. 631-4 al. 1er), mais à l'intérieur de ce délai, le débiteur a encore le choix de demander l'ouverture d'une procédure de conciliation. Il se trouve donc face à un vrai choix, qui se révèle délicat pour les dirigeants.

Cette demande prend la même forme que pour l'ouverture d'une procédure de sauvegarde. Elle doit être déposée au greffe du tribunal compétent.

• **La saisine par un créancier :** tout créancier, quelle que soit la nature de sa créance, peut demander l'ouverture d'une procédure de redressement judiciaire (ou de liquidation judiciaire) à l'encontre de son débiteur, à condition qu'une procédure de conciliation ne soit pas en cours. Néanmoins, le créancier ne doit pas commettre un abus de droit en demandant l'ouverture d'une telle procédure si la situation financière du débiteur ne le justifie pas.

• **La saisine d'office :** cette saisine permet de surmonter l'inertie du débiteur, en autorisant le juge à se saisir. Pour autant, l'auto saisine demeure un mécanisme exorbitant du droit commun, et contesté à ce titre.

§ 2 - Les nullités de la période suspecte et la reconstitution de l'actif de l'entreprise

I - Les conditions de fond

Avant le jugement d'ouverture, et pendant une période dite « suspecte », le débiteur peut procéder à certaines opérations juridiques ayant pour objet de favoriser certains créanciers ou soustraire certains biens de l'entreprise en difficulté aux procédures à venir certains biens, en diminuant frauduleusement le patrimoine de l'entreprise.

La période suspecte s'étend de la cessation des paiements au jour du jugement d'ouverture.

Tout acte qui viole l'égalité des créanciers doit être annulé, par un dispositif complexe qui est celui des nullités. L'action en nullité a ainsi pour objet de reconstituer l'actif du débiteur (C. com., art. L. 632-4).

Compte tenu de la gravité de la nullité, celle-ci n'est pas automatique mais doit être prononcée par le tribunal.

- accomplissement de l'acte par le débiteur ;
- accomplissement de l'acte en période suspecte (entre la date effective de cessation des paiements et le jugement d'ouverture).

II - Les effets et les nullités de la période suspecte

La nullité a des effets entre les parties et à l'égard des tiers. On distingue les nullités de droit des nullités facultatives. Alors que les nullités de droit sont obligatoirement prononcées par le juge, et sont limitativement énumérées par la loi, les nullités facultatives exigent une connaissance par le tiers de l'état de cessation des paiements. L'action en nullité est exercée par l'administrateur, le mandataire judiciaire ou le ministère public.

A - Les nullités de droit

C. com., art. L. 632-1, 632-3 et 632-4.

Sont nuls, lorsqu'ils ont été accomplis ou consentis par le débiteur, les actes suivants :

- tous les actes gratuits translatifs de propriété mobilière ou immobilière ;
- tout contrat commutatif dans lequel les obligations du débiteur excèdent notablement celles de l'autre partie ;
- tout paiement, quel qu'en soit le mode, pour dettes non échues au jour du paiement ;
- tout paiement pour dettes non échues, fait autrement qu'en espèces, effet(s) de commerce, virement, bordereau Dailly ou tout autre mode communément admis dans les relations d'affaires ;
- toute hypothèque conventionnelle ou judiciaire ;
- certains actes gratuits.

B – Les nullités facultatives

C. com., art. L. 632-2.

Le juge dispose dans ce cas d'un pouvoir souverain. Lorsque les conditions sont réunies, il n'est pas tenu de prononcer la nullité. Deux catégories d'actes sont visées :

- les paiements pour dettes échues après la date de cessation des paiements, quels que soient la cause, l'objet et le procédé utilisé ;
- les actes à titre onéreux.

Ces actes peuvent être annulés s'ils ont été effectués en période suspecte et que le créancier avait connaissance de l'état de cessation des paiements.

Chapitre 2
Les effets communs aux procédures de sauvegarde et de redressement judiciaires

L'essentiel

Distinction *: tant dans l'hypothèse de la sauvegarde que dans celui du redressement, il y a ouverture d'une procédure collective. Pour l'essentiel, il s'agit de l'ouverture d'une période d'observation mais surtout, de la mise en place d'une discipline collective conformément à la logique de la procédure collective. L'un des enjeux majeurs est de trouver le bon équilibre entre la prise en compte des intérêts des créanciers et celui de l'entreprise en difficulté. L'ouverture de la procédure collective entraîne la désignation d'organes de la procédure, acteurs majeurs au bon déroulement des différentes procédures et garant de l'équilibre et la défense des intérêts en présence.*

Section 1 – Les organes de la procédure : le juge-commissaire et l'administrateur judiciaire

§ 1 – Le juge-commissaire

Désigné par le jugement d'ouverture, le juge-commissaire est souvent présenté comme le « chef d'orchestre de la procédure », attestant ainsi de son importance comme organe de la procédure.

• **Mission générale** : il est chargé de veiller au déroulement rapide de la procédure et à la protection des intérêts en présence. Compte tenu de la lourdeur de certains dossiers, le tribunal peut en désigner plusieurs.

Il suit la poursuite de l'activité et peut provoquer la cessation de l'activité, la conversion de la sauvegarde en redressement judiciaire ou la liquidation judiciaire.

• **Missions particulières** : il peut également proposer le remplacement d'un administrateur ou d'un mandataire judiciaire.

§ 2 – Le mandataire judiciaire

Le mandataire judiciaire défend les intérêts des créanciers. Il a ainsi seul qualité pour agir au nom et dans l'intérêt collectif des créanciers. Il lui appartient donc d'exercer les actions en justice qui mettent en jeu cet intérêt collectif, en particulier les actions en nullité de la période suspecte (*voir infra*).

La désignation d'un mandataire judiciaire est obligatoire dans toute procédure collective. Il est choisi par le tribunal qui peut en nommer plusieurs à la demande du Ministère public, ou d'office en cas de redressement judiciaire.

Sa mission change de dimension lorsque le débiteur est en liquidation judiciaire : il revient alors de procéder aux opérations de liquidation en organisant les cessions d'actif et en procédant à la répartition des fonds entre les créanciers.

§ 3 - L'administrateur judiciaire

C'est un mandataire de justice, chargé par décision de justice d'administrer les biens d'autrui ou d'exercer des fonctions d'assistance ou de surveillance dans la gestion de ces biens.

Réforme en 2003 : les tâches de l'exécution du mandat incombent personnellement à l'administrateur. Sa mission est fixée par le tribunal.

Dans le jugement d'ouverture de sauvegarde ou de redressement judiciaires, le tribunal désigne l'administrateur.

Ses tâches durant la phase d'observation sont multiples : il s'informe, renseigne, protège l'entreprise de toute atteinte, cherche des solutions. Il demande au tribunal d'ordonner la conversion de la sauvegarde en redressement ou le prononcé de la liquidation judiciaire. Surtout, il élabore le bilan économique et social.

Depuis l'ordonnance du 18 décembre 2008, le chef d'entreprise a la possibilité de proposer le nom de l'administrateur judiciaire.

→ **Mission générale** : c'est là une question délicate. Il faut distinguer selon la nature de procédure en présence :

• La mission de l'administrateur est limitée dans la procédure de sauvegarde puisque le débiteur n'est pas dessaisi (v. *supra*) et peut donc continuer d'accomplir des actes de disposition. Il aura alors une mission de surveillance et d'assistance pour tout ou partie des actes de gestion.

• Sa mission en revanche s'étend à l'administration en cas de redressement judiciaire. Il assiste le débiteur pour tout ou partie des actes relatifs à la gestion, ou peut même être tenu d'assurer seul, en partie ou en totalité l'administration de l'entreprise en difficulté.

Les responsabilités sont de nature civile (C. civ., art. 1382 et 1383) et pénale.

Section 2 - La période d'observation et le bilan économique et social

§ 1 - La période d'observation

I - L'objet de la période d'observation

La philosophie qui gouverne la période d'observation est qu'il doit exister un espoir de redressement. Il s'agit d'une période constructive au cours de laquelle les différents intervenants à la procédure vont tenter de déceler la meilleure solution permettant de préserver l'entreprise et de maintenir l'emploi.

Son objet est d'établir un état des lieux précis de l'entreprise, afin de proposer les solutions les plus appropriées pour en permettre le redressement (C. com., art. L. 621-3).

Les règles relatives à la période d'observation en cas de sauvegarde ou de redressement judiciaire sont, dans le principe, communes (sous réserve de quelques différences…).

La période d'observation est instituée en vue de l'établissement d'un bilan économique et social.

L'ouverture de la période d'observation a une double fonction :

• Mettre le débiteur à l'abri, momentanément, des poursuites individuelles des créanciers (arrêt des poursuites…). Il ne peut payer ni les créances nées antérieurement au jugement d'ouverture, ni les créances nées postérieurement qui ne bénéficieraient pas du privilège de l'article L. 622-17 du Code de commerce (créances nées régulièrement après le jugement d'ouverture pour les besoins du déroulement de la procédure ou de la période d'observation).

Il est donc provisoirement à l'abri des poursuites de ses créanciers, avantage évident des procédures collectives.

• Préparer un projet de plan de sauvegarde ou de redressement judiciaire, dès lors qu'il existe une possibilité sérieuse pour l'entreprise d'être sauvegardée.

II - La durée de la période d'observation

Il n'existe pas de durée minimale. En revanche, la période d'observation ne peut excéder la durée de six mois, renouvelable une fois par décision motivée à la demande de l'administrateur, du débiteur ou du ministère public. Au total, elle ne peut donc dépasser 18 mois. La poursuite de l'activité ne peut excéder cette durée maximale.

Le tribunal arrête le plan de sauvegarde ou de redressement avant la fin de la procédure d'observation. Le jugement qui arrête le plan met fin à la période d'observation. À tout moment de la période d'observation, le tribunal peut prononcer la liquidation judiciaire.

III - La conversion

La conversion de la procédure de sauvegarde en redressement judiciaire intervient dans deux hypothèses légales :

- après ouverture de la procédure de sauvegarde, le débiteur se révèle avoir été déjà en cessation des paiements auparavant ;
- à tout moment de la période d'observation, si les conditions de redressement sont réunies.

§ 2 - Le bilan économique et social

Ce sont les mêmes textes qui s'appliquent aux deux procédures de sauvegarde et de redressement (C. com., art. L. 623-1). Le bilan précise l'origine, l'importance et la nature des difficultés de l'entreprise. Il permet de connaître les caractéristiques essentielles de l'entreprise.

→ Il existe deux régimes :

• **Régime général (affaires importantes)** : le bilan est effectué par l'administrateur avec le concours du débiteur.

• **Régime simplifié (petites affaires)** : le bilan est établi par le seul débiteur, sans participation de l'administrateur.

→ Les mesures de la période d'observation :

• conservation des droits de l'entreprise contre les débiteurs de celle-ci et préservation des capacités de production ;

• élaboration de l'inventaire en collaboration avec le débiteur ou dirigeant ;

• gestion de l'entreprise :
  - sauvegarde : le débiteur est maintenu. Pas dessaisi.
  - redressement : l'administrateur assiste le débiteur pour tous les actes relatifs à la gestion, ou assure seul tout ou partie de l'administration de l'entreprise.

Section 3 - Les plans de sauvegarde et de redressement

§ 1 - Le jugement arrêtant le plan

Le jugement qui adopte le plan consacre la fin de la procédure collective, et le débiteur qui était soumis à une procédure de redressement judiciaire redevient *in bonis.*

Le plan tire sa force juridique de la seule décision du tribunal, qui choisit entre les différents projets qui lui sont soumis. Il résulte de ce caractère judiciaire certaines conséquences : il est opposable à tous, il ne peut être contesté que dans le cadre de voies de recours, le plan peut être modifié ultérieurement par le tribunal, mais à la seule demande du débiteur.

L'adoption du plan de sauvegarde ou de redressement judiciaires se fait par le tribunal qui statue au vu du rapport de l'administrateur, après avoir entendu le débiteur. Il peut prononcer la cession totale ou partielle de l'entreprise dans le cadre du redressement judiciaire si le débiteur est dans l'impossibilité de l'assurer lui-même.

Le plan doit :
- désigner les personnes tenues de l'exécuter ;
- mentionner l'ensemble des engagements qui ont été souscrits par elles, nécessaires à la sauvegarde ou au redressement ;
- exposer les perspectives d'emploi.

§ 2 - Le contenu du plan

La procédure de sauvegarde ou de redressement judiciaires donne lieu à un plan arrêté par jugement à l'issue d'une période d'observation, et le cas échéant, à la constitution de deux comités de créanciers (C. com., art. L. 620-1 et 631-1).

Le plan, qu'il soit élaboré dans le cadre d'une sauvegarde ou d'un redressement, comporte, s'il y a lieu, l'arrêt, l'adjonction ou la cession d'une ou plusieurs activités.

Un acteur important veille à l'exécution du plan, le commissaire à l'exécution du plan. C'est un organe de la procédure nommé par le jugement arrêtant le plan et dont la mission est de veiller à l'exécution du plan. Cette fonction est assurée par l'administrateur ou le mandataire judiciaire.

I - Le plan de sauvegarde

La construction du plan de sauvegarde résulte du bilan économique et social, complété le cas échéant par les observations de l'administrateur. Le plan est établi par l'administrateur judiciaire avec le concours du débiteur. Il peut prévoir des modifications du périmètre d'activité : arrêt, cession, ou adjonction d'activités. Depuis 2008, le chef d'entreprise a la possibilité de soumettre lui-même le nom de l'administrateur, faculté qui montre une fois de plus la bienveillance du législateur à l'encontre du débiteur.

• Le plan comporte plusieurs volets : le volet économique (détermination des perspectives de redressement en fonction des possibilités d'activité), le volet financier (définition des modalités de règlement du passif), le volet social et environnemental (description des perspectives d'emploi), enfin les offres d'acquisition (avec le cas échéant, l'analyse les offres d'acquisition). En tout état de cause, il doit s'assurer que les intérêts de tous les créanciers sont protégés.

Comités de créanciers : ils sont constitués lorsque la taille de l'entreprise est suffisamment importante (plus de 150 salariés ou chiffre d'affaires supérieur à 20 M €). La loi de 2005 institue deux comités de créanciers : le comité des établissements de crédit et le comité des principaux fournisseurs de biens et de services. Le débiteur leur soumet le projet de plan. Les comités se prononcent sur le projet de plan à la majorité de leurs membres. Une fois le plan adopté, le tribunal arrête le plan.

La vérification des créances est effectuée par le juge-commissaire, qui est seul compétent pour statuer sur la déclaration des créances.

La situation soumise au juge peut être :

- une absence de proposition : aucune solution de sauvegarde n'étant proposée, la procédure est convertie en redressement judiciaire ;
- l'existence d'un seul projet : si le projet de sauvegarde ne répond pas aux exigences légales, la procédure est convertie en redressement judiciaire ;
- l'existence de plusieurs propositions : le tribunal dispose d'un pouvoir souverain d'appréciation.

• Le plan désigne les personnes tenues de l'exécuter et mentionne l'ensemble des engagements qui ont été souscrits par elles (avenir des activités, modalités de financement, règlement du passif né antérieurement au jugement d'ouverture). Le plan expose les perspectives d'emploi. Il prévoit aussi les modalités de règlement du passif et les garanties éventuelles que le chef d'entreprise doit souscrire pour en assurer l'exécution. si l'entreprise est une société, la sauvegarde peut aussi consister en une modification du capital.

• Le tribunal fixe la durée du plan, qui ne peut excéder 10 ans.

• Résolution du plan : elle intervient dans deux cas :

- en cas d'inexécution par le débiteur des engagements pris dans le plan ;
- pour cessation des paiements : le tribunal prononce alors la liquidation judiciaire.

II - Le plan de redressement judiciaire

Le plan de redressement débouche sur des offres de reprise.

Le plan est opposable aux tiers. Sa durée, fixée par le tribunal, ne peut dépasser 10 ans. Il n'est pas figé. En effet, une modification peut être décidée à la demande du débiteur. En cas de survenance de la cessation des paiements en cours de l'exécution du plan, il y a alors résolution du plan et prononcé de la liquidation judiciaire automatique.

§ 3 - Les engagements et la restructuration de l'entreprise

I - Les engagements intégrés au plan

La réussite du plan, qu'il s'agisse d'un plan de sauvegarde ou de redressement, passe le plus souvent par des engagements personnels du débiteur. Ceux-ci sont nombreux et peuvent être très différents, comme par exemple l'engagement de la part du débiteur de transformer l'entreprise individuelle en société, ou encore renforcer son capital avec d'autres apporteurs à des moments déterminés.

La liste des engagements souscrits et intégrés au plan est donc très large, et concerne chaque débiteur. Ils peuvent ainsi porter autant sur l'activité que sur le financement, le règlement du passif.

II - La restructuration de l'entreprise débitrice et l'apurement du passif

Cette démarche est souvent nécessaire. Elle peut consister en la restructuration d'une ou plusieurs branches d'activité, en encore en des opérations portant sur des actifs identifiés, telle que la cession de tel ou tel actif isolé.

S'agissant d'une personne morale, la restructuration s'analyse le plus souvent en une augmentation de capital.

De plus, il y a lieu de signaler que l'adoption du plan de redressement peut être subordonnée par le tribunal au remplacement du ou des dirigeants, fusse par le biais d'une cession forcée de leurs parts sociales.

Le plan de sauvegarde ou de redressement détermine les modalités d'apurement du passif né avant l'ouverture de la procédure collective, ainsi que du passif né après mais non privilégié.

Chapitre 3
Les procédures de sauvegarde financière accélérée et de sauvegarde accélérée

L'essentiel

Origine *: conçue par la loi de régulation bancaire et financière du 22 octobre 2010, la sauvegarde financière accélérée complète le dispositif existant, en créant une nouvelle procédure, sorte de passerelle entre une procédure amiable et une procédure collective, fortement inspirée du « prepackaged restructuring plan » américain.*
L'objectif de la sauvegarde financière accélérée est de pouvoir passer outre l'opposition de certains créanciers, et de donner au conciliateur plus de moyen de pression afin d'éviter « la destruction de valeurs économiques pérennes » (Ch. Lagarde, Compte rendu des débats, Sénat, 1er oct. 2010).
Enfin, la mise en œuvre de la procédure de sauvegarde avec succès, en particulier dans certaines entreprises (Thomson et Autodistribution, en 2009) a démontré qu'il y avait de la place pour une telle procédure très en amont. Enfin, l'ordonnance du 12 mars 2014 a ajouté une nouvelle forme de sauvegarde, la « sauvegarde accélérée », qui s'ajoute aux deux autres formes de procédure de sauvegarde existante.

Section 1 – Les conditions et les effets de la procédure de sauvegarde financière accélérée

§ 1 – La procédure de sauvegarde financière accélérée

Cette procédure n'est pas ouverte à toutes les entreprises. Elle a comme préalable obligatoire la conciliation.

En effet, l'article L. 628-1, al. 2 du Code de commerce réserve l'ouverture d'une sauvegarde financière accélérée aux débiteurs engagés dans une procédure de conciliation, qui justifient avoir élaboré un plan « visant à assurer la pérennité de l'entreprise », et ayant recueilli la majorité des créanciers financiers susceptibles d'être réunis dans les comités et assemblées d'obligataires. La sauvegarde financière accélérée est réservée à l'entreprise avec comité de créanciers (150 salariés ou 20 millions de chiffre d'affaires), engagée dans une conciliation qui n'a pas abouti en raison de l'opposition d'une minorité de créanciers faisant obstacle à un projet d'accord amiable.

§ 2 – La procédure accélérée

Cette condition suggère donc que la négociation se soit déroulée avant l'ouverture de la sauvegarde, dans la plus grande discrétion. Enfin, la SFA trouve sa place dans l'hypothèse où un plan élaboré n'a pu obtenir l'accord unanime de tous les créanciers, mais où très large majorité de créanciers y sont favorables. Elle est accélérée, car soumise à des délais abrégés, et financière parce qu'elle ne produit d'effet qu'à l'égard des créanciers financiers. À ce titre, elle est donc partiellement collective. La discrétion mais aussi la rapidité sont en effet un gage de réussite.

Là encore, cette procédure échappe donc à la procédure collective, qui se caractérise par ses caractères financier et rapide.

• Le législateur a choisi de réserver cette procédure aux situations où seule la structure financière de l'entreprise est en cause. C'est par conséquent un instrument de restructuration de la dette financière et non un outil de traitement global des difficultés de l'entreprise. Il en résulte que cette procédure n'a d'effet qu'à l'égard des créanciers ayant la qualité d'établissement de crédit, écartant ainsi les autres créanciers qui ne pourront bénéficier de cette SFA.

• La SFA est une procédure simplifiée et donc raccourcie. La contrepartie est un recul du contrôle judiciaire. Ce souci de célérité s'explique par la préoccupation de la « valeur de l'entreprise » que l'annonce d'une procédure collective sera nécessairement de nature à affecter. Le maintien de la valeur de l'entreprise est donc un leitmotiv de la réforme.

Section 2 – La procédure de sauvegarde accélérée

La sauvegarde accélérée est la dernière contribution de l'ordonnance du 12 mars 2014. De sorte qu'en l'état actuel de notre droit positif coexistent trois formes de procédure de sauvegarde.

Comme la SAF, il s'agit d'une procédure avec comités de créanciers.

Le critère d'ouverture est emprunté à celui de la SAF, c'est-à-dire être engagé dans une procédure de conciliation, avoir élaboré un projet de plan susceptible de recueillir un soutien suffisamment large de la part des créanciers. En outre, un état de cessation des paiements récent ne fait pas obstacle à l'ouverture de cette forme de sauvegarde.

Cette procédure est enfermée dans des délais abrégés et se présente comme le prolongement de la conciliation n'ayant pu aboutir. Si elle produit des effets à l'égard de tous les créanciers, elle débouche sur un plan qui ne peut être contraignant que pour les membres des comités de créanciers.

Titre 4
La liquidation judiciaire

La liquidation est, d'un point de vue historique, l'héritière de l'ancienne faillite dont l'objet est la disparition patrimoniale de l'entreprise défaillante.
Pour autant, elle n'est conçue dans les lois récentes que comme une solution par défaut. En effet, l'article L. 640-1 du Code de commerce n'en permet l'ouverture qu'au débiteur « en cessation des paiements et dont le redressement est manifestement impossible. » Elle représente donc l'échec de toutes les tentatives de sauvetage de l'entreprise.
La liquidation judiciaire s'analyse en une saisie collective des biens du débiteur, en vue du paiement selon un ordre très complexe de ses créanciers. Pour autant, cette approche doit néanmoins s'articuler avec un autre objectif de la liquidation, plus récent, qui est de tenter la sauvegarde de l'entreprise par un plan de cession.
Il existe une liquidation simplifiée organisée par les articles L. 644-1 à 644-6 du Code de commerce.

Chapitre 1
L'ouverture de la liquidation judiciaire

L'essentiel

La liquidation judiciaire « est destinée à mettre fin à l'activité de l'entreprise ou à réaliser le patrimoine du débiteur par une cession globale ou séparée de ses droits et de ses biens » (C. com., art. L. 640-1). Pour autant, le sauvetage peut être envisagé par un autre acteur de la vie économique, un tiers repreneur, qui prend alors la forme d'un plan de cession adopté par le tribunal.

Section 1 – Les conditions d'ouverture

La procédure de liquidation judiciaire est ouverte dans les cas suivants :

• en cas de cessation des paiements constatée : elle se fait à la demande du débiteur, au plus tard dans les 45 jours suivant la cessation des paiements, ou à la demande d'un créancier, ou suite à une saisine d'office du tribunal ;

• en cas d'échec de la procédure de conciliation, si le débiteur est en cessation des paiements et que le redressement judiciaire est manifestement impossible ;

• à tout moment de la période d'observation de la procédure de sauvegarde ou de redressement, à la demande du débiteur, de l'administrateur, ou du mandataire judiciaire.

→ La liquidation judiciaire peut donc être :
- initiale : le tribunal désigne les organes de procédure, dont le liquidateur ;
- prononcée sur conversion d'une procédure de sauvegarde ou d'un redressement.
- La liquidation peut enfin être ouverte à tout moment par le tribunal sans période d'observation, il s'agit d'une liquidation judiciaire immédiate, lorsque les conditions de l'article L. 640-1 al. 1er du Code de commerce sont réunies.

Section 2 – Les principaux effets du jugement d'ouverture

§ 1 – Les effets à l'encontre du débiteur

Le jugement qui ouvre ou prononce la liquidation judiciaire emporte de plein droit dessaisissement pour le débiteur de l'administration et de la disposition de ses biens. Pour autant, cette mesure n'atteint aucunement la personne du débiteur mais ne touche que ses biens, s'analysant à cet égard en une véritable saisie collective de ses biens dans l'intérêt collectif de ses créanciers.

Ce dessaisissement est à la fois large et impératif, dans la mesure où le tribunal ne dispose d'aucune marge d'appréciation pour éventuellement le moduler. Il frappe l'ensemble des biens du débiteur, qu'ils soient affectés ou non à l'exploitation.

Y échappent les biens insaisissables par la loi (meubles à usage familial, les créances alimentaires...). La résidence principale demeure un sujet ouvert, le dessaisissement n'étant pas absolu.

§ 2 - Les effets à l'encontre de l'entreprise

La liquidation entraîne la cessation d'activité, à moins que la cession partielle ou totale de l'entreprise soit envisageable.

Ces effets consistent essentiellement dans :

– l'ouverture d'une phase liquidative consacrée à la réalisation de tout l'actif et à l'apurement du passif ;

– la désignation d'un liquidateur : il exerce tous les droits et actions du débiteur concernant son patrimoine pendant la période de liquidation ; il administre l'entreprise ;

– le dessaisissement de plein droit du débiteur, qu'il s'agisse de l'administration ou de la disposition de ses biens ;

– la cessation de l'activité de l'entreprise.

- Le liquidateur procède aux licenciements du personnel.
- **Créanciers :** ils sont soumis à des règles strictes (interdiction de paiement des créances antérieures, arrêt des poursuites individuelles, interdiction des inscriptions, paiement à échéance des créances postérieures au jugement de liquidation judiciaire) ;
- **Nullités :** s'appliquent les dispositions relatives aux nullités de la période suspecte.

Chapitre 2
La réalisation de l'actif

L'essentiel

Traditionnellement, la réalisation de l'actif consiste à réaliser en argent liquide tous les biens appartenant au débiteur. Depuis la loi du 26 juillet 2005, elle prend la forme de deux démarches possibles, la cession globale ou partielle de l'entreprise permettant le maintien de l'exploitation, ou une véritable liquidation de l'entreprise, sous la forme d'une cession des actifs du débiteur.

Section 1 – La cession de l'entreprise

§ 1 – L'objectif de la cession de l'entreprise

Il est d'assurer le maintien d'activités susceptibles d'exploitation autonome, et ainsi de contribuer au maintien d'une activité et des emplois qui y sont attachés. C'est la raison pour laquelle le législateur a privilégié cette voie de liquidation.

La cession peut être totale (entreprise tout entière) ou partielle (cessions d'ensembles d'éléments d'exploitation qui forment une branche autonome et complète d'activité).

La procédure est complexe et délicate. Elle vise en effet à déterminer la meilleure offre de reprise.

La qualité même de l'auteur est soumise à examen. Ainsi, seuls les tiers sont admis à déposer des offres de reprise, le chef d'entreprise n'étant pas autorisé à faire une telle offre. Cela signifie qu'il ne saurait le faire non plus par des moyens détournés, en particulier en recourant à des personnes ayant des liens trop proches (C. com., art. L. 642-3).

Le débiteur et les dirigeants sont ainsi clairement écartés. La question se pose en revanche pour les associés, fussent-ils majoritaires.

§ 2 – Les conditions de la cession de l'entreprise

Les auteurs des offres doivent ainsi remettre des offres sérieuses :

- l'auteur doit joindre ses comptes annuels relatifs aux trois derniers exercices ;
- par le formalisme qui accompagne le dépôt de l'offre : elle doit être formulée par écrit et contenir un certain nombre d'informations très précises concernant l'offre (les biens, les droits, les contrats inclus dans l'offre, les prévisions d'activité et de financement, le prix offert et ses modalités de paiement, la date de réalisation de la cession, le niveau et les perspectives d'emploi, les prévisions de cession d'actifs au cours des deux années suivant la cession…).

Le tribunal fixe le délai durant lequel les offres de reprise doivent parvenir au liquidateur et à l'administrateur lorsqu'il est désigné.

Le choix du « meilleur disant » entre les offres concurrentes revient au tribunal. Celui-ci est éclairé par les consignes énoncées par le législateur dans l'article L. 642-1 al. 1er du Code de commerce : « *la cession a pour but d'assurer le maintien des activités susceptibles d'exploitation autonome, de tout ou partie des emplois qui y sont attachés et d'apurer le passif.* »

Les combinaisons sont possibles. Le tribunal retient l'offre permettant dans les meilleures conditions d'assurer le plus durablement l'emploi attaché à l'ensemble cédé, et le paiement des créanciers, et offrant les meilleures garanties d'exécution, selon les termes de l'article L. 642-5 du Code de commerce.

Section 2 - La cession des actifs du débiteur

Cette cession des biens et qui s'accompagne de la cessation de l'activité, correspond à la fonction traditionnelle de la liquidation. Il y a lieu de déterminer les biens qui peuvent être vendus et les personnes qui ne peuvent se porter acquéreur.

§ 1 - Les biens pouvant être vendus

Certains biens ne peuvent être vendus. Il y a lieu donc de déterminer les biens entrés dans le périmètre de la procédure collective qui seront susceptibles de cession.

En effet, certains biens sont difficilement aliénables, tels que les biens faisant l'objet d'une fiducie, les biens affectés d'une promesse de vente, les biens déclarés insaisissables, ou encore les biens dont la propriété est partagée.

Une fois cette liste établie, la réalisation de l'actif consiste en la cession des immeubles et des autres biens, les fonds de commerce, les marchandises...

La vente d'immeubles se fait par voie d'adjudication, ou parfois de façon amiable (donnant le plus souvent de meilleurs résultats).

La vente de biens meubles s'effectue sous le contrôle du juge-commissaire qui choisit et ordonne la vente aux enchères publiques, ou de gré à gré.

§ 2 - Les conditions de la cession de l'entreprise

Les personnes frappées d'une interdiction d'acquérir sont les mêmes qui n'ont pas le droit de déposer une offre de reprise de l'entreprise, c'est-à-dire le débiteur, les dirigeants de la personne morale, les membres de leur famille proche.

Chapitre 3
L'apurement du passif

L'essentiel

> *L'apurement du passif consiste, d'une part dans le règlement des créanciers, d'autre part dans la clôture de la procédure.*

Section 1 – Le règlement des créanciers

Cette matière a été quelque peu modifiée par l'ordonnance de 2008.

C'est une question très complexe, en particulier la question du rang des différents créanciers, dont nous ne poserons que les règles essentielles.

L'article L. 643-1 du Code de commerce énonce ainsi que le jugement qui prononce la liquidation judiciaire rend exigibles les créances non échues, sauf si une cession est envisageable (auquel cas elles sont exigibles à la cession).

Cette règle essentielle s'accompagne d'une discipline collective imposée aux créanciers. En effet, les créanciers, qu'ils soient antérieurs ou postérieurs à l'ouverture de la procédure, qu'ils soient privilégiés ou non, ne peuvent poursuivre eux mêmes le recouvrement de leurs créances.

En principe, le liquidateur doit liquider tous les actifs.

La répartition du produit de la liquidation judiciaire s'opère de la manière suivante : paiement des créances privilégiées et hypothécaires, puis répartition du disponible au marc-le-franc. Une procédure d'ordre, complexe, est prévue par le décret du 28 décembre 2005.

Ainsi, tous les créanciers sont soumis à la même discipline collective, selon une mise en œuvre du paiement et un classement des créanciers très complexes, et qui fait intervenir le droit des sûretés et les règles propres à la matière. Le classement est différent selon qu'il porte sur les immeubles ou les meubles. Certains créanciers bénéficient enfin d'un super privilège (le fisc, les salariés...).

Section 2 – La clôture de la liquidation judiciaire

- Reddition des comptes par le liquidateur.
- Effet de la clôture :
  - pour l'extinction du passif : elle rétablit le chef d'entreprise ou les dirigeants dans leurs droits ;
  - pour l'absence d'insuffisance d'actif : le débiteur qui n'a pas commis de faute bénéficie de l'effacement des dettes et n'est donc pas tenu personnellement au comblement du passif.

Titre 5
Les responsabilités et les sanctions

À l'origine, et en particulier en des temps de prospérité économique, toute faillite était sanctionnée pénalement. Les difficultés de l'entreprise, se soldant par sa disparition, étaient souvent associées à des comportements déviants des dirigeants. Il a fallu les réformes de 1967 et 1985, puis celle de 2005, pour que le sort du dirigeant soit dissocié de celui de l'entreprise, et que celui-ci ne porte nécessairement l'opprobre en raison de la faillite de son entreprise.

Cette évolution est le fruit du constat selon lequel toute faillite de l'entreprise n'était pas nécessairement due à un comportement fautif du dirigeant. Le droit des procédures collectives n'a ainsi plus pour finalité première la sanction des dirigeants mais la sauvegarde de l'emploi, la satisfaction des créanciers et la poursuite de l'activité.

La loi de sauvegarde a prolongé cette évolution, procédant à une atténuation des sanctions et des responsabilités et conférant des prérogatives supplémentaires au chef d'entreprise (Ordonnance de 2008).

Notre droit des entreprises en difficulté fait donc la part belle à la prévention des difficultés et au sauvetage de l'entreprise. Pour autant, il prend en compte les responsabilités pouvant résulter de cette situation de difficulté.

Un arsenal fortement allégé, au gré des réformes successives, de sanctions civiles, professionnelles, pénales, et patrimoniales est mis à la disposition du juge et du liquidateur.

Chapitre 1
La responsabilité des prêteurs

L'essentiel

Lorsqu'une procédure de sauvegarde, de redressement ou de liquidation judiciaire est ouverte, les créanciers ne sont pas responsables des préjudices subis par le débiteur, en particulier ses prêteurs.

Section 1 – Le principe d'irresponsabilité

§ 1 – Le principe

La loi pose, dans l'article L. 650-1 du Code de commerce, le principe selon lequel les créanciers ne peuvent être tenus pour responsables des préjudices subis du fait des concours accordés. Cette règle constitue ainsi une restriction majeure de la responsabilité des banquiers pour crédit abusif.

§ 2 – Les exceptions

Le même texte accompagne ce principe de trois exceptions :

- la fraude : la collusion frauduleuse entre le débiteur et un créancier, c'est-à-dire la fraude aux droits des créanciers ;
- l'immixtion caractérisée dans la gestion du débiteur (notion proche de celle de dirigeant de fait) ;
- la disproportion des garanties prises en contrepartie des concours par rapport à ceux-ci.

Section 2 – L'action en responsabilité et les sanctions

§ 1 – La procédure

La qualité pour agir appartient au mandataire judiciaire ou au liquidateur.

§ 2 – Les sanctions

La reconnaissance de la responsabilité entraîne l'allocation de dommages-intérêts, dont le montant ne sera pas nécessairement celui de l'insuffisance d'actif constaté. Par ailleurs, la loi du 26 juillet 2005 prévoit une autre sanction originale : la reconnaissance de la responsabilité du créancier prêteur entraîne, outre les dommages-intérêts, la nullité des garanties prises en contrepartie des concours consentis.

Chapitre 2
La responsabilité des dirigeants des personnes morales

L'essentiel

Les sanctions pesant sur les dirigeants sont considérablement allégées. Notamment, l'ouverture automatique d'une procédure collective à l'égard des associés en nom ou des membres des groupements d'intérêt économique a disparu.
Reste que le plus souvent, si la personne morale est en état de cessation des paiements, les personnes physiques indéfiniment et solidairement responsables le seront aussi. Mais désormais, cet état devra être constaté.

Section 1 – Les dispositions particulières aux dirigeants des personnes morales

§ 1 – La responsabilité pour insuffisance d'actif

L'action pour insuffisance d'actif constitue l'une des actions les plus puissantes à la disposition du juge permettant de rechercher la responsabilité patrimoniale de personnes physiques dans le cadre d'une procédure collective. Si elles sont rares, il n'en demeure pas moins qu'elles sont puissantes dans leurs effets, frappant le dirigeant sur ses deniers personnels.

L'objectif est de sanctionner le dirigeant qui a eu un comportement déviant durant une procédure collective, en effectuant des fautes de gestion ayant contribué à l'appauvrissement de l'actif du débiteur. L'action vise ainsi à reconstituer l'actif du débiteur, diminué par des fautes de gestion commises par le dirigeant dans un contexte de procédure collective.

Cette action peut être désormais déclenchée dans trois hypothèses :

- en cas de résolution du plan de sauvegarde ;
- en cas de résolution du plan de redressement judiciaire ;
- en cas de liquidation judiciaire.

L'action en comblement de passif pour faute de gestion, rebaptisée « action en responsabilité pour insuffisance d'actif », demeure. Cette action en responsabilité patrimoniale est posée par l'article L. 651-2 du Code de commerce.

Pour qu'une action soit introduite contre un dirigeant, il faut que la personne morale soit soumise à l'ouverture d'une procédure collective, une simple procédure de conciliation ne suffisant pas, et que l'on soit en présence d'un dirigeant de droit (c'est-à-dire investi des fonctions de direction conformément à la loi) ou de fait (celui qui n'a pas la qualité de dirigeant de droit mais qui, dans la réalité, exerce la direction de l'entreprise).

I - Les conditions de l'action

Les conditions de l'action pour insuffisance d'actif sont celles de toute responsabilité civile (C. com., art. 1382), une faute, un préjudice et un lien de causalité, lesquelles seront appréciées dans le contexte spécifique de l'entreprise en procédure collective. Pour qu'une telle action soit introduite contre un dirigeant de droit ou de fait, l'article L. 651-2 du Code de commerce exige que la liquidation fasse apparaître une insuffisance d'actif, une faute de gestion ayant contribué à cette insuffisance d'actif et un préjudice.

À noter que le préjudice est subi par les créanciers de la société placée en procédure collective.

• **Une faute de gestion :** le cœur du dispositif réside dans la faute de gestion. Nulle part définie, les juges apprécient au cas par cas si tel acte de gestion est fautif. Néanmoins, certains comportements sont régulièrement sanctionnés (ne pas avoir respecté les obligations légales de tenue d'assemblée générale, le bilan de la SARL faisant apparaître des pertes supérieures à la moitié du capital social, un abus de biens sociaux...).

• **Commise par un dirigeant :** ce peut être un dirigeant de fait ou de droit. Les membres du conseil de surveillance ne sont pas considérés comme dirigeants de droit, mais peuvent néanmoins subir la requalification par le juge s'ils se sont comportés comme des dirigeants.

• **Un préjudice :** pour que la faute de gestion entraîne condamnation au comblement du passif, elle doit avoir contribué à l'insuffisance d'actif.

Preuve : la charge de la preuve d'une faute de gestion ayant contribué à l'insuffisance d'actif incombe au demandeur.

II - Le régime de l'action pour insuffisance d'actif

Le délai pour agir est selon l'article L. 624-3 du Code de commerce de 3 ans à compter du jugement qui arrête le plan de redressement, ou à défaut qui prononce la liquidation judiciaire.

La sanction est lourde, et est supportée par la personne physique. Les sommes en cause peuvent atteindre des montants importants, à la mesure d'une structure sociale qui est la victime du préjudice.

Le tribunal compétent est celui qui a prononcé la sauvegarde, le redressement ou la liquidation judiciaire de la personne morale.

Le tribunal est saisi par le mandataire judiciaire, le liquidateur ou le ministère public. La loi du 26 juillet 2005 a mis fin à la possibilité pour le tribunal de se saisir d'office.

Le tribunal décide que tout ou partie des dettes de la personne morale sera supporté par tous les dirigeants de droit ou de fait, ou certains d'entre eux, selon leurs fautes de gestion (voir *supra*). Cet outil confère au juge un pouvoir d'appréciation considérable, le juge appréciant ainsi le lien de causalité entre la faute de gestion et le dommage.

Il peut par ailleurs discriminer parmi les dirigeants en décidant de mettre à la charge de l'un d'entre eux une part plus importante du comblement : le texte énonce ainsi que « *les dettes de la personne morale seront supportées, en tout ou partie, par tous les dirigeants de droit ou de fait ou par certains d'entre eux, ayant contribué à la faute de gestion. En cas de pluralité de dirigeants, le tribunal peut, par décision motivée, les déclarer solidairement responsables.* »

Le texte est puissant en ce qu'il confère une liberté d'appréciation très forte au juge.

Cette grande liberté doit permettre un traitement équitable, adapté au particularisme de chaque situation. Mais elle est source de grande insécurité juridique pour les dirigeants recherchés.

§ 2 - L'obligation aux dettes sociales

Prévue par l'ancien article L. 652-1 u Code de commerce, l'obligation aux dettes sociales a été supprimée par l'ordonnance du 18 décembre 2008.

Cette action ne peut donc plus être engagée à compter de l'entrée en vigueur de l'ordonnance. Cette suppression est la conséquence de la disparition depuis 2005 de toute procédure ouverte à titre de sanction.

Pour autant, il ne faut pas en déduire que toutes les fautes graves précédemment énoncées dans l'ancien article L. 652-1 du Code de commerce ne sont plus sanctionnées. Elles sont désormais reprises intégralement dans l'article L. 653-4 qui permet au tribunal de prononcer une sanction professionnelle (faillite personnelle ou interdiction de gérer).

Section 2 - La faillite personnelle et autres mesures d'interdiction

Ces mesures sont prévues par les articles L. 653-1 à 653-11 du Code de commerce.

§ 1 - La faillite personnelle

Définition : la faillite personnelle emporte interdiction de diriger, gérer, administrer ou contrôler, directement ou indirectement, toute entreprise commerciale, artisanale, agricole ou ayant une activité indépendante, ainsi que toute personne morale.

Caractères : elle a une fonction répressive et préventive en ce qu'elle écarte de la vie des affaires celui qui a commis des fautes graves. Elle intéresse tant les dirigeants de droit que de fait.

Cas : l'article L. 653-4 du Code de commerce énonce les différentes causes justifiant le prononcé d'une faillite personnelle :

- avoir disposé des biens de la personne morale comme de ses biens propres ;
- avoir fait des actes de commerce dans son intérêt personnel, sous couvert de la personne morale ;
- avoir fait des biens ou du crédit de la personne morale un usage contraire à l'intérêt de celle-ci (abus de biens social) ;
- avoir poursuivi abusivement, dans un intérêt personnel, une exploitation déficitaire ;

- avoir détourné ou dissimulé tout ou partie de l'actif ou frauduleusement augmenté le passif de la personne morale.

§ 2 - La procédure et le jugement

Compétence : ce sera le tribunal de la procédure collective, saisi par le mandataire judiciaire, le liquidateur ou le ministère public (C. com., art. L. 653-7).

En cas de banqueroute, l'article L. 654-6 C. com. donne compétence à la juridiction répressive pour prononcer soit la faillite personnelle, soit l'interdiction de gérer de l'article L. 653-8 C. com.

Effets : le jugement peut entraîner l'interdiction de gérer, diriger, administrer ou contrôler directement ou indirectement toute entreprise commerciale ; il affecte le droit de vote dans les assemblées générales de personnes morales.

Section 3 - La banqueroute

La loi du 26 juillet 2005 conserve la distinction entre la banqueroute et les autres infractions. L'infraction la plus importante retenue à l'occasion des procédures collectives est la banqueroute.

§ 1 - Les cas de banqueroute

En cas de redressement ou de liquidation judiciaires, sont coupables de banqueroute les personnes mentionnées à l'article L. 654-2 du Code de commerce contre lesquelles a été relevé l'un des faits suivants :

- avoir, dans l'intention d'éviter ou de retarder l'ouverture de la procédure de redressement judiciaire ou de liquidation judiciaire, fait des achats en vue d'une revente au-dessous du cours ou usage de moyens ruineux pour se procurer des fonds, afin d'éviter ou de retarder l'ouverture d'une procédure de redressement judiciaire ;
- détournement ou dissimulation de tout ou partie de l'actif du débiteur ;
- augmentation frauduleuse du passif du débiteur ;
- comptabilité fictive ;
- comptabilité manifestement incomplète ou irrégulière.

§ 2 - Les peines

La banqueroute est punie de cinq ans d'emprisonnement et de 75 000 € d'amende (C. com., art. L. 654-3).

L'ordonnance de 2008 a abrogé la disposition selon laquelle encouraient les mêmes peines les complices de banqueroute.

L'article L. 654-5 du Code de commerce prévoit des peines complémentaires (interdiction des droits civiques, civils et de famille), ainsi que l'interdiction d'exercer des fonctions publiques.

Pour aller plus loin

Bibliographie

- MP-M. Le Corre, *Droit et pratique des procédures collectives*, Dalloz, 7e éd., 2013
- A. Jacquemont, *Droit des entreprises en difficulté*, Litec, 8e éd., 2013
- C. Saint-Alary-Houin, *Droit des entreprises en difficulté*, LGDJ, 8e éd., 2013

Sujets de réflexion

- Le rôle du chef d'entreprise dans le nouveau dispositif légal.
- L'évolution du droit des procédures collectives et les sanctions.
- D'un droit imposé à un droit négocié.
- Les différentes procédures de sauvegarde.

Quatrième partie

Les effets de commerce

Bien que nulle part définis par le Code de commerce, les effets de commerce sont néanmoins visés par quelques textes épars. Pour autant, on les définit traditionnellement comme un écrit qui constate l'existence d'une créance de somme d'argent. À la différence de la reconnaissance de dette de droit civil, l'effet de commerce répond avant tout aux impératifs du commerce, en particulier de rapidité, de simplicité – c'est un titre négociable - et de sécurité. Ces exigences sont encore plus puissantes dans cette matière des effets de commerce, traditionnellement appelés aussi droit cambiaire.

Les effets de commerce constituent des instruments de paiement et de crédit. Ils permettent l'exécution d'une obligation de payer une somme d'argent ou d'accorder un délai de paiement.

Le droit des effets de commerce, droit fort ancien, a subi des adaptations profondes en raison du commerce électronique, dans la mesure où le droit cambiaire est construit à partir des mentions manuscrites apposées sur des écrits.

Nous évoquerons successivement les effets de commerce proprement dits puis les instruments de financement autres que les effets de commerce.

319 Titre 1 – Les effets de commerce proprement dits

320 Chapitre 1 – Les notions générales sur les effets de commerce

322 Chapitre 2 – La lettre de change ou traite

338 Chapitre 3 – Le billet à ordre

340 Chapitre 4 – Le chèque

347 Titre 2 – Les instruments de financement autres que les effets de commerce

348 Chapitre 1 – L'émission du bordereau de créances professionnelles

351 Chapitre 2 – Les effets de l'émission du bordereau de créances professionnelles

Titre 1
Les effets de commerce proprement dits

Les effets de commerce constituent des instruments de paiement et de crédit anciens. Ils seraient en effet nés au Moyen Âge alors qu'apparaissent les premiers échanges commerciaux (Flandre, Italie...). L'idée est simple et consiste à limiter les transports de fonds, alors périlleux. Le contrat de change permet ainsi au futur acheteur, le bénéficiaire, de se faire consentir une lettre auprès de sa banque en vertu de laquelle il pourra s'accorder une somme équivalente par un autre banquier, dans une autre ville. De sorte que la première fonction de la lettre de change est celle d'un instrument de transport de fonds. Ce n'est qu'à partir du XVIe siècle qu'elle devient alors un instrument de paiement, puis un instrument de crédit. Le premier effet de commerce est donc la lettre de change.

À ce titre, les effets de commerce sont ainsi intimement liés au développement du commerce. Il n'est donc pas étonnant que les règles gouvernant cette matière se trouvent en grande partie dans le Code de commerce.

Néanmoins, parmi ces instruments, certains sont des effets de commerce proprement dits qui se reconnaissent à certaines caractéristiques. Il y a lieu d'étudier dans un premier temps les notions générales avant de s'attacher à l'effet de commerce le plus abouti, la lettre de change, puis le billet à ordre, enfin le chèque.

Chapitre 1
Les notions générales sur les effets de commerce

L'essentiel

> ***Définition :*** *les effets de commerce se définissent par un certain nombre de caractéristiques juridiques et économiques, lui conférant leur valeur d'instrument de paiement et de crédit.*

Section 1 – L'analyse juridique des effets de commerce

Notion : les effets de commerce sont des titres négociables représentant des créances payables à court terme.

En l'absence de définition légale, l'effet de commerce se reconnaît à certaines caractéristiques : c'est un titre négociable ; il constate un engagement de payer une somme d'argent ; la créance constatée par l'effet s'incorpore à lui et se transmet avec lui.

Les effets de commerce sont traditionnellement la lettre de change, le billet à ordre, le warrant, et le chèque. Le droit cambiaire désigne l'ensemble des règles applicables aux effets de commerce.

§ 1 – Les effets de commerce sont des titres négociables

- Les effets de commerce sont des **titres** :
  - *au sens matériel :* ce sont des écrits, des papiers,
  - *au sens juridique :* ils représentent un droit, incorporé au titre.

- Les effets de commerce sont des titres **négociables** : la négociabilité signifie que les effets de commerce ne sont pas soumis aux formalités de l'article 1690 du Code civil. La transmissibilité de l'effet de commerce s'opère ainsi selon des procédés plus simples et plus rapides, marque de la pratique commerciale. Il en résulte que l'effet de commerce peut ainsi circuler avec la créance qu'il incorpore, ce que l'on énonce en disant que la négociabilité se réalise par l'endossement, qui consiste en l'apposition d'une signature au dos du titre, ou par tradition qui désigne la remise de la main à la main.

§ 2 – Les effets de commerce représentent une créance d'argent

Les effets de commerce se distinguent ainsi d'autres titres qui représentent un droit réel sur des marchandises : récépissé-warrant, connaissement…

L'effet de commerce porte engagement de payer une somme d'argent dans un certain délai.

§ 3 - Les effets de commerce représentent une créance payable à vue ou à court terme

Ils se distinguent ainsi des valeurs mobilières, payables à moyen ou long terme (plus de deux ans).

Section 2 - L'analyse économique des effets de commerce

§ 1 - Les effets de commerce se rapprochent de la monnaie

Dans la vie des affaires, ils constituent un mode normal de paiement.

Exemple : le tireur d'un chèque émet un instrument de paiement avec lequel il peut régler son créancier, comme s'il lui remettait des espèces. Le paiement est assuré par le débiteur de la créance représentée par le titre (banquier dans le cas du chèque).

§ 2 - Les effets de commerce constituent une monnaie privée

Les effets de commerce constituent une monnaie :

- singulière : titre émis à l'occasion d'une opération déterminée. Il en résulte une valeur variable indéfiniment ;
- provisoire : le titre s'éteint à son échéance ;
- facultative : acceptation du titre en paiement non obligatoire, en principe ;
- précaire : la valeur du titre est fonction de la solvabilité du débiteur ;
- concrète : titre émis à raison de rapports contractuels particuliers : vente (lettre de change) ; dépôt (chèque)...

Chapitre 2
La lettre de change ou traite

L'essentiel

Notion : *titre par lequel une personne – le bénéficiaire ou preneur – a le droit de se faire payer, à une date déterminée, une somme d'argent par une autre personne – le tiré –, sur ordre d'une tierce personne (le tireur).*
Le tireur donne au tiré l'ordre de payer car il est son créancier à raison de rapports préexistants appelés « rapports fondamentaux ». Le bénéficiaire acquiert le droit de se faire payer par le tiré car il est le créancier du tireur, qui s'acquitte ainsi de sa dette.
La créance préexistante du tireur contre le tiré s'appelle « provision ». Celle du bénéficiaire contre le tireur (ou d'un endossataire postérieur contre son endosseur) s'appelle « valeur fournie ».
Évolution : *la lettre de change, ou traite, est un instrument très ancien (Moyen Âge, voire antérieurement). L'ordonnance du commerce du 23 mars 1673 consacre la lettre de change. Le Code de 1807 reprend la substance de l'ordonnance. Le régime juridique de la lettre de change est régi de façon très minutieuse par le Code de commerce (art. L. 511-1 et s.).*
Bien que très coûteuse pour les banques, la lettre de change continue d'être utilisée car elle présente de nombreux avantages (rapidité et certitude du paiement principal).

Section 1 - Les généralités

§ 1 - Le rôle de la lettre de change

Le rapport triangulaire, qui est le support de la lettre de change, permet de remplir une triple fonction.

I - La lettre de change comme instrument de change

Il s'agit du rôle initial de la lettre de change, développé au cours du Moyen Âge. Le banquier d'un pays, qui a reçu une certaine somme d'argent de son client dans sa monnaie nationale, donne l'ordre (tireur) à un banquier du pays de destination de son client (tiré, avec qui il est en rapport d'affaires) de verser à ce dernier (bénéficiaire) une somme d'argent équivalente en monnaie étrangère.

L'avantage est essentiellement d'éviter les risques attachés aux déplacements d'argent (vol, perte).

II - La lettre de change comme instrument de paiement

Le tireur émet la traite pour acquitter sa dette envers le bénéficiaire, qui peut à son tour régler ses propres créanciers (et ainsi de suite jusqu'à l'échéance) en endossant l'effet à leur bénéfice.

L'efficacité du système suppose :

– une possibilité de transmission : création de la clause à ordre et de l'endossement ;

– des garanties de paiement au dernier endossataire (ou porteur) : institution de l'acceptation de l'effet par le tiré, de l'inopposabilité des exceptions par le tiré au porteur, de la garantie solidaire du paiement par les endosseurs.

Son rôle est aujourd'hui limité, sauf en ce qui concerne les paiements internationaux.

III - La lettre de change comme instrument de crédit

Le créancier émet lors de la naissance de sa créance (vente de marchandises par ex.) une traite payable par son débiteur à une certaine échéance. Le crédit est ainsi consenti au débiteur jusqu'à l'échéance. Le bénéficiaire (ou le tireur s'il émet à son ordre, v. *infra*) peut escompter l'effet auprès d'une banque immédiatement s'il a besoin de liquidités, par le mécanisme de l'endossement. La banque verse immédiatement le montant de l'effet moins des agios (intérêts des sommes avancées) et une commission.

Son importance considérable est accrue par l'apparition du « papier financier », lequel ne reposant pas sur une opération commerciale conclue entre le tireur et le tiré, contrairement au « papier commercial » traditionnel :

– effets d'ouverture de crédit : le commerçant tire sur une banque qui a consenti le crédit pour payer ses fournisseurs ; il doit approvisionner la banque avant échéance ;

– effet de mobilisation : la banque tire une traite sur le client (escomptable) pour représenter le crédit consenti.

§ 2 - La nature juridique de la lettre de change

La lettre de change est irréductible aux institutions du droit civil (cession de créance, délégation imparfaite, novation).

Cette institution relève, comme le chèque ou le billet à ordre, d'un ordre juridique original, le droit cambiaire : l'émission de l'effet de commerce superpose aux obligations initiales constitutives du rapport fondamental, des obligations cambiaires de nature spécifique.

Caractéristique fondamentale : deux séries de rapports juridiques coexistent et sont indépendants.

I - La coexistence du rapport fondamental (ou « rapport extérieur au titre ») et du rapport cambiaire

A - La survivance du rapport fondamental

Notion : le rapport fondamental désigne l'obligation extérieure au titre et souvent préalable. La lettre de change n'est pas l'intégration dans un titre des rapports fondamentaux entre les parties. En d'autres termes, le rapport fondamental n'est pas affecté par l'existence de la lettre de change.

Ainsi, la prescription de l'action cambiaire est sans effet sur le rapport fondamental, et les sûretés garantissant la créance fondamentale subsistent malgré l'émission de la traite.

B - La naissance des rapports cambiaires

Les obligations créées par l'émission ou la signature de la lettre de change sont :

– commerciales (régime des actes de commerce) ;

– rigoureuses : responsabilité solidaire, absence de délai de grâce, procédure accélérée de recouvrement des petites créances commerciales… ;

– littérales : la validité et l'étendue de l'engagement, la détermination des sujets de l'obligation dépendent du respect de certaines formes. La lettre de change est en effet caractérisée par un formalisme très strict.

II - L'indépendance des rapports cambiaires et du rapport fondamental

Il n'existe aucune influence des rapports cambiaires sur le rapport fondamental et *vice versa*.

A - Le principe d'indépendance

1. Le rapport cambiaire est indépendant du rapport fondamental

L'inexistence de la provision (créance du tireur contre le tiré éteinte lors de l'émission) ou l'existence de vices de la provision (créance du tireur contre le tiré entachée de nullité) sont sans effet sur la validité de l'engagement cambiaire du tiré.

L'abstraction de l'engagement est illustrée par l'article L. 511-12 du Code de commerce, qui pose le principe de l'inopposabilité des exceptions.

2. Le rapport fondamental est indépendant du rapport cambiaire

La nullité ou la prescription de l'engagement cambiaire sont sans effet sur la validité du rapport fondamental.

B - Les exceptions au principe d'indépendance

1. Influence du rapport fondamental sur le rapport cambiaire

Dans les relations entre « parties immédiates » :

– exceptions relatives à la valeur fournie opposables par l'endosseur à l'endossataire (en cas de recours cambiaire consécutif à un refus de paiement par le tiré) ;

– exceptions relatives à la provision opposables par le tiré au tireur pour refuser le paiement.

2. Influence du rapport cambiaire sur le rapport fondamental

Discutée : le refus de paiement de la traite rendrait immédiatement exigible la provision affectée d'une échéance plus lointaine.

§ 3 - La législation applicable à la lettre de change

Les dispositions du décret-loi du 30 octobre 1935 reproduisent pour l'essentiel celles de la « loi uniforme sur les lettres de change et les billets à ordre », adoptée par la Convention internationale de Genève du 7 juin 1930 (C. com., art. L. 511-1 à 511-81).

La lettre de change est un **acte de commerce** par la forme.

Section 2 - L'émission de la lettre de change

§ 1 - Les règles relatives à la validité de la lettre de change

I - Les règles de forme

Le formalisme de la lettre de change est essentiel. La lettre de change doit comporter certaines mentions obligatoires, dont le défaut affecte la validité de la traite.

A - Les mentions de la lettre de change

1. Dénomination de la lettre de change

L'article L. 511-1, I, 1° du Code de commerce exige que la lettre de change mentionne la dénomination de « lettre de change » afin de lever toute ambiguïté quant à la nature de l'engagement (qui est important).

2. Mentions relatives aux circonstances de l'émission

- Date de l'émission.
- Lieu de l'émission.

3. Mentions relatives aux circonstances du paiement

- **Échéance :** à vue, à jour fixe, à délai de date (délai qui suit l'émission), à délai de vue (délai qui suit l'acceptation). Cette échéance est consubstantielle de la notion même de lettre de change, qui doit être nécessairement soumise à un terme ;

- **Lieu du paiement :** souvent domiciliation chez un banquier. En cas d'omission, le lieu désigné à côté du nom du tiré est réputé être celui du paiement ;

- **Objet de paiement :** une « somme déterminée » (exclut en principe une stipulation d'intérêts en sus). L'article L. 511-1, I, 2° du Code de commerce exige que la lettre de change contienne un mandat pur et simple de payer une somme déterminée.

4. Mentions relatives aux parties

- **Le tireur :** la traite doit comporter la signature manuscrite ou par griffe au recto du titre de celui qui émet la lettre. Cependant, la signature est parfois apposée par un tiers pour le compte du tireur : tirage par mandataire (au nom du tireur et pour son compte) ; tirage pour compte (au nom du tireur pour compte et pour le compte du donneur d'ordre) ;

• **le tiré :** c'est le nom de celui qui doit payer. Cette mention permet de déterminer le débiteur principal de l'obligation cambiaire. Cas particuliers : tirage par le tireur sur lui-même ; indication d'un tiré subsidiaire (« besoin » ou « recommandataire ») ;

• **le bénéficiaire :** désigné par l'effet, ce peut être un tiers ou le tireur lui-même.

B - L'omission des mentions de la lettre de change

Principe : l'article L. 511-1 II du Code de commerce énonce que le titre dans lequel l'une des énonciations obligatoires fait défaut « ne vaut pas comme lettre de change ». Le porteur de la traite est privé de tout recours cambiaire. C'est une sanction d'ordre public.

Limites : atténuations par application de trois principes :

• *principe des équivalents :* substitution de la mention omise une autre mention jugée équivalente (ex. : la non-indication de l'échéance vaudra paiement à vue) ;

• *principe de l'indépendance des signatures :* si la mention est altérée, chaque signataire demeure tenu selon la teneur de la lettre qu'il a signée ;

• *principe de la réduction par conversion :* la lettre nulle peut valoir comme telle comme billet à ordre (promesse de payer de droit commun, présomption d'existence du rapport fondamental).

Régularisation : elle permet d'éviter l'annulation d'un acte juridique en réparant le vice. La régularisation de la lettre de change exige un accord de volontés antérieur à la présentation au paiement. Le consentement entraîne une correction du titre. Mais elle ne peut concerner les vices mettant en cause l'existence de la traite (dénomination, signature du tireur, montant de l'effet).

II - Les règles de fond

• Exigences communes à tous les actes juridiques : la lettre de change doit présenter un objet, une cause, un consentement non vicié. La capacité de s'engager est requise. La provision (créance du tireur contre le tiré) doit en principe exister à l'échéance. En effet, elle est le support fondamental de la lettre de change (absence de provision ou effet de complaisance, v. *infra*).

• Exigences particulières : les lettres de change souscrites par des mineurs non commerçants sont nulles à leur égard. Cette disposition est applicable par assimilation aux lettres de change souscrites ou avalisées par des majeurs en violation de la loi du 10 janvier 1978 (sur les opérations à crédit) ou la loi du 13 juillet 1979 (sur le crédit immobilier).

• Il y a néanmoins interférence avec la théorie de l'inopposabilité des exceptions selon laquelle l'absence d'un de ces éléments est en principe inopposable à un porteur de bonne foi de la lettre de change.

§ 2 - Les règles relatives à la provision de la lettre de change

I - La notion de provision

C. com., art. L. 511-7, al. 2 : « *Il y a provision si, à l'échéance de la lettre de change, celui sur qui elle est fournie est redevable au tireur, ou à celui pour compte de qui elle est tirée, d'une somme au moins égale au montant de la lettre de change* ».

A - La créance du tireur contre le tiré

- Créance valable (cause licite…) ;
- ayant pour objet une somme d'argent ;
- égale au moins au montant de l'effet ;
- existante au jour de l'échéance.

B - La créance du tireur contre le tiré exigible à l'échéance de la lettre de change

La provision n'est pas requise au jour de l'émission (comp. avec le chèque, *infra*).

II - Le rôle de la provision

Pour le mettre en relief, il faut évoquer les deux hypothèses possibles.

A - La provision existe

Sa propriété est transmise aux porteurs successifs de la lettre de change (les créanciers du tireur ne peuvent plus saisir-arrêter, donc pratiquer de saisie-attribution sur la créance existant contre le tiré, c'est-à-dire sur la provision). Par conséquent, elle sert de garantie du paiement de la lettre de change au profit du porteur.

B - La provision n'existe pas

1. Absence de collusion frauduleuse du tireur et du tiré

- **Le tireur** : il reste soumis au recours cambiaire du porteur impayé à l'échéance par le tiré, malgré la négligence du porteur (ex. : ne dresse pas protêt).
- **Le tiré** :
  - peut opposer au tireur l'absence de provision ;
  - ne peut pas l'opposer au porteur de bonne foi pour refuser le paiement.

2. Collusion frauduleuse du tireur et du tiré (effet de complaisance)

Notion : le tiré contracte un engagement fictif pour permettre l'escompte immédiat de la traite par le tireur qui en reçoit le montant moins les agios et se charge de fournir les fonds à l'échéance. L'opération peut être répétée afin de permettre le remboursement de la traite précédente, on parle alors de « cavalerie ».

Sanctions :

- pénales : escroquerie…

– civiles : un tel effet est frappé d'une nullité d'ordre public. Les porteur(s), tireur et tiré de mauvaise foi (connaissant la complaisance) perdent tous les droits qu'ils puisaient dans la lettre, actions et recours cambiaires.

III - La preuve de la provision

• Selon le droit commun (selon les cas, modes du droit civil ou du droit commercial).

• Selon le droit cambiaire : l'acceptation de la lettre de change par le tiré fait présumer la provision.

– présomption réfragable dans les rapports du tireur et du tiré.

– présomption irréfragable dans les rapports du porteur de bonne foi et du tiré qui, en conséquence, doit toujours payer l'effet.

Section 3 - La circulation de la lettre de change

La lettre de change circule en principe par endossement. L'acceptation est une formalité facultative en théorie mais qui permet en pratique la transmission de la lettre et son escompte.

§ 1 - L'acceptation de la lettre de change

Définition : engagement que prend le tiré sur la lettre de change de la payer à l'échéance et qui fait de lui un débiteur cambiaire (rigueurs d'exécution, inopposabilité des exceptions...) et principal (avec le tireur, parce que celui-ci a mis le titre en circulation) des porteurs successifs de la lettre.

Effets : la validité de la lettre de change n'est pas subordonnée à l'acceptation. Néanmoins, les effets de l'acceptation sont décisifs (le tiré devient le débiteur principal à l'égard du porteur).

I - La présentation à l'acceptation

Elle est effectuée par le porteur de la lettre.

Principe : la présentation est facultative.

Exceptions :

• **La présentation interdite :** clause « non acceptable » ou « défense d'acceptation » en principe valable (ex. : tiré non encore débiteur à l'émission), sauf pour les lettres de change émises à un certain délai à vue.

• **La présentation obligatoire :** traite payable dans un « délai de vue » (v. *supra*) ; clause de présentation dans un certain délai. En cas de manquement, le porteur est considéré comme négligent et perd ses recours cambiaires.

II - La décision du tiré

Tout comme le porteur est libre de présenter la lettre à l'acceptation, le tiré est libre de ne pas l'accepter. En effet, l'acceptation aggrave son engagement.

A – L'acceptation du tiré

1. Règles de fond

- Acceptation parfois obligatoire :
  - stipulation conventionnelle avec le tireur par laquelle le tiré s'engage à accepter la lettre ;
  - décret-loi du 2 mai 1938 (C. com., art. L. 511-15) : pour les traites émises entre commerçants à l'occasion de la fourniture de marchandises, si le tireur a satisfait aux obligations résultant de la convention (contestation toujours possible sur ce dernier point, ce qui rend la règle peu efficace).
- Acceptation obtenue sans fraude : sinon, non avenue.
- Acceptation pure et simple.

2. Règles de forme

- Signature du tiré sur la lettre au recto (ou au verso avec mention « accepté ») ;
- date de l'acceptation, si nécessaire (ex. : échéance à « délai de vue »).

B – Le refus d'acceptation du tiré

Conséquence : le refus d'acceptation du tiré entraîne déchéance du terme de la créance du tireur contre le tiré. Il en résulte le recours immédiat du porteur contre ses garants (endosseurs, tireur) après protêt faute d'acceptation. Recours facultatif.

Le recours peut être paralysé par l'effet d'une acceptation par intervention : l'intervenant, pour suspendre le recours cambiaire en garantie, s'engage à payer et à se reconnaître débiteur principal.

1. L'acceptation par intervention est un engagement de payer pour interrompre le recours cambiaire

Il en résulte certaines règles :

- **De fond :**
  - intervention possible pour le compte de toute personne exposée à un recours en garantie du porteur (c'est-à-dire tous les signataires sauf le tiré) ;
  - intervention possible « dans tous les cas où les recours sont ouverts avant l'échéance » : ajouter à l'hypothèse de refus d'acceptation (la plus fréquente), celle d'un dépôt de bilan du tiré par exemple ;
  - le porteur peut refuser l'intervention : les garants, actuellement solvables, peuvent en effet ne plus l'être à l'échéance ;
  - l'intervention bloque les recours contre tous les signataires que couvre l'intervenant : le bénéficiaire de l'intervention et les signataires entre lui et le porteur ; les recours subsistent contre les signataires antérieurs (tireur, endosseurs du bénéficiaire...).
- **De forme :**
  - indication que l'acceptation est par intervention ;
  - indication que l'intervention est pour le compte de tel signataire.

2. L'acceptation par intervention est un engagement de payer à titre subsidiaire

En résultent d'autres règles :

• Toute personne peut intervenir sauf le tiré accepteur, déjà tenu à titre principal (lorsque le recours est ouvert pour d'autres causes que le refus d'acceptation). Le tiré non-accepteur est admis à intervenir (si par ex. il n'a pas reçu encore provision).

• L'intervenant est tenu de la même manière que le débiteur cambiaire bénéficiaire de l'intervention.

• L'intervenant a un recours contre le bénéficiaire de l'intervention et contre ses garants (s'il est amené à payer la lettre à l'échéance).

§ 2 – L'endossement de la lettre de change

C'est le procédé juridique normal de transmission de la lettre de change, toujours possible jusqu'à l'échéance.

Définition : acte juridique par lequel l'endosseur porte une mention au dos du titre et le remet au porteur ou « endossataire ».

Caractéristiques :

• l'endossement est une signature, normalement apposée au verso avec une formule d'identification : « payez à l'ordre… ». Avec ou sans indication de bénéficiaire (endossement en blanc) ;

• les signatures constituent la chaîne des endossements : chaîne régulière si continuité apparente. Le dernier maillon d'une chaîne régulière est le porteur légitime ;

• l'endossement est en principe translatif de propriété ; il peut néanmoins ne pas l'être.

I – L'endossement translatif de propriété

L'endossement est présumé emporter transfert de propriété, à défaut de clause contraire. Il permet le transfert de la lettre de change.

Effets :

- transfert de la provision à l'endossataire (v. *supra*),
- inopposabilité des exceptions à l'endossataire (v. *infra*),
- garantie par l'endosseur au profit de l'endossataire. Originale :
  - par son objet : garantie de l'acceptation (si non encore donnée) et du paiement ;
  - par son étendue : l'endosseur s'engage envers tous les porteurs ultérieurs, solidairement avec tous les signataires antérieurs (solidarité sans effet secondaire). L'endossement « transmet tous les droits résultant de la lettre de change » (C. com., art. L. 511-9).

II – Les endossements non translatifs de propriété

• Endossement à titre de procuration : l'endosseur donne mandat à l'endossataire de recevoir paiement de la lettre de change pour son compte.

• Endossement pignoratif : l'effet est remis en gage (détrôné par l'escompte).

§ 3 - L'inopposabilité des exceptions

En matière de cession de créance de droit commun, le cédant ne peut transmettre plus de droits qu'il n'en a. En matière cambiaire, il existe un principe différent dit de l'inopposabilité des exceptions (C. com., art. L. 511-12).

Objectif : faciliter la circulation de la traite.

Il soulève un conflit entre la sécurité cambiaire (purge des vices à chaque transmission) et la moralité (effet validé malgré les vices l'entachant : risques de fraude).

Le droit cambiaire résout la difficulté par un compromis.

I - Le porteur est de bonne foi

Les exceptions et moyens de défense sont inopposables par le tiré à l'encontre du porteur pour se soustraire au paiement, sauf :

A - Les exceptions non fondées sur des rapports personnels avec d'autres signataires de l'effet

- **Exceptions tirées de l'état de la lettre :** nullités de forme de la lettre.
- **Exceptions tirées de l'état du débiteur :** incapacité. Assimiler le faux (signature du tiré imitée) sauf faute du tiré.

B - Les exceptions fondées sur des rapports personnels avec d'autres signataires que le tireur ou les porteurs antérieurs

Sont donc opposables les exceptions fondées sur les rapports personnels avec le porteur (ex. : compensation).

II - Le porteur est de mauvaise foi

Notion : il désigne la conscience chez le porteur, en consentant à l'endossement à son profit, de causer un dommage au débiteur cambiaire par l'impossibilité dans laquelle il met ce dernier de se prévaloir d'un moyen de défense issu de ses relations avec le tireur ou l'endosseur.

Effet : opposabilité générale des exceptions par le tiré au porteur (ex. : absence de provision ou compensation avec un signataire antérieur).

Section 4 - Le paiement de la lettre de change

- Le tiré accepteur doit payer à l'échéance :
  - avant l'échéance : paiement interdit sauf clause contraire ;
  - après l'échéance : paiement tardif (absence de délais de grâce).
- Le porteur doit demander le paiement à l'échéance :
  - avant : interdit ;
  - après : tardif (perte des recours cambiaires contre les garants par le porteur négligent).

- L'échéance est donc une date capitale. Entrent alors en lice :
  – le tiré, toujours ;
  – les garants du paiement, parfois.

§ 1 - Le tiré

Sur présentation de la lettre au paiement, le tiré peut payer ou refuser le paiement.

I - La présentation au paiement

Il est le fait du porteur légitime (v. *supra*). La perte ou le vol sont sans effet cependant sur les droits du porteur de bonne foi de l'effet perdu ou volé.

A - La date de présentation au paiement

Au jour de son échéance.

Exception : clause « suivant avis » : aucun paiement par le tiré avant avis au tireur.

B - Le lieu de présentation au paiement

Faute d'indication, le lieu de présentation au paiement est le domicile du tiré. Souvent :

1. Clause de domiciliation (en pratique, chez un banquier).

Facultative mais avantageuse :
- décharge les services de l'établissement du tiré ;
- permet le règlement par monnaie scripturale ;
- facilite la chasse aux effets de complaisance ;
- droit fixe minime (timbre).

2. Clause de recommandataire ou besoin

Il désigne un lieu de paiement subsidiaire, fourni par le tireur (en cas de refus de paiement) ou le tiré (en cas d'absence).

II - Le paiement par le tiré

- Une question simple : le paiement se prouve par la remise de l'effet, et parfois avec la mention « acquitté ».
- Une question plus complexe : pour que le paiement soit libératoire pour le tiré, deux conditions doivent être réunies.

A - La bonne foi du tiré

- Le tiré doit vérifier la régularité de la suite des endossements (mais non l'authenticité des signatures).
- Le tiré ne doit pas payer s'il sait que le porteur n'est pas légitime (ou doit le savoir : assimilation de la faute lourde au dol), malgré la régularité apparente de la chaîne des endossements.

B - L'objet du paiement

Il consiste en la somme indiquée sur l'effet, en espèces.

Exceptions :

• Paiement partiel : le porteur doit l'accepter (pour diminuer l'étendue de la garantie des signataires de l'effet). Il remet une quittance, non l'effet.

• Paiement par chèque : si le porteur l'accepte. C'est un mode de paiement utile (règlement par monnaie scripturale) mais dangereux (chèque sans provision).

III - Le refus de paiement par le tiré

Le porteur doit le faire constater officiellement et le faire connaître aux garants.

A - Le protêt

Le protêt est en principe nécessaire. Il est néanmoins parfois exclu.

1. L'obligation de dresser protêt

Conditions :

– délai : dans le délai fixé pour la présentation de l'acceptation. Le délai maximum est de 10 jours ;
– lieu : au domicile de la personne refusant le paiement ;
– auteur : officier public, le plus souvent huissier ;
– contenu : essentiellement reproduction de l'effet et sommation de payer.

Effets :

– prouve la présentation au paiement dans les délais ;
– empêche un nouvel endossement (qui ne vaudrait que comme cession de créance).

2. Dérogations à l'obligation de dresser protêt :

• Clause de dispense de protêt ;

• Clause d'interdiction de protêt (les frais resteraient à la charge du porteur faisant néanmoins dresser protêt).

B - L'avis du protêt

• Direct au tireur par huissier ;

• D'endossataire à endosseur en remontant la chaîne ;

• Ajouter une publicité des protêts au greffe du tribunal de commerce.

§ 2 - Les garants du paiement

À côté de l'hypothèse normale où les recours s'exercent, il faut envisager celle, pathologique, où ils se perdent.

I - L'exercice des recours contre les garants du paiement

Il existe deux catégories de garants.

A - Les garants légaux du paiement

Ce sont tous les signataires de la lettre (tireur, endosseurs) : solidarité (v. *supra*). Restent à préciser :

1. L'époque des recours

• Après l'échéance et le protêt faute de paiement ;

• Exceptionnellement avant l'échéance, en cas de défaut d'acceptation par le tiré (v. *supra*), ou en cas de redressement ou de liquidation judiciaires du tiré.

2. L'étendue des recours

Montant de la lettre, frais de protêt et intérêts depuis l'échéance.

3. Les formes des recours

• Recours amiable (éventuellement par rechange : émission d'une lettre contre le garant) ;

• Recours judiciaire (par procédure sommaire d'injonction de payer).

B – Les garants conventionnels du paiement

1. L'aval

L'aval est un cautionnement solidaire d'un signataire, et constitue engagement cambiaire.

Conditions :

• de forme :
- par signature du donneur d'aval sur la lettre ou par acte séparé (indiquer le lieu où il est intervenu et la lettre garantie). La signature doit être manuscrite ;
- au recto ou au verso de la lettre (avec mention : « bon pour aval ») ;
- indication de la personne garantie : l'un quelconque des débiteurs cambiaires.

• de fond :
- donneur de l'aval : toute personne, même signataire de la lettre à un autre titre ;
- bénéficiaire de l'aval : tout signataire, sauf le tiré non-accepteur, non tenu cambiairement.

→ Que décider si le bénéficiaire n'est pas désigné ?
- aval réputé donné pour le tireur (C. com., art. L. 511-21) ;
- présomption irréfragable ;
- objet de l'aval : garantir l'acceptation et le paiement de la lettre.

Effets : bien qu'il s'agisse d'un engagement cambiaire, l'aval demeure un cautionnement.

• L'engagement du donneur d'aval a un double caractère selon que l'on se place sur le versant cambiaire ou sur le versant du cautionnement :
- principal (engagement cambiaire) : le donneur d'aval est tenu de la même manière que celui dont il s'est porté garant. Son engagement est valable alors même que l'obligation qu'il garantit est nulle ;
- accessoire (cautionnement) : le donneur d'aval bénéficie de toutes les exceptions dont le débiteur principal peut se prévaloir.

• Rapports du donneur d'aval et du porteur : le donneur d'aval, tenu solidairement avec le bénéficiaire de l'aval, ne peut opposer les exceptions dont bénéficie ce dernier que si elles reposent sur une nullité pour vice de forme (plus rigoureux que pour la caution), ou une cause autre que la nullité (prescription par ex.).

• Rapports du donneur d'aval et des signataires autres que le bénéficiaire de l'aval :
  - le signataire qui a payé le porteur (garantie), peut exercer un recours contre le bénéficiaire de l'aval. Il peut exercer ce même recours contre le donneur d'aval ;
  - le donneur d'aval qui a payé peut exercer un recours contre les signataires de la même manière et dans les mêmes conditions que le bénéficiaire de l'aval (recours contre le tireur ou les endosseurs antérieurs au bénéficiaire de l'aval).

• Rapports du donneur d'aval et du bénéficiaire de l'aval : recours du donneur d'aval qui a payé contre le bénéficiaire, en remboursement.

2. Le paiement par intervention

Cette institution est analogue à l'acceptation par intervention (v. *supra*).

L'intervention paralyse les recours cambiaires en garantie.

Conséquences :

– toute personne peut intervenir, sauf le tiré accepteur ;

– toute personne peut bénéficier de l'intervention, si elle est exposée au recours (ceci exclut le tiré) ;

– le porteur, qui peut refuser l'acceptation par intervention, doit accepter le paiement par intervention, s'il est intégral.

II - La perte des recours contre les garants du paiement

A - La perte des recours par déchéance

1. Causes de déchéance

• La présentation tardive au paiement ou même à l'acceptation (si une traite payable à délai de vue n'est pas présentée à l'acceptation dans l'année de l'émission) constituent une cause de déchéance.

• Il en va de même du non-établissement d'un protêt.

2. Effets de la déchéance

• Recours cambiaires perdus contre tous les garants, légaux ou conventionnels, sauf contre le tireur qui n'avait pas fourni provision.

• Subsistent :

– action cambiaire contre le tiré accepteur (d'une efficacité douteuse par hypothèse) ;

– recours de droit commun sur la base du rapport fondamental contre la « partie immédiate » (porteur contre son endosseur, dont il est créancier soit civil, soit commercial) ;

– action de droit commun sur la base de la provision contre le tiré. Avantage du transfert de la provision aux porteurs successifs (*supra*).

B – La perte des recours par prescription

Les délais de prescription de droit cambiaire sont courts, afin de compenser la rigueur de l'engagement cambiaire.

1. Conditions de la prescription

C. com., art. L. 511-78.

- Les délais de prescription sont les suivants :
  – action contre le tiré accepteur (ou son avaliseur) : 3 ans à compter de la date d'échéance ;
  – action contre l'endosseur ou le tireur : elle se prescrit par un an, à partir de la date du protêt, si l'action est exercée par le porteur ; six mois, si elle est exercée par l'endosseur.
- L'interruption des délais de prescription résulte des causes suivantes :
  – causes ordinaires de droit commun ;
  – exercice d'une action en justice et reconnaissance de dette par acte séparé ;
  – en principe la prescription cambiaire continue après l'interruption.

2. Effets de la prescription

– Éteint les actions cambiaires ;
– présomption de paiement de la lettre, parfois réfragable.

Section 5 – La lettre de change relevé (LCR)

Il s'agit d'une technique relativement récente. La lettre de change relevé peut être de deux sortes, la LCR papier et la LCR magnétique.

Utilité : elle permet le traitement des lettres de change par des procédés informatiques, et ainsi limiter les manipulations du titre et accélérer le traitement des opérations.

Conditions :

– l'utilisation de la LCR est facultative. Elle exige l'accord du créancier et du débiteur.

– elle suppose la création d'une lettre de change ordinaire comprenant les mentions obligatoires et facultatives.

Avantages : elle est source de simplification et diminution de frais.

- **Émission de la lettre :** soumise à des règles strictes de normalisation :
  – indication (codée) de la domiciliation du tiré (clause de domiciliation) et relevé d'identité bancaire du tiré.
  – la LCR est tirée soit à vue soit à jour fixe. Elle peut être remise pour encaissement ou pour escompte ;
  – traitement informatisé : les mentions spécifiques à la LCR lui permettent d'être traitée automatiquement. L'exemplaire papier est conservé par le banquier.
- **Paiement de la lettre :** il s'opère par le biais du centre de traitement informatique.
  – le banquier escompteur reporte la lettre sur une bande magnétique et transmet à l'ordinateur de compensation de la Banque de France qui transmet à la banque domiciliataire,

– le banquier domiciliataire adresse un « relevé de lettres de change » à payer et demande un « bon à payer » à son client. En cas de refus, la traite est considérée comme impayée et la banque doit en être informée dans les cinq jours suivant l'échéance.

Chapitre 3
Le billet à ordre

L'essentiel

Définition : *titre par lequel une personne, dite souscripteur, s'engage à payer une certaine somme à une certaine date à une autre personne, dite bénéficiaire. L'article L. 512-1 I du Code de commerce précise les mentions que doit contenir le billet à ordre.*
Comparaison :
– à la différence de la lettre de change, il contient un engagement de payer et ne met en rapport que deux personnes ;
– comme la lettre de change, il constitue un instrument de paiement et surtout de crédit (mobilisation de la créance du bénéficiaire contre le souscripteur).
Utilisation : elle est variable (parfois instrument de fraude, une exception opposable par le souscripteur au bénéficiaire – exception d'usure par exemple – ne l'étant pas au porteur de bonne foi, endossataire du billet, par l'effet de la règle de l'inopposabilité des exceptions).
Il est intéressant de noter la pratique des « billets de fonds », souscrits à échéances échelonnées par l'acheteur d'un fonds de commerce et transmissibles avec les sûretés (privilège du vendeur notamment).
Régime juridique : *il y a assimilation de principe au régime de la lettre de change. En revanche, ce n'est pas un acte de commerce par la forme. Il aura le caractère civil ou commercial, selon la nature de la dette sous-jacente.*
Les particularités du régime du billet à ordre tiennent, d'une part, à la confusion des qualités de tireur et de tiré en la personne du souscripteur et d'autre part, à une certaine confusion du titre et du rapport fondamental qui le cause.
Depuis la loi du 15 mai 2001, le tribunal de commerce est compétent pour les litiges relatifs aux billets à ordre (entre commerçants et commerçant/non commerçant).

Section 1 – La confusion des qualités de tireur et de tiré en la personne du souscripteur

Cette confusion se répercute sur :

§ 1 – Les conditions de forme du billet à ordre

• Titre formaliste, le billet à ordre doit contenir certaines « mentions », à peine de nullité, sous réserve des équivalences (v. *supra*, Lettre de change).

• Mais nombre de mentions sont originales (C. com., art. L. 512-1) :
– la mention de « billet à ordre »,

– la date et le lieu de la souscription,
– les circonstances du paiement (montant, lieu, date),
– la promesse pure et simple de payer,
– le nom du bénéficiaire,
– la signature du souscripteur.

- Mentions facultatives : clause de domiciliation et aval.

§ 2 - Les conditions de fond du billet à ordre

- Capacité : civile ou commerciale, si le billet à ordre a un caractère commercial.

- Selon l'article L. 512-6 du Code de commerce, « *le souscripteur d'un billet à ordre est obligé de la même manière que l'accepteur d'une lettre de change* ».

Le souscripteur est assimilé selon les cas au :

– tiré de la lettre de change : le souscripteur joue le rôle du tireur et de tiré. Il est tenu comme le tiré : pas de délais de grâce. En revanche, l'acceptation est inutile puisqu'il s'engage à payer dès l'émission du billet.

– tireur de la lettre de change : c'est un aval en blanc censé donné pour le souscripteur.

- La provision n'existe pas, mais seulement la valeur fournie (créance du bénéficiaire contre le souscripteur, identique à la créance du bénéficiaire contre le tireur de la lettre de change).

Conséquences :

– le porteur n'acquiert aucune provision ;

– le porteur négligent ne peut invoquer le défaut de provision pour exercer un recours contre le bénéficiaire du billet, comme il est admis à le faire contre le tireur de la lettre de change (v. *supra*).

Section 2 - La confusion du billet à ordre et du rapport fondamental

Il y a confusion partielle, pour la détermination de la nature du billet à ordre. Ce sera donc un billet civil ou commercial (incidence sur la capacité, et sur la compétence si les signataires non commerçants demandent le renvoi devant la juridiction civile) selon la nature civile ou commerciale de la créance du bénéficiaire contre le souscripteur.

Section 3 - La transmission du billet à ordre

Le billet à ordre se transmet par endossement. Le porteur légitime peut se prévaloir de la règle de l'inopposabilité des exceptions, sauf mauvaise foi de sa part.

En pratique, le billet à ordre circule peu.

Chapitre 4
Le chèque

L'essentiel

Définition *: le chèque répond à la définition de l'effet de commerce. En revanche, et contrairement à la lettre de change, le chèque est dépourvu de caractère commercial. C'est le titre par lequel une personne – le tireur – donne l'ordre à une personne autorisée (le plus souvent un établissement de crédit) – le tiré – de payer à vue une somme définie à un bénéficiaire.*
Le chèque est régi par les articles L. 131-2 et s. du Code monétaire et financier. La loi du 20 mai 2005, en effet, a transféré les dispositions concernant le chèque dans le Code monétaire et financier. Depuis 1935, les réformes successives ont eu pour objectif d'apporter une solution à la multiplication des chèques sans provision. Il subit désormais la concurrence de la carte de crédit.
Régime juridique *: le chèque a été créé par une loi du 14 juin 1865.*
Le décret-loi du 30 octobre 1935 reproduit pour l'essentiel les dispositions de la Convention de Genève sur la « loi uniforme concernant le chèque ».
Des modifications substantielles ont été effectuées par les lois du 20 mai 2005 et du 19 octobre 2009. Une loi du 30 décembre 1991 a modifié le régime des infractions.

Section 1 – Le rôle du chèque

• Le chèque est un instrument de retrait de fonds par le client chez son banquier ;

• Le chèque est un instrument de paiement d'un créancier, payé du montant de sa créance par le banquier sur présentation du chèque. En fait, le paiement est souvent fait au banquier du bénéficiaire (par compensation) et l'inscription du montant du chèque au compte de ce dernier (avantages de la monnaie scripturale).

Le chèque connaît un développement considérable, renforcé par l'obligation faite aux particuliers non commerçants d'effectuer par chèque les règlements supérieurs à 3 000 €. Par ailleurs, les commerçants et personnes morales sont tenus d'utiliser le chèque postal ou barré (ou le virement, ou la carte bancaire) pour un certain nombre de règlements (services, fournitures, travaux...).

Les salaires doivent être réglés par chèque ou virement (et non en espèces) s'ils sont d'un montant supérieur à 1 500 €.

Comparaisons :

• Ressemblances avec la lettre de change :
– titre formel : mentions à peine de nullité ; importance des inscriptions ;
– titre abstrait : inopposabilité des exceptions.

• Différences avec la lettre de change :

– le chèque est toujours payable à vue. Il en résulte l'exigence d'une provision immédiate ;
– le chèque est toujours tiré sur un établissement de crédit ou une personne assimilée (ex. Trésor public) ;
– le chèque sera civil ou commercial selon la nature de l'opération qui le cause (v. Billet à ordre).

Section 2 - L'émission du chèque

§ 1 - Les règles relatives à la validité du chèque

I - Les règles de forme

À côté des mentions exigées pour tout chèque, certaines mentions supplémentaires sont requises pour le chèque barré (forme facultative).

A - La forme du chèque ordinaire

En principe, le chèque peut être sur une feuille ordinaire et rédigé de manière entièrement manuscrite. Le plus souvent, il y a recours à des formules de chèques.

Acte formaliste, le chèque doit contenir des mentions obligatoires pour sa validité, lesquelles sont énumérées par l'article L. 131-2 du Code monétaire et financier.

• Les mentions sont identiques à celles de la lettre de change, sous réserve que la date d'échéance ne doive pas être indiquée (chèque toujours payable à vue).

• Le chèque, à la différence de la lettre de change, ne peut être tiré par le tireur sur lui-même, sauf s'il s'agit d'un chèque tiré entre différents établissements d'un même tireur, et à condition que ce chèque ne soit pas au porteur (application : chèque de voyage).

• Mentions obligatoires :
– énonciation de la nature du titre (chèque),
– date et lieu de création,
– mandat pur et simple de payer une certaine somme,
– nom du tiré et signature du tireur,
– indication du lieu de paiement,
– signature de celui qui émet le chèque.

B - La forme du chèque barré

Notion : chèque au recto duquel deux barres parallèles ont été apposées. Le montant ne peut donc être encaissé que par une banque et inscrit au crédit d'un compte.

Les chèques non barrés sont très rarement utilisés.

Conséquences : chèque payable seulement à un autre banquier.
– barrement général (sans indication entre les barres) : payable à tout banquier ;
– barrement spécial (indication entre les barres du nom d'un banquier) : payable à ce banquier.

Utilité :

• il permet de faire échec au vol du chèque (permet de retrouver les traces du voleur puisqu'il lui faut endosser le chèque à sa banque, s'il en a une, pour se faire payer). Par voie de conséquence, il fait exception à la règle du paiement exclusif à un banquier lorsque le paiement du chèque est demandé à un banquier par un client suffisamment connu de lui ;

• il fait également échec à la fraude fiscale (éviter un endossement au porteur ou en blanc ayant pour effet de faire disparaître la trace du paiement au bénéficiaire initial du chèque).

Depuis le 1er avril 1979, les banques ne délivrent à leurs clients que des chèques barrés d'avance.

II - Les règles de fond

• **Tireur** : il doit avoir en principe provision au moment du tirage (v. *infra*). Il doit être titulaire d'un compte bancaire.

• **Tiré** : le chèque ne peut être tiré que sur un établissement de crédit, un prestataire de services d'investissement, la Banque de France, ou la Caisse des dépôts et consignation.

• **Bénéficiaire** : le chèque peut être nominatif (au nom du bénéficiaire) ou au porteur et désigner le nom de plusieurs bénéficiaires. Le bénéficiaire peut être le tireur lui-même.

§ 2 - Les règles relatives à la provision du chèque

Concernant la provision du chèque, deux hypothèses sont possibles, selon qu'il y ait une provision ou non.

I - La provision existe

A - Les caractères de la provision

• La provision est une créance d'argent certaine du tireur contre le tiré. Elle peut provenir du dépôt d'une somme d'argent chez le banquier (cas le plus fréquent) ou d'une remise d'effets de commerce ou d'une ouverture de crédit.

→ *Difficulté pratique :* il faut distinguer l'ouverture de crédit et les facilités de caisse, que le banquier peut interrompre à tout moment, privant ainsi les chèques émis sur lui de leur provision. Interprétant restrictivement la notion d'ouverture de crédit, la jurisprudence s'est montrée favorable au banquier. Toutefois, la tendance jurisprudentielle récente est de sanctionner par des dommages-intérêts les ruptures abusives de découvert.

• La provision est une créance d'argent liquide, préalable et disponible :
- préalable : existante au jour de l'émission ;
- disponible : liquide et exigible au jour de l'émission et le demeurant jusqu'au jour du paiement ou de l'expiration des délais de prescription ;
- suffisante : les fonds disponibles doivent être supérieurs au montant du chèque.

B - La preuve de la provision

La charge de la preuve incombe au tireur.

II - La provision n'existe pas

• Le phénomène des « chèques sans provision », dont l'ampleur va croissante, pose un problème de politique législative, dont la solution ne peut être exclusivement trouvée dans des mesures individuelles. Le chèque sans provision était un délit pénal jusqu'à la loi du 30 décembre 1991.

• Le principe est que le tiré a le droit de ne pas payer un chèque sans provision. Cette matière a été modifiée par la loi du 11 décembre 2001.

A - Les mesures institutionnelles

La mise en œuvre de ces mesures incombe aux banques.

1. La sélection des clients

• Le banquier doit prendre des informations auprès de la Banque de France avant d'ouvrir un compte.

• Le banquier doit ne remettre que des chèques de caisse ou de retrait (ne permettant que des retraits personnels) à certains clients (qui doivent restituer leurs chéquiers sur l'injonction qui leur est faite) :

- en cas de condamnation par le tribunal comportant cette mesure ;
- lorsqu'un incident est relevé contre le tireur (sauf régularisation par ce dernier, une fois par an) ;
- par décision motivée, pour les clients suspects.

2. La garantie par les banquiers

Le banquier doit honorer le chèque sans provision dans deux cas :

• Chèque établi sur une formule qu'il a délivrée, d'un montant égal ou inférieur à 15 €.

• Chèque devant être honoré à titre de sanction en cas de faute grave du banquier dans la sélection des clients auprès de la Banque de France (*supra*, a). La situation du banquier est aggravée car il doit prouver qu'il a satisfait aux prescriptions légales et réglementaires relatives à l'ouverture du compte.

3. La centralisation des informations

Elle est effectuée par la Banque de France qui tient un fichier central des chèques impayés. La procédure d'interdiction bancaire commence par une lettre d'injonction en réponse à un refus de paiement d'un chèque. Le tireur est alors avisé qu'il lui est interdit d'émettre des chèques.

B - Les mesures individuelles

La sanction de la nullité est exclue car inadéquate et non comminatoire.

1. Sanctions civiles

a. Contre le tireur

• Le tiré doit adresser au tireur une lettre d'injonction par lettre recommandée avec accusé de réception. La lettre informe le tireur et précise le montant du chèque.

• À défaut de paiement dans les 15 jours de la signification ou de la notification, délivrance au porteur d'un titre exécutoire ;

• Ce titre permet de procéder à toute mesure de saisie.

• Le tireur est interdit bancaire pendant cinq ans (depuis la loi du 15 mai 2001, 10 ans auparavant). Cette interdiction concerne tous les chèques sauf les chèques de retrait et les chèques certifiés.

• Régularisation : le tireur peut régulariser dans les deux mois de la lettre d'injonction si cet incident est le premier. La régularisation suppose le paiement d'une pénalité de 22 € par tranche de 150 €.

b. Contre les endosseurs

Le porteur d'un chèque protesté dispose d'un recours cambiaire contre tous les signataires du chèque : tireurs, endosseurs, avalistes. Ces recours obéissent aux principes du droit cambiaire.

2. Sanctions pénales

La loi du 31 décembre 1991 a dépénalisé l'émission de chèques sans provision.

L'auteur d'un chèque sans provision ne retrouve cependant la faculté d'émettre des chèques qu'à la double condition de :

– payer le chèque impayé ;

– payer une pénalité libératoire proportionnelle au montant non provisionné (sauf s'il n'a pas émis d'autre chèque sans provision au cours des 12 mois qui précèdent l'incident de paiement).

Constituent en revanche des délits, s'il y a intention de porter atteinte aux droits d'autrui, c'est-à-dire aux droits légitimes du bénéficiaire du chèque :

• L'acceptation ou l'endossement en connaissance de cause, d'un chèque émis en vue de retirer la provision,

• Le fait de disposer de la provision.

Plus particulièrement :

– délit de retrait de provision : le délit est constitué même si le délai pour la présentation au paiement est expiré. Le délit a été maintenu par la loi de 1991.

– délit de blocage illicite de provision (interdiction faite par le tireur au banquier de payer) : le délit est constitué (5 ans d'emprisonnement et 375 000 € d'amende) même si les raisons de bloquer la provision sont valables. Exceptions : blocage pour cause de perte du chèque, ou pour cause de redressement ou de liquidation judiciaires du porteur. La mainlevée d'une opposition indue doit être ordonnée par le juge des référés.

• Le fait d'émettre des chèques au mépris d'une injonction d'avoir à restituer les chéquiers à la suite d'un incident de paiement.

Section 3 – La transmission du chèque

§ 1 – La remise du chèque au bénéficiaire

Le chèque circule peu : ce n'est pas un titre à terme.

Trois règles fondamentales gouvernent cette question :

1/ La remise du chèque n'entraîne pas novation de la créance originaire : survivance des sûretés attachées à cette dernière (exemple : privilège du bailleur d'immeuble en cas de paiement de loyers par chèque).

2/ Seul le règlement effectif par le banquier, et non la simple remise du chèque, vaut paiement. En conséquence, le lieu et la date du paiement se confondent avec ceux de l'encaissement.

3/ La provision est transférée au bénéficiaire dès la remise. Cette règle génère une conséquence pratique : en cas de redressement judiciaire du tireur après l'émission du chèque et avant son paiement par la banque, le bénéficiaire peut se faire payer la provision par le tiré sans subir le concours des créanciers du tireur. Le banquier ne doit toutefois bloquer la provision au profit du bénéficiaire que s'il est informé de l'émission du chèque qui la rend indisponible.

Le perfectionnement du système peut être acquis avec la certification du chèque, qui bloque la provision entre les mains du banquier jusqu'à l'expiration du délai de présentation au paiement.

§ 2 – L'endossement du chèque

À défaut de stipulation contraire, le chèque est en principe endossable.

Cet endossement s'effectue dans les mêmes formes et entraîne les mêmes effets que l'endossement de la lettre de change (v. *supra*).

Pour éviter la fraude fiscale (endossement par le contribuable à des tiers), la loi réglemente les endossements (v. *supra*, Conditions de forme du chèque).

Deux formes d'endossement en pratique :

– endossement translatif : règles identiques à celles de la lettre de change.

– endossement de procuration : par le bénéficiaire du chèque à son banquier. Cas le plus fréquent.

Section 4 – Le paiement du chèque

Le tireur qui a apposé sa signature sur le chèque est garant de son paiement. Toute clause contraire est réputée non écrite.

§ 1 – La présentation au paiement

I – Les délais de présentation au paiement

Le chèque est payable sur première présentation. C'est une règle impérative.

La notification du certificat de non-paiement au tireur par le porteur vaut commandement de payer.

En principe, le chèque est présenté au lieu indiqué sur le titre, dans les huit jours de son émission. Si aucun paiement n'intervient dans les 15 jours, un titre exécutoire est établi par huissier.

II – La sanction du défaut de présentation dans les délais

• Le paiement demeure dû par le banquier jusqu'à épuisement des délais de prescription.

• Déchéance à l'encontre du porteur négligent : il encourt la perte des recours en garantie contre les signataires du chèque (v. *supra*, Lettre de change).

§ 2 – Le paiement

I – L'obligation au paiement

L'obligation principale du tiré est de payer le chèque (C. mon. fin., art. L. 131-70, al. 1er), même si le délai de présentation est échu.

Cette obligation est absolue mais supporte quelques exceptions :

• il n'y a pas opposition de la part du tireur ou du créancier du tireur. Le tiré n'est pas juge de son bien-fondé (mais v. *supra*, Délit de blocage de provision). L'opposition est l'ordre donné au tiré de ne pas payer un chèque ;

• le porteur n'est pas légitime : le banquier doit vérifier l'existence d'une chaîne ininterrompue d'endossements, et que l'identité du présentateur correspond à celle du porteur.

Difficulté pratique : le banquier est-il responsable envers le tireur s'il paye un chèque dont la signature est falsifiée ? Il est responsable s'il n'a pas déployé la diligence d'un professionnel (ex. : signature grossièrement imitée).

II – La prescription de l'obligation au paiement

• Durée abrégée et variable :
  – action du porteur contre le tiré : un an ;
  – autres actions : six mois (n'en bénéficie pas cependant le tireur qui n'a pas fourni provision).

• Fondée sur une présomption de paiement réfragable dans certains cas (aveu par exemple).

§ 3 – Le refus de paiement du chèque

Formalités :

• Il y a lieu à établissement d'un protêt, à la demande du porteur, par un huissier. Protêt : est l'acte authentique qui fait foi du défaut de paiement. C'est une formalité lourde et coûteuse. La sanction du défaut de protêt est la perte des recours cambiaires.

• Avis à la Banque de France.

Titre 2

Les instruments de financement autres que les effets de commerce

Notion *: le concept s'applique à des titres dont la fonction est de faciliter le financement extra-bancaire d'une entreprise ou le refinancement d'une entreprise ou d'un établissement de crédit. Pour ce faire, ces titres incorporent un engagement financier ou permettent la constitution d'une sûreté réelle (nantissement ou transfert de la propriété en garantie) ayant pour assiette une créance professionnelle, ou la mobilisation d'une telle créance.*

Évolution *:*

- *Traditionnellement, les effets de commerce (outre la cession de créance du droit civil) remplissaient cette fonction : endossement des traites ou billets à ordre au profit d'un banquier escompteur. Ce procédé n'est plus adapté en raison de l'augmentation du volume des transactions.*
- *La loi Dailly du 2 janvier 1981 crée un instrument nouveau de représentation des créances, transmissible selon des modes simplifiés à l'établissement de crédit. Cet effet s'appelle le bordereau de créances professionnelles.*
- *La loi du 14 décembre 1985 crée les billets de trésorerie : financement des besoins des grandes entreprises par d'autres entreprises.*
- *La loi du 23 décembre 1988 permet la titrisation des créances détenues par les établissements de crédit (cession possible à un fonds commun de créances par un bordereau dit « acte de cession de créances »).*
- *La loi du 26 juillet 1991 définit les titres de créances négociables (dont font partie les billets de trésorerie) et précise leurs conditions d'émission.*

Caractéristiques *:*

- *Support écrit matérialisant l'instrument de financement ;*
- *Instruments remis en garantie d'un prêt ou comme moyen de financement ou de refinancement ;*
- *Instruments conférant au cessionnaire des droits variables, définis par l'institution considérée (emprunts variables au droit cambiaire).*

NB : *l'étude est limitée à un instrument : le* ***bordereau de créances professionnelles*** *ou bordereau « Dailly ».*

Objet *: instrument juridique permettant à un professionnel de transférer globalement à un établissement financier ses créances professionnelles en garantie d'un crédit de durée quelconque, selon une procédure simplifiée dispensant des formalités de l'article 1690 du Code civil.*

Chapitre 1
L'émission du bordereau de créances professionnelles

L'essentiel

Objectifs *: cette technique permet de faire de la cession de créances un procédé de garantie, et donner un cadre légal à l'affacturage.*
La loi du 2 janvier 1981 crée le bordereau Dailly. Celui-ci rencontre un vif succès dans la pratique. Quelques modifications récentes (loi 1er août 2003) ont amélioré le mécanisme Dailly. Les règles gouvernant le bordereau « Dailly » figurent dans le Code monétaire et financier dans un chapitre consacré au crédit (art. L. 313-23 et s.).

Section 1 – Les règles de forme

Observations préliminaires :

• Le bordereau peut être émis au profit d'un bénéficiaire déterminé (l'établissement prêteur) ou « à ordre » : dans ce dernier cas, la transmission n'est possible qu'à un autre établissement de crédit.

• Le bordereau doit être remis au bénéficiaire.

§ 1 – Les mentions obligatoires

Les mentions qui doivent figurer sur le bordereau sont définies à l'article L. 313-23 du Code monétaire et financier. Le bordereau est soumis à un formalisme strict. Le bordereau lui-même est indispensable.

I – Quant à la nature de l'effet

• Dénomination : « acte de cession (ou de nantissement) de créances professionnelles ».

• Assujettissement aux dispositions des articles L. 313-23 et s. du Code monétaire et financier.

II – Quant aux parties à l'effet

• Il doit figurer le nom de l'établissement de crédit bénéficiaire. Le bordereau ne peut jamais être établi au porteur.

• Signature du cédant : depuis une loi de 1993, la signature peut être manuscrite ou par tout procédé non manuscrit.

III - Quant à la date de la cession

Important : la date fixe le contenu des droits cédés et détermine à partir de quand la cession est opposable aux tiers.

Elle doit être portée par l'établissement bénéficiaire de la transmission.

Absence de date : la cession ne prend pas effet entre les parties et ne devient pas opposable aux tiers.

Preuve : il revient à l'établissement de crédit de rapporter la preuve par tous moyens de l'exactitude de la date apposée.

IV - Quant aux droits cédés

- Doivent être désignées ou individualisées les créances (débiteur, lieu de paiement, montant, échéance).

- Les sûretés conventionnelles qui garantissent les créances (v. *infra*) doivent être mentionnées.

§ 2 - L'omission des mentions obligatoires

- Le bordereau ne vaut plus comme acte de cession (ou de nantissement) de créances selon la loi du 2 janvier 1981. Conséquence : le bordereau en tant que tel est inopposable aux tiers.

- L'acte vaut comme cession de droit commun entre les parties. Conséquences : opposabilité aux tiers est conditionnée par l'accomplissement des formalités de l'article 1690 du Code civil.

Section 2 - Les règles de fond

Elles concernent les créances cédées (ou nanties) par l'émission du bordereau et de sa remise à l'établissement de crédit.

§ 1 - Les qualités des créances cédées

I - Les créances entre professionnels

Seules peuvent êtres cédées ou nanties les créances sur une personne physique née dans le cadre de l'activité professionnelle de cette dernière, ou les créances, quelle qu'en soit la nature, lorsqu'elles sont détenues sur une personne morale (de droit privé ou de droit public).

II - Les créances acquises

Les créances « acquises » s'entendent de deux manières :

- créances nées (exclut le financement global du « compte clients ») ;
- créances personnelles à l'émetteur.

III - Les créances contractuelles

Les créances pouvant faire l'objet d'une cession sont essentiellement celles nées d'un contrat, auxquelles s'ajoutent les créances fiscales et les indemnités.

§ 2 - L'absence de qualités des créances cédées

Conséquence : l'absence de qualités des créances cédées entraîne la soumission de la cession aux règles de fond du droit commun des cessions de créances.

Chapitre 2
Les effets de l'émission du bordereau de créances professionnelles

L'essentiel

Effets : *le transfert de propriété s'opère à la date portée sur le bordereau. La loi de sécurité financière du 1er août 2003 a apporté une précision : il s'agit de la date apposée sur le bordereau « lors de la remise ».*

Section 1 – Dans les rapports entre l'émetteur et le bénéficiaire

§ 1 – La cession des droits

Elle a une double signification.

I – La cession des créances

La cession emporte transfert de toutes les caractéristiques de la créance (éventuellement les vices les affectant). Conséquence : l'émetteur ne peut plus céder les créances à un tiers. La cession transfère au cessionnaire la propriété de la créance cédée.

II – Le transfert des sûretés et accessoires liés aux créances

La remise du bordereau entraîne de plein droit le transfert des sûretés et des accessoires attachés à la créance (telle une clause d'arbitrage), sauf convention contraire.

§ 2 – La garantie de la solvabilité du débiteur par l'émetteur du bordereau de créances

Cette garantie est solvable, sauf clause expresse contraire figurant sur le bordereau

Section 2 – Dans les rapports entre le bénéficiaire et le débiteur des créances

Deux éventualités, selon que le débiteur cédé accepte ou non la cession.

§ 1 - Le débiteur n'a pas accepté la cession (ou le nantissement) de la créance professionnelle

Une **notification** doit être effectuée obligatoirement par le bénéficiaire, portant interdiction de payer entre les mains de l'émetteur. Elle peut être faite par tous moyens.

Conséquences :

• À compter de la notification, le débiteur ne se libère valablement qu'entre les mains du bénéficiaire du bordereau (avant la notification, il se libère valablement entre les mains de l'émetteur).

• Le bénéficiaire n'a contre le débiteur que les droits cédés par l'émetteur, en vertu du principe d'opposabilité des exceptions. Les procédures applicables sont celles de droit commun (en particulier, il n'y a ni protêt ni injonction de payer). C'est là une différence avec le transfert cambiaire.

§ 2 - Le débiteur a accepté la cession (ou le nantissement) de la créance professionnelle

L'**acceptation** doit se faire par écrit à peine de nullité (comme en matière cambiaire).

Conséquences :

• Le bénéficiaire peut se prévaloir, à l'encontre du débiteur, de l'inopposabilité des exceptions personnelles à l'émetteur, sauf s'il a acquis sciemment le bordereau au détriment du débiteur.

• Le bénéficiaire peut user de la procédure d'injonction de payer.

• En revanche, le débiteur peut invoquer les exceptions tirées de ses rapports personnels avec le cessionnaire.

Section 3 - Dans les rapports avec les tiers

La cession (ou le nantissement) est opposable à la date portée sur le bordereau (comparer avec l'opposabilité au débiteur : date de la notification).

Il s'agit d'une garantie efficace pour l'établissement de crédit à l'encontre des créanciers de l'émetteur, particulièrement en cas de cessation des paiements de ce dernier, sous réserve des conflits nés d'une double mobilisation de la créance (ex. conflit entre cessionnaires Dailly successifs : le premier cessionnaire l'emporte).

Pour aller plus loin

Bibliographie

- P. Le Cannu, T. Granier et R. Routier, *Droit commercial. Instruments de paiement et de crédit. Titrisation*, coll. « Précis », Dalloz, 8e éd., 2010
- D. Legeais, *Droit commercial et des affaires*, Dalloz, coll. « Sirey Université », 20e éd., 2012

Sujet de réflexion

- Les effets de commerce et les nouveaux modes de paiement.

Index alphabétique

A

Abus
- de biens sociaux, 175, 227
- de majorité et de minorité, 202
- de position dominante, 21

Acceptation, 321, 328 et s., 339, 344, 352

Achat par la société de ses propres actions, 198

Acte
- de commerce, 1, 2, 9, 21, 55, 325, 338
- mixte, 27

Action
- de concert, 110
- sociale, 122, 174

Actionnaire, 132 et s., 140 et s.
- assemblée générale, 103, 151, 154, 187 et s.
- condition, 149 et s.
- droit préférentiel, 155
- information, 184, 189, 265
- pacte, *v. Pacte d'actionnaires*
- société anonyme, 162 et s.

Actions, 85, 95, 96, 102, 107, 107, 129 et s., 140, 189
- à dividende prioritaire sans droit de vote, 144
- à vote plural, 141, 145, 214
- d'apport, 144, 197
- au porteur, 146, 146
- de capital, 144
- gratuites, 172, 196
- de jouissance, 144
- nominatives, 146 et s.
- de numéraire, 143
- ordinaires, 144, 196, 211
- de préférence, 144, 193, 196, 211

Administrateur, 163 et s., 218, 243 et s.
- femme, 166
- indépendant, 165
- judiciaire, 9, 296
- provisoire, 201, 291
- référent, 166
- salarié, 165

Administration provisoire du fonds de commerce, 61

Affectio societatis, 85, 100, 115, 126, 132, 140, 163

Agent commercial, 33, 33

Alerte, 282

Alternext, *v. Marché*

Appel public à l'épargne, 158

Apport, 83, 126, 140, 211, 223
- en espèces, 84
- en industrie, 84
- en nature, 84, 196
- en numéraire, 196
- en société du fonds de commerce, 59
- partiel d'actif, 105 et s.

Apurement du passif, 103, 300, 308

Arbitrage, 13

Artisan, 48 et s.

Assemblée
- d'associés, 101, 122, 225, 228
- générale, 179, 187 et s., 244, 248, 282
- générale des actionnaires, 103, 140, 259
- générale constitutive, 159, 163 et s.
- générale extraordinaire, 94, 145 et s., 149, 168 et s., 194 et s.
- générale des obligataires, 107, 153 et s., 301
- générale ordinaire, 95, 149, 163 et s.

Association, 85

Associé
- en nom, 118
- unique, 216, 230 et s.

Augmentation de capital, 105, 140, 143, 195 et s., 235

Autorité
- de la concurrence, 19, 20
- des marchés financiers (AMF), 77, 110, 136, 183, 190, 252 et s.

Aval, 334 et s.

B

Bail commercial, 54, 64
Banqueroute, 43, 227, 314
Bénéfice, 45 et s., 81 et s., 95 et s., 123, 127, 141 et s., 193, 196, 208, 228, 232, 234, 244, 246
Bénéficiaire (droit cambiaire), 323, 340, 342, 345 et s., 348, 351 et s.
Bilan, 42, 45, 84, 94, 104, 151, 168, 278
- économique et social, 296

Billet à ordre, 323, 338
Bordereau de créances professionnelles, 348
Bulletin
- des annonces légales obligatoires, 41
- officiel des annonces civiles et commerciales (BODACC), 41, 57, 87, 96, 247, 286

C

Capacité commerciale, 34
Capital
- social, 83, 95, 119, 140, 159, 183, 195 et s., 206, 210, 211, 217, 223, 230, 243, 246

Cessation de paiements, 219, 278 et s., 279, 285, 290, 292, 304, 311, 352
Cession de l'entreprise, 306
Chambre
- de commerce et d'industrie (CCI), 14
- des métiers, 15

Chèque, 2, 323, 333, 340
- barré, 341
- sans provision, 343

Clause de non-concurrence, 17
Clientèle, 17, 19, 33, 53 et s., 58 et s., 62
Code
- Afep-Medef, 135, 163, 164, 172
- Hamourabi, 4

Comblement du passif, 308, 312
Comité d'entreprise, 186, 266, 283, 286
Commanditaires, 126, 207 et s.
Commandités, 82, 89, 93, 125, 207
Commerçant, 1 et s., 16 et s., 277
- associé, 119, 211
- billet à ordre, 338
- commanditaire, 126
- crédit, 323
- définition, 32 et s.
- étranger, 36, 238
- obligations, 37 et s., 58
- président, 177
- procédure de sauvegarde, 291

Commissaire
- à l'exécution au plan, 299
- à la fusion, 107
- à la transformation, 229
- aux comptes, 96, 105, 122, 182 et s., 208, 215, 223, 228 et s., 232, 282

Commission européenne, 11, 21
Composition administrative, 257
Comptabilité, 41 et s., 314
Comptes, 93 et s., 93 et s., 102 et s.
- d'actions, 147
- annuels, 42 et s., 122
- commissaire, *v. Commissaire aux comptes*
- commissaire aux, 208, 215
- contrôle, 122
- du GEIE, 249
- du GIE, 244 et s.

Conciliateur, 13
Conciliation, 67, 123, 275, 279 et s., 285 et s., 292, 301
Concurrence, 18 et s.
Conjoint commerçant, 35

Conseil
- d'administration, 93, 141 et s., 151, 187 et s., 218, 265
  - pouvoirs, 200
  - président, *v. Président du conseil d'administration*
  - de la société anonyme, 163 et s.
- européen, 11
- de surveillance, 102, 160, 178 et s., 208, 266, 282, 312
- de l'Union européenne, 11

Contrôle de gestion, 244
Convention européenne des droits de l'homme, 12
Convention réglementée, 111, 167, 169 et s., 214, 226
Cour des comptes européenne, 11
Coutume, 7
Crédit-bail d'actions, 149

D

Débiteur, 26, 60, 275 et s.
- actionnaire, 150
- cambiaire, 328, 331, 334
- cession des actifs, 307
- cession de la créance, 351
- effets, 61
- effets de la conciliation, 286
- effets du jugement d'ouverture, 304
- garantie de solvabilité, 351
- *in bonis*, 290
- monopole, 285

Déchéances, 16
Décret d'Allarde, 5, 15
Dénomination sociale, 54, 90, 119, 216, 223
Dépôt obligatoire, 263
Direction générale, 166, 176, 177
Directoire, 179 et s., 188 et s., 198 et s., 282
Dissolution de la société, 99 et s.
- à responsabilité limitée, 229
- à responsabilité limitée unipersonnelle, 232
- anonyme, 203 et s.
- en commandite par actions, 209
- en nom collectif, 123 et s.
- en participation, 117
- européenne, 219
- groupement d'intérêt économique, 245
- groupement d'intérêt économique européen, 249
- par actions simplifiée (SAS), 215
- par actions simplifiée unipersonnelle (SASU), 216

Dividendes, 96, 141, 150, 192 et s.
- acompte, 96
- fictifs, 175, 193

Domicile, 9, 89, 91, 332 et s.
Droit
- à l'information, 152, 155
- des obligations, 7
- préférentiel de souscription, 141, 155, 196
- de vote, 98, 140 et s., 188 et s., 191
- de vote double, 134, 141, 145

E

Effet de complaisance, 326
Effets de commerce, 317 et s.
Emprunt obligataire, 151
Endossement, 320, 323, 323, 328
- d'un chèque, 345
- d'une lettre de change, 330

Enquête, 255 et s.
Enseigne, 53 et s., 54, 59
Entente, 20
Entrepreneur individuel à responsabilité limitée (EIRL), 69 et s.
Époux, 35, 223
- rémunération, 36

Euroclear, 146, 147
Excès de vitesse, 263
Expertise de gestion, 185, 229

F

Faillite personnelle, 313
Femme administrateur, *v. Administrateur*

Femme mariée commerçante, 35
Fonds de commerce, 51 et s.
- vente, 55 et s.
Fusion, 105 et s., 253

G

Garant du paiement, 333
Garantie de cours, 251
Gérant, 120, 207, 208, 223, 225, 231, 248
- succursaliste, 33
Groupe de sociétés, 108 et s., 210
Groupement
- européen d'intérêt économique (GEIE), 246 et s.
- d'intérêt économique français, 242 et s.

H

Haut comité de gouvernement d'entreprise, 135

I

Immatriculation, 37, 39 et s., 50, 86, 143, 160, 247 et s.
Immixtion, 127
Incapable majeur, 34
Incompatibilités, 16
Incorporation des réserves, 196
Information
- des associés, 213
- du comité d'entreprise, 286
- des dirigeants et actionnaires, 184, 189 et s., 265
- des investisseurs, 253
- réglementée, 253
- des souscripteurs, 159
Injonction, 255, 343
Inopposabilité des exceptions, 142, 323 et s., 331 et s., 339, 352
Institut national de la propriété industrielle (INPI), 38, 40
Insuffisance d'actifs, 174, 290, 308, 311
Intérêt social, 95, 99, 167, 175
Investisseur, 253

J

Jeton de présence, 172, 181
Juge-commissaire, 295
Jurisprudence, 8, 17, 25, 48, 52, 83, 100, 116, 142, 167, 173, 201, 342
Jus mercatorum, 1

L

Lettre de change, 322, 325 et s.
- relevé (LCR), 336
Liberté du commerce, 5, 15 et s.
Liquidateur judiciaire, 100, 102, 102, 305, 308, 312 et s.
Liquidation judiciaire, 102 et s., 174, 227, 276, 295 et s., 303 et s.
Livre de commerce, 42, 54
Location-gérance, 17, 50, 61 et s.

M

Majeur, 34, 326
Majorité, 153, 167, 188, 189, 194, 244
- abus, 203
- des commanditaires, 207
- des créanciers, 301
- des droits de vote, 110
- des parts sociales, 228
- Statutaire, 100
Mandataire
- ad hoc, 283 et s.
- judiciaire, 9, 293, 295, 312
Marché
- à terme international de France (Matif), 140
- Alternext, 139
- Euronext Paris, 139
- libre, 140
- des options négociables de Paris (Monep), 140

Masse des obligataires, 153
Médiateur, 13, 257
Mentions obligatoires, 39, 56, 341, 348 et s.
Mineur, 34, 326

N

Nantissement, 60 et s., 224, 352
Nationalisation, 6, 236
Nationalité, 36, 91, 107, 127, 194, 228, 238
Négociabilité, 138, 142, 320
Nom commercial, 53, 90
Nullité, 87 et s., 191, 305, 324
- de la période suspecte, 293
- pour vice de forme, 335

O

Objet social, 90, 98, 115, 119 et s., 176, 246
Obligation aux dettes sociales, 313
Obligations, 145 et s., 150 et s., 158 et s.
- du commerçant, *v. Commerçant*
- documents, 93 et s.
- émission, 223 et s., 244
- en cas de liquidation, 103
- règles, 25 et s.
Offre faite au public, 158 et s., 162 et s., 177, 182 et s., 210 et s., 238, 253 et s.
Offre publique
- d'acquisition (OPA), 261
- de retrait (OPR), 267
Option de souscription d'actions, 197
Ordonnance
- de référé, 10
- sur requête, 10
Ordre du jour, 166, 168, 177, 188 et s.

P

Pacte d'actionnaires, 86, 142
Paiement
- cessation, *v. Cessation de paiements*
- des dividendes, 96, 193
- de l'intérêt, 152
- par chèque, 341 et s.
- par lettre de change, 323 et s., 331
- du prix, 57
Parlement européen, 11
Partage, 84, 103, 204
Participation aux bénéfices et aux pertes, 85, 127
Parts sociales, 123, 125, 224, 224
Période
- d'observation, 296, 304
- suspecte, 293, 305
Personnalité morale, 33, 39, 78, 85 et s., 89 et s., 101, 108, 114 et s., 152, 182, 217, 238, 243, 245, 277
Poison pills, 265
Porteur, 145 et s., 326 et s., 339, 344 et s.
Premier dividende, 95, 144
Président
- du conseil d'administration, 176, 176 et s., 185, 282
- SAS, 212
Prévention, 276
Privatisation, 6, 237
Procédure de sauvegarde, 276, 290 et s., 298
Produit financier, 134, 137, 252
Propriété commerciale, 64 et s.
Protêt, 329, 333, 346
Provision, 10, 45, 94, 324 et s., 327 et s., 341, 342 et s.
Publicité, 37 et s., 57 et s., 181, 217, 224, 231, 243, 247, 283
- de l'acte écrit, 86
- des actes, 97
- des comptes, 96

Q

Quorum, 153, 167, 181, 189 et s., 194, 228, 244

R

Rapport
- cambiaire, 324
- fondamental, 323 et s., 335

Redressement judiciaire, 276, 278, 290 et s., 304, 311, 314, 345
Réduction de capital, 140, 180, 198, 235
Référé provision, 10
Registre du commerce et des sociétés (RCS), 37 et s., 70, 86 et s., 90 et s., 101, 143, 161, 218, 224, 242, 282
Rémunération, 135, 168, 170 et s., 179, 181, 183
Report à nouveau, 95, 193
Représentant
- de commerce, 33
- de la masse, 153

Réserve légale, 95, 193
Responsabilité
- civile, 53, 99, 102, 121, 167, 173 et s., 184, 227
- pénale, 90, 122, 175, 185, 227

Résultats, 47, 84, 95 et s.
Retrait obligatoire, 267
Réunion des parts ou actions en une seule main, 100
Révocation, 120, 179, 183, 208, 212 et s., 243, 248
- ad nutum, 166, 171, 176, 226

S

Salarié, 33, 105, 134, 165, 180, 186, 193, 197, 234
Sauvegarde financière accélérée (SFA), 276, 301 et s.
Say on Pay, 171
Scission, 105 et s., 153
Sicovam, 146, 147
Société
- à capital variable, 234
- à responsabilité limitée, 221 et s.
- à responsabilité limitée unipersonnelle (EURL), 230 et s.
- anonyme, 76, 104, 132, 133, 150, 156 et s., 207, 217, 225
- anonyme à participation ouvrière, 234
- de capitaux, 79
- coopérative, 235
- cotée, 76, 94, 132, 135, 163, 170, 192, 251 et s.
- créée de fait, 114 et s.
- d'économie mixte, 236
- en commandite par actions, 80, 268
- en commandite simple, 125 et s.
- en formation, 92, 92, 158, 231
- en nom collectif, 80, 118 et s.
- en participation, 114 et s.
- étrangère, 238
- européenne, 77, 217 et s.
- de fait, 100, 115
- nationalisée, 237
- par actions, 129 et s., 205
- par actions simplifiée (SAS), 77, 210 et s.
- par actions simplifiée unipersonnelle (SASU), 216
- de personnes, 79, 93, 113 et s.
- unipersonnelle, 70

Squeeze out, 140, 268
Stakeholders, 86, 92, 275
Statuts
- modification, 97, 97, 228

Stock-options, 172
Stockholders, 86

T

Tiré, 322 et s., 326, 346
Tireur, 321, 325 et s.
Titres
- négociables, 140, 142, 150, 320
- nominatifs administrés, 148
- nominatifs purs, 148

Traite, 322 et s., 335
Transaction, 154, 257
Transformation, 3, 104 et s., 228 et s., 250, 268

Tribunal de commerce, 8, 27

U

Usages, 7, 10
Usufruit, 98, 149

V

Valeurs mobilières, 23, 77, 94, 130 et s., 137 et s., 197, 223, 321
VRP, *v. Représentant de commerce*

Dans la même collection

Série droit privé

- *Criminologie et science pénitentiaire,* J. Larguier
- *Droit des assurances,* H. Groutel
- *Droit bancaire,* F. Dekeuwer-Défossez, S. Moreil
- *Droit civil général,* P. Bihr, M.-H. Bihr
- *Droit civil. Les biens,* P. Courbe, M. Latina
- *Droit civil. Les contrats spéciaux,* B. Bourdelois
- *Droit civil. Les obligations,* G. Légier, L. Tranchant, V. Egéa
- *Droit civil. Les personnes, la famille, les incapacités,* P. Courbe, F. Jault-Seseke
- *Droit civil. Sûretés, publicité foncière,* V. Brémond, M.-N. Jobard-Bachellier
- *Droit commercial. Notions générales,* J.-P. Le Gall, C. Ruellan
- *Droit du commerce international,* H. Kenfack
- *Droit de la construction,* C. Saint-Alary-Houin, R. Saint-Alary
- *Droit des entreprises en difficulté,* P.-M. Le Corre
- *Droit fiscal des entreprises commerciales,* J.-P. Le Gall
- *Droit international privé,* J.-P. Laborde, S. Sana-Chaillé de Néré
- *Droit pénal des affaires,* G. Giudicelli-Delage
- *Droit pénal général,* J. Larguier, P. Conte, P. Maistre du Chambon
- *Droit pénal spécial,* J. Larguier, P. Conte, S. Fournier
- *Droit de la propriété industrielle,* L. Marino
- *Droit rural,* J. Audier
- *Droit de la sécurité sociale,* X. Prétot
- *Droit des sociétés,* A. Constantin
- *Droit du travail. Volume I. Rapports collectifs,* J.-M. Verdier, A. Cœuret, M.-A. Souriac
- *Droit du travail. Volume II. Rapports individuels,* J.-M. Verdier, A. Cœuret, M.-A. Souriac
- *Grands systèmes de droit étrangers,* M. Fromont
- *Institutions juridictionnelles,* J.-J. Taisne
- *Introduction générale au droit,* P. Courbe, J.-S. Bergé
- *Procédure civile. Droit judiciaire privé,* J. Larguier, P. Conte, C. Blanchard
- *Procédure pénale,* J. Larguier, P. Conte
- *Propriété littéraire et artistique,* P. Sirinelli

Série droit public – Science politique

- *Administration de l'État,* F. Chauvin
- *Contentieux administratif,* G. Peiser
- *Droit administratif des biens,* G. Peiser
- *Droit administratif général,* G. Peiser
- *Droit constitutionnel et institutions politiques,* J. P. Jacqué
- *Droit des contrats publics,* F. Lichère
- *Droit européen,* J.-C. Gautron
- *Droit fiscal,* C. de Lauzainghein, M.-H. Stauble-de Lauzainghein
- *Droit de la fonction publique,* G. Peiser

- *Droit international public*, D. Ruzié, G. Teboul
- *Droit public*, L. Dubouis, G. Peiser
- *Droit public économique*, D. Linotte, A. Graboy-Grobesco
- *Droit de la santé publique*, D. Truchet
- *Droit de l'Union européenne*, L. Coutron
- *Droit de l'urbanisme*, J. Morand-Deviller
- *Finances locales*, R. Muzellec, M. Conan
- *Finances publiques*, J. Buisson
- *Histoire du droit*, J. Hilaire
- *Histoire des idées politiques de l'Antiquité à la fin du XVIIIe siècle*, D. G. Lavroff
- *Histoire des idées politiques depuis le XIXe siècle*, D. G. Lavroff
- *Histoire des institutions publiques de la France*, P. Villard, L.-A. Barrière
- *Institutions internationales*, J. Charpentier, B. Sierpinski
- *Introduction à la science politique*, J. Baudouin
- *Libertés fondamentales*, F. Mélin-Soucramanien
- *Relations internationales*, M. Gounelle

Photocomposition Nord Compo
59650 Villeneuve d'Ascq

713719 (I) OSB - A 60g - NOR - (CDR)
Achevé d'imprimer en août 2014
N° 2166323F - Dépôt légal : septembre 2014
Imprimé en France par Jouve
1 rue du Docteur Sauvé, 53100 MAYENNE